科技金融与创新实践研究

刘　欣　徐茎桃　著

中国商务出版社

·北京·

图书在版编目（CIP）数据

科技金融与创新实践研究 / 刘欣，徐茎桃著 . –– 北京：中国商务出版社，2024.6

ISBN 978–7–5103–5158–7

Ⅰ. ①科… Ⅱ. ①刘… ②徐… Ⅲ. ①科学技术—金融—研究—中国 Ⅳ. ① F832

中国国家版本馆 CIP 数据核字（2024）第 093748 号

科技金融与创新实践研究

刘 欣 徐茎桃 著

出版发行：中国商务出版社有限公司

地 址：北京市东城区安定门外大街东后巷 28 号 邮编：100710

网 址：http://www.cctpress.com

联系电话：010–64515150（发行部） 010–64212247（总编室）

010–64515210（事业部） 010–64248236（印制部）

责任编辑：孟宪鑫

排 版：北京嘉年华文图文制作有限责任公司

印 刷：北京印匠彩色印刷有限公司

开 本：710 毫米 × 1000 毫米 1/16

印 张：24.5 字 数：402 千字

版 次：2024 年 6 月第 1 版 印 次：2024 年 6 月第 1 次印刷

书 号：ISBN 978–7–5103–5158–7

定 价：79.00 元

前　言

在当今日新月异的时代，科技金融与创新实践作为引领未来的双轮驱动力，已成为促进全球经济发展的主要引擎之一。科技金融的崛起，不仅彰显了科技与金融领域的深度融合，也为传统金融模式注入了新的活力与动力。在这个变革的时代，探索科技金融与创新实践的路径，既是面对挑战的必然选择，也是应对风险的重要途径。

科技金融的迅速崛起，源自科技与金融双方的深度融合。科技的发展既为金融业务创新注入了新的活力，也改变了传统金融模式的运作方式。以区块链技术为例，其去中心化、不可篡改的特性，为金融领域带来了全新的交易模式和信任机制，而人工智能技术的应用，则使金融风控、客户服务等方面的效率大幅提升。科技金融的发展不仅促进了金融业务的创新，也为金融机构提供了更广阔的发展空间。

科技金融与创新实践面临诸多挑战与风险。科技金融高度依赖技术手段，系统性风险和信息安全风险成为亟待解决的问题。同时，金融创新的不确定性和监管的滞后性，也给市场带来了一定的波动和不确定性。因此，如何在科技金融与创新实践中找到平衡，既要促进金融业的发展，又要保障市场的稳定，成为学界当前亟须探讨的议题。

在面对科技金融与创新实践的挑战时，我们不仅要不断强化风险意识，加强风险管理和监管，而且要注重技术与金融的深度融合，推动科技创新与金融发展相互促进。在推动金融业务创新的同时，还要加强金融人才的培养与储备，以适应科技金融与创新实践对人才的新要求。

　　科技金融与创新实践已经成为全球金融业发展的主要趋势之一。在探索科技金融与创新实践的过程中，我们既要充分发挥科技的优势，促进金融业务的创新发展，又要重视风险管理和监管，保障金融市场的稳定和健康发展。这不仅是金融行业的内在要求，也是适应时代变革、推动经济持续发展的必然选择。

目　录

第一章 科技金融与创新的背景和意义

第一节 科技金融与创新的定义

一、科技金融的定义

（一）科技金融的概念界定

1.科技金融的基本含义

在当今快速发展的全球经济环境中，科技金融已成为引领金融业创新的重要动力。科技金融不仅是技术与金融的结合，也是一种全新的金融服务模式，通过科技手段改变传统金融业务的运作方式，可以提升金融服务效率和质量，满足人们日益增长的金融需求。

科技金融的核心理念在于充分利用科技手段，优化金融服务链条，提升金融效率和便利性。它融合了互联网、大数据、人工智能等前沿技术，推动金融创新，拓展金融边界，为促进各类金融活动的开展注入了新的活力。互联网金融平台通过线上化的方式，实现了金融服务的即时化和个性化，打破了传统金融机构的地域限制，让金融服务变得更加普惠和便捷。大数据技术的运用使金融机构能够更准确地了解客户需求，优化产品设计，提升风险管理能力。人工智能技术则为金融领域带来了智能客服、智能投顾等全新应用，提高了金融服务的个性化水平。

科技金融的发展不仅带来了技术层面的变革，也引发了金融业务模式的创新。传统金融业务通常需要借助线下渠道，而科技金融则将更多的业务转移到了线上平台，实现了金融服务的全时、全地点覆盖。同时科技金融还催生了一系列新型金融产品和服务，如P2P网络借贷、虚拟货币等，为投资者提供了更多元化的选择，丰富了金融市场的产品结构。

科技金融的快速发展面临一些挑战和风险。科技金融涉及大量的个人信息和资金流动，安全风险成为不可忽视的问题。数据泄露、网络攻击等安全事件频发，一旦发生就可能对金融市场造成严重冲击。科技金融的监管体系相对滞后，监管政策与科技创新的融合尚未完全到位，监管漏洞存在，一些不法分子可能借机从事违法金融活动。同时科技金融的高速发展也可能导致金融风险的积聚，一旦出现系统性风险，就会对整个金融体系产生严重影响。

科技金融作为金融业创新的重要方向，正在为促进经济社会发展注入新的动力。同时我们也要认识到在科技金融发展过程中存在的种种挑战和风险，加强监管和风险防范，推动科技金融健康有序发展，为金融服务的进一步优化和水平的提升创造良好的环境。

2.科技金融的发展历程

科技金融，作为一种科技与金融领域交汇所得的新兴产物，其发展历程源远流长。早在20世纪90年代末，互联网的崛起就为科技金融的发展奠定了基础。随着网络技术的日益成熟和普及，金融业开始探索如何借助科技手段提升服务效率、降低成本。于是，一些金融机构开始尝试将金融服务数字化，开展在线支付、网上银行等业务，这标志着科技金融的雏形初现。

进入21世纪，随着移动互联网、大数据、人工智能等新一代信息技术的发展，科技金融进入了快速发展的阶段。移动支付、P2P网络借贷、数字货币等新型金融业态相继涌现。移动支付的普及让人们感受到了更便捷、高效的支付方式，P2P网络借贷平台为小微企业和个人提供了获得资金的新途径，数字货币则颠覆了传统货币形态，推动了金融领域的全球化发展。科技金融的崛起不仅改变了金融业务的传统模式，也深刻影响了金融监管、风险管理等方面。

近年来，随着区块链、物联网、5G等新一代信息技术的快速发展，科技金融迈入了新的发展阶段。区块链技术的应用使金融交易更加安全、透明，智能合约等功能为金融合同的执行提供了便利，物联网技术的普及则为金融机构提供了更多样化的数据来源，帮助其进行风险评估和精准定价。5G技术的商用化将进一步加速金融服务的数字化进程，提升交易的速度和稳定性。

未来，科技金融有望继续朝着智能化、个性化、全球化的方向发展。随着人工智能、大数据分析等技术的不断成熟，金融服务将更加个性化和精准化，为用户提供量身定制的服务。同时科技金融也将深度融合实体经济，促进产业升级和经济发展。在全球化的背景下，科技金融将进一步加强跨境合作，推动金融全球化进程，为促进世界各国的经济发展提供支持和帮助。

科技金融作为科技与金融的交叉领域，经历了从萌芽到蓬勃发展的历程。在新一轮科技革命和产业变革的推动下，科技金融有望继续创新发展，为经济社会发展注入新的动力。

（二）技术驱动的金融变革

技术驱动的金融变革是指以信息技术和通信技术为核心，通过创新技术手段和应用场景，推动金融业态的深刻变革和升级。这种变革在近年来愈发显著，涵盖了金融服务、金融产品、金融市场、金融机构等多个方面，对整个金融行业产生了深远影响。

技术驱动的金融变革使金融服务变得更加便捷和普惠。传统金融服务主要依赖实体网点和传统渠道，服务范围受限，服务效率有限。随着信息技术的发展和普及，互联网、移动互联网等新技术的应用，金融服务逐渐向线上转移，进而实现24小时不间断、全天候的金融服务。人们可以通过手机、电脑等终端随时随地享受金融服务，从而提高金融服务的便捷性和普惠性，进而促进金融包容性的提升。

技术驱动的金融变革催生了各种创新型金融产品和服务。随着信息技术的不断进步和应用，金融机构和科技企业不断推出各种新型金融产品和服务，如移动支付、数字货币、智能投顾、区块链金融等。这些新型金融产品和服务基于先进的技术手段，具有更高的效率、更低的成本和更好的用户体验，满足了人们日益多样化和个性化的金融需求，推动金融行业向更加智能的方向发展。

技术驱动的金融变革促进了金融市场的全球化和数字化。随着信息技术的发展和全球互联网的普及，金融市场的边界日益模糊，金融资产的流动性和可转让性得到大幅提升。各种金融资产和金融工具可以通过互联网平台进行全球交易及结算，为投资者提供了更广阔的投资渠道和更多样化的投资选择。同时，金融市场的数字化程度也在不断提高，各种金融交易和金融服务可以通过数字化平台在线实现，促进了金融市场的高效运作和信息的公开透明，推动了金融市场的全球化和数字化进程。

技术驱动的金融变革对金融机构的运营模式和商业模式提出了新的挑战。传统金融机构往往通过实体网点和传统渠道来提供金融服务，运营成本高、效率低，面临竞争压力和转型挑战。随着技术的不断发展和应用，金融机构需要不断创新，加速数字化转型，提高服务水平和增强客户体验，适应新的市场环境和客户需求，从而保持竞争力和盈利能力。

技术驱动的金融变革是当今金融行业的重要发展方向。通过提高金融服务的便捷性和普惠性、催生创新型金融产品和服务、促进金融市场的全球化和数字化等方式，技术驱动的金融变革可以为金融行业的转型升级和创新发展提供新的动力及机遇。

1.科技发展对金融产业的影响

科技对金融产业的影响深远而广泛，呈现出多方面的变革与创新。科技在金融领域推动了金融服务的数字化转型。随着信息技术的不断发展，金融机构转向数字化平台以提供更高效、更便捷的服务。这种数字化转型不仅改变了金融产品和服务的形态，也使金融市场更加开放和透明，促进了金融市场的发展。

科技的发展促进了金融行业的创新与发展。金融科技的兴起为传统金融业带来了全新的竞争格局和商业模式。通过采用云计算、大数据分析、人工智能等技术，金融科技公司能够提供更加个性化、高效率的金融服务，如智能投顾、在线支付、P2P借贷等。这些创新不仅改变了金融服务的传统模式，也拓展了金融市场的边界，促进了金融业的发展。

科技的发展加速了金融业务的全球化和融合。随着互联网和信息技术的发展，金融交易和资金流动变得更加便捷和迅速。金融机构能够利用全球化的网络进行跨境交易与合作，提高了金融市场的流动性和效率，推动了全球金融市场的一体化发展。同时科技的发展也催生了新的金融业务模式，如区块链技术在金融领域的应用，出现了分布式账本技术，可以实现去中心化的数字货币交易和智能合约，为金融市场的创新和发展提供了新的可能性。

科技对金融产业的影响是多方面的，不仅推动了金融服务的数字化转型，也促进了金融行业的创新与发展，同时加速了金融业务的全球化和融合。随着科技的不断进步，金融产业将继续迎来更多的变革和创新，为经济社会的发展提供更加稳健和高效的金融服务。

2.技术创新带来金融业务模式变革

金融业务模式的变革与技术创新息息相关。科技金融的兴起标志着金融行业正在经历一场深刻的变革，这种变革在很大程度上受益于科技的迅猛发展。传统的金融业务模式通常面临诸多挑战，如高昂的交易成本、低效的结算系统以及信息不对称等问题，这些问题限制了金融服务的普及和效率的提高。随着技术的不断进步，新的金融业务模式正在不断涌现，为金融行业带来了新的机遇和挑战。

科技创新为金融业务模式的变革提供了强大的支撑。例如，区块链技术的出现使金融交易的去中心化成为可能，大大降低了交易成本和提高了交易效率。人工智能技术的应用使金融机构能够更好地进行风险管理和数据分析，提高了金融服务的质量和可靠性。

科技金融的发展推动了金融服务的创新和普及。传统金融业务往往需要依靠银行等传统金融机构，而科技金融的发展使金融服务变得更加便捷和灵活。移动支付、互联网借贷等新型金融服务的出现，改变了人们的消费习惯和理财方式，使金融服务更加贴近人们的生活。

科技金融的发展带来了一系列新的挑战和风险。例如，网络安全、隐私保护等问题成为金融行业面临的重要挑战，需要金融机构和监管部门加强监管和技术投入。同时，科技金融的发展也可能使金融市场的不稳定性加剧，需要采取有效的措施加以应对。

科技创新正在深刻地改变着金融业务模式，为金融行业带来了新的机遇和挑战。随着科技金融的不断发展，金融行业将迎来更加丰富和多样化的金融服务，同时也需要金融机构和监管部门密切合作，共同应对新的挑战和风险，推动金融行业持续健康发展。

二、科技创新的定义与发展

（一）科技创新的内涵

1.创新的概念及分类

创新指对现有事物进行改变和变革，是创造新价值或提高效率的过程。创新的范围十分广泛，涵盖了从产品、服务到组织和管理等方面。在科技金融领域，创新更多地表现为将前沿科技与金融业务相结合，以提升金融服务效率和质量，拓展金融边界，满足不断变化的市场需求。

科技金融领域的创新可以从技术层面进行分类。这包括利用互联网、大数据、人工智能等前沿技术，开发出新型金融产品和服务，如数字货币、智能投顾等。通过技术创新，金融机构能够更好地了解客户需求，提供个性化的金融解决方案，同时实现金融服务的在线化和智能化，提升用户体验。

科技金融的创新可以从业务模式的角度进行分类。传统金融业务通常需要借助线下渠道，而科技金融则将更多的业务转移到了线上平台，实现了金融服务的全时、全地点覆盖。一些新兴的金融模式，如P2P网络借贷、区块链等为金融市场带来了全新的发展方向，促进了金融市场的多元化和去中心化。

科技金融领域的创新可以从金融产品和服务的角度进行分类。科技金融时代涌现出了诸如移动支付、虚拟信用卡、智能保险等一系列新型金融产品和服务，满足了人们日益增长的金融需求。这些产品和服务以其便捷、高效的特点，深受消费者欢迎，推动了金融市场的发展和规模的壮大。

科技金融领域的创新呈现出多样化和多层次的特点。通过不断引入前沿科技，创新金融业务模式，以及开发新型金融产品和服务，科技金融行业能够不断满足市场需求，推动金融市场的发展和进步。随着科技的不断进步和金融市场的不断发展，相信科技金融领域的创新将会有更加广阔的发展前景。

2.科技创新的定义与特征

科技创新是指利用科学技术以及相关知识和经验，开发出新的产品、服务或生产方法，以满足人们的需求并提升生产力。科技创新具有多个特征，包括创新性、前瞻性、可持续性和跨学科性等。

科技创新具有创新性。它要求在现有知识基础上进行突破性发展，创造出新的理念、技术或产品。这种创新性包括技术创新、商业模式创新以及组织管理创新等，通过不断地创新，推动科技进步和社会发展。

科技创新具有前瞻性。它需要对未来发展趋势进行深入分析和预测，寻找具有长期影响力的创新方向。科技创新不仅关注当前的需求和问题，更注重未来的发展潜力和可能性，通过提前介入和布局，实现领先于市场的竞争优势。

科技创新具有可持续性。它要求不断地进行研发和改进，保持创新活力和持续竞争优势。科技创新不是一次性事件，而是一个持续的过程，需要不断地投入资源和精力，以保持创新能力和市场竞争力。

科技创新具有跨学科性。它需要跨越不同学科和领域的界限，将多种技术和知识进行整合与创新。科技创新往往涉及多个交叉领域，需要不同专业人士的合作和协同，以实现创新成果的最大化和最优化。

科技创新是利用科学技术开发新产品、服务或方法的过程，具有创新性、前瞻性、可持续性和跨学科性等特征。科技创新在推动社会经济发展和提升人民生活水平方面具有重要作用，是推动人类进步的重要动力。

（二）科技创新的推动因素

科技创新在金融科技领域的推动往往会受到多种因素的影响。数字化和信息技术的迅猛发展为金融科技的兴起提供了坚实基础。随着互联网的普及和移动互联网技术的发展，人们的生活和工作方式发生了巨大变化，金融服务将向数字化、在线化的方向发展。信息技术的广泛应用，如大数据、人工智能、区块链等，为金融科技创新提供了丰富的技术手段和工具。

市场竞争和需求驱动是促进金融科技创新的重要因素。随着金融市场竞争的加剧和金融消费者需求的多样化，传统金融机构将面临更大的压力和挑战，必须不断提升服务水平和创新能力以满足客户需求。在这种市场环境下，金融科技公司和初创企业利用技术优势和灵活性，不断推出新的金融产品和服务，满足市场需求，获取竞争优势。

政策支持和监管环境对金融科技创新起到了重要推动作用。一是政府部门和监管机构通过出台相关政策、法规和指导意见，积极支持金融科技发展，为金融科技企业提供发展空间和政策红利。二是加强监管和监督，规范金融科技行业的发展，促进金融科技创新的健康发展。

人才和资本的支持是金融科技创新的重要因素。金融科技领域需要通过具备丰富技术和金融知识的人才来支撑创新的实施与推广，而人才的储备和培养则需要长期的投入与积累。资本的支持是金融科技企业进行创新研发和市场推广的重要保障，资本的投入和市场资金的流动为金融科技创新提供了必要的动力与资源支持。

国际合作和经验分享对金融科技创新发挥着积极作用。金融科技行业具有强烈的全球化特征，各国之间的交流与合作可以促进金融科技创新的交流与学习，加速技术和经验的传播与应用。通过国际间的合作和经验分享，金融科技企业可以更好地借鉴和吸收先进经验与技术，提升自身创新能力和竞争力。

金融科技创新的推动因素包括数字化和信息技术的发展、市场竞争和需求驱动、政策支持和监管环境、人才和资本的支持、国际合作和经验分享等多个方面。这些因素相互作用、相互促进，共同推动着金融科技创新的不断发展和进步，为金融行业的转型升级和服务升级提供了有力支撑。

1.政策支持

政策对科技金融的支持是推动金融产业变革和创新的重要力量。政府通过制定并实施的政策措施可以促进科技金融的发展，推动其在经济中的广泛应用。政策支持可以为科技金融企业提供发展的良好环境和条件。政府可以通过税收优惠、创业基金等方式支持科技金融企业的创新和发展，降低其创业成本，激励企业加大技术研发和创新投入力度。

政策支持可以加大科技金融的监管与规范力度。科技金融领域的创新和发展往往伴随着新的风险与挑战，政府需要及时调整和完善监管政策，保障金融市场的稳定和安全。政府可以建立科技金融监管机构，加强对科技金融企业的监管与指导，规范其业务行为，防范金融风险，维护金融市场的稳定和健康发展。

政策支持可以促进科技金融的国际交流与合作。政府可以通过建立国际合作机制、推动国际标准的制定与认证等方式促进科技金融领域的国际交流与合作，吸引国际资本和人才参与科技金融的发展，推动科技金融在国际市场的拓展和应用，提升我国在全球科技金融领域的影响力和竞争力。

政策支持是推动科技金融发展的重要保障和推动力量。政府应积极制定和实施政策措施，为科技金融企业提供良好的发展环境和条件，规范科技金融市场秩序，促进科技金融的国际交流与合作，推动科技金融在我国经济发展中的广泛应用，为经济转型升级和高质量发展提供有力支撑。

2.资金投入

资金投入对科技金融的发展至关重要。科技金融作为一个新兴领域，需要大量的资金支持来推动技术创新和业务发展。资金投入不仅可以用于研发新技术、建设金融基础设施，还可以用于市场推广、人才培养等方面，从而推动科技金融行业的快速发展。

资金投入是推动科技金融技术创新的重要保障。在科技金融领域，技术创新是推动行业发展的核心驱动力。大量的资金投入可以支持科技企业进行基础研究和应用开发，推动新技术、新产品的不断涌现。区块链技术、人工智能技术等在金融领域的广泛应用，正是得益于资金的大量投入。

资金投入可以帮助建设完善的金融基础设施。科技金融需要建立起安全、高效的金融基础设施，包括支付系统、结算系统、风险管理系统等。这些基础设施的建设需要大量的资金投入，以确保金融服务的顺畅进行。移动支付、电子银行等新型金融服务的普及，得益于对金融基础设施的不断完善和更新。

资金投入可以用于市场推广和用户培育。科技金融的发展需要建立起广泛的用户群体，吸引更多的用户来使用新型金融服务。资金投入可以用于市场营销、用户培训等方面，提高用户对科技金融的认知水平和接受程度。互联网借贷平台通过大规模的市场推广和用户培育，可以迅速吸引大量的用户，进而推动互联网借贷行业的快速发展。

资金投入是推动科技金融发展的重要动力。只有通过大量的资金投入，才能够支持技术创新、建设金融基础设施、推动市场推广等，从而促进科技金融行业的快速发展。未来，我们需要进一步加大对科技金融的资金投入力度，为行业的长期健康发展奠定坚实的基础。

第二节　科技金融与创新对经济的影响

一、科技金融对经济的影响

（一）科技金融的贡献

1.促进金融服务创新

金融服务创新是科技金融领域的核心使命之一。通过充分发挥科技的优势，不断探索创新路径，可以有效促进金融服务的创新，从而提升金融体系的效率、普惠性和安全性。

通过引入前沿科技手段，科技金融实现了金融服务的数字化和智能化。互联网、大数据和人工智能等技术的应用使金融服务更加便捷高效。通过移动端和在线平台，用户可以随时随地获取各类金融服务，无须受制于传统银行的营业时间和地点。大数据技术的运用使金融机构能够更加准确地了解客户需求，为客户提供个性化的金融产品和服务。人工智能技术的发展不仅带来了智能客服、智能投顾等新型服务，还推动了风险管理和反欺诈等方面的创新，提高了金融服务的安全性和可靠性。

科技金融通过打破传统金融模式，拓展了金融服务的边界，创造了更加多样化的金融产品和服务。传统金融服务通常依赖银行和证券等传统金融机构，服务范围有限。科技金融的发展使金融服务不再受制于传统金融机构，新兴的金融科技公司、互联网企业等也可以提供金融服务，促使金融市场的竞争更加激烈，为用户提供了更多选择。P2P网络借贷平台、数字货币交易平台等新型金融服务机构的兴起，为用户提供了更加灵活、多样化的金融产品和服务，丰富了金融市场的产品结构。

科技金融通过不断创新金融产品和服务，满足了不同用户群体的金融需求，提升了金融服务的普惠性。传统金融服务通常偏向高端客户，对一些小微企业和普通民众来说，金融服务的获取较为困难，而科技金融的发展改变了这一现状，通过互联网、移动支付等技术，使金融服务更加普及化。移动支付、数字货币等新型支付方式的普及，为广大民众提供了更加便捷的支付手段；P2P网络借贷平台的发展，为小微企业提供了更加灵活、便利的融资渠道。这些创新金融产品和服务，有效地提升了金融服务的普惠性，推动了金融服务的进一步普及和发展。

科技金融的发展为促进金融服务创新提供了广阔的空间和机遇。通过引入前沿科技、拓展金融服务边界、创新金融产品和服务等手段，科技金融可以不断满足不同用户群体的金融需求，提升金融服务的普惠性、便捷性和安全性，推动了金融服务的创新和发展。随着科技的不断进步和金融市场的不断发展，相信科技金融将会继续发挥重要作用，为金融服务创新带来更多的可能性和机遇。

2.优化金融资源配置

优化金融资源配置是指通过科技金融手段，提高金融资源的配置效率和精准度，促进金融资源向实体经济和社会发展的有效流动。科技金融在优化金融资源配置中具有重要作用，主要体现在以下几个方面。

科技金融可以通过数据技术优化金融资源配置。利用大数据、人工智能等技术，金融机构可以对客户的信用、风险等进行更加全面、深入的分析和评估，从而实现更精准的资金定向配置，提高金融服务的效率和质量。

科技金融可以通过创新金融产品和服务优化金融资源配置。借助区块链、云计算、智能合约等新技术，金融机构可以开发出更加灵活、高效的金融产品，满足不同客户群体的需求，实现更加多样化、个性化的资金配置，提高金融资源的利用效率。

科技金融可以通过强化金融市场机制优化金融资源配置。通过建立更加开放、透明、公平的金融市场，科技金融可以吸引更多的资金参与者，提高金融市场的竞争性和效率，促进资金向风险偏好、效率较高的领域和项目倾斜，实现金融资源的合理配置。

科技金融可以通过强化金融监管和风险管理优化金融资源配置。利用监管科技、风险管理模型等工具，监管部门和金融机构可以更加及时、准确地发现和防范金融风险，保护金融资源的安全和稳定，为金融市场的健康发展提供保障。

科技金融在优化金融资源配置方面具有重要意义，可以通过数据技术优化金融资源配置、创新金融产品和服务、优化金融市场机制以及强化金融监管和风险管理等途径，实现金融资源的高效配置，促进经济社会的可持续发展。

（二）科技金融发展对经济结构的影响

科技金融发展对经济结构产生了深远影响。随着科技金融的不断发展和普及，金融服务的提供方式、金融产品的创新、金融市场的变革等方面都会发生重大变化，从而对经济结构产生多方面的影响。

科技金融发展推动了金融服务的数字化和普及。通过互联网和移动技术等科技手段，金融机构可以实现线上金融服务的提供，用户可以随时随地通过手机或电脑进行查询和金融交易。这种数字化的金融服务模式不仅提高了金融服务的便捷性和效率，也降低了金融服务的成本，从而促进了金融服务的普及和可及性。

科技金融发展推动了金融产品和服务的创新。通过区块链、人工智能、大数据等前沿技术的应用，金融机构可以开发出更加多样化和个性化的金融产品及服务，满足不同客户群体的需求。智能投顾、P2P借贷、数字货币等新型金融产品的出现，为用户提供了更多选择，推动了金融市场的创新和发展。

科技金融发展促进了金融市场的全球化和国际化。随着信息技术和通信技术的发展，金融市场之间的联系更加紧密，资金和信息可以在全球范围内自由流动。国际金融市场的互联互通促进了全球经济的一体化和发展，为企业提供了更广阔的融资渠道和投资机会，促进了国际贸易和投资的增长。

科技金融发展对金融体系的稳定性和风险管理提出了新挑战。随着金融科技的发展，金融机构面临越来越多的网络安全威胁和风险。金融数据的泄露、交易系统的故障等问题可能导致出现金融体系的系统性风险和稳定性问题。因此，金融监管部门需要加强对科技金融的监管和风险管理，确保金融体系的稳定和安全。

科技金融发展对经济结构产生了深远影响。通过数字化和普及金融服务、推动金融产品和服务创新、促进金融市场全球化等方面的作用，科技金融推动了经济结构的转型和升级，为经济发展提供了新的动力和机遇。同时，金融监管部门也需要认识到科技金融带来的新挑战和风险，加强监督和风险管理，确保金融体系的稳定和安全。

1.推动产业升级与转型

科技金融发展对产业升级与转型发挥了重要作用。它为传统产业注入了新的活力和动力，推动了产业的数字化、智能化和信息化转型。科技金融发展可以为传统产业提供融资支持。传统产业在转型升级过程中需要大量资金投入，而传统金融体系往往难以满足其需求。通过创新金融产品和服务，科技金融发展为传统产业提供了更加灵活、多样化的融资渠道，降低了融资成本，促进了产业的发展。

科技金融发展可以提升产业的运营效率和管理水平。通过采用大数据分析、人工智能等技术，科技金融可以帮助企业更好地了解市场需求、优化生产流程、提高供应链管理效率，从而提升产业的整体运营效率和管理水平，降低生产成本，提高竞争力。

科技金融发展可以促进产业的创新与升级。传统产业在面临市场竞争和技术变革的压力下，需要不断进行技术创新和产品升级，以适应市场需求。科技金融发展通过创新金融产品和服务，可以为企业提供更多的创新动力和资金支持，推动产业的技术创新和产品升级，提高产业的附加值和竞争力。

科技金融发展可以促进产业间的协同发展和合作。通过金融创新，科技金融的发展可以实现产业链上下游的资源整合和优化配置，促进产业间的协同发展和合作，形成产业生态链，提高整个产业链的效率和竞争力，推动产业的升级与转型。

科技金融发展对产业升级与转型发挥了重要作用。它为传统产业提供融资支持，提升产业的运营效率和管理水平，促进产业的创新与升级，推动产业间的协同发展和合作，进而为产业的转型升级提供了有力支持和保障。

2.改变传统金融业态

创新型企业与经济发展之间存在密切的关系。创新型企业是经济发展的重要推动力量，通过不断引入新技术、新产品、新服务，推动产业升级和经济结构优化。同时经济发展也为创新型企业提供了广阔的市场空间和良好的发展环境，促进其持续成长。

创新型企业对经济发展具有重要的推动作用。这些企业往往致力于研发和应用新技术，推动科技进步和产业升级。通过不断创新，它们能够开发出更加高效、环保、智能的产品和服务，提高整个产业的竞争力和效率，从而推动经济的健康发展。

经济发展为创新型企业提供了广阔的市场机遇和良好的发展环境。随着经济的快速增长，市场需求不断扩大，为创新型企业提供了巨大的市场空间。政府制定的产业政策和支持措施为创新型企业提供了良好的政策环境与资源保障，激发了企业的创新活力。

创新型企业能够带动就业增长和人才培养，促进经济社会的全面发展。这些企业通常对人才需求较高，吸引了大量优秀人才加入，推动了人才的流动和交流，提升了整个产业的创新能力和竞争力。同时创新型企业的发展还能够带动相关产业链的发展，促进经济结构的优化和升级。

创新型企业与经济发展之间相辅相成、相互促进。经济发展为创新型企业提供了良好的市场环境和政策支持，为其持续发展提供了有力保障；创新型企业通过不断创新和发展，为经济增长注入新的活力和动力，推动经济实现高质量发展。未来，我们需要进一步加强对创新型企业的支持和培育，激发其创新创业活力，推动经济实现可持续发展。

二、科技创新对经济的影响

（一）科技创新对经济结构的重塑

1.新兴产业崛起与老旧产业淘汰

新兴产业的崛起和老旧产业的淘汰是经济发展的常态。科技金融的发展在这一过程中扮演着关键的角色，通过促进新兴产业的发展和老旧产业的转型升级，推动经济结构的优化和更新。

新兴产业的崛起源自科技创新的推动。随着科技的不断进步，新技术、新业态不断涌现，为新兴产业的发展提供了有力支撑。人工智能、大数据、物联网等前沿技术的应用，推动了新兴产业如智能制造、"互联网+"、生物技术等的迅速崛起。通过为新兴产业提供融资支持、投资机会和金融服务，科技金融的发展加速了新兴产业的发展，促进了经济的创新和增长。

老旧产业的淘汰是经济结构调整的必然结果。随着经济发展和科技进步，一些传统产业面临着市场竞争力下降、技术更新换代不及等问题，逐渐被淘汰。传统制造业、传统零售业等行业受到新兴产业的冲击，市场份额逐渐萎缩。通过为老旧产业提供转型升级的资金支持和金融创新，科技金融的发展帮助传统产业实现技术升级、业态转型，提高竞争力和生产效率，延续其发展活力。

新兴产业的崛起和老旧产业的淘汰形成了经济结构的动态平衡。新兴产业的崛起带动了经济增长和就业机会的增加，为经济发展注入了新的动力。同时老旧产业的淘汰释放了资源和市场空间，为新兴产业的发展提供了更多机会和条件。科技金融作为连接新兴产业和资本市场的桥梁，促进了新兴产业的蓬勃发展，同时也为老旧产业的转型与升级提供了必要的支持和保障。

科技金融在新兴产业崛起和老旧产业淘汰的过程中发挥着至关重要的作用。通过为新兴产业提供融资支持和金融服务，科技金融的发展加速了新兴产业的发展；通过为老旧产业提供转型升级的资金支持和金融创新，科技金融的发展延续了传统产业的发展活力。科技金融连接着经济发展的过去与未来，为经济结构的优化和更新注入了新的活力与动力。

2.经济发展方式的转变

经济发展方式的转变是指经济在长期发展中由过去的简单粗放型向现代化、高效率方式演进的过程。科技金融在这一转变过程中扮演着重要角色，其作用主要体现在以下几个方面。

科技金融推动了经济结构的优化升级。通过对金融科技的应用，促进了传统产业向现代化、智能化方向转型升级，推动了经济结构向高端制造、高新技术产业、服务业等高附加值领域转变。这种转变不仅提升了经济整体效益，还推动了经济增长质量的提升。

科技金融助力了创新驱动发展。科技金融创造了更加便捷、高效的金融服务模式，为创新型企业提供了更多融资渠道和投资机会。通过金融科技的支持，创新企业能够更加顺利地获得资金支持，推动了科技创新成果的转化和产业化，为经济发展注入了新的动力。

科技金融促进了金融服务普惠和精准化。通过金融科技手段，金融服务可以覆盖更广泛的群体和地区，提高了金融服务的普及程度。同时科技金融还能够通过大数据分析、人工智能等技术手段实现对客户需求的精准识别和个性化服务，满足不同群体的特殊需求，推动金融资源的优化配置和有效利用。

科技金融推动了金融监管的升级和改革。随着金融科技的发展，监管部门可以更加及时、全面地监测金融市场的运行情况，发现和防范金融风险。同时科技金融还可以通过区块链、智能合约等技术手段提升金融交易的透明度和安全性，提高金融市场的稳定性并使其健康发展。

科技金融在经济发展方式转变过程中发挥着重要作用。它推动了经济结构的优化升级，助力了创新驱动发展，促进了金融服务普惠和精准化，推动了金融监管的升级和改革。科技金融的发展不仅为经济转型升级提供了重要支持，也为经济的可持续发展奠定了坚实基础。

（二）科技创新对经济增长的驱动

科技创新对经济增长的驱动是金融科技领域不可忽视的重要因素。科技创新在不断推动着经济的发展和变革，而金融科技作为科技创新的重要应用领域之一，对经济增长的驱动作用尤为突出。

金融科技的发展推动了金融行业的转型升级，促进了经济结构的优化和升级。传统金融服务模式受限于时间、空间和成本等因素，无法满足现代经济发展的需求。金融科技的出现使金融服务更加普惠、便捷和高效，为各类企业和个人提供了更多元化的金融产品和服务，推动了经济的多元化发展和产业结构的优化。

金融科技的发展促进了金融服务的创新和提质增效，为经济增长提供了强大的支撑和动力。通过对大数据分析、人工智能、区块链等先进技术的应用，金融科技可以提高金融服务的效率和精准度，降低金融交易和运营成本，推动金融业务的创新和发展，进而促进经济的增长和竞争力的提升。

金融科技的发展促进了金融市场的国际化和全球化，为经济增长提供了更广阔的空间和更多的机遇。随着信息技术的发展和应用，金融市场日益趋向全球化和互联化，不同国家和地区的金融机构与企业可以通过金融科技平台开展跨境支付、融资、投资等业务，促进了国际贸易和资本流动，为经济增长提供了更多的动力。

金融科技的发展有助于提升金融监管和风险管理的能力，进而为经济稳健增长提供保障。通过大数据分析、监测预警等技术手段，金融监管部门可以实现对金融市场的实时监控和风险评估，及时发现和应对金融风险，维护金融市场的稳定和健康发展，进而为经济的持续增长提供有力的保障。

科技创新对经济增长的驱动在金融科技领域得到了充分体现。金融科技的发展不仅推动了金融行业的转型升级，促进了金融服务的创新和提质增效，还促进了金融市场的国际化和全球化，提升了金融监管和风险管理的能力，为经济增长提供了强大的支撑和动力。随着科技的不断进步和应用，金融科技的发展将继续发挥重要的作用，为经济的持续健康增长提供更加稳固的基础和动力。

1.技术创新与生产力提升

科技金融对技术创新与生产力提升具有重要意义。它为创新型企业提供了资金支持和金融服务，促进了技术创新的推广和应用。科技金融的发展为创新型企业提供了更加灵活和多样化的融资渠道，降低了创新成本，增加了创新动力。通过金融创新，科技金融的发展可以提供更加个性化和定制化的金融产品和服务，满足创新型企业多样化的融资需求，进而推动技术创新的快速发展。

科技金融通过大数据分析、人工智能等技术手段，为企业提供了更加精准和个性化的风险评估与信用评价，降低了金融交易的风险，增强了金融服务的可靠性和可信度。科技金融可以实现全流程的自动化和智能化，提高了金融服务的效率和便捷程度，为企业提供了更加便利和高效的金融服务，推动了生产力的提升。

科技金融可以促进产业的协同发展和合作。通过金融创新，科技金融可以实现产业链上下游的资源整合和优化配置，促进了产业的协同发展和合作，形成了产业生态链，推动了产业的升级与转型。科技金融可以实现跨界合作和跨行业合作，促进了不同领域之间的技术交流和资源共享，推动了产业的创新与发展。

科技金融对技术创新与生产力提升具有重要意义。它为创新型企业提供了资金支持和金融服务，促进了技术创新的推广和应用；通过金融创新，提高金融服务的效率和便捷程度，推动了生产力的提升；促进产业的协同发展和合作，推动了产业的升级与转型。

2.创新型企业与经济发展的关系

创新型企业与经济发展之间存在密切的关系。创新型企业是经济发展的重要推动力量，它们通过不断引入新技术、新产品、新服务，推动产业升级和经济结构优化。同时，经济发展也为创新型企业提供了广阔的市场空间和良好的发展环境，促进其持续成长。

创新型企业对经济发展具有重要的推动作用。这些企业往往致力于研发和应用新技术，推动科技进步和产业升级。通过不断创新，它们能够开发出更加高效、环保、智能的产品和服务，提高整个产业的竞争力和效率，从而推动经济的健康发展。

经济发展为创新型企业提供了广阔的市场机遇和良好的发展环境。随着经济的快速增长，市场需求不断扩大，为创新型企业提供了巨大的市场空间。同时，政府制定的产业政策和支持措施也为创新型企业提供了良好的政策环境和资源保障，激发了企业的创新活力。

创新型企业能够带动就业增长和人才培养，促进经济社会的全面发展。这些企业通常对人才需求较高，吸引了大量优秀人才加入，推动了人才的流动和交流，提升了整个产业的创新能力和竞争力。同时，创新型企业的发展还能够带动相关产业链的发展，促进经济结构的优化和升级。

创新型企业与经济发展之间相辅相成、相互促进。经济发展为创新型企业提供了良好的市场环境和政策支持，为其持续发展提供了有力保障；创新型企业通过不断创新和发展，为经济增长注入新的活力和动力，推动经济实现高质量发展。未来，我们需要进一步加强对创新型企业的支持和培育，激发其创新创业活力，推动经济实现可持续发展。

第三节　研究方法与数据收集

一、科技金融的研究方法

（一）定性研究方法

1.访谈调查

访谈调查作为定性研究方法在科技金融领域具有重要意义。通过与相关从业者、专家或用户进行深入交流和沟通，获取他们的观点、见解和经验，从而深入了解科技金融领域的现状、问题和发展趋势。

访谈调查可以帮助研究者深入了解科技金融领域的现实情况。通过与金融机构的管理者、科技企业的创始人、投资者等相关人士进行访谈，研究者可以了解到他们对科技金融的认知、态度和实践经验。这有助于研究者全面把握科技金融行业的发展现状，发现其中存在的问题和面临的挑战。

访谈调查有助于揭示科技金融领域的潜在问题和瓶颈。通过与行业专家和从业者的交流，研究者可以了解到科技金融领域存在的各种问题，如安全风险、监管障碍、技术创新不足等。这有助于研究者深入分析科技金融行业的发展瓶颈，寻找解决问题的有效途径和对策。

访谈调查可以发掘科技金融领域的发展机遇和趋势。通过与行业专家和领军企业的交流，研究者可以了解到科技金融领域的新技术、新模式和新业务，以及它们对未来发展的影响和趋势。这有助于研究者把握科技金融行业的发展方向，预测未来的发展趋势，为相关企业和政策制定者提供决策参考。

访谈调查作为定性研究方法在科技金融领域具有重要作用。通过与相关人士的深入交流和沟通，可以帮助研究者深入了解科技金融行业的现状、问题和发展趋势，揭示其中的问题和瓶颈，发掘发展机遇和趋势，为相关企业和政策制定者提供决策参考，推动科技金融行业的健康发展。

2.问卷调查

问卷调查是一种常见的定性研究方法，用于了解人们对特定主题或问题的看法、态度和行为。在科技金融领域，问卷调查被广泛运用于探索用户对科技金融产品和服务的认知、需求以及体验。

问卷调查的第一步是设计问卷，包括选择适当的问题类型、设计问题顺序和选项，以及确定调查对象。设计问卷时，需要充分考虑研究目的和问题的具体特点，确保问题清晰明了，避免引导性和歧义性。在科技金融领域，问卷调查通常涉及用户对移动支付、P2P网络借贷、数字货币等新型金融产品和服务的认知及态度。

接下来是实施问卷调查，通常通过线上或线下的方式向目标群体发送问卷，并收集回复。在科技金融领域，可以通过互联网平台、移动应用等渠道进行问卷调查，以获取更广泛的样本和更丰富的数据。在实施过程中，需要注意保障调查对象的隐私和数据安全，确保数据的真实性和可信度。

完成数据收集后，需要对数据进行整理、分析和解读。通过统计分析和描述性分析，可以了解样本的基本情况和主要趋势。在科技金融领域，可以通过问卷调查了解用户对不同科技金融产品和服务的偏好与使用习惯，发现用户需求和痛点，为金融机构提供改进和优化的方向。

另外，需要根据调查结果撰写报告或论文，总结研究发现并提出相应的建议和改进措施。在科技金融领域，问卷调查的研究成果可以为金融机构在营销策略、产品设计和服务改进方面提供参考，促进科技金融行业的健康发展。

问卷调查是一种常用的定性研究方法，在科技金融领域具有重要的应用价值。通过问卷调查，可以深入了解用户对科技金融产品和服务的认知与态度，为金融机构提供科学依据和决策支持，进而推动科技金融行业的发展和进步。

（二）定量研究方法

1.统计分析

定量研究方法在科技金融领域的应用具有重要的意义。通过统计分析，研究人员可以对科技金融的各种现象和问题进行量化及分析，揭示其内在规律和特点，为决策制定者提供科学依据。

　　定量研究方法可以帮助研究人员对科技金融市场进行数据分析和趋势预测。通过收集和整理大量的市场数据，研究人员可以运用统计分析方法，对市场的供需关系、价格变动趋势等进行量化分析，揭示市场的发展规律和特点，为投资者和政策制定者提供参考。

　　定量研究方法可以帮助研究人员评估科技金融产品和服务的效果及影响。通过实证研究和统计分析，研究人员可以对科技金融产品和服务的使用情况、用户满意度、市场影响等方面进行量化评估，发现其中的优势和不足，为企业改进产品和服务提供依据，提高市场竞争力。

　　定量研究方法可以帮助研究人员分析科技金融政策的效果和影响。政府制定和实施的科技金融政策对市场有着重要影响，通过定量研究方法，研究人员可以对政策的实施效果进行量化评估，了解政策对市场的影响程度和效果，为政府及时调整和改进政策提供依据。

　　定量研究方法在科技金融领域的应用具有重要的意义。它可以帮助研究人员对科技金融市场进行数据分析和趋势预测，评估科技金融产品和服务的效果及影响，分析科技金融政策的效果和影响，为决策提供科学依据，促进科技金融领域的进步和发展。

　　2.数据分析技术

　　数据分析技术在科技金融领域的应用具有重要意义。定量研究方法是一种科学、系统的分析手段，通过对大量数据进行收集、整理、分析和解释，来揭示事物之间的内在关系和规律。在科技金融领域，数据分析技术和定量研究方法的结合，能够为金融决策提供科学依据，提高金融服务的效率和质量。

　　数据分析技术在科技金融中的应用有助于人们深入了解市场和客户需求。通过收集和分析大量的金融数据，可以揭示市场的变化趋势、客户的行为偏好和风险特征，帮助金融机构更好地把握市场动态，调整业务策略，提供更加个性化和精准的金融服务。

　　数据分析技术可以提高金融风险管理的效率和精准度。金融市场的波动和风险是不可避免的，而数据分析技术可以帮助金融机构及时发现和识别潜在风险因素，预测市场走势和风险事件的发生概率，从而制定相应的风险管理策略，降低金融风险带来的损失。

数据分析技术可以提高金融服务的个性化和智能化水平。通过对客户数据的分析，金融机构可以更好地了解客户的需求和偏好，为客户提供个性化的金融产品和服务。同时数据分析技术还可以应用于智能化金融产品的开发和设计中，提高金融服务的智能化程度，提升用户体验和满意度。

数据分析技术可以促进科技金融行业的创新和发展。通过对大数据、人工智能、区块链等前沿技术的研究和应用，可以开发出更加高效的金融产品及服务，推动金融行业的数字化转型和技术升级，助力金融行业实现可持续发展。

数据分析技术和定量研究方法在科技金融领域的应用具有重要意义。它们可以帮助金融机构深入了解市场和客户需求，提高金融风险管理的效率和精准度，促进金融服务的个性化和智能化，推动金融行业的创新和发展。未来，我们需要进一步加强对数据分析技术和定量研究方法的研究和应用，不断提升科技金融服务的水平和质量。

二、科技金融数据收集

（一）数据来源

1.金融市场数据

金融市场数据在科技金融领域中扮演着至关重要的角色。这些数据是金融机构、投资者和政策制定者进行决策与分析的基础，也是科技金融创新的重要依托。

金融市场数据为科技金融行业提供了重要的信息基础。这些数据涵盖了股票、债券、外汇等多个金融资产的价格、成交量、波动率等信息，以及宏观经济指标、企业财务数据等。通过对这些数据的分析和挖掘，科技金融从业者可以更好地了解市场行情和变化趋势，把握投资机会，进行风险管理，提升投资收益。

金融市场数据为科技金融领域的创新提供重要支持。科技金融创新往往依赖大数据、人工智能、区块链等先进技术的运用，而金融市场数据是这些技术的重要输入源。通过对金融市场数据的采集、清洗、分析和建模，科技金融从业者可以开发出各种金融科技产品和服务，如智能投顾、量化交易、风险评估模型等，提升金融服务的智能化、个性化和便捷化水平。

金融市场数据为科技金融行业的监管和政策制定提供了重要依据。监管机构和政府部门需要通过对金融市场数据的监测与分析，了解金融市场的运行状况和风险情况，及时发现和防范系统性风险，保护投资者的合法权益，维护金融市场的稳定并促进其健康发展。同时，政府部门还可以通过对金融市场数据的分析，制定相关政策和措施，促进科技金融行业的发展，推动金融服务的创新和升级。

金融市场数据在科技金融领域中具有重要意义。它为科技金融从业者提供了信息基础，支持科技金融领域的创新发展，为监管机构和政府部门提供了监管和制定政策的依据。随着科技的不断进步和金融市场的不断发展，相信金融市场数据在科技金融领域发生的作用会进一步突显，为金融行业的持续创新和发展注入新的活力。

2. 科技行业数据

科技行业数据是指在科技领域产生的各种信息和数字资料。这些数据涵盖了科技产业的各个方面，包括科技企业的经营状况、技术研发成果、市场需求和趋势等内容。科技行业数据对科技金融领域具有重要意义，可以为金融机构提供决策支持和风险评估，推动科技金融服务的创新和发展。

科技行业数据为金融机构提供了丰富的信息资源。通过收集和分析科技行业数据，金融机构可以了解科技企业的发展现状、市场竞争格局和未来趋势，从而更准确地评估投资价值和风险水平。同时，科技行业数据还可以为金融机构提供进行市场定位和产品创新的参考依据，帮助其更好地满足科技企业和创新型企业的金融服务需求。

科技行业数据为金融风险管理提供了重要支持。科技行业的发展具有高风险和高不确定性特点，金融机构在为科技企业提供融资支持时需要面对各种风险及挑战。通过分析科技行业数据，金融机构可以更好地识别和评估风险因素，制定有效的风险管理策略，降低金融风险和损失。

科技行业数据为金融创新提供了重要参考。科技金融作为金融服务与科技创新的结合，需要不断创新和提升服务水平。科技行业数据可以帮助金融机构发现科技趋势和创新方向，开发出符合市场需求的金融产品和服务，提升金融创新的效率和成功率。

科技行业数据可以促进金融机构与科技企业的合作与共赢。金融机构通过利用科技行业数据，可以更加深入地了解科技企业的需求和特点，为其量身定制金融服务方案，提供更加个性化和专业化的服务。这种合作模式有助于金融机构拓展科技金融业务范围，提升竞争优势，同时也可以促进科技企业的发展壮大。

科技行业数据对科技金融领域具有重要作用，可以为金融机构提供信息支持和决策参考，帮助其降低风险、促进创新、拓展业务，并促进金融机构与科技企业的合作与共赢。

（二）数据收集方法

1.数据抓取与爬虫技术

数据抓取与爬虫技术在科技金融领域的应用十分重要。通过数据抓取和爬虫技术，可以快速有效地收集金融市场、企业信息等大量数据，为金融决策者和风险管理者提供支持。

数据抓取与爬虫技术可以帮助金融机构收集市场信息和竞争对手动态。通过采用爬虫技术，金融机构可以实时抓取各大金融网站、新闻媒体等的数据信息，了解市场动态、行业趋势、竞争对手动向等，为金融机构制定投资策略、调整业务布局提供参考。

数据抓取与爬虫技术可以帮助金融机构进行风险管理与监控。通过收集金融市场、企业财务等方面的数据，金融机构可以建立起全面的风险模型和预警系统，及时发现和应对市场风险、信用风险等，保障金融市场的稳定和安全。

数据抓取与爬虫技术可以帮助金融机构进行精准营销与客户服务。通过分析大数据，金融机构可以了解客户需求、偏好等信息，精准推送个性化金融产品和服务，提高客户满意度和忠诚度，增加市场份额。

数据抓取与爬虫技术可以帮助监管机构进行金融市场监管。监管机构可以利用爬虫技术实时监控金融市场的交易数据、资金流动等情况，及时发现并处置市场异常情况，维护金融市场的稳定和健康发展。

数据抓取与爬虫技术在科技金融领域的应用具有重要意义。它可以帮助金融机构收集市场信息和竞争对手动态，进行风险管理与监控，实现精准营销与客户服务，促进金融市场监管，为金融业的发展和进步提供有力支持。

2.数据库查询与整合

数据库查询与整合在科技金融领域具有重要意义。科技金融是金融服务与科技创新的结合，大量的金融数据是科技金融运作的基础。数据库查询与整合技术可以帮助金融机构更好地管理和利用这些数据，从而提高金融服务的效率和质量。

数据库查询与整合技术可以帮助金融机构更好地管理和利用金融数据。金融领域涉及的数据种类繁多，包括客户信息、交易记录、市场数据等，这些数据分布在不同的系统和平台上。通过数据库查询与整合技术，可以将这些分散的数据进行整合和归纳，建立起统一的数据管理平台，为金融机构提供全面、准确的数据支持。

数据库查询与整合技术可以帮助金融机构进行数据分析和挖掘。金融数据蕴含着丰富的信息和价值，通过数据库查询与整合技术，可以对这些数据进行快速、灵活的查询和分析，挖掘出隐藏在数据中的规律和趋势，为金融决策提供科学依据和参考。

数据库查询与整合技术可以支持金融机构开发和应用智能化金融服务。通过对大数据的整合和分析，可以建立起智能化的金融服务平台，为客户提供个性化、精准的金融产品和服务。基于客户的交易和消费行为数据，企业可以开发出智能化的风险评估模型和财务规划工具，帮助客户更好地管理风险和财富。

数据库查询与整合技术可以帮助金融机构加强数据安全和隐私保护。金融数据的安全性和隐私性是金融机构面临的重要挑战，通过数据库查询与整合技术，可以建立起完善的数据安全管理体系，加强对敏感数据的保护和监控，防范数据泄露和滥用产生的风险。

数据库查询与整合技术在科技金融领域的应用具有重要意义。它可以帮助金融机构更好地管理和利用金融数据，支持数据分析和挖掘，促进智能化金融服务的发展，加强数据安全和隐私保护，推动科技金融行业的健康发展。未来，我们需要进一步加强对数据库查询与整合技术的研究和应用，不断提升金融服务的质量和水平。

第二章　科技金融创新的关键技术

第一节　科技金融创新的技术趋势

一、数字化金融服务与用户体验创新

（一）移动支付与无现金社会的趋势

1.移动支付技术的发展与安全性探讨

移动支付技术作为科技金融领域的重要组成部分，经历了长足的发展，并在日常生活中得到了广泛应用。随着移动支付技术的普及，人们也开始关注其安全性问题。对移动支付技术的发展与安全性进行探讨，有助于我们更好地了解这一领域的发展趋势和面临的挑战。

移动支付技术的发展源自互联网和移动通信技术的不断进步。随着智能手机的普及和移动网络的发展，人们的支付方式发生了改变，移动支付技术应运而生。通过利用手机等移动设备，用户可以随时随地进行支付交易，不再依赖传统的银行卡或现金支付方式。这种便捷和高效的支付方式，大大提升了人们的生活品质，推动了消费和经济的发展。

移动支付技术的发展受益于金融科技的不断创新。随着大数据、人工智能、区块链等技术的不断应用，移动支付技术得到了进一步的完善和发展。通过大数据分析用户消费行为，金融机构可以为用户推荐个性化的优惠活动；通过人工智能技术识别用户交易风险，提升支付安全性；通过区块链技术构建去中心化的支付网络，提高支付的透明度和安全性。通过对这些技术的应用，拓展了移动支付技术的边界，为用户提供了更加安全、

便捷的支付体验。

同时移动支付技术的普及也带来了一些安全性问题。移动支付技术涉及大量的个人敏感信息，如银行卡号、密码等，一旦这些信息泄露，用户的资金安全将面临威胁。移动支付技术可能受到网络攻击和欺诈行为的侵扰，如网络钓鱼、恶意软件等，导致用户账户被盗刷或资金被转移。移动支付技术的安全标准和监管体系尚不完善，一些非法机构可能利用这些漏洞进行欺诈活动。

为解决移动支付技术的安全性问题，需要采取一系列有效措施。金融机构和支付平台应加强用户信息保护，加密用户敏感信息，建立完善的安全机制，提升支付系统的安全性。用户应提高个人信息保护意识，避免在不安全的网络环境下进行支付交易，定期更改密码和密钥等。监管部门应加强对移动支付技术的监管，建立健全的法律法规和标准，加强对支付平台和第三方支付机构的监督与管理，保护用户的合法权益，维护金融市场的秩序和稳定。

移动支付技术的发展为人们的生活带来了便利，推动了经济的发展。随之而来的安全性问题也需要引起重视，需要各方共同努力，采取有效措施，确保移动支付技术安全稳定，为用户提供更加安全、便捷的支付体验。

2.无现金社会对金融体系造成的影响

无现金社会的到来对金融体系造成了深刻的影响。随着无现金支付方式的普及，传统金融机构的盈利模式受到了冲击。传统银行主要依赖利息差和手续费收入来获取盈利，而随着无现金支付的兴起，支付成本降低，传统银行的收入来源受到了挑战，因此金融机构需要调整盈利模式，探索新的盈利途径。

无现金社会加剧了金融监管的复杂性和难度。电子支付的匿名性和便利性增加了金融犯罪的风险，如洗钱、欺诈等问题日益突出。金融监管部门需要加强监管力度，提升监管技术水平，有效防范和打击金融犯罪行为，维护金融市场的稳定和安全。

无现金社会对金融服务的普惠性和可及性提出了新的挑战。尽管无现金支付方式提高了支付的便捷性和效率，但在一些经济欠发达地区，由于技术设施不足和信息不对称等问题，依然存在支付障碍和金融服务不平等现象。金融机构需要加强技术普及和金融教育，推动无现金支付方式的普及和应用，保障金融服务的普惠性和可及性。

无现金社会对个人隐私和数据安全提出了新的挑战。随着无现金支付方式的普及，个人的支付数据和个人信息在网络中传输与存储，面临被窃取和滥用的风险。金融机构需要加强数据保护和隐私保护，保护客户的个人信息和财产安全，增强用户的信任度和满意度。

金融机构只有适应新的市场环境，调整盈利模式，加大监管力度，提升金融服务的普惠性和可及性，保障个人隐私和数据安全，才能有效应对无现金社会带来的挑战，推动金融体系的稳健发展。

3. 个人财务管理工具的智能化与个性化推荐

个人财务管理工具的智能化与个性化推荐在科技金融领域扮演着关键角色。推荐工具借助先进的技术，如大数据分析、人工智能和机器学习等，为用户提供个性化的财务管理服务和智能化推荐，满足用户的个性化需求和提升用户体验。

个人财务管理工具的智能化使用户能够更加高效地管理自己的财务。通过分析用户的消费行为、收入情况、投资偏好等数据，智能化工具可以为用户生成个性化的财务报告，帮助用户了解自己的财务状况，及时调整支出和投资计划，实现财务规划和目标管理。

个人财务管理工具的个性化推荐为用户提供了更加智能和个性化的金融服务。根据用户的财务状况、风险偏好、投资目标等信息，智能化工具可以为用户推荐最适合的金融产品和投资方案，帮助用户优化资产配置，降低投资风险，实现财富增值。

个人财务管理工具的智能化和个性化推荐可以促进金融机构与用户进行深度互动及合作。金融机构可以利用智能化工具收集用户的财务数据和偏好信息，为用户提供个性化的金融产品和服务，提升用户的满意度和忠诚度，增加市场份额。

个人财务管理工具的智能化和个性化推荐可以为金融机构提供数据支持和决策参考。通过分析用户的财务数据和行为，金融机构可以了解用户的需求和行为模式，优化产品设计和服务策略，提高市场竞争力和盈利能力。

个人财务管理工具的智能化与个性化推荐在科技金融领域发挥着重要作用。它可以帮助用户更加高效地管理财务工作，提供个性化的金融服务，促进金融机构与用户之间的深度互动和合作，为金融机构提供数据支持和决策参考，推动科技金融领域的发展与进步。

（二）虚拟银行与数字化金融生态系统

虚拟银行与数字化金融生态系统是金融科技领域的两个重要概念，它们在塑造和改变现代金融业态中起着关键作用。

虚拟银行是指不设实体分支机构的银行，其运营主要依赖数字化技术和互联网平台。虚拟银行通过线上渠道提供各种金融服务，如存款、贷款、支付、投资等，且无须传统银行的实体网点支持。这种新型银行模式打破了传统银行的地域限制，使金融服务变得更加便捷、高效。与传统银行相比，虚拟银行的运营成本更低，服务范围更广，能够更好地满足现代人们的个性化和多样化金融需求。

数字化金融生态系统是由各种数字化技术和金融服务构成的生态系统。这个生态系统涵盖各种金融产品和服务，包括支付、借贷、投资、保险等，同时还包括与之相关的技术平台、数据资源、风控体系等。数字化金融生态系统通过整合和共享各种金融资源和服务，实现了金融服务的全方位覆盖和互联互通。这种生态系统的建立促进了金融创新和服务升级，推动了金融业的数字化转型和普惠金融目标的实现。

虚拟银行和数字化金融生态系统的兴起与发展往往会受到多种推动因素的影响。技术创新是推动虚拟银行和数字化金融生态系统发展的关键因素。随着信息技术的不断进步和应用，包括云计算、大数据、人工智能、区块链等新技术的发展，为虚拟银行和数字化金融生态系统的构建提供了强大支撑和基础。

市场需求的变化推动了虚拟银行和数字化金融生态系统的发展。随着社会经济的发展和人们生活方式的改变，人们对金融服务的需求也在不断演变。传统银行的服务模式已经不能满足人们的需求，而虚拟银行和数字化金融生态系统则能够更好地适应和满足人们日益多样化、个性化的金融需求。

政策支持和监管环境的改善对虚拟银行与数字化金融生态系统的发展起到了积极作用。政府和监管机构通过出台相关政策和法规，为虚拟银行和数字化金融生态系统的发展提供了良好的政策环境与制度保障。同时政府还需加强对虚拟银行和数字化金融生态系统的监管，保护消费者权益，维护金融市场的稳定和健康发展。

虚拟银行和数字化金融生态系统的兴起与发展往往会受到技术创新、市场需求、政策支持等多种因素的影响。它们以其便捷、高效的特点，正在改变着传统金融业态，推动着金融服务的数字化转型和普惠金融目标的实现。随着技术的不断进步和应用，虚拟银行和数字化金融生态系统有望在未来发挥更加重要的作用，为金融行业的发展和经济社会的进步做出更大的贡献。

1.虚拟银行的发展现状与前景展望

虚拟银行作为金融业的创新模式，正逐渐成为金融科技领域的焦点，其发展现状和前景展望备受关注。虚拟银行利用互联网和移动技术，摆脱了传统银行的地域限制，提供了更加便捷、高效的金融服务，深受消费者和市场的欢迎。

虚拟银行的发展现状表现在几个方面。虚拟银行通过数字化技术实现了金融服务的全面普及目标。借助移动应用和互联网平台，用户可以随时随地进行账户管理、支付交易、贷款申请等金融活动，大大提高了金融服务的便利性和可及性。

虚拟银行在金融创新和产品开发方面展现出活力。虚拟银行不受传统银行的束缚，更加灵活地开展业务，推出了许多新型金融产品和服务，如无抵押小额贷款、智能投资理财等，满足了不同用户群体的个性化需求。

虚拟银行在风险控制和合规管理方面取得了一定成效。通过大数据分析和人工智能技术，虚拟银行能够及时识别和评估风险，加强对用户身份的验证和对数据的安全保护，提高了金融服务的安全性和可靠性。

虚拟银行的发展前景备受期待。随着移动互联网技术的普及和5G技术的推广，虚拟银行将进一步拓展用户群体和服务范围，加速虚拟银行的普及和应用。

虚拟银行将继续推动金融科技的创新和发展。通过与人工智能、区块链等新技术的深度融合，虚拟银行有望推出更多创新产品和服务，进一步提高金融服务的智能化和个性化水平。

虚拟银行将促进金融行业的竞争和变革。传统银行将面临来自虚拟银行的竞争压力，被迫加快数字化转型步伐，提升服务水平和效率，推动整个金融行业的优化和升级。

虚拟银行作为金融科技的新兴力量，正以其便捷、创新的特点引领着金融服务的发展方向。未来，随着技术的不断进步和市场的不断变化，虚拟银行有望进一步拓展业务范围，提高服务质量，促进金融行业的健康发展。

2.数字化金融生态系统构建与合作模式探讨

数字化金融生态系统的构建是科技金融领域的重要课题。在当前数字化时代，金融生态系统已经成为金融业务发展的核心。数字化金融生态系统由各种金融机构、科技公司、数据提供商、政府监管机构等组成，通过共享数据、技术和资源，实现金融服务的全方位覆盖和协同发展。

数字化金融生态系统的构建需要各方共同参与。金融机构、科技公司、数据提供商等作为生态系统的核心参与者，需要加强合作，共同推动金融生态系统的建设。金融机构作为服务提供者，可以利用科技公司的技术优势，开发出更加智能、便捷的金融产品和服务；科技公司可以借助金融机构的资源和客户基础，拓展自身的业务范围和增加市场份额；数据提供商可以为金融机构和科技公司提供丰富的数据资源，支持金融服务的个性化和精准化发展。

数字化金融生态系统的构建需要借助技术手段。大数据、人工智能、区块链等新兴技术在数字化金融生态系统中发挥着重要作用。大数据技术可以帮助金融机构和科技公司更好地了解客户需求，优化产品设计和营销策略；人工智能技术可以实现金融服务的个性化和智能化，提升用户体验；区块链技术可以实现金融交易的去中心化和安全可信，降低交易成本和风险。通过引入这些技术手段，可以有效推动数字化金融生态系统的建设，提升金融服务的效率和质量。

数字化金融生态系统的构建需要政府监管部门的支持和引导。政府监管部门应加强对数字化金融生态系统的监管和规范，建立健全的金融数据安全和隐私保护制度，维护金融市场的稳定和健康发展。同时政府监管部门还可以制定政策和措施，促进数字化金融生态系统的发展，支持金融科技创新，推动金融服务的普惠和便利化发展。

数字化金融生态系统的构建是科技金融领域的重要任务。各方应共同参与，充分发挥技术优势，政府监管部门应加强监管和支持，共同推动数字化金融生态系统的建设，实现金融服务的全方位覆盖和协同发展。随着数字化技术的不断发展和金融市场的不断变化，相信数字化金融生态系统将会迎来更加广阔的发展空间和更加美好的未来。

3.数据分析与用户行为模式挖掘在金融服务中的应用

数据分析和用户行为模式挖掘在金融服务中具有重要的应用价值。数据分析是指利用各种数据处理技术和方法，对金融机构所收集的大量数据进行深入分析和挖掘，从中发现有价值的信息和规律。用户行为模式挖掘是指通过分析用户在金融服务过程中的行为特征和习惯，挖掘出用户的行为模式和偏好，为金融机构提供个性化、精准化的服务。这两种技术的应用为科技金融发展提供了重要支持，推动了金融服务的创新和发展。

数据分析和用户行为模式挖掘可以帮助金融机构更好地了解客户需求。通过分析客户的交易记录、消费行为和偏好，金融机构可以深入了解客户的生活方式、消费习惯和金融需求，为其量身定制个性化的金融产品和服务，提高客户满意度和忠诚度。

数据分析和用户行为模式挖掘可以帮助金融机构提高风险管理能力。通过分析大数据，金融机构可以及时发现和识别潜在的风险因素，预测客户的信用风险和偿债能力，从而制定有效的风险管理策略，降低信贷风险和不良资产比例，保障金融机构的稳健经营。

数据分析和用户行为模式挖掘可以帮助金融机构提升营销效率。通过分析客户的行为模式和偏好，金融机构可以精准地进行市场定位和客户定位，制订出符合客户需求的营销活动和产品推广方案，提高营销的精准度和有效性，降低营销成本，提升市场竞争力。

数据分析和用户行为模式挖掘可以帮助金融机构优化产品设计和服务体验方案。通过分析客户的反馈和行为数据，金融机构可以了解客户对产品和服务的满意度与需求程度，及时调整和优化产品设计与服务流程，提升用户体验感和服务质量，增强客户黏性和口碑效应。

数据分析和用户行为模式挖掘在金融服务中具有重要的应用价值，可以帮助金融机构更好地了解客户需求、提高风险管理能力、优化营销效率和产品设计方案，推动金融服务的创新和发展。这种技术的应用为科技金融的发展提供了重要支持，促进了金融行业向智能化、个性化方向迈进。

二、人工智能与大数据分析在金融风险管理中的应用

（一）人工智能在金融风险管理中的基础概念

1.机器学习算法

机器学习算法在科技金融领域的应用已经成为一种趋势。这些算法利用数据分析和模式识别技术，可以从大量的金融数据中发现规律和形成相应模式，为金融机构提供智能化的决策支持和风险管理。

机器学习算法可以帮助金融机构进行风险评估和风险管理。通过分析大量的历史数据和实时数据，机器学习算法可以识别出各种类型的风险，如信用风险、市场风险、操作风险等，并预测其可能的发生概率和影响程度，帮助金融机构及时采取相应的风险控制措施，降低风险损失。

机器学习算法可以帮助金融机构进行客户分析和客户服务。通过分析客户的消费行为、偏好、信用记录等数据，机器学习算法可以识别出不同类型的客户群体，并为其推荐个性化的金融产品和服务，提高客户满意度和忠诚度，促进金融机构的业务增长。

机器学习算法可以帮助金融机构进行交易监控和市场预测。通过分析大量的市场数据和交易数据，机器学习算法可以识别出市场的交易模式和趋势，预测市场的走势和波动，帮助金融机构制定有效的投资策略和交易决策，提高投资收益率和风险管理能力。

机器学习算法可以帮助金融机构进行欺诈检测和反欺诈处理。通过分析用户的交易行为、账户活动等数据，机器学习算法可以识别出可疑的交易和活动，及时发现并阻止欺诈行为，保护用户的资金安全和金融机构的声誉。

机器学习算法在科技金融领域的应用具有重要意义。它可以帮助金融机构进行风险评估和风险管理、客户分析和客户服务、交易监控和市场预

测、欺诈检测和反欺诈处理，提高金融机构的业务效率和风险管理能力，推动科技金融领域的进步和发展。

2.神经网络模型

神经网络模型作为人工智能技术的一种重要应用，在金融风险管理中具有重要地位。神经网络模型是一种模仿人脑神经元网络结构和功能的数学模型，能够通过学习大量数据，发现数据之间的内在联系和规律，从而对未来的风险进行预测和管理。

神经网络模型在金融风险管理中发挥着重要作用。金融风险管理是金融机构面临的重要挑战之一，神经网络模型通过分析历史数据和实时数据，识别和评估各种风险因素，为金融机构提供科学的决策依据，降低金融风险的发生概率和影响程度。

神经网络模型具有较高的预测精度和鲁棒性。相比传统的统计模型，神经网络模型能够更好地处理大规模、高维度的数据，发现数据中的非线性关系和复杂规律，提高风险预测的准确性和稳定性，为金融机构提供更可靠的风险管理服务。

神经网络模型能够实现风险管理的个性化和智能化。金融市场和客户需求的不断变化使得风险管理工作变得更加复杂与多样化，而神经网络模型能够根据不同的市场环境和客户特征，自动调整模型参数和权重，实现个性化的风险管理策略，提高金融服务的针对性和适应性。

神经网络模型可以支持金融创新和产品设计。通过对大数据的深度学习和分析，神经网络模型能够发现新的金融产品和服务机会，优化产品设计和营销策略，促进金融业务的创新和发展，提升金融机构的竞争力和盈利能力。

神经网络模型作为人工智能技术在金融风险管理中的基础，具有重要的理论和实践意义。它能够通过学习大量数据，发现数据之间的内在联系和规律，为金融机构提供科学的决策依据，降低金融风险的发生概率和影响程度，促进金融行业的稳健发展。未来，我们需要进一步加强对神经网络模型的研究和应用，不断提升金融风险管理的水平和效果。

（二）人工智能与大数据在金融投资决策中的应用

人工智能和大数据在金融投资决策中的应用已经成为一种重要的趋

势。人工智能技术通过模拟人类智能的思维和决策过程，结合大数据的分析能力，进而为投资者提供更加智能和精准的投资决策支持。

人工智能技术在金融投资中的应用主要体现在智能投顾领域。智能投顾是利用人工智能技术，通过分析用户的风险偏好、财务状况、投资目标等信息，为用户提供个性化的投资建议和资产配置方案。通过大数据分析和机器学习算法，智能投顾可以根据用户的投资偏好和市场情况，实时调整投资组合，最大限度地降低投资风险，提高投资收益。

人工智能技术在量化投资领域发挥了重要作用。量化投资是利用数学模型和算法进行交易决策的一种投资策略，主要依靠大数据分析和机器学习算法来识别市场趋势和交易信号。通过分析历史市场数据、基本面数据和技术指标等信息，量化投资模型可以自动识别潜在的交易机会，执行交易指令，并根据市场情况进行实时调整，从而实现稳定和持续的投资收益。

人工智能技术可以应用于风险管理和预测领域。通过分析大量的市场数据和经济指标，人工智能模型可以识别市场风险和波动性，并提前预警可能的风险事件。同时人工智能技术也可以用于预测股票价格、汇率变动等金融市场的未来走势，为投资者提供更准确的市场预测和决策支持。

人工智能和大数据在金融投资决策中的应用为投资者提供了更加智能与精准的投资决策支持。通过分析海量的数据和运用先进的算法，人工智能技术可以识别市场趋势、预测价格变动，并根据投资者的风险偏好和投资目标，为其提供个性化的投资建议和资产配置方案。随着人工智能技术的不断发展和应用，相信人工智能技术在金融投资领域发挥的作用将会越来越大，为投资者创造更加稳健和可持续的投资收益。

1.预测市场趋势

市场趋势的预测是金融投资决策中至关重要的一环。近年来，人工智能（AI）和大数据技术在金融领域的应用逐渐成为投资者关注的焦点。这两项技术的结合为金融投资提供了更加准确、高效的决策支持。

人工智能技术在金融投资中的应用呈现出了日益广泛的趋势。人工智能通过模拟人类智能，能够快速地处理大量的金融数据，发现数据之间的相关性和规律，从而进行更加精准的市场预测和投资决策。基于机器学习算法的股票价格预测模型可以分析历史市场数据，识别出潜在的市场趋势和价格波动模式，帮助投资者把握投资时机；智能投顾系统可以根据投资者的风险偏好和投资目标，为其提供个性化的投资组合建议，实现资产配置的最优化。

大数据技术在金融投资中的应用日益成熟。大数据技术能够快速地收集、存储和处理海量的金融数据，包括市场行情、企业财务、经济指标等各种数据，为投资者提供全面、准确的市场信息。通过对这些数据的分析和挖掘，投资者可以更好地了解市场动态，发现投资机会，降低投资风险。基于大数据技术的情感分析模型可以监测社交媒体和新闻平台上的舆情信息，识别出对股票价格影响较大的关键事件和消息，帮助投资者及时调整投资策略。

人工智能和大数据技术的结合在金融投资决策中发挥着协同作用。人工智能可以通过大数据分析发现数据之间的潜在关联性和规律，进而构建预测模型和形成决策算法，提高投资决策的准确性和效率。基于深度学习算法的交易策略模型可以通过分析海量的市场数据，自动发现交易信号和趋势，制定智能化的交易决策，提升投资收益率。

人工智能和大数据技术在金融投资中的应用呈现出了日益广泛的趋势。这两项技术的结合为投资者提供了更加准确、高效的市场预测和投资决策支持，有助于投资者把握市场机会，降低投资风险，提升投资收益率。随着人工智能和大数据技术的不断完善与发展，相信它们在金融投资领域的应用将会进一步扩展和深化，为金融市场的稳定和健康发展注入新的动力。

2.组合优化与资产配置

组合优化和资产配置是金融投资中的重要环节，而人工智能和大数据技术的应用则为投资决策提供了新的思路与方法。人工智能和大数据技术的结合，为金融投资提供了更加智能、精准的决策支持。

人工智能和大数据技术可以帮助投资者进行更加精准的风险评估与资产定价。通过分析大量的历史数据和市场信息，人工智能算法可以识别出隐藏在数据背后的规律和趋势，帮助投资者更准确地评估资产的风险和收益水平，从而优化投资组合的配置，降低投资风险，提高投资收益。

人工智能和大数据技术可以帮助投资者发现并利用更多的投资机会。

通过对海量数据的深入分析和挖掘，人工智能算法可以发现市场中的价值和机会，识别出低估或高估的资产，并及时调整投资组合，以获取更高的收益。同时，人工智能技术还可以实现高速交易和高频交易，帮助投资者在短时间内发现并抓住市场的波动和机会，获取更快的投资回报。

人工智能和大数据技术可以帮助投资者实现更加个性化与定制化的投资服务。通过对投资者行为和偏好的深入分析，人工智能算法可以为投资者量身定制个性化的投资方案和服务，满足其不同的投资需求和目标。这种定制化的投资服务可以提高投资者的满意度和忠诚度，增强金融机构的竞争力和市场地位。

人工智能和大数据技术可以帮助投资者实现智能化的投资决策。通过建立智能投资系统和交易平台，投资者可以借助人工智能算法自动进行投资决策，提高投资决策的速度和准确度，减少人为因素的干扰和误判，从而提高投资效率和绩效。

人工智能和大数据技术在金融投资决策中的应用为投资者提供了更加智能、精准和个性化的投资服务。通过分析和挖掘海量的数据信息，人工智能算法可以帮助投资者实现更好的风险管理、发现更多的投资机会、提供更加个性化的投资服务，从而实现投资组合的优化和资产配置的最大化。这种技术的应用不仅可以提升投资决策的水平和效率，也可以推动金融投资行业的智能化和创新发展。

第二节　区块链技术与金融创新

一、金融创新的需求与挑战

（一）金融行业的现状

1.传统金融模式的局限性

传统金融模式在面对不断变化的市场环境和新兴技术的冲击时往往会显现出一些局限性，这促使了金融模式的创新。传统金融模式的局限性主要体现在其运作效率和服务范围上。传统金融机构通常依赖传统的线下渠道，用户办理业务需要消耗大量时间和精力，导致运作效率较低。传统金融机构的服务范围受限于地域和渠道，难以满足用户的个性化需求，缺乏灵活性和便捷性。

传统金融模式在风险管理方面存在一定的不足。传统金融机构的风险管理主要依赖传统的统计模型和经验判断，难以充分利用大数据和人工智能等新兴技术来进行精准的风险评估和预测。这导致了传统金融机构在面对复杂多变的市场环境和风险事件时，容易出现误判和失控，增加了金融市场的不稳定性和风险性。

传统金融模式的创新能力较弱，难以适应与应对快速变化的市场需求和技术进步的挑战。传统金融机构往往守旧，对新兴科技和金融模式的接纳与应用较为保守，缺乏创新精神和动力。这导致了传统金融机构在面对新兴产业的崛起和老旧产业的淘汰时，缺乏应对之策，难以及时调整业务结构和服务模式，往往会陷入发展困境。

针对传统金融模式的局限性，金融创新面临挑战。金融创新需要更加高效便捷的金融服务模式。新兴技术的应用为金融服务提供了更多可能性，如移动支付、智能投顾等，可以实现金融服务的在线化和智能化，提升用户体验和服务效率。

金融创新需要更加个性化和多样化的金融产品及服务。随着市场需求的不断变化和个性化需求的增加，传统的标准化产品已经难以满足用户的需求。金融创新应该根据用户的实际需求，开发出更加个性化、多样化的金融产品和服务，增强金融服务的适配性和吸引力。

金融创新需要更加精准的风险管理和预测能力。随着金融市场的不断发展和复杂化，风险管理成为金融创新的重要课题。金融创新应该利用大数据、人工智能等先进技术，构建精准的风险评估模型和风险预测算法，提升金融机构对风险事件的识别和应对能力，保障金融市场的稳定和健康发展。

传统金融模式的局限性促使了金融的创新。金融创新需要依靠高效便捷、个性化多样化、精准可靠的金融服务模式和产品，以应对不断变化的市场环境和用户需求，推动金融行业的持续健康发展。

2.技术进步对金融业的影响

技术进步对金融业产生了深远的影响。技术进步推动了金融业的数字化和智能化发展。随着信息技术的不断发展和应用，金融机构开始采用更加先进的数字技术和人工智能技术，实现金融服务的智能化、个性化和便捷化，提高金融服务的效率和质量，以满足客户日益增长的需求。

技术进步使金融创新蓬勃发展。新兴技术的不断涌现为金融业带来了全新的商业模式和产品形态，如区块链、云计算、大数据、人工智能等技术的应用，催生了金融科技创新的热潮，推动金融机构由传统业务向数字化、智能化转型，为金融行业注入了新的活力和动力。

技术进步带来了金融创新的需求。随着金融业的数字化和智能化进程加速推进，金融机构面临越来越复杂的市场环境和竞争压力，需要不断创新和提升服务水平，满足客户日益多样化和个性化的需求。同时，技术进步也带来了风险和挑战，如信息安全、隐私保护、监管合规等方面的问题，需要金融机构加强风险管理和技术监管，保障金融市场的稳定和安全。

技术进步催生了金融业的生态系统重构和合作模式变革。随着金融科技企业的崛起和发展，传统金融机构和新兴科技公司之间的竞争与合作关系日益密切，金融机构需要加强与科技公司的合作，共同探索创新的商业模式和技术应用，实现互利共赢，推动金融业生态系统的优化和升级。

技术进步对金融业产生了广泛而深远的影响。它推动了金融业的数字化和智能化发展，促进了金融创新的蓬勃发展，同时也带来了金融创新需求，推动了金融业生态系统的重构和合作模式的变革。金融机构需要不断加强技术创新和风险管理，积极应对技术进步带来的挑战，把握技术发展的机遇，实现金融业的可持续发展。

（二）金融创新面临的挑战

金融创新在不断推动金融行业的发展和变革，同时也面临着诸多挑战。挑战不仅包括来自技术和市场方面的限制，还涉及法律、监管、安全等多个领域，给金融科技的发展带来了一定的压力。

金融创新面临技术风险和安全风险。随着金融科技的发展，金融机构和用户面临越来越多的网络安全威胁和信息泄露风险，如黑客攻击、数据泄露等。这些安全问题不仅可能导致用户资金损失和个人信息泄露，还可能影响到金融市场的稳定和用户的信心，进而可能对金融创新的发展构成重要威胁。

随着金融科技的快速发展，传统的法律和监管体系往往无法及时跟上创新的步伐，导致金融创新要面对法律法规的滞后性和监管政策的不完善。新兴的金融产品和服务可能存在监管漏洞与法律风险，需要政府和监管机构及时出台相应的政策和规定，保障金融创新的合法性和稳定性。

金融创新面临市场竞争和资金压力。随着金融科技的快速发展，金融市场竞争日益激烈，传统金融机构和新兴科技企业纷纷加大对金融创新的投入和研发力度，加剧了市场竞争压力。同时，金融创新还需要大量资金的支持和投入，而部分新兴科技企业可能面临资金紧张和融资困难问题，制约了金融创新的进一步发展。

金融创新面临技术标准和互操作性挑战。由于金融科技的多样化和复杂化，金融产品和服务往往涉及多个技术平台和系统，存在技术标准不统一、操作性差等问题，给金融创新的整合和应用带来了一定的挑战。

金融创新面临社会和文化的接受度与认知度挑战。尽管金融科技带来了诸多便利和机遇，但同时也引发了一系列社会和文化上的问题及争议，如个人隐私保护、数据滥用等。这些问题不仅影响着用户对金融创新的信任度和接受度，还可能引发社会的动荡和其他风险。

金融创新虽然带来了诸多机遇和发展空间，但同时也面临诸多挑战和风险。解决这些问题需要政府、金融机构、科技企业等多方合作，加强监管和法律保障，推动技术标准和互操作性的统一，提高社会和文化的接受度与认知度，促进金融创新健康、稳定地发展。

1.法律与监管环境的限制

金融创新在科技金融领域面临法律与监管环境的限制，同时也受到了金融市场需求与挑战的影响。法律与监管环境的限制是金融创新面临的主要挑战之一。金融行业是受到严格监管的行业，各国和地区都有相应的金融法律法规与监管机构，对金融市场进行监督和管理。在科技金融领域，由于金融创新的速度和范围不断加快与扩大，现有的法律法规和监管政策往往滞后于创新的发展，难以有效监管新型金融产品和服务，导致金融市场出现乱象和风险。因此，金融创新需要面对法律与监管环境的限制，积极适应监管要求，遵守法律法规，确保金融市场的稳定和安全。

金融创新需要满足金融市场的需求。随着经济全球化和信息技术的不断发展，金融市场的竞争日益激烈，用户需求日益多样化和个性化，金融机构面临更多的挑战和压力。因此，金融创新需要不断满足金融市场的需求，提供更加个性化、高效率的金融产品和服务，提高金融机构的竞争力和盈利能力。同时，金融创新也需要应对金融市场的挑战，如市场波动风险、信用风险、操作风险等，金融创新需要提高风险管理能力和应对能力，保障金融市场的稳定性和安全性。

金融创新在科技金融领域面临法律与监管环境的限制，同时也受到了金融市场需求与挑战的影响。金融创新需要面对法律与监管环境的限制，积极适应监管要求，遵守法律法规，确保金融市场稳定和安全。金融创新需要不断满足金融市场的需求，提高金融机构的竞争力和盈利能力，以应对金融市场的各种挑战。

2.安全与隐私问题

在金融创新中，安全与隐私问题是一个重要的议题，既是创新的需求，也是面临的挑战。金融创新的迅猛发展，尤其是科技金融的兴起，带来了更多便利和可能性，但同时也引发了诸多安全与隐私问题。

金融创新需求推动了安全技术水平的不断提升。随着金融业务的数字化和智能化，客户数据的存储和传输面临越来越多的风险，如网络攻击、数据泄露等。因此，金融机构和科技企业迫切需要提升网络安全技术，加密传输通道，建立安全的数据存储和处理机制，以确保客户数据的安全性。

金融创新需求面临隐私保护新挑战。随着金融服务的个性化和智能化，金融机构需要通过收集大量客户数据来进行个性化推荐和风险评估，而这也带来了隐私泄露风险。因此，金融机构需要加强对客户数据的合规管理，建立健全隐私保护制度，保障客户的个人隐私权益。

金融创新的需求对监管机构提出了新的要求。随着金融科技的发展，金融业务呈现出跨界融合、创新迭代的特点，监管机构的监管范围扩大、监管手段更新。因此，监管机构需要加强对金融创新的监管和引导，制定相关政策和规范，引导金融机构健康发展，保障金融市场的稳定性和安全性。

安全与隐私问题既是金融创新的需求，也是其面临的挑战。金融机构和科技企业需要加强安全技术的研发和应用，保障客户数据的安全性；监管机构需要加强对金融创新的监管和引导，维护金融市场的稳定和安全。只有共同努力，才能够实现金融创新与保障隐私安全。

二、区块链技术的应用与影响

（一）区块链在金融领域的应用

1.金融交易与结算

金融交易与结算是金融领域的核心环节，而区块链技术的应用对金融行业造成了深远影响。区块链技术作为一种分布式账本技术，改变了传统金融交易的中心化结构。传统金融交易往往需要通过中心化的金融机构作为中介进行交易和结算，存在信息不对称、交易速度慢、手续费高等问题。区块链技术通过去中心化的方式，将交易数据存储在网络中的多个节点上，实现了交易信息的公开透明、去中心化管理，提高了交易效率，降低了交易成本。

区块链技术的应用改变了金融交易的安全性和信任机制。区块链技术通过密码学算法和共识机制确保了交易数据的安全性与不可篡改性，有效防止了数据被篡改或删除的风险，保障了交易的可信度和可靠性。区块链技术的智能合约功能可以自动执行合约条款，减少了交易中的信任成本和纠纷风险，提高了金融交易的信任度和安全性。

区块链技术的应用推动了金融交易的创新和多样化。区块链技术为金融行业提供了开放的技术平台和标准化接口，吸引了众多金融机构和科技公司进行创新实践。基于区块链技术的数字资产交易平台、智能合约金融产品、去中心化金融市场等新型金融业务不断涌现，为用户提供了更加灵活、便捷的金融服务，丰富了金融市场的产品和服务。

区块链技术的应用带来了金融行业的监管挑战。区块链技术的去中心化特性使交易数据的监管和追溯变得更加困难，容易导致出现一些非法活动和风险事件的发生。同时，区块链技术的跨境性和匿名性也增加了监管部门的监管难度，需要制定更加灵活和适应性强的监管政策与法律法规。

区块链技术的应用对金融交易与结算产生了深远的影响。它改变了传统金融交易的中心化结构，提高了交易效率和安全性，推动了金融交易的创新和多样化。同时区块链技术的应用也面临一些监管和规范挑战，需要金融行业和监管部门共同努力，促进区块链技术在金融领域的应用。

2.资产管理与登记

资产管理与登记是金融领域重要的环节，而区块链技术的应用对其产生了深远和积极的影响。

区块链技术的应用给资产管理与登记领域带来了重要变革。区块链技术通过去中心化和分布式账本特点，提高了资产管理和登记的透明度与安全性。由于区块链技术具有不可篡改、去中心化的特点，一旦资产信息被记录在区块链上，就无法被篡改或删除，有效防止了资产数据的造假和被篡改行为，提高了资产登记的可信度和真实性。

区块链技术为资产管理与登记提供了高效的解决方案。传统的资产登记和管理办法往往需要耗费大量的时间和人力成本，而区块链技术的应用可以实现资产信息的实时更新和同步，提高了登记效率和数据质量，降低了管理成本和风险。

区块链技术的应用为资产管理与登记提供了更加便捷和安全的跨境交易解决方案。由于区块链技术具有跨国界、去中心化的特点，资产在区块链上的登记和转移不受地域及国界的限制，可以实现全球范围内的资产交易和流转，为跨境资产管理提供了更加高效和便捷的解决方案。

区块链技术的应用为资产管理与登记带来了更多的创新机会。随着区块链技术的不断发展和完善，将会涌现更多基于区块链的金融产品和服务，如智能合约、数字资产等，为资产管理与登记带来更多的创新机会和发展空间，推动金融行业向智能化、数字化方向迈进。

区块链技术的应用对资产管理与登记领域产生了深远积极的影响。它提高了资产管理与登记的透明度和安全性，提高了管理效率和数据质量，为跨境交易提供了便捷和安全的解决方案，同时也为金融创新提供了更多的机会和发展空间。随着区块链技术的不断发展和应用，相信它将在资产管理与登记领域发挥越来越重要的作用，推动金融体系的进步和发展。

（二）区块链对金融创新的影响

区块链技术给金融创新带来了深远的影响。区块链技术提供了一种去中心化的交易和结算机制，打破了传统金融交易中的中介环节，降低了交易成本和时间，提高了交易的安全性和透明度。传统金融交易需要依赖银行等中介机构来进行清算和结算，而区块链技术可以通过去中心化的网络来实现交易的直接结算，使交易更加快速、便捷和安全。

区块链技术为金融行业提供了更多元化的金融产品和服务。基于区块链技术，可以开发出各种智能合约、数字资产、加密货币等新型金融产品，满足不同用户的需求。智能合约可以通过编程代码来执行和管理合同条款，实现自动化交易和结算，提高交易的效率和可信度。数字资产和加密货币则可以实现资产的数字化和全球流动，为用户提供更便捷、低成本的资产交换和投资渠道。

区块链技术促进了金融市场的开放和竞争。传统金融市场通常由少数大型金融机构垄断，交易和信息流通受到限制，导致市场不够透明和公平。区块链技术的去中心化特点可以降低市场准入门槛，使更多的参与者可以进入金融市场，增加市场的竞争程度，推动金融市场的开放和创新。

区块链技术可以提高金融交易的安全性和防范金融欺诈的能力。区块链技术采用密码学和分布式账本等技术手段，保证了交易数据的安全性和不可篡改性，有效防止了数据被篡改和信息泄露。这为金融机构和用户提供了更可靠的交易环境，降低了金融欺诈和风险。

区块链技术对金融创新的影响是多方面的，包括降低交易成本和时间、提供更多元化的金融产品和服务、促进金融市场的开放和竞争、提高金融交易的安全性等。随着区块链技术的不断发展和应用，相信它将在金融领域发挥越来越重要的作用，推动金融行业向更加开放、高效、安全和包容的方向发展。

1.去中心化的特性对金融体系的改变

去中心化的特性对金融体系产生了深远的改变，而区块链技术的应用则给科技金融领域带来了重大的影响。去中心化特性使金融交易和资金流动不再依赖传统中心化的金融机构，而是通过分布式网络和加密算法完成，这种转变带来了多方面的影响。

区块链技术的去中心化特性加强了金融系统的透明度和可追溯性。由于所有的交易都被记录在不可篡改的区块链上，任何人都可以查看交易记录，确保交易的真实性和可信度。这种透明性不仅提高了金融交易的安全性，也减少了潜在的欺诈行为，从而加强了金融体系的稳定性。

区块链技术的去中心化特性减少了金融交易的成本和时间成本。传统金融交易往往需要经过多个中间机构的确认和处理，费时费力，而区块链技术可以直接将交易信息记录在区块链上，去除了中间环节，简化了交易流程，降低了交易成本，提高了交易效率。

区块链技术的去中心化特性促进了金融创新和金融产品的多样化。由于区块链技术的灵活性和可编程性，金融机构可以基于区块链技术开发各种新型金融产品和服务，如智能合约、去中心化金融市场等，满足用户不断增长的金融需求，推动金融市场的发展。

区块链技术的去中心化特性促进了金融市场的国际化和融合。区块链技术可以实现跨境支付和资金转移，打破了传统金融体系的地域限制，促进了不同国家和地区之间的金融合作与交流，推动了全球金融市场的一体化发展。

区块链技术的去中心化特性对金融体系产生了深远的变化，为金融市场带来了更高的透明度和可追溯性，降低了交易成本和时间成本，促进了金融创新和金融产品的多样化，推动了金融市场的国际化和融合，为科技金融领域的发展提供了新的机遇。

2.降低交易成本与提高效率

区块链技术作为一种分布式账本技术，正在逐渐成为科技金融领域的重要工具，其应用对降低交易成本与提高效率有着重要影响。

区块链技术的应用能够实现交易成本的降低。传统金融交易往往需要通过中介机构进行验证和清算，涉及多方参与，导致了交易成本的提高。区块链技术通过去中心化的特点，可以实现交易的直接对等，无须依赖中介机构，从而降低了交易的中介成本和手续费用，提高了交易的效率和便利性。

区块链技术的应用能够提高金融交易的效率。传统金融交易涉及多个环节和多个参与方，需要花费大量时间和精力来完成交易确认与结算。区块链技术通过智能合约和分布式账本的特点，可以实现交易的自动化和实时结算，大大提高了交易的执行效率和速度，缩短了交易周期，降低了交易风险。

区块链技术的应用能够提高金融交易的安全性和透明度。区块链技术采用密码学和分布式共识机制，保障了交易数据的安全性和完整性，防止了数据篡改和伪造，提高了交易的可信度和安全性。区块链技术的分布式账本结构使交易记录可以被所有参与方共享，实现了交易数据的公开透明，减少了信息不对称和欺诈行为的发生。

区块链技术的应用对金融市场结构和业务模式产生了深远影响。区块链技术打破了传统金融市场的壁垒，促进了金融市场的全球化和去中心化发展。同时，区块链技术的应用也推动了金融业务模式的创新和升级，基于区块链技术的数字资产交易、智能合约金融产品等，为金融行业带来了新的发展机遇。

区块链技术的应用对降低交易成本与提高效率有着重要影响。它通过降低交易中介成本、提高交易效率、增强交易安全性和透明度等方式，为金融行业带来了诸多益处，并推动了金融市场的创新和发展。未来，随着区块链技术的不断进步和应用场景的不断拓展，其在科技金融领域的作用和影响将进一步凸显。

第三节　人工智能在金融中的应用

一、人工智能在金融风险管理中的应用

（一）金融风险识别与评估

1.机器学习在信用风险评估中的应用

信用风险评估和金融风险管理是金融行业中至关重要的环节，而机器学习和人工智能技术的应用则为这两个领域带来了革命性的变革。机器学

习在信用风险评估中的应用已经成为金融行业的主流趋势之一。传统的信用风险评估方法往往依赖静态的信用评分模型和历史数据，难以充分利用大量的非结构化数据和实时信息。机器学习技术可以通过对海量的数据进行分析和挖掘，发现数据之间的潜在关联和规律，构建更加准确和精细的信用风险评估模型。基于深度学习算法的信用评分模型可以通过分析客户的个人信息、行为数据、社交网络等多维度数据，自动发现潜在的信用特征和规律，实现个性化的信用评分，提高评估的准确性和预测能力。

人工智能在金融风险管理中的应用呈现出日益广泛的趋势。金融风险管理涉及市场风险、信用风险、操作风险等多个方面，传统的风险管理方法往往依赖人工经验和统计模型，难以充分考虑到风险的复杂性和不确定性。人工智能技术可以通过对大量的历史数据和实时信息进行深度学习和分析，发现数据之间的潜在关联性和规律，实现更加精准和动态的风险监测和预测。基于机器学习算法的风险预警系统可以通过对市场行情、交易数据、舆情信息等多维度数据进行实时监测和分析，识别出潜在的风险因素和异常情况，及时预警和应对，降低风险事件对金融机构的影响。

机器学习和人工智能技术的结合在金融风险管理中发挥着协同作用。机器学习可以通过对大量数据的分析和挖掘，发现数据之间的潜在关联性和规律，为人工智能提供更加准确和丰富的数据基础；人工智能可以通过对数据的深度学习和分析，实现更加智能和精准的风险管理决策，提高金融风险管理的效率和质量。基于机器学习和人工智能的智能风险管理系统可以通过对大量的金融数据进行实时监测和分析，识别出潜在的风险因素和异常情况，自动调整风险管理策略，提升风险管理的动态性和智能化水平。

机器学习在信用风险评估中的应用和人工智能在金融风险管理中的应用已经成为金融行业的重要趋势。这两项技术的结合为金融行业提供了更加准确、智能的风险管理方法，有助于金融机构更好地应对市场的变化和风险的挑战，保障金融市场的稳定和健康发展。随着机器学习和人工智能技术的不断发展与完善，相信它们在金融领域的应用将会进一步扩展和深化，为金融行业的持续创新和发展注入新的活力。

2.深度学习在市场风险识别中的应用

深度学习在市场风险识别中的应用以及人工智能在金融风险管理中的

应用是金融领域的两个重要方面。深度学习是一种基于人工神经网络的机器学习方法，它具有强大的数据处理和模式识别能力，能够从大规模、高维度的数据中提取复杂的特征和规律。在市场风险识别中，深度学习可以应用于股票市场、期货市场等金融市场，进行风险分析和预测，通过分析历史市场数据、财务数据以及宏观经济指标等信息，识别出市场中的潜在风险因素和变化趋势，为投资者和金融机构提供风险预警与决策参考。

人工智能在金融风险管理中的应用是一种重要趋势。人工智能技术包括机器学习、数据挖掘、自然语言处理等多种技术手段，它可以应用于信用风险管理、市场风险管理、操作风险管理等多个方面。通过分析大量的金融数据和市场信息，人工智能算法可以识别出潜在的风险因素和风险事件，提供精准的风险评估和预测，帮助金融机构及时发现和应对各种风险，保障金融市场的稳定和安全。

人工智能在金融风险管理中的应用可以提高风险管理的效率和精度。传统的风险管理方法往往依赖人工经验和规则制定，存在信息不对称、主观偏差等问题，而人工智能技术可以通过对大数据的分析和挖掘，发现数据之间的内在联系和规律，实现风险管理的自动化和智能化，提高了风险管理的效率和精度，减少了人为因素的干扰和误判。

人工智能在金融风险管理中的应用可以帮助金融机构提升服务水平和竞争力。通过提供更加精准和个性化的风险管理解决方案，金融机构可以满足客户不同的风险管理需求，提高客户满意度和忠诚度，增强市场竞争力和品牌影响力，实现长期可持续发展。

深度学习在市场风险识别中的应用以及人工智能在金融风险管理中的应用是金融领域的重要趋势。它们能够通过分析大数据和市场信息，识别出潜在的风险因素和变化趋势，提高风险管理的效率和精度，帮助金融机构更好地应对各种风险，保障金融市场的稳定和安全，推动金融行业向智能化、数字化方向发展。

（二）风险管理决策支持系统

风险管理决策支持系统是金融科技领域中的重要应用之一。这一系统基于先进的技术和数据分析手段，旨在帮助金融机构和企业更好地识别、评估和管理风险，提高风险决策的准确性和效率。

风险管理决策支持系统的基本功能包括风险识别、风险评估和风险控制。通过收集和分析大量的内部和外部数据，系统可以及时发现潜在的风险因素和问题，并对其进行风险评估，量化风险的大小和影响程度。然后，系统可以根据评估结果制定相应的风险控制策略和措施，帮助金融机构和企业及时应对和化解风险。

风险管理决策支持系统的技术手段主要包括大数据分析、人工智能和机器学习等。通过利用大数据分析技术，系统可以处理和分析大规模的数据，挖掘隐藏在数据中的有价值信息，发现潜在的风险因素和模式。人工智能和机器学习技术可以帮助系统从数据中学习和识别模式，自动识别和预测风险，提高风险决策的准确性和效率。

风险管理决策支持系统具有智能化和个性化的特点。系统可以根据不同金融机构和企业的特点及需求，定制个性化的风险管理方案和模型，为其提供量身定制的风险决策支持。同时系统还可以根据实时市场数据和风险情况，动态调整风险管理策略和措施，保持风险决策的及时性和灵活性。

风险管理决策支持系统具有协同和整合的特点。系统可以与各类金融机构及企业内部的其他系统和数据库进行无缝连接和整合，实现风险数据的共享和交换，提高风险管理的整体效率和效果。同时系统还可以与外部的数据提供商、风险评级机构等合作，获取更丰富的数据资源和专业的风险评估服务，进一步提升风险决策的质量和准确性。

风险管理决策支持系统是金融科技领域中的重要应用之一，为金融机构和企业提供了强大的风险管理工具和决策支持。通过利用先进的技术和数据分析手段，系统可以帮助金融机构和企业更好地识别、评估和管理风险，提高风险决策的准确性和效率，为其持续稳健的发展提供有力支持。

1.人工智能在风险管理流程优化中的作用

人工智能在金融风险管理中发挥着关键作用，特别是在风险管理流程的优化方面。通过利用人工智能技术，金融机构可以更加智能地识别、评估和应对各种风险，提高风险管理的效率和精确度。

人工智能在风险管理中的应用使得风险识别更加准确和及时。通过机器学习和数据挖掘技术，人工智能可以从大量的数据中发现隐藏的风险信号和模式，实现对潜在风险的精准识别和预警，帮助金融机构及时发现并应对各种风险，进而防范风险的发生。

人工智能在风险评估中的应用提高了风险管理的精确度和客观性。传统的风险评估往往会受到人为因素的影响，存在主观性和不确定性，而人工智能可以基于大数据和算法模型进行客观分析和评估，可以消除人为偏差，提高评估的准确性和可靠性，进而为金融机构提供更加科学的决策支持。

人工智能在风险监控中的应用实现了风险管理流程的自动化和智能化。通过建立风险监控系统和智能预警系统，人工智能可以实时监控金融市场和交易活动，识别和评估各种风险，并及时发出预警信号，帮助金融机构快速做出反应，降低风险损失。

人工智能在风险管理中的应用促进了金融机构的创新和发展。通过引入人工智能技术，金融机构可以开发出更加智能化的风险管理工具和系统，提高风险管理的效率和水平，同时也为金融机构带来了新的商业机会和竞争优势，推动了金融行业的创新和进步。

人工智能在金融风险管理中的应用对于优化风险管理流程起到了重要作用。它使风险识别更加准确和及时，提高了风险评估的精确度和客观性，实现了风险监控流程的自动化和智能化，同时也促进了金融机构的创新和发展，为科技金融领域的进步提供了强大动力。

2.可解释性人工智能在风险决策中的应用

可解释性人工智能在金融风险管理中扮演着重要的角色。金融风险管理是金融机构面临的重要挑战之一，而人工智能技术的应用为风险决策提供了新的可能性。可解释性人工智能是指能够清晰解释其决策过程和推理逻辑的人工智能模型。在金融风险管理中，可解释性人工智能的应用能够帮助金融机构更好地识别和评估风险，提高风险决策的准确性和可信度。

可解释性人工智能在金融风险管理中提高了模型的透明度和可信度。传统的人工智能模型往往是黑盒模型，难以解释其决策过程和推理逻辑，使风险决策缺乏可信度。可解释性人工智能模型通过设计透明的算法和规则，清晰展示其决策过程和推理逻辑，使风险决策更加可理解和可信赖。

可解释性人工智能在金融风险管理中提高了决策的稳健性和鲁棒性。

金融市场和环境的复杂性使风险决策面临诸多不确定性和风险，传统的人工智能模型往往难以应对复杂多变的情况。可解释性人工智能模型能够清晰展示其决策过程和推理逻辑，使决策者能够更好地理解模型的局限性和风险因素，及时调整决策，提高决策的稳健性和鲁棒性。

可解释性人工智能能够帮助金融机构更好地理解和识别风险因素。金融风险涉及多个方面，包括市场风险、信用风险、操作风险等，而传统的人工智能模型往往只能识别表面的风险信号，难以深入挖掘隐藏在数据中的风险因素。可解释性人工智能模型能够清晰展示其决策过程和推理逻辑，帮助决策者更好地理解和识别不同类型的风险因素，提高风险决策的精准性和有效性。

可解释性人工智能在金融风险管理中的应用具有重要意义。它能够提高模型的透明度和可信度，增强决策的稳健性和鲁棒性，帮助金融机构更好地理解和识别风险因素，提高风险决策的精准性和有效性。未来，随着可解释性人工智能技术的不断发展和应用场景的不断拓展，其在金融风险管理中的作用和影响将会进一步凸显。

二、人工智能在金融服务创新中的应用

（一）客户服务与体验优化

1.机器学习在个性化推荐系统中的应用

个性化推荐系统是金融服务创新中的重要组成部分，而机器学习技术在个性化推荐系统中的应用为金融服务创新带来了新的机遇与挑战。个性化推荐系统利用机器学习技术分析用户的历史行为、偏好和需求，从而为用户提供个性化的金融产品和服务。基于机器学习算法的个性化理财推荐系统可以根据用户的投资偏好、风险承受能力等因素，为用户定制个性化的投资组合，提高投资效率和收益率。

人工智能在金融服务创新中的应用呈现出日益广泛的趋势。金融服务创新包括产品创新、渠道创新、服务创新等多个方面，而人工智能技术可以通过智能化、自动化的方式，为金融服务提供更加智能、便捷的解决方案。基于人工智能技术的智能客服系统可以通过自然语言处理和机器学习

算法，实现金融服务的自动化和智能化，为用户提供更加个性化和高效的服务体验。

机器学习和人工智能技术的结合在金融服务创新中发挥着协同作用。机器学习可以通过对大量的用户数据进行分析和挖掘，发现用户的个性化需求和行为模式，为个性化推荐系统提供更加精准和有效的推荐方案；人工智能则可以通过智能化的方式，为金融服务创新提供更加智能、便捷的解决方案。基于机器学习和人工智能技术的智能理财助手可以通过对用户的投资行为和市场数据的分析，为用户提供个性化的投资建议和服务，提高投资效率和用户满意度。

机器学习在个性化推荐系统中的应用和人工智能在金融服务创新中的应用已经成为金融行业的重要趋势。这两项技术的结合为金融服务提供了更加智能、个性化的解决方案，有助于金融机构更好地满足用户的个性化需求，提高服务质量和用户满意度，推动金融行业的持续创新和发展。随着机器学习和人工智能技术的不断发展和完善，相信它们在金融服务领域的应用将会进一步扩展和深化，为金融行业的未来发展注入新的活力。

2.自然语言处理在智能客服中的应用

自然语言处理技术在智能客服中的应用以及人工智能在金融服务创新中的应用，是金融领域的两个重要方面。

自然语言处理技术是一种基于人工智能的技术，它可以分析、理解和生成自然语言文本，实现计算机与人类之间的自然语言交互。在智能客服中，自然语言处理技术可以帮助金融机构提供更加智能和高效的客户服务。通过自然语言处理技术，客户可以使用自然语言与智能客服进行对话交流，进行账户查询、交易、投资咨询等，实现了客户服务的自动化和智能化，提高了服务效率和用户体验。

人工智能在金融服务创新中的应用是一种重要趋势。人工智能技术包括机器学习、数据挖掘、智能算法等多种技术手段，它可以应用于金融产品和服务，进行创新和优化。通过人工智能技术，金融机构可以开发出更加智能和个性化的金融产品和服务，如智能投顾、智能信贷、智能理财等，满足客户不同的金融需求，提高客户满意度和忠诚度。

人工智能在金融服务创新中的应用可以帮助金融机构实现风险管理和

业务流程的优化。通过分析大量的金融数据和市场信息，人工智能算法可以识别出潜在的风险因素和风险事件，提供精准的风险评估和预测，帮助金融机构及时发现和应对各种风险，保障金融市场的稳定和安全。同时，人工智能技术还可以通过自动化和智能化的方式优化金融业务流程，提高运营效率和服务质量，降低成本和风险，推动金融服务业的创新和发展。

自然语言处理技术在智能客服中的应用以及人工智能在金融服务创新中的应用是金融领域的两个重要方面。它们能够通过智能化和自动化的方式提高金融服务的效率与质量，满足客户不同的金融需求，促进金融行业向智能化、数字化方向迈进。随着技术的不断发展和应用，相信自然语言处理技术和人工智能技术将在金融领域发挥越来越重要的作用，推动金融服务业的创新和升级。

（二）金融产品创新与设计

金融产品创新与设计是金融科技领域的重要组成部分，它是指利用科技手段和创新理念，为用户提供更加智能化、个性化和便捷化的金融产品和服务。金融产品创新与设计在不断推动着金融行业的转型升级，进而为用户提供更多元化的选择和更优质的体验。

金融产品的创新与设计通过引入新技术和新理念，推动了金融产品的不断更新和迭代。传统金融产品往往受制于时间、空间和成本等因素，无法满足用户的个性化需求和多样化需求。金融科技的发展使金融产品可以更加智能化和个性化，如智能投顾、智能财富管理等产品的推出，为用户提供了更加个性化的理财方案和更优质的投资体验。

金融产品的创新与设计推动了金融服务的数字化和在线化。随着移动互联网和物联网技术的发展，用户越来越倾向在线化的金融服务，希望通过手机应用、网站平台等方式随时随地进行金融交易和理财操作。金融产品创新与设计通过引入移动支付、电子钱包、虚拟货币等技术手段，实现金融服务的数字化和在线化，进而提高用户的体验度。

金融产品的创新与设计推动金融产品朝个性化和定制化方向发展。传统金融产品往往是"一刀切"的标准化产品，无法满足用户个性化和多样化的需求。金融科技的发展使金融产品可以更加个性化和定制化，如根据用户的投资偏好、风险偏好等因素，量身定制投资组合和理财方案，满足用户不同的需求和目标。

金融产品的创新与设计使金融产品兼具开放性和融合性。传统金融产品往往由单一的金融机构提供，缺乏互联互通和融合性。金融科技的发展使金融产品可以更加开放和融合，不同金融机构和科技企业可以通过开放平台和接口实现数据共享、业务融合，为用户提供更加全面和"一站式"的金融服务。

金融产品的创新与设计面临一些挑战和难题，包括技术标准和互操作性不统一、安全和隐私保护问题、监管政策的不确定性等。这些问题需要政府、金融机构、科技企业等多方共同努力，加强合作和协调，推动金融产品创新与设计健康、稳定地发展。

金融产品的创新与设计是金融科技领域的重要组成部分，它通过引入新技术和新理念，推动了金融产品的不断更新和迭代，实现了金融服务的数字化、个性化和在线化，推动了金融产品的开放和融合，为用户提供了更多元化的选择和更优质的体验。同时金融产品创新与设计也面临一些挑战和难题，需要各方共同努力，促进金融产品创新与设计的健康、稳定发展。

1. 数据挖掘在产品定价策略中的应用

数据挖掘在产品定价策略中的应用以及人工智能在金融服务创新中的应用是科技金融领域的重要议题。数据挖掘技术可以帮助金融机构分析大量的市场数据和用户行为数据，发现隐藏在数据中的规律和趋势，为产品定价策略提供科学依据。通过数据挖掘技术，金融机构可以深入了解市场需求和竞争环境，识别出不同用户群体的偏好和行为模式，制定个性化的产品定价策略，提高产品的竞争力和市场份额。

人工智能技术在金融服务创新中发挥着关键作用。人工智能可以通过机器学习和深度学习技术分析大量的金融数据和用户信息，识别出用户的需求和行为特征，为金融机构提供个性化的金融产品和服务。基于人工智能技术的智能推荐系统可以根据用户的投资偏好和风险承受能力推荐最适合的投资组合与理财方案，提高用户的投资收益率和满意度。

人工智能技术可以实现金融服务的自动化和智能化。通过自然语言处理和语音识别技术，金融机构可以开发出智能客服系统和虚拟助手，实现客户服务的全天候、全程度、全方位覆盖，提高客户体验和服务效率。同时，人工智能技术还可以应用于风险管理、信用评估、反欺诈等方面，提高金融机构的风险控制能力和业务管理水平，保障金融市场的稳定和安全。

数据挖掘在产品定价策略中的应用以及人工智能在金融服务创新中的应用对科技金融领域的发展具有重要意义。它们可以帮助金融机构分析市场需求和用户行为，制定个性化的产品定价策略，提高产品竞争力和市场份额；可以实现金融服务的智能化和自动化，提高客户体验和服务效率，促进金融机构的创新和发展，推动科技金融领域的进步与繁荣。

2.强化学习在金融衍生品设计中的应用

强化学习是一种人工智能技术，其在金融衍生品设计中的应用呈现出了新的可能性。金融衍生品是一种金融工具，其价值取决于基础资产的价格变动，如期权、期货等。利用强化学习技术，可以通过模拟交易环境和制定有效的策略，来设计更加智能和有效的金融衍生品。

强化学习在金融衍生品设计中可以通过模拟交易环境进行训练。强化学习是一种基于智能体与环境的交互学习方法，通过智能体不断试错和调整策略，以最大化累积奖励。在金融衍生品设计中，可以将交易环境模拟为一个金融市场，利用强化学习算法训练智能体，在不同市场情况下寻找最优的交易策略，从而设计出更加智能和有效的金融衍生品。

强化学习在金融衍生品设计中可以优化风险管理策略。金融衍生品的设计需要考虑到市场波动和风险管理等因素，而强化学习技术可以通过模拟交易环境和智能体的学习，优化风险管理策略，降低风险暴露，提高投资回报。同时，还可以利用强化学习算法来设计动态对冲策略，及时调整仓位和交易策略，以应对市场波动和风险变化。

强化学习可以促进金融衍生品的创新和发展。金融市场的不断变化和创新使金融衍生品需要不断更新与改进，而强化学习技术可以通过模拟交易环境和智能体的学习，发现新的交易策略和风险管理方法，从而推动金融衍生品的创新和发展，满足投资者不断变化的需求。

强化学习在金融衍生品设计中的应用为金融服务创新提供了新的思路和方法。通过模拟交易环境和智能体的学习，可以优化交易策略、改进风险管理策略，促进金融衍生品的创新和发展，提高金融服务的智能化水平和效率。未来，随着强化学习技术的不断发展和应用场景的不断拓展，其在金融服务创新中的作用和影响将进一步凸显。

第四节　大数据与分析在金融中的作用

一、大数据在金融业务中的应用

（一）数据存储与管理

1.云计算在金融数据存储与管理中的应用

云计算技术在金融数据存储与管理方面的应用已成为金融行业的一项重要趋势。金融业作为信息密集型行业，拥有大量的数据需要存储、管理和处理，而传统的本地数据中心往往难以满足金融行业日益增长的数据需求。云计算技术的应用为金融机构提供了更加灵活、安全、高效的数据存储与管理解决方案。

云计算技术为金融机构提供了充满弹性的数据存储能力。金融行业的数据量通常呈现出快速增长的趋势，而传统的本地数据中心往往难以及时扩展存储容量，造成数据存储压力。云计算平台提供了弹性的存储解决方案，金融机构可以根据实际需求动态地扩展或缩减存储容量，灵活应对不断变化的数据规模，降低了存储数据的成本和复杂度。

云计算技术提高了金融数据的可用性和可靠性。云计算平台采用分布式存储架构和多备份机制，可以确保金融数据的安全性和可靠性。即使在发生硬件故障或灾难事件时，云计算平台也能够实现数据的快速备份和恢复，保障金融机构业务的连续性和稳定性。云计算平台提供了全天候的监控和管理服务，金融机构可以实时监测数据存储状态，及时发现和解决问题，提高数据的可用性和可靠性。

云计算技术提升了金融数据的安全性和隐私保护能力。金融数据的安全性和隐私保护是金融行业的重要关注点，而云计算平台通过采用多层次的安全防护机制和加密技术，确保金融数据在存储和传输过程中的安全性。同时，云计算平台还提供了灵活的访问控制功能和身份认证功能，金融机构可以根据用户角色和权限设置访问权限，防止金融数据泄露。

云计算技术在金融数据存储与管理中的应用为金融行业带来了诸多好处。它提供了富有弹性的存储能力，提高了数据的可用性和可靠性，增强了数据的安全性和隐私保护能力。随着云计算技术的不断发展和完善，相信它将进一步推动金融行业的数字化转型和创新发展，为金融服务提供更加安全、高效、便捷的数据存储与管理解决方案。

2.分布式数据库技术在金融数据处理中的应用

分布式数据库技术在金融数据处理中的应用是金融领域的一项重要创新。分布式数据库技术是一种基于分布式系统架构的数据存储和管理技术，它可以将数据存储在多个节点，并通过网络进行通信和协调，实现数据的分布式存储和处理。在金融领域，分布式数据库技术被广泛应用于金融数据的存储、管理和分析，为金融机构提供了高效、安全和可靠的数据处理解决方案。

分布式数据库技术可以提高金融数据的存储和处理效率。传统的集中式数据库系统往往存在单点故障和性能瓶颈问题，而分布式数据库技术可以将数据分布式存储在多个节点上，实现数据的并行处理和分布式计算，提高了数据处理的并发性和处理能力，加快了数据的存储和检索速度，提高了数据处理的效率和响应速度。

分布式数据库技术可以提高金融数据的安全性和可靠性。由于数据存储在多个地理位置的节点上，分布式数据库技术可以通过数据复制和备份机制实现数据的冗余存储与容错备份，避免了单点故障和数据丢失的风险，提高了数据的安全性和可靠性，保障了金融数据的完整性和稳定性。

分布式数据库技术可以提高金融数据的可扩展性和灵活性。随着金融业务的不断发展和数据规模的不断增长，传统的集中式数据库系统往往难以满足大规模数据存储和处理需求，而分布式数据库技术可以根据业务需求动态扩展和缩减数据存储与处理的节点，实现数据存储和处理的弹性扩展，提高了系统的可扩展性和灵活性，适应了金融业务的变化和发展。

分布式数据库技术可以实现金融数据的实时分析和挖掘。通过分布式数据库技术，金融机构可以将大量的金融数据存储在分布式数据库中，并通过分布式计算和并行处理技术实现数据的实时分析与挖掘，发现数据中的潜在规律和趋势，为金融机构提供数据驱动的决策支持，提高了数据分析的效率和精度，促进了金融业务的创新和发展。

分布式数据库技术在金融数据处理中的应用为金融机构提供了高效、安全、可靠和灵活的数据处理解决方案，推动了金融行业向数字化、智能化方向迈进。随着分布式数据库技术的不断发展和应用，相信它将在金融领域发挥越来越重要的作用，为金融行业的发展和创新提供持续的动力与支持。

（二）数据质量与可信度

数据质量和可信度在金融科技领域至关重要。数据质量直接影响金融科技应用的有效性和可靠性。数据质量指的是数据在准确性、完整性、一致性、及时性和可用性等方面的表现。准确的数据是金融科技分析和决策的基础，如果数据存在错误或不完整，将导致分析结果不准确，进而影响金融决策的科学性和有效性。因此，保证数据质量对金融科技的成功应用至关重要。

数据可信度是金融科技发展的基础。可信的数据意味着数据来源可靠、数据传输安全、数据存储可信，以及数据处理过程公正透明。金融科技应用所依赖的数据需要来源可靠，并经过严格的加密和保护，以防止数据被篡改、泄露或滥用。同时，数据处理过程也需要公正透明，确保数据的处理不受人为干扰，保证数据处理结果的可信度和合法性。只有数据具有高度的可信度，金融科技应用才能够得到广泛的认可。

在金融科技领域，保证数据质量和可信度的关键措施包括以下几个方面。一是建立完善的数据管理和治理机制。金融机构和科技企业应该建立健全的数据管理制度，明确数据质量标准和监控机制，加强对数据的采集、存储、传输和处理的管理，确保数据质量和可信度。二是加强数据安全保护。金融机构和科技企业需要加强对数据的保护，采取严格的管理措施，防止数据被非法获取、篡改和泄露，保障数据的机密性和完整性。三是推动数据标准化和共享。金融行业各方应加强合作，推动数据标准化和共享，建立统一的数据标准和交换机制，降低数据异构性，提高数据的一致性和可比性，从而提高数据的质量和可信度。四是加强数据监管和审计。监管部门应加强对金融科技领域数据质量和可信度的监管，制定相关政策和法规，规范金融科技企业的数据管理行为，加强对金融科技应用的审计和监督，确保金融市场的稳定和安全。

数据质量和可信度是金融科技发展的重要基础，对保障金融科技应用的有效性和可靠性至关重要。金融机构和科技企业应加强数据管理和安全保护，推动数据标准化和共享，加强数据监管和审计，共同确保金融科技应用的数据质量和可信度，为金融科技的持续健康发展提供坚实的基础。

1.数据质量评估与监控方法

数据质量评估与监控方法在科技金融领域的重要性不言而喻。数据在金融业的作用举足轻重，而数据的质量直接影响金融决策的准确性和效果。因此，开发有效的数据质量评估与监控方法是科技金融领域的一项紧迫任务。

数据质量评估应对数据的准确性、完整性、一致性、及时性和可靠性等方面进行评估。数据的准确性评估可以通过比对数据与实际情况的差异进行，如验证客户信息的准确性等。数据完整性评估需要确保数据集完整且没有遗漏，如确保金融交易记录的完整性等。数据的一致性评估要求数据在不同数据源和系统中的一致性，如确保客户账户信息在各个系统中的一致性。数据的及时性评估涉及数据更新的及时性，以保证数据的实时性。数据的可靠性评估则需要考虑数据来源的可信度和数据质量管理的可靠性，以保证数据的可靠性和真实性。

数据质量监控方法应包括数据质量指标的制定和监测。针对各项数据质量指标，金融机构应制定相应的监测指标和监测周期，并建立监控机制，对数据质量进行持续监测和评估。监测可以采用定期抽样检查、实时监测和异常报警等手段，发现数据质量问题并及时进行修正和改进。

数据质量评估与监控方法应结合数据治理和数据管理流程，确保数据质量工作能够得到有效执行和落实。金融机构需要建立完善的数据质量管理制度和流程，明确数据质量管理的责任和权限，培养数据质量意识，建立数据质量监控和反馈机制，持续改进数据质量管理工作。

数据质量评估与监控方法需要不断进行优化和改进，以适应金融业务的不断变化和发展。金融机构应及时关注数据质量评估与监控领域的最新技术和方法，借鉴行业先进经验，不断完善数据质量管理体系，提高数据质量管理的水平和效果。

数据质量评估与监控方法在科技金融领域具有重要意义。通过有效的数据质量评估与监控方法，金融机构可以及时发现和解决数据质量问题，提高数据质量和数据管理水平，为科技金融领域的发展和创新提供有力支持。

2.数据质量管理在金融风险控制中的应用

数据质量管理在金融风险控制中扮演着至关重要的角色。金融业务的决策和执行往往依赖于准确、可靠的数据支持，而数据质量管理的有效应用可以提高数据的准确性、完整性和一致性，从而增强金融机构对风险的识别、评估和控制能力。

数据质量管理可以提高金融风险识别的准确性。金融风险识别需要依赖各种数据，包括市场数据、客户数据、交易数据等。如果这些数据存在错误、遗漏或不一致等问题，就会影响到风险识别的准确性。通过数据质量管理的有效应用，可以及时发现并解决数据的质量问题，保障数据的准确性和完整性，提高金融风险识别的准确性和可靠性。

数据质量管理可以改善金融风险评估的精度。金融风险评估需要对各种风险因素进行量化和分析，而这些风险因素往往涉及多个数据源和多个数据维度。如果数据存在质量问题，就会导致风险评估结果的不准确和不可信。通过对数据质量管理的有效应用，可以确保数据的一致性和可信度，提高风险评估的精度和可靠性。

数据质量管理可以加强金融风险控制的有效性。金融风险控制需要及时监测和响应风险事件，而这需要依赖及时、准确的数据支持。通过对数据质量管理的有效应用，可以及时发现和改正数据质量问题，保障数据的及时性和可靠性，从而加强金融风险控制的有效性和效率。

数据质量管理可以提升金融机构的声誉和信誉。金融机构如果能够有效地管理和保障数据质量，就能够提高业务决策的准确性和可靠性，增强客户和市场的信任与认可。相反，如果数据质量存在问题，就会影响到业务决策和风险控制，损害金融机构的声誉和信誉。因此，数据质量管理的有效应用对维护金融机构的声誉和信誉具有重要意义。

数据质量管理在金融风险控制中的应用对提高风险识别的准确性、改善风险评估的精度、加强风险控制的有效性以及提升金融机构的声誉和信誉具有重要意义。只有有效地管理和保障数据质量，才能更好地应对金融市场的变化和挑战，实现金融风险的有效控制和管理。

二、数据分析在金融业务中的应用

（一）数据探索与可视化

1.数据探索与发现的技术和方法

数据探索与发现以及数据分析在金融业务中的应用已成为金融行业的关键技术和方法。数据探索与发现是指通过对大量金融数据的分析和挖掘，发现数据之间的潜在关联性和规律，从而提取出有价值的业务洞见和信息。数据分析则是指利用统计学和数学方法对金融数据进行分析和解释，帮助金融机构理解市场趋势、客户需求和风险特征，制定相应的业务策略和决策。

数据探索与发现的技术和方法在金融业务洞见中发挥着重要作用。金融业务涉及市场数据、客户数据、交易数据等各种类型的数据，而这些数据蕴含着丰富的信息和价值。数据探索与发现技术可以通过数据可视化、关联分析、聚类分析等方法，挖掘出数据中隐藏的规律和趋势，发现市场机会、客户需求和风险预警信号。通过对客户交易数据的分析，金融机构可以发现客户的消费习惯和偏好，为个性化营销和服务提供依据；通过对市场行情数据的分析，金融机构可以预测市场趋势和价格波动，指导投资决策。

数据分析在金融业务中的应用具有重要意义。数据分析可以帮助金融机构更好地理解和解释金融数据，揭示数据背后的规律和关联性，为业务决策提供支持和指导。数据分析可以采用统计学、数学模型、机器学习等方法，对金融数据进行量化分析和预测。通过建立风险评估模型，金融机构可以对借款人的信用风险进行评估和预测，制定相应的信贷策略和风险控制措施；通过建立投资组合优化模型，金融机构可以优化资产配置，实现风险和收益的平衡，提升投资回报率。

数据探索与发现技术和数据分析方法的结合在金融业务中发挥着协同作用。数据探索与发现技术可以帮助金融机构发现数据中的潜在关联性和规律，提取有价值的业务洞见和信息。数据分析方法可以对这些业务洞见和信息进行量化分析和解释，揭示其背后的含义和价值。通过数据探索与发现和数据分析的结合，金融机构可以更加全面、深入地理解和利用金融数据，提升业务决策的准确性和效率。

数据探索与发现技术和数据分析方法在金融业务中的应用为金融行业带来了重要的价值和意义。它们帮助金融机构挖掘数据中的潜在规律和价值，揭示市场趋势、客户需求和风险特征，为金融机构制定业务策略和决策提供了有力支持和指导。随着数据技术的不断发展和完善，相信数据探索与发现技术和数据分析方法在金融业务中的应用将会进一步扩展和深化，为金融行业的创新和发展注入新的活力。

2.可视化技术在金融数据分析中的应用与发展

可视化技术在金融数据分析中的应用与发展以及数据分析在金融业务中的应用是金融领域的两个重要方面。可视化技术在金融数据分析中的应用与发展。可视化技术是一种通过图形化、图像化的方式展现数据信息的技术，它可以将抽象的数据转化为直观的图表、图像或动画，帮助用户更加直观、清晰地理解和分析数据。在金融领域，可视化技术被广泛应用于金融数据的分析、监测和决策支持中。通过可视化技术，金融机构可以将大量的金融数据以图表、地图、仪表盘等形式展现出来，实现对金融市场、投资组合、风险状况等多方面数据的全面监测和分析，帮助投资者和决策者及时发现数据中的规律和趋势，做出更加准确和及时的决策。随着大数据、云计算和人工智能等技术的不断发展和应用，可视化技术也在不断创新和进步，如虚拟现实、增强现实等新技术的出现，为金融数据分析提供了更加丰富和多样的可视化表现形式，进一步提升了数据分析的效率和质量。

数据分析在金融业务中的应用。数据分析是一种通过统计分析、模型建立和数据挖掘等方法对大量金融数据进行分析和研究的技术，它可以帮助金融机构发现潜在的市场机会、风险因素和客户需求，为金融业务的决策和优化提供数据支持与科学依据。在金融领域，数据分析被广泛应用于信用评估、风险管理、市场预测、产品推荐等多个方面。通过对历史数据和实时数据的分析与挖掘，金融机构可以发现客户的消费行为、偏好和需求，个性化推荐金融产品和服务，提高客户满意度和忠诚度；金融机构可以通过数据分析发现市场的潜在机会和风险，制定相应的市场策略和风险管理措施，提高投资收益和风险控制能力。随着数据技术与人工智能的不断发展和应用，数据分析在金融业务中的应用也在不断深化和拓展，为金融机构提供了更加精准和有效的业务决策与风险管理支持。

可视化技术在金融数据分析中的应用与发展以及数据分析在金融业务中的应用是金融领域的两个重要方面。它们通过图形化、图像化的方式展现数据信息，帮助用户更直观地理解和分析数据，实现对金融市场、投资组合、客户需求等多方面数据的全面监测和分析，为金融机构提供了更加精准和有效的决策支持，推动金融业务的创新和发展。随着技术的不断进步和应用，相信可视化技术和数据分析将在金融领域发挥越来越重要的作用，推动金融行业向数字化、智能化方向迈进。

（二）预测建模与分析

预测建模与分析在金融科技领域扮演着重要的角色，它涉及利用数据和数学模型来预测金融市场的未来走势、风险以及各种金融产品的表现。这一过程包括数据的收集、清洗、分析和建模，以及对模型的验证和优化，从而为投资者、金融机构和决策者提供决策支持与市场预测。

预测建模与分析依赖丰富的数据资源。金融市场产生的海量数据包含丰富的信息，包括市场价格、成交量、财务报表、宏观经济指标等。这些数据可以通过各种渠道获取，如金融交易所、金融机构、政府部门和第三方数据提供商。在进行预测建模和分析之前，首先需要对这些数据进行收集、清洗和整理，以确保数据的质量和可用性。

预测建模与分析涉及选择合适的数学模型和算法。在面对复杂的金融市场和多变的市场环境时，选择合适的数学模型和算法对预测建模的准确性和有效性至关重要。常用的预测建模方法包括时间序列分析、回归分析、机器学习和深度学习等。这些方法可以根据具体的预测目标和数据特征进行选择及应用，从而提高预测模型的准确性和稳定性。

预测建模与分析需要进行模型的验证和优化。模型的验证是指通过历史数据进行模型测试，评估模型的预测准确性和稳定性。在模型验证过程中，金融机构需要使用各种统计指标和评价标准来评估模型的性能，如均方误差、准确率、召回率等。根据模型的验证结果，金融机构需要对模型进行进一步的优化和调整，以提高模型的预测能力和适用性。

预测建模与分析为金融决策提供了重要的支持。基于准确的预测模型和分析结果，投资者和金融机构可以制定更加科学与有效的投资策略、风险管理策略和资产配置方案。同时，政府部门和监管机构也可以利用预测建模与分析的结果，制定相关政策和规定，促进金融市场的稳定和发展。

预测建模与分析在金融科技领域具有重要的意义。通过充分利用数据资源、选择合适的数学模型和算法、进行模型的验证和优化，预测建模与分析为金融决策提供了有力的支持，促进了金融市场的稳定和发展。随着金融科技的不断发展和创新，预测建模与分析将会发挥越来越重要的作用，为金融行业带来更多的机遇和挑战。

1.机器学习算法在金融市场预测中的应用

机器学习算法在金融市场预测中发挥着重要作用。这些算法利用历史数据和实时市场数据，通过模式识别和数据分析，可以对金融市场未来的走势进行预测。机器学习算法可以分析股票市场的历史交易数据和公司基本面数据，预测股票价格的涨跌趋势；可以分析外汇市场的历史汇率数据和宏观经济数据，预测汇率的变动方向。通过机器学习算法进行金融市场预测，可以帮助投资者制定更加科学的投资策略，降低投资风险，提高投资收益率。

数据分析在金融业务中是一项关键工作。金融业务涉及大量的数据，包括客户信息、交易记录、市场数据等，通过对这些数据进行分析，可以发现潜在的商机和风险，为金融机构提供决策支持。通过对客户的消费行为和偏好进行数据分析，金融机构可以推出个性化的金融产品和服务，提高客户满意度和忠诚度；通过对交易数据和市场数据进行分析，金融机构可以识别出异常交易和操纵行为，加强风险管理和监控。数据分析在金融业务中的应用不仅可以提高业务效率和管理水平，还可以促进金融创新和市场发展。

机器学习算法在金融业务中的应用对科技金融领域的发展和进步至关重要。通过机器学习算法进行金融市场预测，可以帮助投资者制定更加科学的投资策略，降低投资风险，提高投资收益率；数据分析在金融业务中的应用可以提高金融机构的业务效率和管理水平，促进金融创新和市场发展，推动科技金融领域发展和进步。

2.时间序列分析在金融风险预测中的应用

时间序列分析在金融风险预测中具有重要的应用价值。金融市场的波动往往会受到多种因素的影响，包括经济指标、政策变化、市场情绪等，而时间序列分析可以帮助分析者从历史数据中捕捉到这些规律和趋势，进而预测未来的市场走势和风险变化。时间序列分析会对数据的平稳性、自相关性、季节性等方面进行分析，基于ARIMA模型、GARCH模型等进行建模预测。通过这些方法，金融从业者可以更准确地评估风险，制定更有效的投资策略。

数据分析在金融业务中的应用日益广泛。金融业务涉及大量的数据，包括市场数据、客户数据、交易数据等，而这些数据蕴含着丰富的信息和价值。通过数据分析技术，金融从业者可以挖掘这些数据中的潜在规律和趋势，提取有用的信息，辅助决策和业务运营。通过数据分析可以对客户行为进行分析，金融机构可以识别客户的需求和偏好，优化产品设计和营销策略；可以对市场走势进行分析，制定投资策略和风险控制措施；可以对交易数据进行监控，及时发现异常情况和风险事件。数据分析技术的应用不仅可以提高金融业务的效率和效益，还可以促进金融创新和发展。

时间序列分析在金融风险预测中的应用以及数据分析在金融业务中的应用都具有重要的意义。它们可以帮助金融从业者更好地理解市场变化和客户需求，提高风险预测的准确性和可靠性，优化业务流程和决策策略，从而推动金融行业的创新和发展。未来，随着数据分析技术的不断进步和应用场景的不断拓展，其在科技金融领域的作用和影响将会进一步凸显，为金融行业的可持续发展注入新的动力。

第三章 科技金融创新的商业模型

第一节 金融科技公司的商业模型

一、金融科技公司商业模型概述

（一）商业模型基础理论

1.商业模型概念与要素解析

商业模型是指企业为实现盈利目标而设计的经营方式和组织结构。商业模型包括企业的价值主张、客户群体、收入来源、资源配置以及成本结构等要素，它们共同构成了企业盈利的逻辑和基础。金融科技公司的商业模型与传统的金融公司有所不同，主要体现在以下几个方面。

一是金融科技公司的商业模型注重技术创新和数字化服务。金融科技公司通常以技术为核心竞争力，通过引入先进的信息技术和金融工具，为客户提供富有创新的金融服务和产品。金融科技公司可以通过开发移动支付、区块链、人工智能等技术，提供便捷的支付、结算、贷款等金融服务，满足用户个性化的金融需求。

二是金融科技公司的商业模型强调数据驱动和个性化服务。金融科技公司通常拥有丰富的数据资源和先进的数据分析能力，其可以通过大数据分析、机器学习等技术，深度挖掘用户需求和行为特征，为用户提供个性化、精准的金融服务。金融科技公司可以根据用户的消费习惯、信用评分等数据，为其量身定制投资组合、信贷方案等金融产品，提高产品的匹配度和用户满意度。

三是金融科技公司的商业模型注重合作生态和开放平台。金融科技公司往往通过建立开放的合作生态和共享平台，与传统金融机构、科技企业以及其他生态伙伴合作共赢，共同开发和推广金融产品及服务。金融科技公司可以通过开放API接口，与银行、支付机构等合作，共享金融数据和服务，为用户提供更加丰富和便捷的金融服务；金融科技公司可以与科技企业合作，共同研发区块链、人工智能等金融科技产品，拓展新的业务领域和市场。

四是金融科技公司的商业模型强调风险管理和合规监管。由于金融科技公司涉及金融业务和金融数据，其商业模型必须符合相关法律法规和监管要求，保障用户信息和资金安全，防范金融风险。金融科技公司通常通过引入智能合规系统、风险控制模型等技术手段，加强对业务的风险管理和合规监管，保障业务的稳健运营和持续发展。

金融科技公司的商业模型在技术创新、数据驱动、合作生态和合规监管等方面呈现出特殊的特点与优势。金融科技公司通过不断创新和优化商业模型，不断拓展业务边界和市场空间，为金融行业的数字化转型和创新发展注入新的活力与动力。

2.商业模型分类与特点分析

商业模型是指企业用来盈利的方式和方法，根据不同的盈利方式和运营模式，商业模型可以分为多种类型，并且每种类型都具有其独特的特点和优势。金融科技公司作为一种新型的金融业态，其商业模型也呈现出多样化和创新性。

金融科技公司的商业模型可以分为技术提供商模型、平台服务模型和垂直细分模型等几种主要类型。技术提供商模型是指金融科技公司通过提供金融科技产品和解决方案来获取收益，如支付系统、风险管理软件等；平台服务模型是指金融科技公司提供金融服务的平台，通过收取交易手续费、广告费用等来盈利，如互联网金融平台、数字货币交易平台等；垂直细分模型是指金融科技公司专注某一特定领域或市场细分，提供个性化的金融服务，如个人财富管理、小额贷款等。

金融科技公司的商业模型具有以下几个特点。一是创新性强。金融科技公司利用先进的技术手段和新颖的商业模式，打破传统金融行业的壁垒，推动金融业的数字化、智能化和个性化发展。二是灵活性高。金融科技公司通常采用轻资产、快速迭代的运营方式，能够灵活应对市场变化和客户需求，提供快速响应和定制化金融服务。三是风险控制能力强。金融科技公司通过技术手段和数据分析，实现对风险的实时监测和精准控制，提高了金融服务的安全性和可靠性。四是生态系统建设能力强。金融科技公司通过建立合作伙伴关系和生态系统，整合资源和服务，实现多方共赢，促进了金融生态系统的健康发展。

金融科技公司的商业模型具有多样化和创新性特征，具有技术先进、灵活应变、风险控制水平高和生态系统建设基础好等特点。随着金融科技行业的快速发展和市场竞争的加剧，金融科技公司需要不断创新和优化商业模型，不断提升技术水平和服务质量，以满足客户需求，实现可持续发展。

3.金融科技公司商业模型的独特性与面临的挑战

金融科技公司的商业模型是其生存和发展的关键。这些公司在金融服务领域利用技术创新，提供更高效、便捷、个性化的金融产品和服务，以满足现代消费者日益增长的需求。金融科技公司的商业模型通常具有独特性，但也面临着诸多挑战。

金融科技公司的商业模型独特性表现在其以技术为核心，强调创新和用户体验。这些公司通常利用先进的技术，如人工智能、区块链、大数据分析等，打破传统金融的局限，开发出全新的金融产品和服务。一些金融科技公司提供智能投顾服务，通过机器学习算法为用户提供个性化的投资建议；另外一些金融科技公司提供区块链技术支持的跨境支付服务，实现便捷、低成本的国际资金转移。这些创新性的商业模型使金融科技公司在市场竞争中具有独特的竞争优势。

金融科技公司的商业模型面临诸多挑战。首先是监管挑战。由于金融科技公司的创新性质和跨界特点，其经营活动往往涉及多个监管领域，面临复杂的监管环境和监管要求。金融科技公司需要不断适应不同国家和地区的监管政策和法规，确保业务合规性，避免法律风险。其次是安全与隐私挑战。金融科技公司处理大量敏感数据，如用户个人信息、财务数据等，面临数据安全和隐私保护挑战。金融科技公司需要加强数据安全管理和隐私保护，防范信息泄露和数据被盗风险。最后是市场竞争挑战。随着金融科技行业的快速发展，竞争日益激烈，金融科技公司需要不断提升自身的创新能力和服务质量，以保持竞争优势。

金融科技公司的商业模型具有独特性，以技术创新和用户体验为核心，为消费者提供更便捷、个性化的金融产品和服务。同时，金融科技公司也面临诸多挑战，包括监管挑战、安全与隐私挑战以及市场竞争挑战。金融科技公司需要不断提升自身的创新能力和服务水平，同时加强合规管理和风险控制，以应对不断变化的市场环境和竞争压力，实现可持续发展。

（二）金融科技公司商业模型演进

金融科技公司的商业模型演进是一个动态的过程，受到市场需求、技术进步、监管政策等多种因素的影响。随着金融科技行业的快速发展和不断变革，金融科技公司的商业模型也在不断演进，从最初的单一产品销售到多元化服务提供，呈现出多样化和复杂化特点。

金融科技公司的商业模型最初主要依赖单一产品销售。在金融科技行业初期，很多公司主要依靠单一的金融科技产品或服务来获取收入，如支付服务、借贷服务等。这种商业模型虽然简单直接，但也面临着市场竞争激烈和盈利能力有限等问题。

随着市场竞争的加剧和用户需求的不断变化，金融科技公司开始向多元化服务提供方向发展。他们通过拓展业务范围、增加产品种类、提供增值服务等方式，不断丰富和拓展自己的商业模型范围。一些支付公司开始向金融科技全生态领域延伸，提供多种金融服务，如理财、保险、信贷等，实现了商业模型的多元化。

金融科技公司可以通过技术创新和合作共赢等方式，不断优化和完善自己的商业模型。他们利用先进的技术手段，如大数据分析、人工智能、区块链等，提升了产品和服务的智能化、个性化和便捷化水平，满足了用户日益增长的个性化需求。同时，他们也通过与传统金融机构、科技企业等合作，实现了资源共享和业务协同，拓展了商业模型的广度和深度。

除此之外，金融科技公司还面临一些挑战和风险，如监管政策的不确定性、安全和隐私保护问题、市场竞争压力等，需要金融科技公司不断创新和调整自己的商业模型，加强合规管理、提升技术安全性、加强品牌建设等，以应对市场竞争和风险挑战。

金融科技公司的商业模型演进是一个持续不断的过程，往往会受到多种因素的影响。随着金融科技行业的不断发展和变革，金融科技公司将继续探索和创新，不断优化和完善自己的商业模型，以适应市场需求。

1.金融科技公司商业模型发展历程

金融科技公司商业模型的发展历程是金融科技行业发展的重要组成部分。随着科技的不断进步和金融行业的不断变革，金融科技公司的商业模型也经历了多个阶段的演变和发展。

最初，金融科技公司通常提供基础的技术平台或软件服务，帮助传统金融机构实现数字化转型和业务优化。这些技术提供商往往通过一次性销售软件许可或服务订阅费用来获取收入，商业模型相对简单。

随着时间的推移，金融科技公司开始研究更多元化的商业模式。一种是基于交易的收费模式，即通过为客户提供交易和支付服务来获取收入。这种模式下，金融科技公司会收取交易或支付的手续费，如支付宝、微信支付等。另一种常见的商业模式是基于数据和信息的销售。金融科技公司可以通过分析和挖掘数据，提供洞察报告、市场分析、风险评估等增值服务，从而获得收入。

随着互联网技术的发展，金融科技公司开始涌现出新的商业模式，如基于平台的模式。这种模式下，金融科技公司通过搭建平台，连接金融机构、用户和服务提供商，促进交易和信息流动，实现多方共赢。典型的例子包括P2P借贷平台、众筹平台等。随着区块链技术的兴起，一些金融科技公司开始尝试基于区块链的商业模式，如数字资产交易平台、智能合约服务等。

在商业模式的不断创新和演进过程中，金融科技公司也面临着诸多挑战和机遇。金融科技公司需要不断提升技术能力和创新能力，以应对市场竞争和技术变革带来的挑战；金融科技公司需要关注法律法规的合规性和风险管控，保障用户数据和资金的安全。

金融科技公司商业模型的发展历程是金融科技行业发展的重要组成部分。从最初的技术提供商到如今的多元化商业模式，金融科技公司不断创新和探索，推动着金融行业的变革和发展。未来，随着科技和市场环境的变化，金融科技公司的商业模型也将继续演化，为金融服务的创新和普惠带来更多可能性。

2.行业趋势对商业模型的影响与变革

行业趋势对商业模型的影响与变革是金融科技公司商业模型的重要考量因素。随着科技的不断发展和金融行业的日益数字化，金融科技公司的商业模型也在不断演进和调整，以适应市场的变化和需求的变化。

数字化转型是当前金融行业的主要趋势之一，对金融科技公司的商业模型产生了深远影响。随着互联网技术的普及和移动支付的兴起，传统的金融服务模式受到了挑战。金融科技公司借助互联网和移动技术，推出了更加便捷、高效的金融服务，如移动支付、在线贷款等。这种数字化转型使金融科技公司能够通过互联网和移动端实现更广泛的用户覆盖和更高效的服务交付，从而改变了传统金融行业的商业模型。

数据驱动和智能化是金融科技公司商业模型变革的重要方向。随着大数据、人工智能和机器学习等技术的发展，金融科技公司可以更好地利用数据分析和算法模型，实现个性化推荐、风险评估和精准营销等服务。通过数据驱动和智能化的商业模型，金融科技公司能够更好地理解用户需求、预测市场趋势，提高服务的质量和用户满意度。

开放平台和生态系统建设是金融科技公司商业模型变革的新趋势。随着金融科技行业的竞争日益激烈，单打独斗的模式已经不再适用，越来越多的金融科技公司开始构建开放平台和生态系统，与其他金融机构、科技公司和服务提供商进行合作，共享资源和数据，实现互利共赢。通过开放平台和生态系统建设，金融科技公司可以更好地扩大业务范围、降低运营成本、提升服务效率，从而实现商业模型的创新和变革。

监管环境和法律制度对金融科技公司商业模型的影响不容忽视。随着金融科技行业的快速发展，监管部门对金融科技公司的监管日益严格，加强了对金融科技公司的合规要求。金融科技公司需要在合规框架下运营，并适应监管政策的变化。因此，金融科技公司的商业模型必须与监管要求相适应，保持合规运营，以确保业务的持续发展和稳健增长。

行业趋势对金融科技公司商业模型产生了深远影响，推动了商业模型的不断变革和创新。金融科技公司需要密切关注行业发展趋势，灵活调整商业模型，不断提升服务能力和竞争力，以适应市场的变化和需求的变化，实现可持续发展。

3.新兴技术对商业模型创新的推动作用

新兴技术对商业模型创新具有重要的推动作用，尤其在金融科技领域。金融科技公司在商业模型的创新中，充分利用了新兴技术所带来的机遇和优势，实现了商业模式的多样化和创新化发展。

新兴技术为金融科技公司提供了丰富的创新工具和平台。人工智能、大数据、区块链、云计算等新兴技术为金融科技公司提供了丰富的创新工具和平台，帮助其实现金融服务的数字化、智能化和个性化。金融科技公司通过应用这些新兴技术，可以开发出各种新型的金融产品和服务，如智能投顾、数字货币、区块链支付等，实现了商业模式的创新和差异化发展。

新兴技术为金融科技公司拓展了商业模式的边界和空间。新兴技术的不断发展和应用拓展了金融科技公司的商业模式边界和空间，使其可以进入传统金融领域之外的市场领域，如共享经济、物联网、人工智能等领域，开发出更加多样化和个性化的金融服务，满足不同客户群体的需求，实现了商业模式的拓展和创新。

新兴技术为金融科技公司提供了更多的商业合作和创新合作机会。新兴技术的应用促进了金融科技公司与其他行业的合作和创新，如与科技公司、互联网公司、制造业公司等行业的合作，共同开发出基于新兴技术的金融产品和服务，实现了商业模式的合作创新和生态共建。

新兴技术为金融科技公司提供了更强的市场竞争力和发展动力。新兴技术的应用提高了金融科技公司的技术水平和服务能力，提升了其在市场中的竞争力和影响力，帮助其实现了快速发展和持续创新。

新兴技术对商业模型创新具有重要的推动作用，尤其在金融科技领域。金融科技公司通过充分利用新兴技术的优势和机遇，实现了商业模式的创新和差异化发展，拓展了商业模式的边界和空间，提升了市场竞争力和发展动力，推动了金融科技行业的健康发展和创新进步。

二、金融科技公司典型商业模型分析

（一）交易平台型商业模型

1.交易平台型金融科技公司的特点与优势

交易平台型金融科技公司具有独特的特点和优势，这些特点和优势决定了其在金融科技领域的重要地位和影响力。交易平台型金融科技公司具有开放性和灵活性，其为用户提供开放的交易平台，允许用户在平台上进行各种金融交易，如股票交易、外汇交易、数字货币交易等，同时还可以通过API接口与其他金融机构和服务提供商进行对接和合作，实现多方面的服务集成和交易扩展。这种开放性和灵活性使交易平台型金融科技公司能够快速适应市场变化和用户需求，提供更加个性化和多样化的金融服务。

交易平台型金融科技公司具有高效性和便捷性。这些公司利用先进的技术和系统架构，使交易系统拥有高性能和高可靠性，可以支持大规模的交易和高并发的用户访问，保障交易的稳定和流畅。同时，交易平台型金融科技公司还注重用户体验和服务质量，提供便捷的交易界面和智能化的交易工具，帮助用户快速完成交易操作，提高交易效率和用户体验感。

交易平台型金融科技公司具有创新性和竞争优势。这些公司不断推出新的交易产品和服务，引入新的技术和模式，不断提升用户体验和交易效率，不断拓展市场和业务范围，形成竞争优势。一些交易平台型金融科技公司利用区块链技术实现数字资产交易，提供去中心化的交易平台，解决了传统金融交易中的信任问题，提高了交易的安全性和透明度，吸引了大量的用户和资金。

交易平台型金融科技公司具有扩展性和可持续性。这些公司通过不断扩大交易品种和服务范围，拓展市场和用户群体，实现了业务的快速增长和规模化发展。同时交易平台型金融科技公司还注重风险管理和合规监管，建立健全的风控体系和合规制度，保障交易的安全性和合法性，提升了公司的可持续发展能力。

交易平台型金融科技公司具有开放性和灵活性、高效性和便捷性、创新性和竞争优势、扩展性和可持续性等独特的特点和优势，这些特点和优势使这些公司成为金融科技领域的重要力量，推动了金融市场的创新和发展，促进了科技金融领域的进步和繁荣。

2.收入来源与盈利模式分析

金融科技公司的商业模型涵盖了多种收入来源和盈利模式，这些模式的设计与实施对公司的成功至关重要。金融科技公司通常通过服务费用或交易手续费来获取收入。这意味着这些公司提供的金融科技服务可能会向用户收取费用，这些费用可能是基于使用量、交易量或其他相关指标的。

许多金融科技公司通过广告或推广收入来获取利润。这些公司可以通过在自己的平台上展示广告或者推广其他金融产品和服务来获得收益。这种模式通常依赖用户规模和活跃度，因此需要不断吸引更多的用户和提升用户参与度。

金融科技公司可以通过数据销售和授权来获取收入。这些公司在运营过程中积累了大量的用户数据和交易数据，这些数据对市场研究、风险管理等具有重要价值。因此，这些公司可以将这些数据进行整理和分析，并出售给其他金融机构、市场研究公司或者其他数据需求方。

金融科技公司可以通过合作伙伴关系和渠道分销来获取收入。这些公司可以与银行、支付机构、保险公司等金融机构合作，共同推出金融产品和服务，从中获得收益。同时，这些公司还可以通过与其他科技公司或者线下渠道合作，将自己的产品和服务推广给更多的用户。

一些金融科技公司可能会通过收取订阅费或提供增值服务来获取收入。这些公司可以为用户提供高级功能、定制化服务或者专业咨询等增值服务，并收取相应的费用。这种模式通常依赖对用户需求的深入理解和技术能力的不断提升。

金融科技公司的商业模型包括多种收入来源和盈利模式，这些模式的设计和实施对公司的长期发展至关重要。通过不断探索和创新，金融科技公司可以不断优化其商业模型，实现持续增长和盈利。

（二）数据服务型商业模型

数据服务型商业模型在金融科技领域的兴起和发展，是信息技术和金融业融合发展的产物。这种商业模式通过提供与数据相关的服务，满足金融机构和企业对数据的需求，为其提供数据分析、挖掘、管理和应用等方面的支持，促进金融业务的创新和发展。

数据服务型商业模型的核心是数据服务。数据是当今信息社会的核心资源，具有巨大的价值和潜力。金融科技企业通过收集、整理、加工和分析各种类型的数据，为金融机构和企业提供与数据相关的服务。这些服务包括数据清洗、数据分析、数据挖掘、数据可视化、数据应用等，帮助金融机构和企业更好地理解和利用数据，从而提高业务效率和竞争力。

数据服务型商业模型强调数据的开放和共享。随着数据时代的到来，数据已成为驱动经济增长和社会发展的重要动力。数据服务型商业模型倡导数据的开放和共享，通过建立数据平台和数据生态系统，吸引更多的数据提供者和数据使用者参与其中，实现数据资源的优化配置和价值最大化。这种开放和共享的模式，有利于促进数据流通和交换，促进数据创新和应用，推动产业协同和跨界合作，为金融科技的发展和金融行业的转型升级提供了新的动力与机遇。

数据服务型商业模型注重数据的安全和隐私保护。数据安全和隐私保护是数据服务型商业模型发展的重要前提和基础。金融科技企业在提供数据服务的过程中，必须严格遵守相关法律法规和行业标准，保护数据的安全和隐私，防止数据被非法获取、篡改和滥用，保障数据主体的合法权益。只有确保数据安全和隐私保护，才能够建立起用户对数据服务的信任和认可，推动数据服务型商业模型的持续健康发展。

数据服务型商业模型注重数据的智能化应用。随着人工智能、大数据分析、机器学习等技术的不断发展和应用，数据服务型商业模型正朝着数据智能化和自动化的方向发展。金融科技企业通过应用这些先进技术，提供智能化的数据服务和解决方案，帮助金融机构和企业更好地利用数据，发现数据中的规律和价值，实现业务的智能化和个性化，提高业务的创新能力和竞争优势。

数据服务型商业模型是金融科技领域的重要商业模式，具有重要的战略意义和发展潜力。通过提供与数据相关的服务，倡导数据的开放和共享，注重数据的安全和隐私保护，以及推动数据的智能化应用，数据服务型商业模型将为金融科技的发展和金融行业的转型升级提供新的动力和机遇，推动金融科技向更加开放、智能和可持续的方向发展。

1.数据服务型金融科技公司的商业逻辑与运营模式

金融科技公司的商业模型多样化，其中数据服务型金融科技公司的商业逻辑与运营模式备受关注。这类公司以数据为核心资源，利用先进的科技手段，提供与数据相关的金融服务，其商业模型和运营模式具有一定特点。

这类公司的商业逻辑在于充分利用数据价值。这些公司通过收集、整合、分析金融相关数据，挖掘数据背后的价值，为金融机构和个人提供更有针对性的服务与产品。这些公司可以利用大数据分析技术，为金融机构提供风险评估、信用评分、反欺诈等服务，帮助金融机构更准确地判断客户信用和风险水平。

数据服务型金融科技公司的运营模式通常以数据订阅、数据分析服务和数据定制服务为主。这些公司可以提供基础数据服务，如市场行情数据、交易数据等，以及定制化的数据分析服务，根据客户需求提供不同维度的数据分析报告和解决方案。这些公司还可以根据客户需求定制化开发数据产品和服务，满足客户个性化需求。

这类公司通常采用云计算、人工智能、区块链等先进技术来支撑其商业模型和运营模式。通过云计算技术，这些公司可以实现数据的存储、管理和处理，保障数据的安全和可靠性；通过人工智能技术，这些公司可以实现数据的自动化分析和挖掘，提高数据分析的效率和准确性；通过区块链技术，这些公司可以实现数据的安全共享和传输，确保数据的真实性和完整性。

行业趋势对这类公司的商业模型和运营模式产生了重要影响。随着金融科技的快速发展和金融行业的数字化转型，金融机构对数据服务的需求日益增加，对数据分析和挖掘技术的依赖日益加深。因此，数据服务型金融科技公司面临更大的市场机遇和挑战，需要不断优化自身的商业模型和运营模式，提升数据服务的质量和价值。

数据服务型金融科技公司的商业模型和运营模式具有明显的特点和优势。这些公司以数据为核心资源，利用先进技术为金融机构和个人提供更有针对性的服务和产品，其商业逻辑和运营模式具有较强的灵活性和适应性。随着金融科技的不断发展和市场需求的变化，相信这类公司将继续发挥重要作用，推动金融行业的创新和进步。

2.数据服务产品的定价策略与市场拓展

金融科技公司的商业模型是指其盈利方式和运营模式，通常会涉及数据服务产品的定价策略与市场拓展。典型的商业模型主要包括技术提供商模型、平台服务模型和垂直细分模型等几种。

技术提供商模型是金融科技公司的常见商业模型之一。在这种模型中，公司提供金融科技产品和解决方案，向客户收取技术服务费用。其定价策略通常基于产品的功能、性能和价值，以及客户的需求和付费能力。市场拓展方面，公司会通过建立合作伙伴关系，拓展客户渠道，增加市场份额，提高知名度。

平台服务模型是另一种常见的商业模型。金融科技公司建立金融服务平台，为客户提供多样化的金融服务，如支付、贷款、投资等，并收取交易手续费、广告费用等。定价策略通常根据交易量、服务类型和客户等级等因素制定，以确保收益最大化。在市场拓展方面，这些公司会通过增加金融服务品类、提升平台用户体验、扩大用户规模等方式，吸引更多的客户和交易，拓展市场份额。

垂直细分模型是针对特定金融领域或客户群体的商业模型。金融科技公司专注某一特定领域或市场细分，提供个性化的金融服务，并收取定价差异化的服务费用。定价策略通常基于服务的特殊性、市场需求和竞争情况等因素确定。市场拓展方面，公司会通过深耕细分领域、提高服务品质、建立口碑等方式，吸引目标客户，占领市场份额。

金融科技公司的商业模型包括技术提供商模型、平台服务模型和垂直细分模型等几种典型类型。它们的定价策略通常根据产品或服务的特性、客户需求和市场竞争情况等因素确定，以确保收益最大化。在市场拓展方面，公司会通过不同的方式，如建立合作伙伴关系、提升服务品质、扩大用户规模等，增加市场份额，实现商业模式的持续发展和增长。

第二节 初创公司与传统金融机构之间的竞争

一、初创公司与传统金融机构之间的竞争

（一）技术创新与灵活性

1.初创公司的技术创新能力与速度优势

初创公司在金融科技领域拥有独特的技术创新能力和速度优势。这种能力和优势源自初创公司的灵活性、创新性和敏捷性，使其能够更快地响应市场需求，推动行业进步。

初创公司的技术创新能力源自其灵活性和敏捷性。相比传统大型金融机构，初创公司通常具有更加灵活的组织结构和决策机制，能够更快地做出调整和决策。这使初创公司能够更加快速地应对市场变化和用户需求，实现技术创新和产品迭代，从而在金融科技领域保持领先地位。

初创公司的技术创新能力受益于其创新性和开放性。初创公司通常具有更加鲜活的文化和氛围，鼓励员工不断探索和尝试新的技术与方法。同时，初创公司也更加开放，积极与外部合作伙伴和技术生态系统合作，共同推动技术创新和产品发展。这种创新性和开放性使初创公司能够汲取更多的技术资源和经验，加速技术创新和产品落地。

初创公司还具有技术人才的集聚和激励优势。作为新兴企业，初创公司通常能够吸引到一批技术领域的优秀人才，这些人才在技术研发和创新方面具有丰富的经验和能力。同时，初创公司也通常采取灵活多样的激励机制，如股权激励、技术创新奖励等，激发员工的创新潜力和工作热情，推动技术创新和产品发展。

初创公司的速度优势体现在其快速迭代和快速上市能力上。由于初创公司的灵活性和敏捷性，它们能够更加快速地进行产品开发和测试，不断进行迭代优化，适应市场需求和用户反馈。同时，初创公司也更加容易实现快速上市，通过股权融资或者资本市场融资等方式，获得更多的资金支

持和市场认可，进一步推动公司的发展和壮大。

初创公司在金融科技领域具有技术创新能力和速度优势，这种能力和优势使初创公司能够更加灵活、创新、高效地应对市场挑战，推动行业的不断进步和发展。初创公司的技术创新能力和速度优势将在未来金融科技领域中发挥越来越重要的作用，成为推动行业变革和创新的重要力量。

2.灵活的初创公司组织结构与决策机制对竞争的影响

初创公司的组织结构和决策机制对其在金融科技领域的竞争力具有重要影响。这些因素的灵活性和有效性可以直接影响到公司的创新能力、响应速度和资源配置，进而影响到公司在竞争激烈的市场中的表现。

初创公司的组织结构对其竞争力有着深远的影响。相比传统的大型机构，初创公司通常具有更加灵活的组织结构，能够更快地适应市场的变化和客户的需求。通过扁平化的组织结构和开放式的沟通渠道，初创公司能够更加高效地实现团队协作和创新，加快产品开发和迭代的速度，从而提升竞争力。

初创公司的决策机制对其竞争力产生了重要影响。传统的大型机构往往决策层次繁多、决策程序复杂，导致决策速度慢、效率低。初创公司通常具有更加简单、灵活的决策机制，能够更快地做出决策并迅速执行，这使初创公司能够更好地抓住市场机遇、应对市场挑战，提高竞争力。

初创公司的组织结构和决策机制会影响到其资源配置和利用效率。由于资源相对有限，初创公司需要更加精确地确定资源的投入方向和优先级。通过灵活的组织结构和决策机制，初创公司能够更加及时地调整资源配置，优化资源利用效率，从而提高竞争力。

初创公司的组织结构和决策机制能够影响到其创新能力。金融科技领域具有较高的技术含量和不断变化的市场需求，需要不断进行技术创新和产品创新。通过灵活的组织结构和决策机制，初创公司能够更好地激发员工的创新潜力，鼓励团队进行尝试和创造，提高创新能力，增强竞争力。

初创公司灵活组织结构和高效的决策机制对其在金融科技领域的竞争力具有重要影响。这些因素能够帮助初创公司更好地适应市场变化、提高决策效率、优化资源配置、提升创新能力，从而使其在激烈的市场竞争中脱颖而出，取得更大的成功。

（二）创新业务模式与市场拓展

创新业务模式与市场拓展在金融科技领域起着重要的作用，它们为金融机构提供了新的机会，带来了挑战，促进了金融服务的创新和发展。

创新业务模式为金融机构提供了更加灵活和多样化的服务方式。传统的金融业务模式往往受制于传统的实体网点和线下服务方式，难以满足用户个性化、多样化的需求。创新业务模式通过利用互联网、移动应用等新兴技术，打破了时间和空间的限制，提供了线上金融服务。P2P借贷平台、虚拟银行等新型金融服务模式的出现，为用户提供了更加灵活和便捷的金融服务，推动了金融市场的创新和发展。

创新业务模式促进了金融市场的拓展和扩大。通过创新业务模式，金融机构可以拓展更广泛的用户群体和市场空间。通过虚拟银行和移动支付等新型金融服务模式，金融机构可以覆盖更广泛的地区和人群，满足不同用户的金融需求，促进金融服务的普及和可及性。同时创新业务模式还可以创造新的市场机会和业务增长点，为金融机构带来更多的收入和利润。

创新业务模式带来了新的风险和挑战。随着金融科技的不断发展和应用，金融机构面临越来越多的网络安全威胁和风险。虚拟银行和移动支付等新型金融服务模式容易受到网络攻击与数据泄露的威胁，一旦发生安全问题，将会对金融机构和用户带来严重的损失和影响。因此，金融机构需要加强安全防范和风险管理，确保创新业务模式的安全稳定运行。

创新业务模式与市场拓展为金融科技领域的发展带来了新的机遇和挑战。通过创新业务模式，金融机构可以实现更灵活、便捷的金融服务，拓展更广泛的市场空间，推动金融市场的创新和发展。同时金融机构也需要面对新的风险和挑战，加强安全防范和风险管理，确保创新业务模式的安全稳定运行，为用户提供更加可靠和安全的金融服务。

1.传统金融机构在市场拓展与业务创新上的局限与挑战

传统金融机构在市场拓展与业务创新上面临诸多局限与挑战。传统金融机构往往拥有庞大的组织结构和繁杂的管理体系，决策过程缓慢，执行效率低。这种机构惯性导致了在市场拓展和业务创新方面的迟缓，难以及时适应市场和客户需求的变化。

传统金融机构的技术基础相对滞后，信息系统陈旧，不具备快速响应市场需求的能力。在数字化转型的时代背景下，传统金融机构面临着信息技术升级的挑战，需要投入大量资源和精力进行系统升级与技术更新，以满足客户对金融服务的个性化和便捷化需求。

传统金融机构的风险管理体系相对保守，对新业务和新产品的风险评估和控制比较严格，这限制了它们在业务创新方面的灵活性和敏捷性。传统金融机构往往更注重风险规避，对新的商业模式和创新产品持保守态度，这导致了它们在市场竞争中的劣势地位。

传统金融机构的服务模式较为单一，缺乏创新和差异化竞争优势。传统金融机构的服务往往依赖线下渠道和人工办理，服务流程繁琐、周期长，无法满足客户对金融服务的个性化和即时化需求，这使得它们在市场拓展和客户服务方面存在较大的局限性。

传统金融机构在市场拓展与业务创新方面面临着诸多局限与挑战。要想在竞争激烈的金融市场中立于不败之地，传统金融机构需要加快数字化转型步伐，提升信息技术水平，构建灵活高效的组织架构和管理体系，加强风险管理和创新能力，不断拓展服务领域和提升服务质量，以适应市场的快速变化和客户需求的不断升级，实现可持续发展。

2.合作与并购对初创公司与传统金融机构竞争格局的影响

初创公司和传统金融机构之间的竞争格局受到合作与并购的影响是金融科技领域的重要议题。合作和并购是两种不同的战略选择，它们在改变竞争格局方面发挥着不同的作用。

合作对初创公司与传统金融机构竞争格局的影响。合作能够促进初创公司与传统金融机构之间的资源共享和互补，弥补彼此的不足，实现优势互补。通过合作，初创公司可以获得传统金融机构丰富的客户资源、资金支持和行业经验，快速拓展市场，提高品牌知名度和市场份额；传统金融机构可以借助初创公司的创新技术和灵活机制，提升服务水平和竞争力，加速数字化转型。合作有助于降低市场进入障碍，共同应对行业挑战，促进双方共同成长。

并购对初创公司与传统金融机构竞争格局的影响。并购可以帮助传统金融机构迅速获取先进的技术和创新能力，加速数字化转型，提升市场竞争力。对初创公司而言，被传统金融机构收购意味着获得更大的市场资源和资金支持，有助于加速产品研发和市场推广，实现规模化发展。部分初创公司可能会面临技术独立性和创新动力丧失的风险，因为在传统金融机构的管理下，可能受制于传统机构的体制和利益考量，限制了创新的空间和速度。

综合来看，合作与并购对初创公司与传统金融机构竞争格局均有重要影响，但具体效果因情况而异。合作能够促进资源共享和优势互补，助力双方共同成长，推动金融科技行业的创新和发展；并购虽能够加速数字化转型，提升市场竞争力，但也存在一定的风险和挑战。因此，初创公司和传统金融机构应根据自身情况和发展需求，灵活选择合作与并购策略，实现双赢局面，共同推动金融科技行业的健康发展。

二、传统金融机构应对初创公司的竞争策略

（一）技术升级与数字化转型

1.传统金融机构的技术升级路径与实践

传统金融机构在技术升级路径与实践方面一直处于不断的探索与变革之中。面对日益激烈的市场竞争和快速发展的科技创新，传统金融机构必须不断提升技术水平，以适应市场需求并保持竞争优势。

传统金融机构在技术升级方面主要集中在信息技术基础设施的优化与更新。这包括更新硬件设备、升级软件系统、优化网络架构等方面。通过引入先进的硬件设备和软件系统，传统金融机构可以提高信息处理和存储能力，加强系统的稳定性和安全性，提升业务处理效率和客户体验。

传统金融机构在技术升级中越来越重视数据驱动的发展策略。这些公司致力于构建完善的数据管理和分析平台，以实现对海量数据的高效管理和深度挖掘。通过采用先进的数据分析技术和工具，传统金融机构可以从海量数据中发现有价值的信息和趋势，为业务决策提供科学依据。

传统金融机构在积极探索人工智能和大数据等前沿技术的应用。人工智能技术可以帮助传统金融机构实现自动化和智能化的业务流程，提高服务效率和质量。大数据技术可以帮助传统金融机构更好地理解客户需求，

优化产品设计和营销策略。

在实践方面，传统金融机构采取了多种方式促进技术升级。这些公司通过与科技公司合作，共同开发和推广新的科技产品和解决方案。同时这些公司还通过人才引进和培养，建设专业的技术团队和研发中心，不断吸纳和培养技术人才，提升企业的技术创新能力。

传统金融机构在技术升级路径与实践方面正处于积极探索和不断尝试的阶段。这些公司重视信息技术基础设施的优化与更新，注重数据驱动的发展策略，积极探索人工智能和大数据等前沿技术的应用，并通过与科技公司合作和人才引进与培养等方式促进技术升级。这些努力将有助于传统金融机构提升竞争力，实现可持续发展。

2.数字化转型对传统金融机构的机遇与挑战

数字化转型对传统金融机构既带来了机遇，也为其带来了挑战。数字化转型使得传统金融机构面临技术更新和转型的挑战。传统金融机构往往具有复杂的IT系统和繁重的业务流程，这些系统和流程往往不够灵活，难以适应快速变化的市场需求和客户需求。数字化转型需要传统金融机构对现有系统和流程进行全面的改造和升级，这需要投入大量的人力、物力和财力，并且可能会面临着技术集成、安全风险等挑战。

数字化转型使得传统金融机构面临来自互联网科技公司和新型金融科技公司的竞争压力。互联网科技公司和新型金融科技公司往往具有更加灵活、高效的组织结构和决策机制，能够更快地推出新产品、开拓新市场，并且通常拥有更加丰富的数据和更好的用户体验。传统金融机构需要通过数字化转型，提升自身的创新能力和竞争力，以应对这种来自新兴竞争者的挑战。

数字化转型为传统金融机构带来了机遇。数字化转型使得传统金融机构能够更好地满足客户需求。随着数字化技术的不断发展和普及，消费者对金融服务的需求也在不断变化，他们希望能够获得更加个性化、便捷、高效的金融服务。通过数字化转型，传统金融机构可以提供更加智能化、定制化的金融产品和服务，满足不同客户群体的需求。

数字化转型使得传统金融机构能够更好地利用数据资产。传统金融机构在长期运营中积累了大量的客户数据、交易数据、风险数据等，这些数据蕴含着丰富的信息和价值，可以用于客户洞察、风险管理、产品创新等方面。通过数字化转型，传统金融机构可以利用先进的数据分析技术和人工智能技术挖掘这些数据的潜在价值，提升业务决策的准确性和效率，从而获得更多的商业机会。

数字化转型对传统金融机构既带来了机遇，也为其带来了挑战。传统金融机构需要认识到数字化转型的重要性，加强技术投入和创新能力建设，以应对市场的变化和竞争的挑战，并抓住数字化转型带来的机遇，实现更好的发展。

（二）创新合作与生态布局

金融科技领域的创新合作与生态布局是推动行业发展的重要动力。在不断变化的市场环境中，金融科技公司通过创新合作和生态布局，实现了资源共享、优势互补，推动产业链上下游的良性发展。

创新合作促进了金融科技公司之间的技术交流与资源共享。面对日益激烈的市场竞争和技术变革，金融科技公司倾向通过合作方式，分享技术成果、互惠互利。这种合作形式不仅可以降低研发成本，提高创新效率，还可以加速产品迭代和市场推广，为行业的快速发展提供了有力支撑。

创新合作推动了金融科技公司与传统金融机构之间的深度融合与协同创新。传统金融机构在数字化转型过程中，需要借助金融科技的力量提升服务效率、降低成本、改善用户体验。金融科技公司通过与传统金融机构合作，可以更好地理解行业需求，提供定制化解决方案，实现共赢发展。这种合作不仅促进了金融科技创新，也推动了传统金融业务的升级和转型。

创新合作推动了金融科技公司与实体经济、行业生态的深度融合与互动。金融科技公司通过与互联网企业、制造业企业等实体经济主体合作，将金融科技应用于实际生产和经营中，促进了实体经济的数字化转型和智能化升级。同时金融科技公司也通过与产业链上下游企业的合作，构建了完整的生态圈，实现了资源共享、共建共享，推动了行业生态的健康发展。

创新合作推动了金融科技公司在国际市场上的拓展与布局。随着全球经济一体化的发展，金融科技公司越来越重视国际市场的开拓与合作。通过与跨国企业、国际组织等的合作，金融科技公司可以借助对方的资源和渠道，拓展海外市场，实现全球化布局，进而促进全球金融科技行业的良性竞争和合作。

创新合作与生态布局是金融科技行业发展的重要推动力量。金融科技公司通过创新合作，实现了技术交流与资源共享，推动了行业内外的深度融合与协同创新，促进了实体经济的数字化转型和国际市场的拓展。未来，随着技术和市场的不断发展，创新合作与生态布局将继续发挥重要作用，推动金融科技行业的持续创新与发展。

1.传统金融机构与初创公司的合作模式与案例分析

传统金融机构与初创公司之间的合作模式正在成为金融科技领域的一大趋势。这种合作模式能够充分发挥传统金融机构和初创公司的优势，实现互补和共赢。下面将通过案例分析介绍几种典型的合作模式。

合作模式之一是战略合作。传统金融机构与初创公司通过签订战略合作协议，在特定领域或业务上展开深度合作。传统银行可以与支付科技初创公司合作推出数字支付服务，以满足客户对快捷、安全支付的需求。这种合作模式能够充分发挥双方的优势，加速业务创新和产品推广。

合作模式之二是投资合作。传统金融机构可以通过投资初创公司的股权，成为其股东之一，并与其建立长期战略合作关系。一些银行通过投资金融科技初创公司，获取先进的技术和创新的商业模式，以提升自身的竞争力。同时初创公司也能够通过传统金融机构的支持，获得更多资源和市场机会。

合作模式之三是孵化加速。传统金融机构可以设立孵化器或加速器，为金融科技初创公司提供孵化和加速服务。通过提供资金、技术、市场等方面的支持，帮助初创公司快速成长和壮大。一些银行设立了金融科技孵化器，为具有潜力的初创公司提供场地、导师和资源支持，促进其发展壮大。

合作模式之四是开放式平台。传统金融机构可以搭建开放式平台，向外部初创公司开放API接口，共享金融数据和服务，实现生态共建和共享发展。一些银行开放了自己的API接口，允许第三方开发者接入银行的金融数据和服务，开发各种金融科技应用和服务，丰富金融生态系统。

传统金融机构与初创公司之间的合作模式多种多样，每种模式都有其独特的优势和适用场景。通过合作，传统金融机构可以借助初创公司的创新能力和灵活性，实现业务创新和市场拓展；初创公司能够借助传统金融机构的资源和渠道，快速成长和壮大。这种合作模式有助于促进金融科技的发展和创新，推动金融行业的数字化转型和普惠金融的实现。

2.生态布局与开放式创新平台建设对竞争的影响

生态布局与开放式创新平台建设对金融科技竞争具有深远影响。生态布局指的是建立和拓展金融科技生态系统，通过整合各方资源，构建完整的产业链和价值链，促进生态系统的持续发展和壮大。开放式创新平台建设则是指建立开放的技术平台和创新生态，吸引各方参与者共同参与创新活动，共享创新成果，推动产业创新和发展。

生态布局对竞争的影响主要体现在以下几个方面。生态布局有助于拓展金融科技公司的业务边界和市场空间。通过建立和拓展生态系统，金融科技公司可以整合各方资源，拓展产品和服务的覆盖范围，提高市场竞争力和影响力。生态布局有助于减少金融科技公司的市场进入障碍。通过与生态系统中的各方合作，金融科技公司可以共同应对市场挑战，分享资源和风险，降低市场进入难度，加速市场渗透和拓展。生态布局有助于促进创新和共享价值。通过建立开放的生态系统，吸引各方参与者共同参与创新活动，共享创新成果，实现创新资源的优化配置和价值最大化。

开放式创新平台建设对竞争的影响是十分重要的。开放式创新平台建设有助于促进技术创新和产品创新。通过开放式创新平台，金融科技公司可以吸引各方参与者共同参与创新活动，分享技术和资源，促进技术交流和合作，加速产品和服务的研发和推广。开放式创新平台建设有助于提高金融科技公司的市场竞争力。通过开放式创新平台，金融科技公司可以吸引更多的合作伙伴和客户参与，拓展市场份额，提高品牌知名度和市场地位。开放式创新平台建设有助于提升金融科技公司的服务水平和用户体验感。通过开放式创新平台，金融科技公司可以吸引更多的用户和合作伙伴参与产品和服务的改进和优化，提高服务质量和用户满意度。

生态布局与开放式创新平台建设对金融科技竞争具有深远影响。这有助于拓展市场空间、降低市场进入难度、促进创新和共享价值，提高市场竞争力和用户体验感，推动金融科技行业的健康发展和创新进步。因此，金融科技公司应重视生态布局和开放式创新平台建设，加强合作与创新，积极构建和拓展开放的生态系统和创新平台，实现双赢局面，共同推动金融科技行业的发展。

第三节　风险投资与科技金融创新

一、风险投资与科技金融创新的概述

（一）风险投资与科技金融创新的定义

1.风险投资的本质与特点

风险投资作为一种金融活动，具有其独特的本质和特点，对金融科技领域的发展和创新起着重要作用。风险投资的本质在于通过投资于具有高风险和高回报潜力的项目或公司，来获取投资收益。风险投资者愿意承担高风险，是因为他们相信这些项目或公司具有创新能力和市场潜力，一旦取得成功，将带来丰厚的回报。因此，风险投资的本质是对创新和潜力的投资，是对其未来的期待和信心的体现。

风险投资具有高度的风险性和不确定性。由于投资创新型和初创型企业，这些企业的发展和市场前景具有较大的不确定性，存在着较高的失败风险。风险投资者需要面对项目失败、资金损失等风险，需要具备较强的风险承受能力和风险管理能力。正是由于这种高风险性和不确定性，风险投资才能为投资者带来更高的收益，也为创新型企业提供了发展的资金支持和市场机会。

风险投资具有长期性和投资周期较长的特点。由于创新型和初创型企业需要时间来发展壮大并实现商业化运营，风险投资往往需要持续投入和长期支持。投资者需要有耐心和长远眼光，他们愿意在项目发展初期承担损失，以期待在未来取得高额回报。因此，风险投资是一项长期投资和战略投资，需要投资者具备较高的资金实力和长期投资意愿。

风险投资具有灵活性和多样性。投资者可以通过股权投资、风险投资基金、天使投资等多种方式进行风险投资，可以选择不同阶段和不同行业的项目进行投资，实现投资组合的多样化和风险分散。这种灵活性和多样性使得投资者可以根据自身的风险偏好和投资目标，灵活调整投资组合，最大限度地降低投资风险，提高投资收益。

风险投资作为一种金融活动，具有投资创新和潜力、高风险性和不确定性、长期性和投资周期较长、灵活性和多样性等独特的本质和特点。这为创新型企业提供了资金支持和市场机会，为投资者带来了高额回报的机会，推动了金融科技领域的发展和创新，促进了经济的持续增长和社会的进步与繁荣。

2.科技金融创新的内涵与范畴

科技金融创新是指利用先进的科技手段和技术方法对金融行业进行革新和改进的过程。这种创新涵盖了广泛的范畴和内涵，旨在提高金融服务的效率、便捷性和可靠性，满足不断变化的市场需求，推动金融行业向更加智能化、数字化和开放化的方向发展。

科技金融创新涵盖了金融产品和服务的创新。通过应用先进的科技手段和技术方法，金融机构可以开发出更加创新和多样化的金融产品和服务，满足不同客户群体的需求。互联网银行、移动支付、虚拟货币等新型金融产品和服务的出现，改变了传统金融行业的格局，提高了金融服务的便捷性和用户体验。

科技金融创新涉及金融业务流程和业务模式的创新。通过应用先进的科技技术和平台，金融机构可以优化和改进业务流程，提高业务处理的效率和效益。采用人工智能、大数据分析等技术，可以实现智能化的风险管理和客户服务，降低操作成本，提高业务运营效率。

科技金融创新涉及金融市场和金融生态系统的创新。通过应用先进的科技手段和技术方法，金融机构可以构建更加开放和包容的金融生态系统，促进金融市场的创新和发展。采用区块链技术构建金融交易平台，实现去中心化的交易和结算，提高金融市场的透明度和效率。

科技金融创新涉及金融监管和风险管理的创新。随着金融市场的不断发展和金融产品的不断创新，监管和风险管理也面临着新的挑战和机遇。

通过应用先进的科技技术和监管工具，监管机构可以加强对金融市场的监管和风险管理，提高监管效能，保障金融市场的稳定和安全。

科技金融创新涵盖了广泛的范畴和内涵，旨在提高金融服务的效率、便捷性和可靠性，推动金融行业向更加智能化、数字化和开放化的方向发展。通过不断创新和应用先进的科技手段和技术方法，金融机构可以实现业务的创新和发展，满足不断变化的市场需求，促进金融行业的可持续发展。

（二）风险投资对科技金融创新的推动作用

风险投资在科技金融创新中发挥着重要的推动作用。风险投资为创新企业提供了资金支持。科技金融创新往往需要大量的资金投入，尤其是在技术研发、市场推广和商业拓展等方面。传统金融机构往往对高风险的创新项目持谨慎态度，难以提供足够的资金支持。风险投资机构则主要以投资创新型企业为主，愿意承担较高的风险，为这些企业提供种子轮、天使轮、风险投资轮等各个阶段的资金支持，帮助其渡过初创阶段，推动科技金融创新的落地和实施。

风险投资提供了战略性的资源支持。除了资金支持，风险投资还可以提供战略性的资源支持，如市场推广、商业合作、技术转让等。风险投资机构往往拥有丰富的行业经验和资源网络，可以为创新企业提供市场营销、渠道拓展、品牌建设等方面的指导和支持，帮助企业快速打开市场，建立起自身的竞争优势。同时风险投资机构还可以通过技术转让、人才引进等方式，帮助企业提升技术能力和创新能力，推动科技金融创新的深入发展。

风险投资促进了创新生态系统的建设。风险投资机构作为资金提供者和战略合作伙伴，积极参与到创新生态系统中，推动各种资源和要素的集聚和交流。风险投资机构通过举办创业竞赛、创业加速器、创业孵化器等活动，吸引更多的创新企业和创业者进入市场，促进创新活动的蓬勃发展。同时风险投资机构还可以与政府、学术界、产业界等各方建立合作关系，共同推动科技金融创新的发展，形成良性的创新生态系统，为科技金融创新的长期发展奠定基础。

风险投资激发了创新活力和创业精神。风险投资市场的兴起和发展，为创新企业和创业者提供了更多的机会和平台，鼓励他们大胆尝试、勇于创新。创新企业和创业者通过风险投资的支持，可以更加自由地进行技术研发和商业实践，追求更高的创新目标和商业价值。这种创新活力和创业精神的不断涌现，推动了科技金融创新的不断深入和扩展，为金融科技行业的发展注入了持续的动力。

风险投资在科技金融创新中发挥着重要的推动作用。通过提供资金支持、战略性资源支持、推动创新生态系统建设以及激发创新活力和创业精神等方式，风险投资为科技金融创新提供了重要的动力和支持，促进了金融科技行业的发展和进步。

1.风险投资与初创企业的关系

风险投资在金融科技领域与初创企业之间的关系密切，这种关系不仅对初创企业的发展至关重要，也对金融科技行业的发展产生着深远影响。

风险投资为初创企业提供了资金支持和成长动力。初创企业通常面临着资金短缺和融资难题的困扰，而风险投资机构的介入为其提供了资金来源。通过向初创企业注入资金，风险投资机构帮助初创企业扩大业务规模、拓展市场份额，推动产品研发和技术创新，加速企业成长和壮大。

风险投资为初创企业提供了战略指导和资源支持。除了资金支持，风险投资机构还可以为初创企业提供战略指导和管理经验，帮助其规划发展战略、优化运营模式。同时风险投资机构还可以为初创企业提供行业资源和人脉关系，帮助其拓展业务合作伙伴和客户网络，加速市场渗透和品牌建设。

风险投资在金融科技领域的投资可以推动行业的创新和发展。由于金融科技行业的技术更新和商业模式创新较为频繁，传统金融机构往往难以及时跟进和应对，而风险投资机构的介入则为行业带来了新的活力和创新力。通过向创新型企业投资，风险投资机构推动了技术进步和商业模式创新，促进了金融科技行业的发展和壮大。

风险投资为初创企业提供了退出机制和回报渠道。一旦初创企业取得成功，实现了业务增长和盈利能力，风险投资机构就可以选择退出，通过股权转让或公司并购等方式实现投资回报。这种退出机制不仅为风险投资提供了资金的流动性和回报的保障，也为其他创业者和初创企业提供了成功的案例和榜样，促进了更多创新项目的涌现。

风险投资在金融科技领域与初创企业之间的关系是一种双赢的合作模式。风险投资机构为初创企业提供了资金支持、战略指导、资源支持和退出机制，推动了初创企业的发展和壮大；初创企业的成长和成功也为风险投资机构带来了丰厚的回报，促进了金融科技行业的创新和进步。这种合作模式为金融科技行业的发展注入了活力和动力，助推了整个行业的蓬勃发展。

2.风险投资对科技金融创新生态的影响

风险投资在科技金融创新生态中扮演着重要角色，其对科技金融领域的影响涵盖多个方面，从推动创新、促进企业成长到塑造行业格局等。风险投资是科技金融创新的重要资金来源之一。科技金融领域的创新常常需要大量的资金支持，而风险投资机构能够为初创企业提供种子资金、初期投资和成长资金等不同阶段的融资支持，助力其研发创新技术、拓展市场和推动业务发展。

风险投资不仅提供了资金支持，还提供了丰富的行业经验和资源网络。投资机构通常拥有丰富的行业经验和深厚的资源积累，可以为初创企业提供商业模式设计、市场拓展、人才引进等方面的指导和支持，帮助企业规避风险、快速成长。同时投资机构的广泛资源网络也为企业提供了业务合作、市场拓展和渠道资源等方面的机会，有助于企业加速发展。

风险投资对科技金融行业的竞争格局产生了重要影响。大量的风险投资流入科技金融领域，助推了众多初创企业的发展，加剧了行业竞争。这种竞争促使企业不断创新、提高服务水平，推动了行业的不断发展和进步。同时风险投资的介入也加速了行业的洗牌速度和集中度的提升，有助于优胜劣汰，形成更加健康的行业生态。

风险投资的存在带来了一定的风险和挑战。由于科技金融领域的创新性和不确定性较高，投资风险也相对较大，部分投资项目可能面临技术失败、市场风险等诸多挑战。过度的投资也可能导致市场泡沫和资源浪费等问题。因此，投资机构需要审慎评估投资项目，降低投资风险，保障投资回报。

风险投资对科技金融创新生态的影响是多方面的。它不仅提供了资金支持和行业资源，还推动了行业竞争的加剧、企业的创新和发展，同时也带来了一定的风险和挑战。投资机构需要谨慎选择投资项目，加强风险管控，共同推动科技金融行业的健康发展。

二、风险投资与科技金融创新之间的关系

（一）科技金融创新对风险投资行业的影响

1.科技金融创新对投资策略与方向的影响

科技金融创新对投资策略与方向有着深远的影响。科技金融创新提供了更多元化和个性化的投资产品与服务。传统投资产品往往较为单一，如股票、债券等，而科技金融创新则推出了更多样化的投资产品，如数字资产、P2P借贷、众筹等，满足了不同投资者的多样化需求。投资者可以根据自身的风险偏好和投资目标，选择更适合自己的投资产品和服务，实现个性化的投资组合。

科技金融创新提高了投资的便捷性和效率。传统投资方式往往需要投资者通过金融机构或交易所进行操作，手续繁琐且时间成本较高。科技金融创新通过互联网和移动技术，提供了在线投资平台和移动投资App，使投资者可以随时随地进行投资操作，实现了投资的便捷和灵活。投资者可以通过在线平台查看市场行情、进行交易下单、管理投资组合等操作，大大提高了投资的效率和便捷性。

科技金融创新加速了投资信息的获取和传播。传统投资市场信息不对称，信息获取渠道有限，导致投资者难以获取准确和及时的市场信息，影响投资决策的准确性和效果。科技金融创新通过大数据、人工智能等技术，提供了更加丰富和精准的投资信息，如市场研究报告、投资分析工具、智能投顾等，帮助投资者更好地理解市场动态，做出更为科学的投资决策，提高了投资成功率和收益水平。

科技金融创新改变了投资者的投资行为和心态。传统投资市场往往受到情绪波动和羊群效应的影响，投资者容易因为恐慌和贪婪而做出盲目投资决策，导致投资风险增加。科技金融创新提供了更为客观和理性的投资分析和决策工具，帮助投资者从理性的角度看待市场波动，形成长期稳健

的投资策略和理念，降低了投资风险，提高了投资收益率。

科技金融创新对投资策略与方向产生了深远的影响。它提供了更多元化和个性化的投资产品和服务，提高了投资的便捷性和效率，加速了投资信息的获取和传播，改变了投资者的投资行为和心态，推动了投资市场的发展和进步，为投资者提供了更多选择和更多的投资机会，促进了经济的持续增长和社会的进步与繁荣。

2.科技金融创新对风险投资回报与风险管理的挑战

科技金融创新对风险投资回报与风险管理带来了诸多挑战。随着科技金融创新的迅速发展，投资者面临更加复杂和多样化的投资选择。新兴科技领域的涌现虽带来了许多新的投资机会，但同时也增加了投资的不确定性和风险。投资者需要更加深入地了解新兴科技领域的发展趋势和市场动态，以及评估相关投资项目的潜在风险和回报。

科技金融创新加剧了市场竞争的激烈程度。随着科技进步和数字化转型的推进，传统金融机构和新兴科技企业之间的竞争日益激烈。新兴科技企业凭借其创新性和灵活性，在金融服务领域中不断推出新产品和新服务，挑战传统金融机构的市场地位。传统金融机构需要面对来自新兴科技企业的竞争压力，加大创新投入力度，提升服务水平，以保持竞争优势。

科技金融创新增加了监管和合规的挑战。随着金融科技的快速发展，监管部门面临着如何有效监管新兴科技企业和新型金融产品的挑战。新兴科技企业通常具有较高的创新性和灵活性，可能会推出一些新型金融产品和服务，而现有监管框架体系可能无法及时跟进，导致监管滞后和风险累积。监管部门需要加强对新兴科技企业和新型金融产品的监管，提升监管的及时性和有效性，保护投资者和市场的稳定。

科技金融创新对风险管理提出了新的挑战。新兴科技领域的不确定性和变化性较高，传统的风险管理模型和方法可能无法完全适用。投资者和金融机构需要不断改进风险管理方法，加强对新兴科技领域的风险识别和评估，及时应对风险事件的发生，保障投资者和机构的利益。

科技金融创新对风险投资回报与风险管理带来了诸多挑战。投资者需要面对更加复杂和多样化的投资选择，传统金融机构需要应对新兴科技企业的竞争压力，监管部门需要加强对新兴科技企业和新型金融产品的监管，风险管理者需要改进风险管理方法，以适应科技金融创新带来的新形势和挑战。

（二）未来展望与趋势

1.可能出现的新模式与新机会

新模式与新机会的出现常常与科技金融领域的创新密切相关。风险投资在科技金融创新中扮演着重要角色。它们之间的关系可以从多个方面进行探讨。

风险投资为科技金融创新提供了资金支持和资本渠道。创新通常需要大量的资金投入，而风险投资机构则致力于向具有潜力的初创企业提供资金支持，帮助其进行研发、技术探索和市场推广。这种资金支持为科技金融创新提供了重要的动力和保障，促进了创新技术和商业模式的孕育与发展。

风险投资为科技金融创新提供了战略指导和业务支持。除了资金支持，风险投资机构还通常会为投资企业提供战略指导、业务咨询和市场拓展等支持服务。这种支持可以帮助初创企业更好地把握市场机遇，制定切实可行的发展策略，并加速技术产品推向市场的速度。

风险投资在推动科技金融创新中扮演着"风险共担者"的角色。科技金融创新往往伴随着较高的技术风险和市场风险，而风险投资机构通常具备更强的风险承担能力和容忍度。它们愿意承担创新过程中的风险，与初创企业共同分享风险和收益，从而推动了更多的科技金融创新项目的实施。

风险投资为科技金融创新提供了良好的投资环境和生态系统。风险投资的活跃与投资意愿提高了创新企业的壮大和发展速度，同时也吸引了更多的人才和资源投入科技金融领域，形成了良性循环的投资生态系统，为科技金融创新提供了更多的新机会和发展空间。

风险投资与科技金融创新之间是一种相互促进的关系。风险投资为科技金融创新提供了资金支持、战略指导和风险共担，推动了科技金融创新的发展；科技金融创新为风险投资提供了丰富的投资机会和良好的投资环境，为投资机构带来了可观的回报和长期价值。随着科技金融领域的不断发展和壮大，相信风险投资与科技金融创新之间的关系将会更加密切，为金融行业的创新和发展注入新的活力和动力。

2.产业协同促进风险投资与科技金融创新的良性循环

产业协同与风险投资之间的紧密联系促进了科技金融创新的良性循环。产业协同是不同产业部门之间的协作与合作，旨在共同提高产业整体效率和竞争力。风险投资是通过为创新型企业提供资金支持，推动科技金融领域的创新与发展。这两者之间的关系既是相互促进的，又是相互依存的。

产业协同为风险投资提供了丰富的投资机会。不同产业领域之间的协同合作往往会产生新的商业模式、产品和服务，这些创新性项目往往具有较高的增长潜力和投资价值，吸引了众多风险投资机构的关注和投资。金融科技领域的创新项目往往涉及多个产业领域的技术和资源，如互联网、人工智能、大数据等，通过不同产业领域之间的协同合作，可以为金融科技创新提供更加丰富和多样的投资机会。

风险投资的注入促进了产业协同的深度发展。风险投资机构通常具有丰富的行业资源和经验，能够为初创企业提供资金支持、战略指导和市场拓展等方面的支持，帮助企业加速成长和发展。在产业协同过程中，风险投资的介入不仅为创新型企业提供了成长所需的资金支持，还能够促进企业之间的技术合作、资源共享和市场开拓，推动产业协同的深度发展和优化。

产业协同与风险投资形成了良性循环。产业协同促进了风险投资的多元化和精准化，为投资机构提供了更多的投资机会和选择空间；风险投资的注入为产业协同提供了更强的动力和支持，推动了产业协同的不断深化和拓展。这种良性循环促进了科技金融领域的创新与发展，加速了产业协同的形成和完善，有利于构建更加健康、可持续的金融生态系统。

产业协同与风险投资之间存在着密切的相互关系和相互促进的作用。它们共同推动了科技金融领域的创新与发展，促进了产业协同的深度发展和优化，形成了良性循环的发展模式。在未来，随着产业协同和风险投资的不断深化和拓展，相信科技金融领域的创新与发展将迎来更加广阔的发展空间和机遇。

第四节　科技金融创新的可持续性

一、科技金融创新带来的可持续性挑战

（一）竞争与市场变革

1.新技术快速更新对可持续发展的挑战

新技术的快速更新对可持续发展构成了重大挑战，特别是在科技金融领域。这种挑战主要体现在以下几个方面。

新技术的快速更新加剧了资源消耗和环境压力。随着新技术的不断涌现和更新换代，大量的旧技术和设备被淘汰与更新，导致大量的资源浪费和能源消耗。同时新技术的大规模应用和普及也会产生大量的电子废弃物和排放物，对环境造成污染和破坏。这种资源消耗和环境压力对可持续发展构成了严峻挑战，需要采取有效措施加以应对。

新技术的快速更新加剧了技术垃圾和信息过载。随着新技术的不断涌现和更新，大量的旧技术和设备被淘汰和废弃，形成了技术垃圾。同时新技术的大规模应用和普及也会导致信息过载，使得人们难以应对海量的信息和数据，影响信息的获取和利用效率。技术垃圾和信息过载不仅对环境和资源造成了浪费，也给人们的生活和工作带来了诸多不便和困扰，影响了可持续发展的实现。

新技术的快速更新加剧了技术差距和数字鸿沟。随着新技术的不断涌现和更新，发达国家和地区往往能够更快地获取和应用新技术，而发展中国家和地区则面临着技术更新速度较慢和技术应用能力较弱的挑战，导致了技术差距和数字鸿沟的进一步扩大。这种技术差距和数字鸿沟不仅加剧了不平等现象，也限制了发展中国家和地区的可持续发展能力，阻碍了全球可持续发展目标的实现。

新技术的快速更新加剧了社会不稳定和安全风险。随着新技术的不断涌现和应用，传统产业和就业模式往往会受到冲击和颠覆，导致大量的失

业和社会不稳定。新技术的应用也会带来诸多安全风险和隐患，如网络安全、数据隐私等问题，对个人和社会的安全构成威胁。这种社会不稳定和安全风险对可持续发展构成了严重挑战，需要采取有效措施加以应对。

新技术的快速更新对可持续发展构成了重大挑战，特别是在科技金融领域。这种挑战主要体现在资源消耗和环境压力加剧、技术垃圾和信息过载增加、技术差距和数字鸿沟扩大、社会不稳定和安全风险增加等方面，需要全社会共同努力，加强国际合作，推动新技术的可持续发展，实现经济、社会和环境的协调发展。

2.市场竞争加剧与商业模式创新的需求

市场竞争的加剧对金融科技行业提出了新的挑战和机遇。随着科技的不断发展和全球化的进程，金融科技行业正经历着前所未有的竞争压力。在这种背景下，商业模式的创新成为金融科技公司的当务之急。商业模式创新是指在现有的市场环境下，通过重新组合资源和价值链，创造新的商业模式，以适应市场变化和满足客户需求。这种创新不仅能够提高企业的竞争力，还能够带来更多的商业机会和经济效益。

市场竞争加剧促使金融科技公司加速商业模式创新。随着金融科技行业的迅速发展，市场竞争日益激烈，传统的商业模式可能已经无法满足客户需求和市场变化。因此，金融科技公司需要不断创新，提供更具竞争力的产品和服务，以获取更多的市场份额和利润。通过重新审视价值链，重新定义业务逻辑，金融科技公司可以创造出全新的商业模式，获得竞争优势。

市场竞争加剧推动了金融科技公司加强与合作伙伴的合作与联盟，促进了商业模式的创新。在竞争激烈的市场环境下，金融科技公司往往需要借助其他企业的资源和技术优势，共同开发新的商业模式。通过与合作伙伴的紧密合作，金融科技公司可以共享资源、共同创新，加快产品上市和商业化进程。金融科技公司可以与银行、支付公司、技术公司等建立合作关系，共同开发新的支付、借贷、投资等金融产品和服务，实现互利共赢。

市场竞争加剧可以促使金融科技公司加大对技术创新和研发投入，推动商业模式的创新。在数字化、智能化的时代背景下，技术创新是金融科技公司保持竞争优势的关键。通过不断引入新的技术和研发新的产品，金融科技公司可以开拓新的市场空间，提高产品的附加值，从而实现商业模式的创新和升级。利用人工智能、区块链、大数据等前沿技术，金融科技公司可以开发出更具创新性和竞争力的金融产品与服务，满足客户不断变化的需求。

市场竞争加剧促使金融科技公司加速商业模式创新，加强与合作伙伴的合作与联盟，加大对技术创新和研发投入力度。这些举措有助于金融科技公司应对市场挑战，提高竞争力，拓展业务范围，实现长期可持续发展。随着市场竞争的不断加剧和科技进步的不断推进，金融科技公司将继续面临更多的机遇和挑战，需要不断创新和进化，以适应市场的变化和需求。

（二）法律与监管环境

法律与监管环境在金融科技领域扮演着至关重要的角色。随着金融科技的不断发展和应用，各种新型金融服务和业务模式的出现，对法律与监管环境提出了新的挑战和要求。

法律与监管环境需要与金融科技的发展保持同步。传统的金融监管体系往往难以适应快速变化的金融科技发展。因此，政府和监管机构需要加强对金融科技领域的监管与规范，制定相应的法律法规和政策措施，确保金融科技的健康发展和市场秩序。同时监管机构还需要加强对金融科技企业的监管和监测，防范和化解金融科技领域可能存在的风险与问题。

法律与监管环境需要保护金融消费者的权益。金融科技的发展虽然为消费者提供了更加便捷和多样化的金融服务，但也带来了一些潜在的风险和问题。个人信息泄露、网络安全漏洞等问题可能会对消费者的利益造成损害。因此，法律与监管环境需要建立健全的消费者权益保护机制，加强对金融科技企业的监管和约束，保护消费者的合法权益。

法律与监管环境需要促进金融科技创新和发展。金融科技的发展离不开良好的法律与监管环境的支持和保障。政府和监管机构需要制定开放、包容的政策措施，为金融科技企业提供创新的空间和机会，推动金融科技的健康发展和创新。同时法律与监管环境还需要加强知识产权保护和技术安全监管，保护金融科技企业的创新成果和技术秘密，促进金融科技的良性竞争和发展。

法律与监管环境在金融科技领域发挥着至关重要的作用。通过建立健全的法律法规和监管机制，保护金融消费者的权益，促进金融科技创新和发展，法律与监管环境可以为金融科技的健康发展和市场秩序提供有力支持，推动金融科技行业的持续繁荣和进步。

1.金融科技监管政策的变化与不确定性

金融科技监管政策的变化与不确定性已成为金融科技领域的一个重要议题。随着金融科技的快速发展和应用，监管部门不断调整和完善监管政策，以适应金融科技创新和发展的需要。监管政策的变化带来了一定程度的不确定性，对金融科技企业和市场产生了影响。

监管政策的变化可能导致金融科技企业的经营环境发生变化。监管政策的调整可能涉及金融科技企业的准入门槛、业务范围、合规要求等方面，直接影响企业的经营模式和市场竞争力。监管部门可能加强对金融科技平台的风险管理和合规监管，要求其建立健全的风控体系和信息披露机制，以保障金融市场的稳定和安全。

监管政策的变化可能导致金融科技市场的格局发生变化。监管政策的调整可能影响不同类型金融科技企业的发展前景和竞争地位，促使市场竞争格局发生变化。监管政策的收紧可能导致一些小型金融科技企业退出市场，加剧市场竞争程度；一些符合监管要求且具备规模优势的大型金融科技企业可能会进一步壮大，进一步巩固其市场地位。

监管政策的不确定性可能影响金融科技投资者的投资决策和行为。金融科技投资者可能会受到监管政策变化的影响，调整自己的投资策略和风险偏好。一些投资者可能会减少对高风险、高波动性的金融科技项目的投资，转而更加偏好稳健型的项目；一些投资者可能会增加对符合监管政策要求、具备合规优势的金融科技企业的投资。

监管政策的变化可能对金融科技创新和发展产生影响。监管政策的调整可能对金融科技创新和发展的方向、速度和深度产生影响。监管部门可能出台政策支持新技术的应用和创新模式的探索，促进金融科技创新和发展；监管部门可能对一些新兴技术和业务模式提出严格的监管要求，限制其发展和应用范围。

金融科技监管政策的变化与不确定性对金融科技领域产生了广泛而深远的影响。金融科技企业需要密切关注监管政策的变化，及时调整自身发展战略和经营策略，以适应监管政策的要求和市场环境的变化，实现稳健发展。同时监管部门也需要加强对金融科技市场的监管和引导，促进金融科技创新和发展，实现金融市场的稳定和健康发展。

2. 数据隐私与安全保护的法律法规体系完善的挑战

数据隐私与安全保护在科技金融领域面临着法律法规体系完善的挑战，这是一个值得重视的议题。随着科技金融的迅速发展和数据技术的广泛应用，个人数据的收集、存储、处理和传输变得日益频繁和庞大，这带来了隐私泄露和数据安全等重大风险。在此背景下，相关的法律法规不断完善和调整，以应对数据隐私与安全保护的挑战。

数据隐私保护方面的法律法规挑战。随着数据技术的不断发展，涉及个人隐私的数据越来越多，如个人身份信息、财务信息等，这些数据的泄露可能会导致个人隐私权受损、个人权益受到侵害。因此，相关的数据隐私保护法律法规显得尤为重要。随着数据的跨境流动和技术的快速更新，传统的法律法规往往难以适应新形势下的数据隐私保护需求，存在法规滞后、执行难度大等问题。

数据安全保护方面的法律法规挑战。随着网络空间的不断扩大和数据交换的普及化，网络安全风险不断增加。个人敏感信息、金融交易数据等重要数据面临着来自黑客攻击、数据泄露等安全威胁。因此，相关的数据安全保护法律法规需要不断加强和完善。由于技术的日新月异和网络空间的复杂性，很难制定一套完全适用的数据安全法规，因此常常出现法规不足、执行不力等问题。

随着全球化和跨境数据流动的加剧，数据隐私与安全保护的法律法规挑战也愈发突显。不同国家和地区的法律法规存在差异，对数据隐私和安全的规范标准也各不相同，导致跨境数据流动时的法律法规不一致和执行难度增加。因此，建立起跨境数据合作机制、推动国际间的数据标准统一和协调成为解决这一问题的关键所在。

总体来说，数据隐私与安全保护的法律法规挑战在科技金融领域具有重要意义。相关法律法规需要不断完善和调整，以适应新形势下的数据安全需求和挑战。加强国际合作和协调，推动全球数据安全标准的统一，也是应对这一挑战的重要途径。只有通过持续不断的努力，才能有效保护个人数据隐私和网络安全，促进科技金融行业的健康发展。

二、科技金融创新的可持续性策略

（一）战略与愿景

科技金融创新的可持续性策略是一个综合而长期的战略规划，旨在推动金融行业与科技的融合，促进金融服务的创新与发展，并确保这种发展在长期内保持稳健和可持续。这一战略需要明确的愿景和目标，以及相应的战略方针和执行路径，以达到金融业与科技创新的有机结合，为全球经济的可持续发展做出贡献。

制定科技金融创新的愿景是至关重要的。这个愿景应该着眼于未来，展望金融科技创新的潜力和影响，包括数字支付、区块链、人工智能、大数据等领域的发展。愿景应该强调技术创新如何为金融服务提供更多元化、便捷化和可靠性，以及如何促进金融包容性和可持续发展。

建立科技金融创新的战略框架和规划是关键的。这个框架应该包括明确的战略目标和优先领域，以及相应的政策、投资和合作方案。在这个框架下，需要明确各项政策的执行路径和时间表，确保各项政策措施有序推进，协同配合。

推动科技金融创新的可持续发展需要加强政策制定和监管的协同。政府部门应该积极制定相关政策，为金融科技创新提供良好的政策环境和制度保障。这包括加强金融科技的监管框架，促进金融数据的共享和交流，以及鼓励金融机构和科技企业的合作和创新。

推动科技金融创新的可持续发展需要加强国际合作和交流。金融科技的发展具有全球性和跨境性的特点，需要各国共同努力，分享经验和资源，共同应对金融科技发展中的挑战和风险。国际组织和多边机构应该发挥积极作用，推动全球金融科技创新的合作与发展。

要推动科技金融创新的可持续发展，需要加强技术研发和人才培养。

政府、企业和学术界应该加大对金融科技的投入和支持力度，鼓励创新型企业和科研机构开展前沿技术研究和实践应用。同时还应该加强人才培养，培养一批具有金融和科技背景的复合型人才，推动金融业与科技创新的融合和发展。

科技金融创新的可持续性策略需要明确愿景和目标，制订战略框架和规划，加强政策制定和监管的协同，推动国际合作和交流，加强技术研发和人才培养，以确保金融科技创新的稳健发展，为全球经济的可持续发展做出积极贡献。

1.创新战略与长期发展愿景

创新战略与长期发展愿景在科技金融领域的重要性不言而喻。科技金融公司面临着日益激烈的竞争和快速变化的市场环境，必须制定创新战略和树立长期发展愿景，以应对挑战并保持竞争优势。

创新战略是科技金融公司保持竞争优势的关键。通过不断创新，科技金融公司可以开发出新的产品和服务，满足不断变化的市场需求，提高用户体验，拓展市场份额。创新战略可以包括技术创新、业务模式创新、产品创新等方面，通过引入新技术、改进业务流程、设计新产品等方式，实现持续创新，保持市场领先地位。

长期发展愿景是科技金融公司实现可持续发展的基础。科技金融公司需要明确未来的发展方向和目标，建立长期发展愿景，为企业的发展提供清晰的方向和指引。长期发展愿景不仅包括企业的战略定位和业务布局，还应考虑到行业趋势和技术发展的变化，制定相应的发展策略和规划，确保企业能够持续适应市场变化和发展需求。

创新战略与长期发展愿景需要与企业的核心竞争力和价值观相契合。科技金融公司应该根据自身的优势和特点，确定适合自己的创新方向和发展愿景，避免盲目跟风和过度扩张。同时创新战略与长期发展愿景还需要与市场需求和用户需求相匹配，确保企业的发展能够得到市场的认可和支持。

创新战略与长期发展愿景需要与企业的组织文化和管理体系相协调。科技金融公司应该建立创新的组织文化和灵活的管理机制，鼓励员工提出新想法和创新方案，激发员工的创造力和积极性，推动企业持续创新和发展。

创新战略与长期发展愿景是科技金融公司实现可持续发展的重要基础。科技金融公司应该根据自身的优势和特点，制定创新战略和长期发展愿景，不断推动创新，保持竞争优势，实现长期稳健发展。

2.可持续性发展目标的设定与实现路径

可持续性发展目标（SDGs）是全球社会共同努力的重要目标，旨在实现经济、社会和环境的可持续发展。科技金融在实现可持续性发展目标方面扮演着重要角色。通过创新金融科技，可以促进可持续经济增长、社会包容和环境保护，并为实现SDGs提供有效路径。

科技金融可以促进经济可持续增长。通过金融科技的创新，可以降低金融服务的成本，扩大金融服务的覆盖范围，促进金融包容，为更多人提供融资和投资机会。同时科技金融还可以提高金融机构的效率和运营能力，降低金融风险，促进金融市场的稳定和健康发展，为经济可持续增长提供有力支持。

科技金融可以促进社会包容和公平。通过金融科技的创新，可以建立更加普惠的金融服务体系，让更多的人群包括农村居民、小微企业等获得金融服务，缩小贫富差距，实现社会包容。同时科技金融还可以通过大数据分析和人工智能技术，识别和解决社会问题，为社会的可持续发展提供智能化解决方案。

科技金融可以推动环境可持续保护。通过金融科技的创新，可以引入绿色金融产品和服务，支持环保产业发展，推动能源转型和碳减排。同时科技金融还可以通过区块链技术、物联网技术等手段，实现环境数据的跟踪和监测，推动环境信息的透明化和共享，促进环境治理和保护。

科技金融在实现可持续性发展目标方面具有重要意义。通过金融科技的创新，可以促进经济的可持续增长、社会的包容和公平、环境的可持续保护，为实现SDGs提供有效路径。未来，需要不断推动金融科技的创新和应用，发挥其在可持续发展中的重要作用，实现经济、社会和环境的协调发展。

（二）技术与创新管理

技术与创新管理在金融科技领域扮演着关键角色，它们相互交织，共同推动着行业的发展和进步。技术的不断创新为金融科技带来了无限可能，而有效的创新管理则可以确保这些技术能够得到合理利用并为市场带来真正的价值。

技术在金融科技中的应用不断创新，为金融行业带来了巨大变革。人工智能、大数据、区块链等先进技术的应用，极大地提升了金融产品和服务的智能化、个性化和便捷化水平。这些技术的不断演进和应用，为金融科技领域注入了新的活力和动力，推动了金融行业向数字化、智能化方向迈进。

有效的创新管理对金融科技公司的发展至关重要。创新管理不仅包括技术创新的管理，还包括组织创新、市场创新等方面的管理。通过建立有效的创新流程和机制，制定明确的创新目标和策略，金融科技公司可以更好地驱动技术创新，实现创新成果的转化和商业化，从而保持竞争优势和市场领先地位。

创新管理包括对风险的有效管理和控制。随着技术创新的不断推进，金融科技行业也面临着一系列新的风险和挑战，如数据安全风险、合规风险等。通过建立健全的风险管理体系和内控机制，金融科技公司可以及时发现和应对风险，降低不确定性，保障创新活动的顺利进行和公司的稳健发展。

创新管理需要注重人才培养和团队建设。金融科技行业需要具备高素质、多元化的人才队伍，他们具备创新意识、技术专长和商业洞察力，能够推动技术创新和业务创新的不断突破。因此，金融科技公司需要通过建立良好的人才培养和激励机制，吸引和留住优秀的人才，搭建协作共赢的团队，实现创新管理的最大化效益。

创新管理需要注重与市场需求的紧密结合。金融科技公司在进行技术创新和产品研发时，需要深入了解市场需求和用户需求，根据市场反馈和用户反馈及时调整和优化产品和服务，确保创新成果能够真正满足市场需求，为用户带来实际价值。

技术与创新管理是金融科技行业持续发展的重要支撑和推动力量。通过有效的技术创新和创新管理，金融科技公司可以不断推动行业的发展和进步，实现更加智能化、便捷化和可持续发展的目标。

1.创新管理与技术孵化机制

创新管理与技术孵化机制是科技金融领域的重要议题，对促进科技金融创新和发展具有重要意义。

创新管理是指科技金融企业在创新活动中的组织和管理方法。创新管理包括创新战略的制定、资源配置、团队建设、创新流程设计等方面。科技金融企业需要制定明确的创新战略，明确创新的目标和方向，合理配置人力、财力和技术资源，建立灵活高效的创新团队，设计流程规范、透明的创新流程，以提高创新效率和创新成功率。

技术孵化机制是指科技金融企业通过孵化器或加速器等平台，为科技创新项目提供支持和服务的机制。技术孵化机制包括项目筛选、孵化服务、资源对接、市场推广等环节。科技金融企业可以通过设立孵化器或加速器，为有潜力的科技创新项目提供场地、导师、资金等资源支持，帮助项目从概念验证到商业化，实现快速成长和壮大。

创新管理与技术孵化机制的结合，有助于提升科技金融企业的创新能力和竞争力。科技金融企业可以通过创新管理，提高创新活动的效率和质量，实现科技创新与商业应用的有机结合；通过技术孵化机制，吸纳外部优秀的科技创新项目，扩大创新资源范围和创新生态，推动科技金融领域的持续创新和发展。

举例来说，一些金融科技公司建立了专门的创新实验室或研发中心，负责研究新技术、新业务模式，探索金融科技创新的前沿领域；这些公司会设立孵化器或加速器，与初创企业合作，共同孵化和培育有潜力的科技创新项目，为金融行业带来新的创新和变革。

创新管理与技术孵化机制是科技金融企业促进创新和发展的重要手段和方法。科技金融企业应不断完善创新管理机制，提高创新效率和质量；积极探索技术孵化机制，吸引更多优秀的科技创新项目，促进科技金融领域的持续创新和发展。

2.技术标准化与平台化推进

技术标准化和平台化在科技金融领域的推进具有重要意义。技术标准化是指对相关技术进行规范和统一，以确保不同系统和产品之间的兼容性和互操作性。平台化是指建立开放的技术平台，通过统一的接口和规范，促进不同系统和服务之间的集成和共享。技术标准化和平台化的推进在促进科技金融创新、提升服务质量和降低成本等方面发挥着重要作用。

技术标准化的推进有助于促进科技金融领域的创新和发展。通过统一的技术标准，可以降低产品研发和生产成本，提高技术开发效率，推动技术的迭代和更新。同时技术标准化还有助于降低市场准入门槛，促进市场竞争，激发企业创新活力，推动科技金融行业的不断进步。

平台化的推进能够促进科技金融服务的集成和共享。建立开放的技术平台可以实现不同系统和服务之间的无缝连接和数据共享，提高系统的互操作性和灵活性，为用户提供更加便捷和个性化的金融服务。同时平台化还有助于降低技术整合成本，加快产品上线和推广速度，提升市场竞争力。

技术标准化和平台化的推进有助于提升科技金融服务的质量和安全性。统一的技术标准可以确保产品和服务的质量和稳定性，降低系统出错和风险发生的可能性，保障用户的权益和利益。建立开放的技术平台可以加强数据安全和隐私保护，通过严格的数据管理和权限控制，保护用户的个人信息和交易数据安全。

技术标准化和平台化在科技金融领域的推进对行业发展具有重要意义。它们可以在促进创新和发展、提升服务质量和降低成本、提升市场竞争力和保障用户权益等方面发挥着重要作用。因此，科技金融行业应加强合作与协调，推动技术标准化和平台化工作的深入开展，共同推动科技金融行业的健康发展和持续创新。

第四章 数字支付与银行业务的变革

第一节 移动支付与数字货币

一、移动支付的发展与应用

（一）移动支付技术与架构

移动支付技术是金融科技领域的重要创新之一，其架构涵盖了多个关键组成部分，对金融服务和经济发展产生了深远影响。

移动支付技术的核心是基于互联网和移动通信技术的支付系统。这种系统通常由客户端应用程序、服务器端系统和支付网关等组成。客户端应用程序允许用户通过移动设备进行支付操作，包括扫码支付、NFC 支付、手机银行等方式。服务器端系统负责处理支付请求和交易数据的传输，确保支付安全和可靠性。支付网关作为连接客户端和服务器端的桥梁，起到数据中转和加密传输的作用，保障支付信息的安全性。

移动支付技术的架构涉及与金融机构和第三方支付平台的连接。移动支付系统通常需要与银行、支付宝、微信支付等金融机构和支付平台进行接口对接，实现资金的结算和清算。这需要通过安全的 API 接口和协议进行数据传输和信息交换，确保支付系统的稳定和安全。

移动支付技术的架构包括与商户和消费者的连接。移动支付系统需要与各种商户系统进行接口对接，支持线上和线下的支付交易。这需要支付系统具备良好的兼容性和灵活性，能够适应不同商户系统的接入需求。同时支付系统还需要提供用户友好的支付界面和体验，方便消费者进行支付操作。

移动支付技术的发展对金融服务和经济发展带来了多重影响。移动支付技术推动了金融服务的普及和便利化。通过移动支付技术，用户可以随时随地进行支付操作，无需受限于时间和地点，提高了金融服务的可及性和便捷性。移动支付技术促进了消费和经济活动的增长。移动支付的普及使得消费更加便捷和快捷，促进了消费需求的释放和经济活动的扩大。同时移动支付技术还改变了支付习惯和消费行为，推动了线上零售、电子商务等新型经济模式的发展。

移动支付技术作为金融科技领域的重要创新，其架构涵盖了多个关键组成部分，对金融服务和经济发展产生了深远影响。随着移动支付技术的不断发展和普及，将进一步推动金融服务的普及和便利化，促进经济的持续增长和社会的进步发展。

1.NFC技术与近场通信支付

NFC技术（Near Field Communication）是一种短距离无线通信技术，可以在两台设备之间进行数据交换，距离通常在几厘米以内。近年来，随着智能手机的普及和移动支付的兴起，NFC技术被广泛应用于移动支付领域。NFC技术的发展与应用推动了移动支付的发展，为用户提供了更便捷、安全的支付方式。

NFC技术的应用使得手机可以变身为电子钱包，用户可以通过手机进行刷卡支付、公交卡充值、门禁卡等功能。NFC支付具有快速、便捷的特点，用户只需将手机靠近POS终端或读卡器，即可完成支付操作，无需携带实体卡片或输入密码，大大提升了支付效率和便利性。

移动支付的发展离不开NFC技术的支持。NFC技术为移动支付提供了安全可靠的通信手段，采用了加密技术和安全认证机制，确保了支付数据的安全传输和存储。同时NFC支付还支持多种支付卡类型，包括银行卡、信用卡、公交卡等，为用户提供了多样化的支付选择，满足了不同用户群体的需求。

NFC技术的发展推动了移动支付市场的壮大。随着NFC支付终端的普及和商户的支持，越来越多的用户开始使用NFC支付，移动支付市场规模不断扩大。同时NFC支付也促进了线下零售业务的数字化和智能化，为商家提供了更多的支付方式和营销手段，提升了商家的营业额和客户满意度。

NFC技术在移动支付领域存在着一些挑战和问题。NFC支付的普及受到支付终端的限制，部分商家尚未配备NFC支付终端，导致用户体验不一致。NFC支付的安全性仍然存在一定隐患，可能面临信息泄露、支付劫持等风险，需要进一步加强安全防护措施。同时NFC支付还面临着用户隐私保护、支付标准统一等方面的挑战，需要政府部门、行业协会和企业共同努力，推动相关政策和标准的制定和落实，促进NFC支付的健康发展。

NFC技术与近场通信支付推动了移动支付的发展与应用，为用户提供了更便捷、安全的支付方式。随着NFC技术的不断创新和完善，移动支付将进一步发展壮大，成为人们日常生活中不可或缺的支付方式，促进科技金融领域的进步与繁荣。

2.扫码支付技术原理与应用

扫码支付技术是一种基于移动设备和条码识别技术的支付方式。它的原理是通过移动设备扫描商户生成的二维码，然后将支付信息传输到支付平台进行处理，最终完成交易。这种支付方式已经成为移动支付的主流形式之一，极大地改变了人们的支付习惯和生活方式。

随着移动支付的普及和发展，扫码支付技术得到了广泛的应用。扫码支付技术方便快捷，可以随时随地进行支付，大大提高了支付效率。扫码支付技术具有较低的成本，无需额外的硬件设备，只需要具备扫码功能的移动设备即可完成支付，降低了商户的接入门槛。扫码支付技术还具有较高的安全性，采用了加密技术和双重验证机制，保障了交易的安全性和可靠性。

移动支付作为一种新型的支付方式，正在不断推动金融科技的发展和创新。它改变了人们的支付习惯和消费方式，推动了传统金融业务向数字化、智能化方向的转变。同时移动支付还催生了一系列与之相关的金融科技创新，如移动钱包、支付宝、微信支付等，进一步丰富了移动支付的应用场景和功能。

随着移动支付的发展和普及，扫码支付技术作为其重要组成部分得到了广泛的应用。它不仅方便快捷、成本低廉、安全可靠，还推动了金融科技的发展和创新，促进了传统金融业务向数字化、智能化方向的转变。未来，随着移动支付技术的不断完善和应用场景的不断拓展，它将继续发挥重要作用，推动金融科技的进一步发展和创新。

（二）移动支付的商业模式

1.第三方支付平台的兴起与发展

第三方支付平台的兴起与发展标志着支付方式的改变和金融科技的蓬勃发展。随着移动支付的发展与应用，金融科技在支付领域发挥了重要作用。

第三方支付平台的兴起源自对传统支付方式的不满和需求的变革。传统支付方式存在着支付效率低下、手续费高昂、安全性不足等问题，难以满足用户日益增长的支付需求。第三方支付平台利用先进的移动互联网技术和金融科技手段，提供更便捷、快速、安全的支付服务，受到了用户的青睐。

移动支付的发展与应用推动了支付方式的创新和普及。随着智能手机的普及和移动网络的发展，移动支付得到了广泛的应用。用户可以通过手机 App、二维码扫描等方式进行支付，无需携带现金或银行卡，极大地方便了生活消费。同时移动支付还促进了线上线下支付的融合，推动了商业模式和消费习惯的转变。

移动支付的发展为金融科技行业带来了巨大的商机和发展空间。第三方支付平台通过技术创新和服务创新，不断拓展支付场景和服务范围，积极探索数字货币、区块链等新技术的应用，推动了金融科技的发展和创新。同时移动支付也催生了一批新的金融科技企业，如移动支付平台、支付清算平台、支付安全平台等，为金融科技行业的发展注入了新的活力和动力。

移动支付的发展面临着一些挑战和问题。支付安全问题备受关注，用户信息泄露、支付风险增加等问题引起了社会广泛关注。移动支付市场竞争激烈，存在着行业垄断和不正当竞争的现象，导致了市场秩序混乱和消费者权益受损。移动支付的监管政策和法律法规尚不完善，监管部门需要加强监管和规范，保障支付市场的健康发展。

第三方支付平台的兴起与发展推动了移动支付的发展与应用，促进了金融科技的创新和发展。同时移动支付的发展也面临着一些挑战和问题，需要各方共同努力，加强监管和规范，推动移动支付行业的健康发展。

2.移动支付与线下实体商户的合作模式

移动支付与线下实体商户的合作模式是移动支付发展与应用的重要方面。这种合作模式基于移动支付技术，通过移动设备实现线上线下交易的便捷和安全，为消费者和商户提供了全新的支付体验和商业机会。

移动支付与线下实体商户的合作模式主要包括支付平台入驻、支付码支付和会员积分兑换等形式。通过支付平台入驻，商户可以接入移动支付平台，提供移动支付服务，方便消费者使用手机App或扫码支付。支付码支付是指消费者通过扫描商户的支付二维码进行支付，实现线下购物的便捷支付。同时移动支付还可以与商户的会员制度结合，通过积分兑换等方式增加用户粘性，促进消费。

移动支付与线下实体商户的合作模式促进了线上线下的融合发展。通过移动支付技术，消费者可以在线上购物后选择线下门店自提或线下体验，实现线上订单的线下交付和线下消费的线上支付，促进了线上线下渠道的互通互联，提升了消费者的购物体验。同时移动支付还可以通过电子优惠券、线下导购等方式增加线下商户的客流量和销售额，推动线下实体商户的发展和转型。

移动支付与线下实体商户的合作模式促进了商业生态系统的建设和升级。通过移动支付技术，商户可以获取消费者的支付数据和消费行为，为商户提供精准营销和个性化服务，提升用户体验和满意度，加强与消费者的关系。同时移动支付还可以为商户提供商业数据分析和智能决策支持，帮助商户优化运营策略和提升盈利能力。

移动支付与线下实体商户的合作模式是移动支付发展与应用的重要组成部分，为消费者和商户提供了便捷、安全、智能的支付服务和商业机会。这种合作模式推动了线上线下的融合发展，促进了商业生态系统的建设和升级，推动了移动支付行业的健康发展和创新。随着移动支付技术的不断完善和普及，移动支付与线下实体商户的合作模式将会越来越多样化和深入，为消费者和商户带来更加丰富多彩的支付体验方式与商业机会。

二、数字货币的发展与实践

（一）数字货币基础知识

数字货币是一种基于区块链技术的虚拟货币，与传统货币相比，其具有去中心化、匿名性和安全性等特点。数字货币的出现和发展，标志着金融科技的快速演进和创新。金融科技，简称金融科技，是指利用先进技术如人工智能、大数据、区块链等来改进和增强金融服务和运作的领域。

数字货币的基础知识包括其核心技术和特点。区块链技术是数字货币的基础，它采用分布式数据库的方式记录和存储交易信息，确保交易的安全性和透明度。数字货币的特点包括去中心化，即没有中央机构控制发行和管理；匿名性，即用户可以通过数字货币进行匿名交易；安全性，即数字货币交易基于加密技术，具有较高的安全性。

金融科技与数字货币的关系密切，它们相互促进和支持。金融科技的发展推动了数字货币的创新和普及。区块链技术为数字货币提供了安全可靠的底层技术支持，使得数字货币得以实现去中心化和匿名交易。同时数字货币的出现也推动了金融科技的发展，促进了支付、清算、结算等金融服务的创新和改进。

金融科技在数字货币领域的应用主要包括数字支付、智能合约、数字身份验证等方面。数字支付是金融科技在数字货币领域的一个重要应用方向，通过移动支付、电子钱包等技术手段，实现快捷、安全的数字货币支付。智能合约是指利用区块链技术编写的自动执行的合约，可以实现自动化的交易和结算，提高交易效率和透明度。数字身份验证则是利用区块链技术构建的数字身份系统，可以实现个人身份的安全验证和管理，为数字货币的合法使用提供了保障。

金融科技与数字货币的融合对金融行业产生了深远影响。它促进了金融服务的创新和普及，提高了金融服务的效率和便捷性，推动了金融行业的数字化转型。它拓展了金融服务的边界，使得更多的人可以享受到金融服务，促进了金融包容性的提升。同时它也带来了一系列新的挑战和风险，如数字货币的安全性、监管政策的制定等，需要各方共同努力解决。

金融科技与数字货币的结合对金融行业产生了深远影响。随着技术的不断发展和应用，数字货币将在金融体系中发挥越来越重要的作用，为金融服务的创新和普及，以及金融包容性的提升带来更广阔的前景。

1.数字货币的定义与特点

数字货币是指以数字形式存在的货币，通常通过密码学和分布式账本等技术手段实现交易和管理。与传统货币相比，数字货币具有许多独特的特点。

数字货币具有去中心化和匿名性的特点。它们不依赖中央银行或政府发行和管理，通过分布式账本技术实现去中心化的交易验证和管理，保障了用户的交易隐私和安全性。数字货币具有快速和低成本的特点。由于采用了去中心化的交易验证机制，数字货币交易无需通过银行或第三方支付机构，因此可以实现即时的交易确认和低成本的交易手续费。

数字货币具有边界跨越和便捷支付的特点。由于数字货币的本质是信息，可以通过互联网实现全球范围内的即时支付和跨境转账，为用户提供了更加便捷和高效的支付手段。数字货币的发展与实践已经取得了长足的进展。自比特币出现以来，各种数字货币不断涌现，如以太坊、莱特币等，为数字货币的发展提供了丰富的技术和应用创新机会。

数字货币的应用场景在不断扩大，从支付结算、跨境汇款到金融投资、智能合约等领域都得到了广泛应用。同时数字货币的发展与实践还面临着一些挑战和问题。数字货币市场存在着较大的波动性和不稳定性，投资者面临着较大的风险。数字货币的合法性和监管问题备受关注，各国政府和监管机构对数字货币的立法和监管政策也在不断调整及完善。

数字货币的技术安全性和交易隐私问题也需要加强研究和解决。数字货币作为一种创新的金融工具，在科技金融领域发挥着越来越重要的作用。随着技术的不断进步和监管环境的逐步明确，数字货币的发展前景仍然十分广阔，将为金融行业的创新和发展带来新的机遇和挑战。

2.主流数字货币类型与区别分析

主流数字货币类型包括比特币（Bitcoin）、以太坊（Ethereum）、莱特币（Litecoin）、Ripple、比特币现金（Bitcoin Cash）等。比特币是第一个被广泛接受的数字货币，其核心概念是去中心化和匿名性，通过区块链技术进行交易验证。以太坊不仅支持数字货币交易，还提供智能合约功能，使得开发者可以在其上构建去中心化应用（DApps）。莱特币与比特币类似，但交易速度更快，手续费更低。Ripple是专注于跨境支付的数字货币，其主要优势在于交易速度快、费用低、可扩展性强。比特币现金是比特币的一个分叉，旨在提高比特币的交易速度和扩展性。

数字货币的发展与实践呈现出多方面的趋势和特点。随着区块链技术的不断发展和完善，数字货币的安全性和可信度逐渐提高，为其在金融领域的应用奠定了基础。数字货币作为一种全新的金融工具，受到越来越多的投资者和机构的关注和认可，其市场规模和交易量不断扩大。数字货币的发展催生了一系列的衍生品和金融衍生品市场，如数字货币期货、期权等，为投资者提供了更多的投资选择和风险管理工具。同时数字货币还促进了金融科技领域的创新和发展，推动了支付、结算、借贷等金融服务的数字化和智能化。

数字货币的发展面临着一些挑战和风险。数字货币市场存在着较大的波动性和不确定性，投资者需要承担较高的投资风险。数字货币的合规和监管问题一直是市场关注的焦点，尚未形成统一的全球监管标准和政策，存在着监管风险和法律风险。数字货币的安全性和隐私性仍然存在着一定的隐患，数字货币交易平台和钱包可能受到黑客攻击和信息泄露，用户资产安全受到威胁。同时数字货币的可扩展性和交易速度等技术问题也亟待解决，以满足日益增长的用户需求和交易量。

主流数字货币类型各有特点，数字货币的发展与实践呈现出多方面的趋势和特点，虽然面临着一些挑战和风险，但数字货币作为一种全新的金融工具，仍然具有广阔的发展前景和巨大的市场潜力。

（二）数字货币应用场景

1.数字货币在跨境支付中的应用

数字货币在跨境支付中的应用已经成为金融科技领域的重要发展趋势。数字货币是一种基于区块链技术的加密货币，具有去中心化、安全高效、实时结算等特点，使得其在跨境支付领域具有独特的优势和潜力。

数字货币在跨境支付中可以提高支付效率。传统的跨境支付通常需要经过多个中介机构和银行，涉及复杂的清算和结算流程，耗时长、手续费高。而数字货币的跨境支付则可以实现实时清算和结算，无需中间商和银行的参与，大大缩短了支付时间和降低了支付成本，提高了支付效率。

数字货币在跨境支付中可以降低支付风险。由于数字货币采用了去中心化的区块链技术，具有较高的安全性和防篡改性，使得支付过程更加安全可靠。在跨境支付中，数字货币可以通过智能合约等技术手段，确保支付的安全性和可追溯性，降低了支付风险，提升了支付的信任度。

数字货币在跨境支付中可以促进金融创新和业务发展。数字货币的跨境支付具有较强的开放性和灵活性，可以为不同国家和地区之间的支付业务提供更多样化、个性化的解决方案。同时数字货币还可以促进国际贸易和投资的便利化，推动全球经济的互联互通，为经济全球化提供新的动力。

数字货币的跨境支付可以促进金融普惠和包容。通过数字货币，可以实现全球范围内的无障碍支付，使得金融服务更加普及和可及。特别是对一些发展中国家和地区来说，数字货币的跨境支付可以为其提供更便捷、低成本的支付服务，促进金融包容和经济发展。

数字货币在跨境支付中的应用具有重要意义。它可以提高支付效率、降低支付风险、促进金融创新和业务发展、促进金融普惠和包容，推动全球经济的互联互通和可持续发展。未来，随着数字货币技术的不断进步和应用场景的不断拓展，数字货币在跨境支付领域的作用和影响将会进一步凸显，为全球金融体系的发展和变革注入新的动力。

2.数字货币在跨境贸易中的应用

数字货币在跨境贸易中的应用是数字货币发展与实践的重要方面。随着数字货币的发展与实践，其在跨境贸易中的应用逐渐成为一种趋势，并为科技金融领域带来了新的机遇和挑战。

数字货币在跨境贸易中的应用提升了支付效率和降低了交易成本。传统跨境贸易支付通常需要通过银行或第三方支付机构进行跨境汇款，存在着较高的手续费和时间成本。使用数字货币进行跨境贸易支付，可以实现即时到账、零手续费、低成本的跨境支付，提升了支付效率，降低了交易成本，促进了跨境贸易的发展。

数字货币在跨境贸易中的应用促进了贸易融资和结算的创新。传统跨境贸易结算通常需要通过银行承兑汇票、信用证等传统结算工具，存在着结算周期长、手续费高、流程繁琐等问题。使用数字货币进行跨境贸易结算，可以实现实时结算、透明安全、低成本的结算服务，为跨境贸易提供了更加灵活、便捷的贸易融资和结算方案。

数字货币在跨境贸易中的应用拓展了贸易融资和投资的渠道。传统跨境贸易融资主要依赖银行信贷、商业保理等传统融资渠道，存在着融资门槛高、融资周期长、融资成本高等问题。数字货币的出现为贸易融资和投资提供了新的渠道和工具，如基于区块链技术的数字货币融资平台、数字货币支付结算平台等，为企业提供了更加便捷、透明、低成本的贸易融资和投资服务。

数字货币在跨境贸易中的应用促进了贸易金融体系的创新和升级。传统贸易金融体系主要依赖传统金融机构，存在着信用风险高、流程繁琐、效率低等问题。数字货币的出现为贸易金融体系带来了新的机遇和挑战，促进了贸易金融体系的创新和升级，推动了金融科技的发展和应用。

数字货币在跨境贸易中的应用为贸易支付、结算、融资和投资提供了新的机遇及解决方案，促进了跨境贸易的发展和繁荣。随着数字货币技术的不断发展和完善，数字货币在跨境贸易中的应用将会越来越广泛，为全球贸易体系的升级和发展注入新的活力与动力。

第二节 数字银行与虚拟银行

一、数字银行的概述与发展

（一）数字银行的定义与特点

数字银行是一种基于互联网和数字技术的金融服务机构，其特点在于完全在线上运营，无需实体网点，通过手机应用或网页平台提供全面的金融服务。数字银行以其高度便捷、智能化的特点，为用户提供全天候、无时空限制的金融服务体验。

数字银行的特点之一是全面的在线化。用户可以通过手机应用或网页平台完成开户、转账、支付、贷款、投资等各种金融操作，无需前往实体网点办理业务。这种全面的在线化服务模式大大提高了用户的便利性和灵活性，节省了用户的时间和精力。

另一个特点是智能化和个性化的服务。数字银行通过人工智能、大数据分析等技术，为用户提供智能化的金融服务。根据用户的消费习惯和偏好，智能推荐适合的理财产品；通过大数据分析用户的信用记录和行为模式，智能评估信用风险，为用户提供更个性化的贷款方案。

数字银行注重用户体验和创新。通过优化界面设计、提高网站或应用的响应速度，数字银行致力于提供流畅、愉悦的用户体验。同时数字银行还不断推出创新的金融产品和服务，如虚拟信用卡、移动支付、智能投顾等，满足用户不断增长的金融需求。

金融科技是指利用先进的技术手段改进和优化金融服务的领域。金融科技的发展涵盖了多个方面，包括人工智能、大数据分析、区块链、云计算等技术的应用，以及金融业务流程的重构和优化。

金融科技提高了金融服务的效率和便利性。通过自动化和智能化的技术手段，金融服务可以更快速、更准确地完成，大大节省了用户的时间和成本。通过人工智能技术，可以实现智能客服，24小时在线为用户提供服务；通过区块链技术，可以实现快速的跨境支付，降低交易成本和时间成本。

金融科技促进了金融创新和产品多样化。金融科技的发展推动了金融业务的数字化和智能化，为金融机构提供了更多元化的产品和服务。借助区块链技术，可以实现数字资产的交易和结算；借助大数据分析技术，可以开发个性化的理财产品，满足用户不同的投资需求。

金融科技带来了新的风险和挑战。随着金融业务的数字化和互联网化，网络安全、数据隐私等问题日益凸显。金融机构需要加强信息安全管理，保护用户的个人信息和资金安全。同时金融监管也面临着新的挑战，需要及时跟进和适应金融科技的发展，保护金融市场的稳定和健康发展。

数字银行以其全面的在线化、智能化和创新化的特点，为用户提供了更便捷、智能、个性化的金融服务体验。金融科技作为实现数字银行发展的重要支撑，通过技术创新和业务优化，提高了金融服务的效率和便利性，促进了金融创新和产品多样化，同时也带来了新的风险和挑战，需要金融机构和监管部门共同应对。

1.数字银行的本质与概念解析

数字银行是一种基于互联网和先进科技的金融服务模式，其本质在于将传统银行的业务转化为数字化、智能化的形式，为客户提供更便捷、高效的金融服务。数字银行的核心概念是利用科技手段，如人工智能、大数据、区块链等，重新定义和优化金融服务流程，打造全新的金融生态系统。

在数字银行中，人工智能技术扮演着重要角色，通过智能算法和数据分析，实现客户画像、风险评估、个性化推荐等功能，提升了服务的精准度和个性化水平。大数据技术则帮助数字银行实现对海量数据的快速处理和分析，从而更好地理解客户需求、优化产品设计，提升服务质量。区块链技术则为数字银行提供了更安全、透明的交易环境，实现了去中心化的交易验证和结算，提升了金融交易的效率和可信度。

与传统银行相比，数字银行具有以下特点，一是服务模式更加灵活，可以随时随地通过手机或电脑进行操作，不受时间和空间的限制；二是客户体验更加个性化，数字银行能够根据客户的行为和偏好提供定制化的金融服务，提高了客户满意度；三是风险控制能力更强，数字银行通过智能风控系统和实时监控技术，能够及时发现和应对风险事件，保障了金融交易的安全性和稳定性。

数字银行是金融科技的重要应用场景，是传统银行向数字化转型的重要途径，通过利用先进技术，重新定义和优化金融服务流程，实现了更高效、便捷、安全、个性化的金融服务，推动了金融行业的创新与发展。

2.数字银行相对传统银行的特点与优势

数字银行是随着科技金融的崛起而迅速发展的一种金融服务形式，与传统银行相比，它呈现出诸多独特的特点和显著的优势。

数字银行的最大特点是依托先进的科技手段，实现了线上化、无纸化的运营模式。这意味着客户可以通过手机App或者网页轻松完成各类银行业务，无需前往实体网点，大大提升了用户的便利性和体验感。

数字银行注重个性化、智能化的金融服务。通过人工智能、大数据分析等技术手段，数字银行可以更好地了解客户的需求和偏好，为其提供定制化的金融产品和服务，从而提高了服务的精准度和使其更具针对性。

数字银行拥有更高效、更灵活的运营模式。相比传统银行的繁琐流程和庞大的人力成本，数字银行依托信息技术可以实现自动化、智能化的流程管理，大大提高了运营效率，同时也降低了成本，使得银行能够更快地响应市场需求和变化。

数字银行具有更广阔的市场覆盖和更开放的合作模式。传统银行通常需要依托实体网点才能覆盖到的地区，数字银行可以通过互联网覆盖到更广泛的客户群体，实现全球化的服务。同时数字银行还倡导开放式的合作模式，与第三方支付平台、科技公司等进行合作，共享资源和技术，为客户提供更丰富的金融服务。

数字银行以其便捷高效、个性化智能的特点，以及更广阔的市场覆盖和开放的合作模式，逐渐成为金融行业的新宠，为客户提供了更优质、更多样化的金融服务，推动了金融业的创新和发展。

（二）数字银行的关键技术与业务模式

数字银行的发展是金融科技领域的重要趋势之一，它结合了先进的技术和创新的业务模式，为用户提供了更便捷、高效的金融服务。数字银行的成功离不开关键的技术和创新的业务模式。

关键技术是数字银行的基础。其中，安全技术是至关重要的一环。数字银行需要采用先进的加密技术、身份验证技术和安全防护措施，确保用户的资金和信息安全。另外，移动技术也是数字银行的关键技术之一。数字银行通过移动应用和网站提供金融服务，用户可以通过手机或电脑随时随地进行账户查询、转账、支付等操作。同时人工智能技术也在数字银行中发挥重要作用，如智能客服、智能风险管理等方面。大数据技术则用于分析用户行为和偏好，个性化推荐金融产品和服务。

创新的业务模式是数字银行的核心竞争力。数字银行通过创新的业务模式实现了与传统银行的差异化竞争。例如，数字银行采用了无网点、无纸质流程的模式，大大降低了运营成本，为用户提供更低费用、更高利率的金融产品和服务。此外，数字银行还强调用户体验和个性化服务，通过数据分析和人工智能技术，为用户提供个性化的金融管理建议和服务。同时数字银行还积极拓展金融科技合作伙伴，与第三方支付平台、电商平台等合作，为用户提供更加便捷和多样化的金融服务。

数字银行还面临着一些挑战和问题。首先，安全和隐私问题是数字银行面临的重要挑战之一。数字银行需要不断加强安全技术和措施，保护用户的资金和信息安全。其次，监管政策和法律法规的不断变化也给数字银行带来了一定的压力和挑战。数字银行需要不断关注监管政策的变化，及时调整业务模式和技术手段，确保合规运营。

数字银行凭借先进的技术和创新的业务模式，为用户提供了更加便捷、高效的金融服务。随着数字银行的不断发展和完善，相信它将成为未来金融领域的重要发展方向，为用户带来更加智能化和个性化的金融体验。

1.移动互联网技术在数字银行中的应用

移动互联网技术的崛起对数字银行产生了深远的影响。数字银行以其便捷、高效、个性化的特点受到了人们广泛的欢迎，而移动互联网技术的应用正是数字银行能够实现这些特点的关键。

移动互联网技术为数字银行提供了全天候的服务。无论客户身处何地，只要有网络连接，就可以随时随地进行银行业务操作，从而打破了传统银行的时空限制，使得金融服务更加便捷。

移动互联网技术为数字银行提供了丰富多样的产品和服务。通过移动应用程序，数字银行可以向客户提供多种金融产品，如存款、贷款、投资等。同时还可以根据客户的需求和偏好，提供个性化的定制服务，增强了客户的粘性和满意度。

移动互联网技术为数字银行带来了更高的安全性。采用先进的加密技术和身份验证手段，数字银行可以有效保护客户的账户安全，防范各类网络欺诈和风险，提升了金融交易的可信度和安全性。

移动互联网技术为数字银行的创新发展提供了强大的技术支持。通过大数据分析、人工智能、区块链等技术的运用，数字银行可以更好地理解客户需求，优化产品设计和服务流程，提升运营效率和用户体验，推动金融科技的不断进步和应用。

移动互联网技术在数字银行中的应用为金融服务的创新和发展带来了巨大的机遇及挑战，数字银行将在移动互联网技术的驱动下不断壮大和完善，成为金融行业的重要组成部分，为客户提供更加便捷、安全和个性化的金融服务。

2.人工智能与大数据在数字银行中的角色

数字银行的发展离不开人工智能和大数据技术的支持。在科技金融领域，人工智能和大数据扮演着重要的角色，它们不仅提高了数字银行的效率，还为客户提供了更好的服务和体验。

人工智能技术在数字银行中发挥了重要作用。通过人工智能算法，数字银行能够更好地理解客户需求，并提供个性化的金融产品和服务。例如，通过分析客户的消费习惯和投资偏好，人工智能可以推荐最适合的理财产品和投资组合，帮助客户实现财务目标。同时人工智能还可以应用于风险管理和反欺诈领域，帮助数字银行及时发现并应对潜在的风险和欺诈行为，保障客户资金安全。

大数据技术为数字银行提供了强大的数据支持。数字银行每天处理海量的交易数据和客户信息，大数据技术能够帮助银行对这些数据进行有效的分析和挖掘。通过对客户行为数据的分析，数字银行可以更好地了解客户需求和行为特征，从而优化产品设计和营销策略。同时大数据还可以帮助数字银行实现精准营销，通过对客户数据进行细致的分析，向客户推送个性化的营销信息，提高营销的效果和客户满意度。

人工智能和大数据技术在数字银行中扮演着至关重要的角色。它们不仅提高了数字银行的运营效率和风险管理能力，还为客户提供了更加个性化和优质的金融服务。随着人工智能和大数据技术的不断发展和应用，相信数字银行将会在未来发挥更加重要的作用，推动金融行业的进步与创新。

二、虚拟银行的兴起

（一）虚拟银行的基本概念与特征

虚拟银行是指一种利用互联网和数字技术提供金融服务的银行模式。

其基本概念是通过在线平台和移动应用程序等数字化渠道，为客户提供全面的金融服务，包括存款、贷款、支付、投资等各种金融业务。虚拟银行的特征主要体现在以下几个方面。

一是虚拟银行具有无需实体网点的特点。与传统银行不同，虚拟银行不需要建立实体网点，全部业务通过互联网和移动应用程序等数字渠道进行。这种无需实体网点的模式降低了运营成本，提高了服务效率，使得虚拟银行能够以更加灵活和便捷的方式向客户提供金融服务。

二是虚拟银行具有强大的技术支持和创新能力。虚拟银行依托先进的信息技术和金融科技，采用智能化的系统和算法，实现了金融服务的自动化、智能化和个性化。通过大数据分析、人工智能、区块链等技术手段，虚拟银行能够提供更精准、更便捷的金融服务，满足客户个性化的需求。

三是虚拟银行具有开放性和创新性。虚拟银行通常采用开放式平台模式，与第三方金融科技企业合作，共享资源和技术，推动金融创新和服务升级。这种开放式平台模式促进了金融科技生态系统的形成，推动了金融服务的多样化和创新化发展。

四是虚拟银行还具有全球化和跨境性的特点。由于虚拟银行的业务主要通过互联网进行，客户可以随时随地进行跨境支付和跨境投资等金融活动。这使得虚拟银行具有更广阔的市场和更丰富的业务范围，有利于促进金融服务的国际化和全球化发展。

虚拟银行作为一种新型的金融服务模式，具有无需实体网点、强大的技术支持、开放创新和全球化等特点。随着信息技术和金融科技的不断发展，虚拟银行将继续发挥重要作用，推动金融服务的普及和便利化，促进经济的持续增长和社会的进步发展。

1.虚拟银行的定义与发展背景

虚拟银行，顾名思义，是一种以虚拟化形式存在的银行业务模式。它的出现源自金融科技的迅猛发展和互联网的普及，以及人们对更便捷、更灵活的金融服务需求的不断增长。

虚拟银行的发展背景可以追溯到互联网金融的兴起。随着互联网技术的发展，人们的金融需求日益多样化和个性化，传统银行的服务模式已经难以满足。于是，一些金融科技公司开始探索利用互联网技术和大数据分析，打造全新的金融服务模式，以满足人们日益增长的金融需求。虚拟银行应运而生，成为金融科技创新的重要产物。

虚拟银行的出现得益于金融监管的变革。一些国家和地区开始放宽对金融市场的准入限制，鼓励金融科技创新，为虚拟银行的发展提供了良好的政策环境。在这样的政策背景下，虚拟银行得以蓬勃发展，吸引了越来越多的资本和人才的关注与投入。

虚拟银行的发展得益于金融科技的快速进步。随着人工智能、大数据、区块链等技术的不断成熟和应用，虚拟银行得以不断优化和完善自身的服务体系，提升了金融服务的效率和质量。通过人工智能技术，虚拟银行能够实现智能风控、个性化推荐等功能，提升了服务的个性化水平。大数据技术则为虚拟银行提供了更精准的客户画像和风险评估，为金融交易提供了更可靠的支持。同时区块链技术的应用也为虚拟银行的交易安全性和透明度提供了有力保障，进一步推动了虚拟银行的发展。

虚拟银行的出现和发展是金融科技与金融监管相互作用的产物，是金融行业不断创新与进步的体现。它利用互联网技术和先进的金融科技手段，打造了全新的金融服务模式，为人们提供了更便捷、更灵活、更安全的金融服务，推动了金融行业的数字化转型和创新发展。

2.虚拟银行相对于传统银行的差异与优势

虚拟银行是一种基于互联网和数字化技术的全新金融服务模式，与传统银行相比，它们呈现出许多独特的差异和明显的优势。

传统银行通常依托实体网点来提供服务，而虚拟银行则完全依赖互联网和数字化平台，实现了线上化、无纸化的运营模式。这意味着客户可以随时随地通过手机App或者网页来进行银行业务，不再受限于实体网点的时间和地点，极大地提高了用户的便利性和体验感。

虚拟银行注重个性化、智能化的金融服务。它们通过人工智能、大数据分析等先进技术手段，可以更好地了解客户的需求和偏好，为客户提供定制化的金融产品和服务，从而提高了服务的精准度和针对性。

与传统银行相比，虚拟银行拥有更高效、更灵活的运营模式。传统银行通常有繁琐的流程和庞大的人力成本，而虚拟银行依托信息技术可以实现自动化、智能化的流程管理，大大提高了运营效率，同时也降低了成本，使得银行能够更快地响应市场需求和变化。

虚拟银行具有更广阔的市场覆盖和更开放的合作模式。传统银行通常只能通过实体网点覆盖到有限的地区，而虚拟银行可以通过互联网覆盖到更广泛的客户群体，实现全球化的服务。同时虚拟银行倡导开放式的合作模式，与第三方支付平台、科技公司等进行合作，共享资源和技术，为客户提供更丰富的金融服务。

虚拟银行以其便捷高效、个性化智能的特点，以及更广泛的市场覆盖和开放的合作模式，逐渐成为金融行业的新宠，为客户提供了更优质、更多样化的金融服务，推动了金融业的创新和发展。

（二）虚拟银行的发展前景与趋势

虚拟银行是指不设实体网点，完全基于互联网和移动应用程序提供金融服务的银行机构。近年来，随着科技的不断进步和金融行业的数字化转型，虚拟银行逐渐成为金融科技领域的热点之一，其发展前景和趋势备受关注。

虚拟银行的发展前景广阔。随着移动互联网和智能手机的普及，人们对便捷、高效的金融服务需求日益增长。虚拟银行通过简化流程、降低成本、提高效率，能够满足用户日常理财、支付、借贷等多方面的金融需求，为消费者提供了更加便捷、灵活的金融服务。尤其在年轻一代用户中，对虚拟银行的接受度和使用率较高，未来虚拟银行有望成为金融服务的主流形式之一。

虚拟银行的发展趋势呈现多样化特点。一方面，虚拟银行将继续深化技术应用，不断提升服务体验和用户满意度。例如，借助人工智能、大数据、区块链等先进技术，虚拟银行可以实现智能风控、智能推荐、智能客服等功能，为用户提供更加个性化、智能化的服务。另一方面，虚拟银行将拓展业务范围，向金融全生态领域延伸，提供更多元化、全方位的金融服务。例如，虚拟银行可以推出更多投资理财产品、保险产品、小额贷款产品等，满足用户不同的金融需求。

虚拟银行的发展面临着一些挑战和问题。其中包括监管政策的不确定性、数据安全和隐私保护问题、竞争压力等。虚拟银行需要与监管机构密切合作，加强合规管理，保障用户权益和数据安全。同时，还需要不断优化产品和服务，提升竞争力，保持市场地位。

虚拟银行作为金融科技领域的重要创新形式，具有广阔的发展前景和多样化的发展趋势。未来，随着科技的不断进步和市场需求的不断变化，虚拟银行将继续发挥重要作用，为金融行业的数字化转型和创新发展提供新的动力与机遇。

1.虚拟银行的发展前景与市场机遇

虚拟银行是数字化金融领域的一项创新，其发展前景和市场机遇备受关注。随着科技的不断进步和人们金融消费习惯的改变，虚拟银行正迎来前所未有的发展机遇。

虚拟银行能够满足新兴市场的金融需求。在许多发展中国家和地区，传统银行的服务覆盖面有限，而虚拟银行通过移动互联网技术可以覆盖更广泛的人群，尤其是那些缺乏传统银行服务的地区，为其提供更加便捷、安全的金融服务。

虚拟银行具有低成本优势，有利于降低金融服务的门槛。传统银行需要大量的实体网点和人力资源来提供服务，而虚拟银行通过在线平台和自动化技术可以减少运营成本，从而降低服务费用，使更多的人能够享受到高质量的金融服务。

虚拟银行能够通过大数据分析和人工智能技术实现个性化服务，提升用户体验感。通过分析用户的消费习惯、偏好和风险特征，虚拟银行可以为每位用户量身定制金融产品和服务，满足其个性化的金融需求，从而提高用户的忠诚度和满意度。

虚拟银行可以与其他行业进行合作，拓展金融服务的边界。随着互联网技术的融合发展，虚拟银行可以与电商、物流、医疗等行业进行合作，为用户提供"一站式"的服务解决方案，实现金融与实体经济的深度融合，开拓新的市场空间。

虚拟银行作为金融科技的创新形式，具有巨大的发展潜力和市场机遇。随着科技的不断进步和金融消费需求的不断升级，虚拟银行将成为未来金融行业的重要组成部分，为用户提供更加便捷、安全和个性化的金融服务，推动金融行业的创新和发展。

2.未来虚拟银行发展的关键趋势与方向

未来虚拟银行的发展将主要受到数字化技术和金融科技的影响。随着移动互联网和智能手机的普及，虚拟银行将更加注重移动化和便捷化服务。用户将通过手机应用或者网页进行银行业务操作，而不再依赖传统的实体网点。数据安全和隐私保护将成为虚拟银行发展的重要方向。随着信息技术的不断发展，个人信息保护和数据安全成为越来越重要的问题，虚拟银行需要加强对客户数据的保护，提升安全性和可信度。

虚拟银行未来的发展方向包括智能化和个性化服务。通过人工智能和大数据技术，虚拟银行可以更好地理解客户需求，并提供个性化的金融产品和服务。例如，通过分析客户的消费行为和偏好，虚拟银行可以向客户推荐最适合的理财产品和投资组合，提高客户满意度。同时虚拟银行还可以利用人工智能技术提升客户服务体验，如通过智能客服系统实现24小时在线服务，提供即时、便捷的解决方案，提升客户满意度和忠诚度。

除此之外，虚拟银行还将积极探索区块链技术和数字货币的应用。区块链技术作为一种分布式账本技术，具有去中心化、安全性高等特点，可以为虚拟银行提供更安全、高效的交易和结算方式。数字货币作为一种新型的金融资产，已经受到越来越多人的关注，虚拟银行可以通过发行数字货币和搭建数字资产交易平台，拓展业务边界，提升盈利能力。

未来虚拟银行的发展将主要受到数字化技术和金融科技的影响。虚拟银行将更加注重移动化和便捷化服务，加强数据安全和隐私保护，提供智能化和个性化服务，探索区块链技术和数字货币的应用，以满足用户日益增长的金融需求，实现可持续发展。

第三节　支付创新与金融包容性

一、支付创新的重要性与形式

（一）支付创新的形式

支付创新是金融科技领域的重要发展方向，它涉及诸多形式和技术，为支付行业带来了深刻的变化和进步。

移动支付是支付创新的重要形式之一。随着智能手机的普及和移动互联网技术的发展，移动支付已经成为人们日常生活中不可或缺的支付方式之一。通过移动支付应用，用户可以通过手机完成购物支付、转账汇款等各种支付行为，不再需要携带现金或银行卡，大大提高了支付的便捷性和效率。

电子钱包是另一种支付创新的形式。电子钱包是一种数字化的钱包，用户可以将银行卡、信用卡等支付信息存储在手机或其他设备中，通过近场通信等技术实现无接触支付。电子钱包具有便携性、安全性和快捷性等优势，越来越受到消费者的欢迎。

虚拟货币是支付创新的又一种形式。虚拟货币是一种基于区块链技术的数字化货币，具有去中心化、匿名性和安全性等特点。虚拟货币的出现使得跨境支付变得更加便捷和经济，同时也推动了金融服务的全球化和数字化。

生物识别支付是支付的新兴形式之一。生物识别支付利用生物特征识别技术，如指纹识别、虹膜识别等，实现支付验证和授权。生物识别支付具有高安全性和便捷性的优势，可以有效防止支付欺诈和非法使用，受到越来越多消费者的青睐。

智能合约是另一种支付的新兴形式。智能合约是一种基于区块链技术的自动执行合约，它可以实现无需第三方介入的交易和结算，提高了支付的效率和透明度。智能合约可以应用于各种支付场景，如保险理赔、供应链金融等，为支付行业带来了更多的可能性。

除了以上几种形式，还有许多其他形式的支付创新，如人工智能支付、物联网支付、区块链支付等。这些新兴技术和形式不断推动着支付行业的变化和发展，为用户提供了更多元化、便捷化的支付选择。

支付创新的发展对金融科技行业和社会经济的发展产生了积极影响。支付创新提高了支付的便捷性和效率，为用户提供了更加方便快捷的支付体验。支付创新推动了金融服务的全球化和数字化，促进了金融行业的转型升级。同时支付创新也有助于推动经济的发展和社会的进步，为各行各业的创新和发展提供了更加便捷与安全的支付基础。

支付创新是金融科技领域的重要发展方向，它涉及诸多形式和技术，为支付行业带来了深刻的变化和进步。随着技术的不断发展和应用，支付创新将持续推动着金融行业的发展，为用户提供更加便捷、安全和智能的支付服务。

1.移动支付技术与应用

移动支付技术是一种基于移动互联网和电子通信技术的支付手段，其应用正在推动支付行业的创新与发展。移动支付的出现不仅丰富了支付方式，也为人们的生活带来了极大的便利。支付创新的重要性在于不断提升支付的效率和安全性，以满足人们日益增长的支付需求。

移动支付技术的快速发展为支付行业带来了全新的形式和体验。传统的纸币、硬币支付方式受到了移动支付的冲击，人们更倾向使用手机、平板电脑等移动设备完成支付。移动支付技术的应用形式包括二维码支付、NFC支付、手机银行支付等，这些形式的出现丰富了支付方式，为人们提供了更多选择。

移动支付技术的应用正在改变人们的消费习惯和行为。随着移动支付的普及，人们越来越习惯使用手机完成支付，形成了一种全新的消费模式。无论是在线购物还是线下消费，移动支付技术都为消费者提供了更快捷、更便利的支付体验，促进了消费活动的增长。

移动支付技术的发展推动了支付行业的竞争与创新。各大支付机构纷纷推出移动支付产品和服务，不断提升支付体验和安全性，以吸引更多的用户和商家。支付创新形式包括无接触支付、分期付款、人脸支付等，这些创新形式不断丰富了支付行业的产品和服务，提升了用户体验感，推动了行业的发展。

移动支付技术与应用正在改变人们的支付方式和消费习惯，推动了支付行业的创新与发展。支付创新的重要性在于不断提升支付的效率和安全性，以满足人们日益增长的支付需求。随着移动支付技术的不断发展，我们有理由相信，移动支付将成为未来支付行业的主流形式，为人们带来更便捷、更安全的支付体验。

2.电子钱包与无接触支付

电子钱包和无接触支付是近年来支付领域的两大创新形式，它们的出现不仅改变了人们的支付习惯，也推动了科技金融的发展。

电子钱包是一种数字化的支付工具，通过在手机 App 或者智能卡上存储预付款或银行卡信息，实现了快捷便利的支付功能。与传统的现金支付相比，电子钱包不仅可以减少人们携带现金的麻烦，还可以实现账户余额的随时查询和管理，提高了支付的安全性和便利性。

无接触支付则是一种基于近场通信技术的支付方式，通过感应式芯片或者近场通信技术，实现了手机、智能卡等设备与 POS 机的非接触式交互，从而实现了快速支付的功能。无接触支付不仅可以提高支付的速度和效率，还可以减少人与人之间的接触，降低了疾病传播的风险，尤其在疫情期间更显其重要性。

这两种支付方式的出现，彰显了支付创新在科技金融领域的重要性。它们推动了支付方式的多样化和便利化，满足了不同用户群体的需求。无论是年轻人追求时尚便捷的生活方式，还是老年人对安全和便利的需求，电子钱包和无接触支付都能够提供相应的解决方案。

电子钱包和无接触支付推动了金融科技的发展和创新。通过人工智能、大数据分析等技术手段，支付机构可以更好地了解客户的消费习惯和行为特征，为其提供个性化的服务和推荐，从而提高了用户的满意度和忠诚度。

电子钱包和无接触支付促进了金融行业的数字化转型和普惠金融的发展。通过数字化的支付方式，可以降低支付的成本和门槛，使更多的人群能够享受到便捷的金融服务，推动了金融服务的普及和全球化。

电子钱包和无接触支付作为支付创新的重要形式，不仅改变了人们的支付习惯，也推动了金融科技的发展和金融行业的转型，为人们的生活带来了更多的便利和可能性。

（二）支付创新的价值与影响

支付创新是指利用新技术和新模式对支付行为进行重新定义和优化的过程。支付作为金融领域的基础服务，对经济社会的运行和发展至关重要。支付创新不仅对金融行业产生了深远的影响，也对整个经济社会产生了重大的价值和影响。

第一，支付创新提高了支付效率和便捷性。传统的支付方式通常需要依赖实体货币、纸质支票或传统银行账户，支付过程繁琐、耗时，尤其是跨境支付存在较大的障碍和成本。随着电子支付、移动支付、虚拟支付等新型支付方式的兴起，支付过程变得更加便捷和高效。人们可以通过手机、电脑等终端随时随地进行支付，无需携带现金或银行卡，实现即时结算和资金转移，大大提高了支付效率和便捷性，促进了经济活动的顺畅进行。

第二，支付创新拓展了支付场景和支付形式。传统支付方式受限于时间、空间和形式等因素，支付场景相对较为单一，主要集中在线下零售、线上购物等方面。随着技术的不断发展和应用，支付创新逐渐拓展了支付场景和支付形式，包括生活缴费、共享经济、智能设备支付等。人们不仅可以通过手机支付宝、微信支付等支付平台实现水电费、电话费、网费等各种生活缴费，也可以通过扫码支付实现共享单车、共享汽车等共享经济服务的支付，甚至可以通过智能手环、智能手表等智能设备进行支付，实现身份验证和支付功能的融合，推动了支付形式的多样化和场景的普及。

第三，支付创新促进了金融普惠和金融包容。传统金融体系通常面向城市和发达地区，涉及农村和偏远地区的金融服务相对滞后，金融包容性较低。随着电子支付、移动支付等新型支付方式的普及，人们无需依赖传统银行网点和实体货币，即可享受到便捷的金融服务。特别是在发展中国家和地区，手机支付等新技术的应用，让更多的人群可以轻松获得金融服务，提高了金融普惠性和金融包容性，促进了经济社会的可持续发展。

第四，支付创新推动了金融行业的转型升级。传统金融机构在面临新技术和新模式的冲击下，不得不加速数字化转型，提升服务水平和竞争力。许多传统银行和金融机构纷纷推出电子银行、数字化支付、智能理财等服务，与新型支付企业展开竞争和合作，共同推动金融行业的创新和变革。同时，新兴支付企业如支付宝、微信支付等也在不断拓展业务边界，进军支付、借贷、理财、保险等多个金融领域，打破了传统金融行业的垄断局面，促进了金融行业的多元化和竞争活力。

支付创新对金融行业和经济社会产生了重大的价值和影响。通过提高支付效率和便捷性、拓展支付场景和支付形式、促进金融普惠和金融包容、推动金融行业的转型升级等方式，支付创新推动了金融行业向更加开放、智能和可持续的方向发展，为经济社会的持续发展注入了新的动力和活力。

1.提升支付便利性与效率

支付便利性与效率对金融服务的重要性不言而喻。随着科技的不断进步，支付创新成为金融行业的关键之一。支付创新的重要性在于它能够提升用户的支付体验，降低支付成本，推动经济发展。支付创新的形式多种多样，主要包括移动支付、数字货币、区块链等。

移动支付作为一种颠覆性的支付方式，已经成为人们日常生活中不可或缺的一部分。通过移动支付，用户可以通过手机轻松实现支付，不再需要携带现金或银行卡，大大提升了支付的便利性和效率。同时移动支付还可以与其他服务相结合，如公共交通、餐饮等，实现"一站式"服务，进一步提升用户体验。

数字货币则是支付创新的又一重要形式。与传统货币相比，数字货币具有去中心化、匿名性、跨境支付等特点，可以为用户提供更加便捷、安全的支付方式，降低支付的中间环节，提高支付效率。同时数字货币还可以促进跨境贸易和资金流动，推动全球经济的一体化发展。

区块链技术作为支付创新的新兴技术，具有重要的应用前景。区块链技术通过体现去中心化的分布式账本和智能合约等特点，可以实现安全、透明、不可篡改的支付目标，为支付提供了更加可靠的基础设施。同时区块链技术还可以实现实时结算、跨境支付等功能，进一步提升支付的效率和便利性。

支付创新对提升支付便利性与效率具有重要意义。移动支付、数字货币、区块链等形式的支付创新不仅可以为用户提供更加便捷、安全的支付方式，还可以促进经济发展、推动金融行业的创新与变革。随着科技的不断进步和应用的深入推进，支付创新将会在未来发挥越来越重要的作用，成为金融行业的核心竞争力之一。

2.打破传统支付壁垒与降低交易成本

传统支付壁垒的打破和交易成本的降低对金融行业的创新至关重要。这种创新不仅改变了人们的支付习惯，也促进了经济的发展和金融市场的进步。创新形式主要包括数字支付、区块链技术和人工智能支付。

数字支付作为一种新兴支付方式，已经逐渐成为人们生活中不可或缺的一部分。它通过互联网和移动设备实现了支付的即时化和便捷化，打破了地域和时间的限制。用户可以通过手机应用或者电子钱包完成各种支付操作，不再依赖传统的现金和信用卡支付。同时数字支付还可以实现跨境支付，方便国际贸易和跨国企业的资金流动。通过数字支付，交易双方可以更快速、更安全地完成交易，降低了支付的成本和风险，推动了经济的发展。

区块链技术作为一种去中心化的分布式账本技术，为支付行业带来了革命性的变化。区块链技术可以实现对交易数据的安全、透明和不可篡改，降低了支付系统的信任成本。基于区块链技术的支付系统可以实现点对点的直接交易，无需通过中间机构的核实和结算，从而降低了交易的中介成本和时间成本。同时区块链技术还可以实现智能合约和多方签名等功能，为支付行业提供了更多的创新可能性，促进了支付行业的发展和进步。

人工智能支付是一种基于人工智能技术的支付方式，通过对用户行为和交易数据的分析，实现智能化的支付决策和风险控制。人工智能支付可以根据用户的消费习惯和信用记录，智能识别风险交易和欺诈行为，保障用户的资金安全。同时人工智能支付还可以实现个性化的支付推荐和营销服务，提高用户的支付体验感和满意度。通过人工智能支付，支付行业可以更好地满足用户的个性化需求，推动支付行业的创新和发展。

打破传统支付壁垒和降低交易成本对金融行业的创新至关重要。数字支付、区块链技术和人工智能支付等创新形式为支付行业带来了新的发展机遇和挑战，推动了支付行业的进步和发展。未来，随着技术的不断发展和应用，相信支付行业将会迎来更加丰富多样的创新形式，为用户提供更便捷、更安全的支付服务，推动经济的发展和社会的进步。

二、金融包容性与支付创新

（一）金融包容性概述

金融包容性是指金融系统能够为所有人提供平等的金融服务和机会，包括那些原本可能被边缘化或排除在传统金融体系之外的群体。这一概念强调了金融服务的普惠性和包容性，旨在消除社会和经济发展中的不平等现象，促进经济的可持续增长和社会的稳定发展。

金融包容性的实现涉及多个方面，包括金融产品的普及、金融服务的便利化、金融教育的推广以及金融监管的加强等。金融包容性要求金融产品能够满足不同群体的需求，包括低收入人群、农村居民、小微企业等。这意味着金融产品应该具有灵活性和多样性，能够适应不同群体的需求和风险偏好。

金融服务的便利化是实现金融包容性的关键。现代科技的发展为金融服务的便捷化提供了有力支持，包括移动支付、电子银行、互联网金融等。这些新技术的应用使得金融服务不再受限于传统的银行网点和营业时间，任何时间、任何地点都可以进行金融交易，大大提高了金融服务的可及性和便利性。

金融教育的推广是实现金融包容性的重要手段。金融知识和金融素养对个人和企业正确理解与使用金融产品至关重要。通过开展金融教育活动，提高公众对金融市场和金融产品的了解程度，帮助他们做出明智的金融决策，防范金融风险，提高经济发展水平。

金融监管的加强是保障金融包容性的重要保障。金融监管机构应该加强对金融市场的监督和管理，规范金融机构的行为，防止金融市场出现不正当竞争和信息不对称等问题，保护金融消费者的合法权益，维护金融市场的稳定和健康发展。

金融包容性是促进社会公平和经济发展的重要手段，关乎每个人的利益。实现金融包容性需要政府、金融机构、科技企业和社会各界的共同努力，通过提供多样化的金融产品、推广便捷的金融服务、加强金融教育和加强金融监管等措施，让更多的人能够享受到金融服务的便利，共享金融发展的成果。

1.金融包容性的概念与重要性

金融包容性是指金融服务能够普惠到各个社会群体，包括低收入人群、农村居民、小微企业等，以及能够满足不同地区、不同人群的金融需求。金融包容性的重要性在于它能够促进经济的可持续增长和社会的稳定发展。

金融包容性与支付创新密切相关。支付创新通过提供更便捷、更安全、更普惠的支付方式，促进了金融包容性的实现。支付创新降低了金融服务的门槛，使更多人能够方便地使用金融服务。通过移动支付、电子支付等新型支付方式，人们无需前往银行网点，即可完成各类支付活动，这对居住在偏远地区或没有银行网点的人群来说尤为重要。

支付创新提升了金融服务的效率和便利性，进一步推动了金融包容性的发展。传统的纸质支付方式需要时间和成本，而新型支付方式则能够实现即时到账、随时随地支付，极大地提升了支付的效率和便利性。这使得更多的人能够享受到金融服务带来的便利，进而促进金融包容性的实现。

支付创新提升了金融服务的安全性，增强了人们对金融服务的信任感，进而促进金融包容性的发展。随着支付技术的不断进步，支付安全性得到了极大的加强，人们对使用金融服务的信心大增。这使得更多的人愿意尝试和使用金融服务，推动了金融包容性的不断提升。

支付创新是实现金融包容性的重要手段之一。通过提供更便捷、更安全、更普惠的支付方式，支付创新促进了金融服务的普及和可及性，推动了金融包容性的实现。随着支付技术的不断创新和进步，我们有理由相信，金融包容性将会得到进一步的提升，为经济的可持续发展和社会的稳定繁荣做出更大的贡献。

2.金融包容性的现状与挑战

金融包容性，即让更多的人能够获得和使用金融服务，是实现可持续发展目标的重要组成部分。在科技金融领域，金融包容性虽呈现出一定的进展，但也存在诸多挑战。

现状方面，科技金融的发展使得金融服务更加普及和便捷。移动支付、互联网银行等新型金融工具大大降低了金融服务的门槛，让更多的人能够轻松获得金融服务，特别是那些居住在偏远地区或者传统金融服务不完善地区的人群。同时金融科技的创新也为小微企业和个体经营者提供了更多融资渠道及支付方式，促进了经济的发展和社会的稳定。

金融包容性面临着一些挑战，如数字鸿沟问题突出等。虽然科技金融的发展使得金融服务更加普及，但在一些发展中国家和偏远地区，由于基础设施和数字技术的不足，依然存在大量人口无法享受到金融服务的情况。信息安全问题仍然是制约金融包容性的重要因素。随着金融数据的数字化和网络化，金融信息安全面临着越来越严峻的挑战，网络攻击、数据泄露等问题频频发生，影响了人们对金融服务的信任和使用。

金融监管和法律制度的不完善是制约金融包容性的重要原因。在一些国家和地区，金融监管政策滞后、法律法规不完善，给金融创新和发展带来了一定的不确定性，阻碍了金融服务的普及和推广。

金融包容性虽然在科技金融领域取得了一定的进展，但仍然面临诸多挑战。只有进一步加强数字基础设施建设、加强金融信息安全保护、完善金融监管和法律制度等方面的工作，才能更好地促进金融包容性的实现，让更多的人能够享受到金融服务的便利和好处。

（二）支付创新对金融包容性的促进作用

支付创新在金融科技领域扮演着至关重要的角色，它对金融包容性的促进作用不容忽视。

支付创新提高了金融服务的普及程度。传统的金融服务模式往往依赖实体网点和银行卡等传统支付工具，对一些地区和人群来说，获得金融服务存在一定的难度。支付创新通过利用互联网、移动支付等新兴技术，实现了金融服务的线上化和无现金化。用户可以通过手机应用或互联网平台进行支付、转账等操作，大大提高了金融服务的便捷性和可及性，促进了金融服务的普及化。

支付创新降低了金融服务的成本。传统的金融服务模式往往需要大量的人力和物力投入，如银行网点的建设和运营成本、银行卡的发行和管理成本等。支付创新通过简化支付流程、提高支付效率，降低了金融服务的运营成本。例如，移动支付和电子支付等新型支付方式不仅方便了用户，也减少了支付环节的中间费用，降低了金融服务的整体成本，从而使金融服务更加平价和可负担。

支付创新拓展了金融服务的覆盖范围。传统的金融服务模式往往受限于地域和渠道，对一些偏远地区和边缘人群来说，获得金融服务存在一定的困难。支付创新通过利用移动互联网和智能手机等技术，突破了地域和渠道的限制，实现了金融服务的全球化和无缝连接。用户无需到银行网点，只要通过手机应用或互联网平台就可以进行支付、转账等操作，大大拓展了金融服务的覆盖范围，促进了金融服务的包容性。

支付创新对金融包容性的促进作用不言而喻。通过提高金融服务的普及程度、降低金融服务的成本、拓展金融服务的覆盖范围等方面的作用，支付创新使金融服务更加普惠和包容，为更多的人群提供了便捷、高效的金融服务，促进了金融包容性的提升。随着支付创新的不断发展和完善，相信它将进一步推动金融包容性的发展，为实现普惠金融目标做出更大的贡献。

1.移动支付与无银行账户人群的金融融合

移动支付和无银行账户人群的金融融合是实现金融包容性和支付创新的重要方面。移动支付的兴起为无银行账户人群提供了更便捷的支付方式，促进了金融包容性的实现。同时支付创新科技在提高金融包容性和推动金融融合方面也发挥了关键作用。

移动支付为无银行账户人群提供了突破传统金融服务的新途径。通过手机应用或移动钱包，无银行账户人群可以直接进行支付和转账，无需依赖传统银行账户。这种便捷的支付方式有效地弥补了传统金融体系的不足，让更多的人能够享受到金融服务的便利。

支付创新科技在提高金融包容性方面发挥了关键作用。区块链技术可以建立去中心化的数字身份系统，为无银行账户人群提供安全、透明的身份验证和交易记录，降低了金融服务的准入门槛。人工智能和大数据分析等技术可以帮助金融机构更好地了解无银行账户人群的需求，设计出更符合他们实际情况的金融产品和服务，提高金融包容性。

金融包容性和支付创新科技的结合不仅为无银行账户人群带来了实实在在的便利，也为金融机构带来了新的商机和发展空间。通过开发适合无银行账户人群的金融产品和服务，金融机构可以拓展新的客户群体，提高市场竞争力。同时金融融合也促进了社会经济的发展，降低了经济交易的成本，促进了资金流动和投资活动，推动了经济增长。

移动支付和无银行账户人群的金融融合是实现金融包容性和支付创新的重要方面。通过将移动支付和支付创新科技与无银行账户人群结合起来，可以实现更加普惠和可持续的金融服务，推动金融包容性的不断提升，促进经济社会的全面发展。

2.电子钱包与小额支付的普及

电子钱包和小额支付的普及对金融包容性和支付创新有着重要的影响。这种普及能够促进金融包容性，使更多人能够享受到金融服务，同时也推动了支付行业的创新，为用户提供了更便捷、更安全的支付方式。

电子钱包是一种数字化的支付工具，通过手机应用或者智能卡实现了钱包内资金的存储和管理。它的普及使得人们可以随时随地进行支付和转账，无需携带现金或者银行卡，提高了支付的便捷性和效率。对那些没有银行账户或者信用卡的人群来说，电子钱包是一种重要的支付工具，可以帮助他们融入金融体系，享受到金融服务。同时电子钱包还可以实现小额支付，满足日常生活中的小额消费需求，促进了经济的流动和消费的增长。

小额支付的普及对金融包容性产生了积极影响。传统的支付方式通常需要较高的手续费和最低消费额度，对小额支付来说并不友好。随着小额支付技术的发展，如二维码支付、NFC支付等，用户可以方便地进行小额支付，无需支付额外的手续费或者遇到最低消费限制。这种便捷的支付方式可以让更多人参与到经济活动中来，特别是对一些经济欠发达地区的居民来说，小额支付的普及为他们提供了更多的支付选择，增强了他们的金融包容性。

在支付创新方面，电子钱包和小额支付的普及推动了支付行业的进步。随着技术的不断发展，支付行业不断推出更加智能化和个性化的支付服务，满足用户不同的需求。例如，基于人工智能和大数据技术的个性化支付推荐、智能风控等服务，为用户提供了更加安全、高效的支付体验。随着区块链技术和数字货币的发展，支付行业也迎来了更多的创新机遇，如通过区块链技术实现跨境支付和智能合约支付，为用户提供更加安全、便捷的国际支付服务。

电子钱包和小额支付的普及对金融包容性与支付创新有着重要的意义。它们不仅使更多人能够享受到金融服务，也推动了支付行业的创新发展，为用户提供了更加便捷、安全的支付体验。未来，随着技术的不断发展和应用，相信电子钱包和小额支付将会在金融领域发挥越来越重要的作用，为用户和经济社会带来更多的便利及机遇。

第四节　支付安全与监管挑战

一、支付安全挑战与应对

（一）支付安全概述

支付安全是指在进行支付交易时，保护个人和机构资金免受欺诈、盗窃和未经授权的访问的一系列措施和技术。随着电子支付和数字化经济的快速发展，支付安全问题日益受到关注。支付安全的概念不仅涉及技术层面的安全措施，还包括法律法规、行业标准、监管机构和用户教育等方面的内容。

在技术层面，支付安全涉及多种安全技术和措施的应用。加密技术是其中的关键，通过对支付数据进行加密，可以防止数据被窃取和篡改。同时双因素认证、生物识别技术和智能风险分析等技术也被广泛应用于支付安全领域，提高了支付交易的安全性和可靠性。

除了技术层面，法律法规和行业标准也对支付安全起到了重要作用。各国和地区都制定了相关的支付安全法律法规，要求支付服务提供商和金融机构采取必要的安全措施保护用户信息与资金安全。同时行业组织和标准化机构也制定了一系列支付安全标准，促进了支付行业的规范化和标准化发展。

监管机构在支付安全中发挥着监督和指导作用。各国的金融监管机构通常负责监督支付服务提供商和金融机构的安全合规性，并对违规行为进行处罚。同时监管机构还可以发布支付安全指南和建议，帮助企业和个人提升支付安全意识和能力。

用户教育是支付安全的重要环节。用户需要了解如何保护自己的支付账户和个人信息，避免点击钓鱼链接和下载不安全的应用程序。同时用户还需要学习如何识别欺诈行为和异常交易，及时报告问题并采取相应的措施保护自己的资金安全。

支付安全是保护个人和机构资金安全的重要问题，涉及技术、法律、监管和用户教育等多个方面。只有通过综合的安全措施和合作，才能确保支付交易的安全可靠。

1.支付安全的定义与重要性

支付安全是指确保在金融交易中资金、信息和交易双方的安全，以防止不法分子的攻击、欺诈和其他非法行为。在科技金融领域，支付安全尤为关键。随着科技金融的不断发展和普及，人们越来越倾向使用电子支付方式进行交易，如移动支付、网上支付等。随之而来的是支付安全面临的挑战也越来越多，因此保障支付安全显得至关重要。

支付安全的重要性体现在保护用户资金安全方面。用户通过科技金融平台进行支付交易时，需要输入银行卡号、密码等敏感信息，一旦这些信息泄露或者被不法分子获取，用户的资金将面临被盗用的风险，严重影响用户的财产安全和信任度。

支付安全的重要性表现在维护交易信息安全方面。在支付过程中，涉及大量的交易数据，如交易金额、时间、地点等，这些信息如果被黑客攻击或者恶意篡改，将导致交易的不可逆转和不可追溯，给交易双方带来巨大的损失和风险。

支付安全的重要性体现在维护金融系统稳定运行方面。在科技金融领域，支付系统是金融运行的核心，一旦支付系统受到攻击或者遭遇故障，将导致金融系统的瘫痪，引发金融市场的混乱和不稳定，对整个社会经济造成严重影响。

支付安全对科技金融行业至关重要。只有加强支付安全意识，采取有效的技术手段和管理措施，才能有效保护用户资金安全、交易信息安全和金融系统稳定运行，促进科技金融的健康发展。

2.支付安全的威胁与风险类型

支付安全面临多种威胁和风险类型，这些威胁不仅来自技术层面的漏洞和攻击，还涉及人为因素和社会环境等多方面因素。

网络安全威胁是支付安全的主要风险之一。网络黑客通过恶意软件、网络钓鱼等手段，窃取用户的个人信息和支付密码，进而盗取资金或者进行虚假交易。同时网络攻击还可能导致支付系统的瘫痪，影响正常的支付服务。

身份认证和授权风险是支付安全的重要挑战。在传统支付方式中，往往通过密码、密钥等手段来验证用户的身份和授权支付，而这些信息很容易受到盗窃和破解。同时身份信息泄露和冒用也会导致支付安全的风险。

移动支付安全面临着特殊的风险。由于移动支付通常依赖于智能手机等移动设备，而这些设备本身可能存在安全漏洞，如操作系统的漏洞、应用程序的恶意代码等，从而导致用户的支付信息被盗取或者篡改。

社会工程学攻击是一种常见的支付安全威胁。攻击者通过伪装成信任的个人或机构，诱使用户泄露个人信息或进行不安全的支付操作，从而实施欺诈行为。这种攻击方式往往利用人的社会心理和信任来进行，难以通过技术手段完全防范。

支付安全会受到法律和监管环境的影响。不同国家和地区的法律法规、监管政策和行业标准不尽相同，可能存在监管漏洞和监管跨度不足的情况，导致支付安全的风险。

为应对这些支付安全威胁和风险，需要采取综合的防范措施。加强支付系统和网络的安全防护，采用加密技术、双因素认证等手段提高支付安全性。加强用户教育和安全意识培训，提高用户对支付安全的警惕性和自我保护意识。加强监管和法律环境建设，制定完善的支付安全相关法规和标准，加强对支付机构和支付行业的监管和管理。

支付安全面临多种威胁和风险类型，需要采取综合的防范措施，包括技术手段、用户教育、监管政策等多方面措施，以保障支付系统的安全稳定运行，维护用户的资金安全和支付权益。

3.生物识别技术在支付安全中的应用

生物识别技术在支付安全中的应用是当今金融科技领域的一大创新。随着支付方式的多样化和网络支付的普及，支付安全问题日益受到关注。传统的支付密码、验证码等方式存在着安全性不足和易被破解的风险，而生物识别技术则以其独特的优势成为支付安全的新选择。

生物识别技术是通过识别人体生理特征或行为特征来确认用户身份的一种技术手段。常见的生物识别技术包括指纹识别、虹膜识别、人脸识别、声纹识别等。这些技术都具有高度个性化、难以伪造、不可复制的特点，能够有效保障支付安全。

生物识别技术提高了支付的便利性和用户体验。用户无需记忆复杂的密码或携带身份证件，只需通过自己的生物特征即可完成支付验证，大大简化了支付流程，提升了用户的支付体验。

生物识别技术提高了支付的安全性和防伪能力。生物特征是每个人独一无二的，具有高度唯一性和稳定性，因此生物识别技术能够有效防止身份被冒用或欺诈。与传统的密码、验证码等方式相比，生物识别技术更加安全可靠，可以有效防范各类支付风险和欺诈行为。

生物识别技术可以提高支付的智能化和个性化水平。通过不断优化算法和提升硬件设备的性能，生物识别技术可以实现更快速、更准确的识别和验证，为用户提供个性化的支付服务，满足其不同需求和偏好。

生物识别技术在支付安全中的应用具有重要意义。通过提高支付的便利性、安全性和智能化水平，生物识别技术为金融支付领域的创新和发展注入了新的活力，将成为未来支付安全发展的重要方向。

（二）支付安全管理与监测

支付安全管理与监测在金融科技领域具有至关重要的地位。随着电子支付、移动支付等新型支付方式的普及，支付安全问题日益突出，成为金融科技发展中的一大挑战。因此，加强支付安全管理与监测，保障用户资金安全和交易安全，已成为金融科技行业的重要任务。

支付安全管理与监测的核心在于建立完善的安全体系和机制。这包括建立健全的支付安全规章制度、加强技术保障、完善风险评估和监测体系等。通过制定严格的支付安全标准和规范，对支付行为进行规范和约束；通过加强技术保障，采用加密技术、身份认证技术等手段，保障支付系统的安全性和稳定性；通过建立完善的风险评估和监测体系，及时发现和应对支付风险，防范金融欺诈和网络攻击等安全威胁。

支付安全管理与监测需要加强数据安全和隐私保护。随着支付数据的不断增加和交易规模的不断扩大，支付数据的安全性和隐私保护显得尤为重要。金融科技公司需要建立健全的数据安全管理体系，加强数据加密、备份和灾备等措施，确保支付数据的完整性和保密性。同时，需要加强用户数据隐私保护，遵守相关法律法规，明确用户数据的收集和使用范围，保护用户的个人信息安全。

支付安全管理与监测还需要加强跨界合作和信息共享。支付安全是一个系统工程，涉及多个部门、多个行业的协同合作。金融机构、支付机构、互联网企业、政府监管部门等各方需要加强沟通和合作，共同应对支付安全挑战，建立跨机构、跨行业的信息共享机制，及时分享支付安全事件和风险信息，加强协同防范和处置能力。

支付安全管理与监测的手段和水平需要不断创新和提升。随着技术的不断发展和金融业务的不断变化，支付安全问题也在不断演变和升级。金融科技公司需要密切关注新型支付安全威胁和攻击手法，不断改进安全防御技术和手段，提高支付安全的防护水平。同时，也需要不断完善支付安全管理和监测体系，加强对新型支付安全风险的监测和预警，及时调整和优化支付安全策略，保障用户资金安全和交易安全。

支付安全管理与监测是金融科技领域必须重视的重要任务。通过建立完善的安全体系和机制、加强数据安全和隐私保护、加强跨界合作和信息共享、不断创新和提升等手段，可以有效提升支付安全的防护水平，保障用户资金安全和交易安全，推动金融科技行业的健康发展。

1.支付安全管理框架与流程

支付安全管理框架和流程在科技金融领域具有至关重要的地位。这些框架和流程旨在保护用户的资金安全与个人信息，防范各种支付风险和欺诈行为。支付安全管理包括安全策略制定、风险评估、安全技术应用、监控和应急响应等环节，构建了完整的支付安全体系。

支付安全管理框架的核心是安全策略的制定。支付机构需要根据国家法律法规和行业标准，制定更具针对性的支付安全策略和规定，明确支付安全管理的责任和流程。安全策略包括身份认证、数据加密、安全传输等方面，确保支付过程中信息的机密性、完整性和可用性。

支付安全管理流程包括风险评估和安全技术应用。支付机构需要对支付系统和流程进行全面的风险评估，识别和分析潜在的支付风险，制定相应的风险防范措施。安全技术应用包括身份验证技术、数据加密技术、安全传输技术等，通过技术手段保障支付过程中的安全性和可靠性。

支付安全管理包括支付监控和应急响应环节。支付机构需要建立健全的支付监控系统，实时监测支付系统的运行状态和交易行为，及时发现和应对异常情况。支付机构还需要建立应急响应机制，制定相应的应急预案和处置流程，应对支付安全事件和紧急情况，最大限度地减少损失和影响。

支付安全管理框架和流程在科技金融领域起着至关重要的作用。通过建立完善的支付安全管理体系，可以保障用户的资金安全和个人信息安全，维护支付市场的正常秩序，促进科技金融行业的健康发展。未来，随着支付技术的不断发展和应用，支付安全管理体系和水平也将不断完善与提升，为用户提供更加安全、便捷的支付服务。

2.实时监测与反欺诈措施

实时监测与反欺诈措施是科技金融领域的重要组成部分。实时监测指的是通过各种技术手段对金融交易和用户行为进行实时监控与分析，以及及时发现和应对潜在的欺诈行为。反欺诈措施则是针对发现的欺诈行为采取的各种技术和管理手段，以防止和打击欺诈行为，保障金融系统的安全和稳定。

实时监测的重要性主要体现在以下几个方面。一是实时监测能够及时发现和应对金融交易中的异常情况，防止欺诈行为的发生。通过实时监测用户的交易行为和交易模式，可以及时发现异常交易行为，如大额转账、异地登录等，从而及时采取措施进行防范和处置。二是实时监测能够提高金融系统的安全性和可靠性，保障用户的资金和信息安全。通过实时监测交易流程和系统运行情况，可以及时发现和排查潜在的安全漏洞和风险隐患，从而保障金融系统的正常运行和用户数据的安全。三是实时监测能够提升用户体验，为用户提供更安全、更便捷的金融服务。通过实时监测用户的交易行为和偏好，可以为用户提供个性化的金融服务，提升用户满意度和忠诚度。

反欺诈措施是实现实时监测的重要手段之一。反欺诈措施主要包括数据分析、人工智能、大数据技术等。通过对大量的交易数据和用户行为数据进行分析和挖掘，可以建立用户行为模型和风险评估模型，识别和预测潜在的欺诈行为。同时人工智能技术也可以应用于欺诈检测和防范领域，通过机器学习算法和智能识别技术，实现对欺诈行为的自动识别和拦截。

另外，大数据技术也可以用于反欺诈领域，通过对大规模数据的实时监控和分析，及时发现和应对潜在的欺诈风险，提高反欺诈的效率和准确性。

实时监测与反欺诈措施是保障金融系统安全和稳定的重要手段。通过实时监测交易和用户行为，及时发现和应对潜在的欺诈行为，保障金融系统的安全和稳定。反欺诈措施则是实现实时监测的重要手段之一，通过数据分析、人工智能、大数据技术等手段，实现对欺诈行为的识别和防范，提高金融系统的安全性和可靠性。

3.安全意识教育与培训

安全意识教育与培训在科技金融领域具有重要意义。随着科技金融的快速发展，网络安全、数据安全等问题日益突出，用户的安全意识和防范能力显得尤为重要。安全意识教育与培训旨在提高用户对安全风险的认知，增强其安全意识，培养其防范技能，从而有效降低安全风险，保护个人信息和资金安全。

安全意识教育与培训需要覆盖广泛的对象。不仅包括普通用户，还包括金融从业人员、技术人员等各个层面的人群。普通用户需要了解如何保护个人信息、如何使用安全的密码等基本知识；金融从业人员需要了解金融行业的安全规范和标准，提高业务操作的安全性；技术人员需要掌握网络安全技术，加强系统的防护能力。

安全意识教育与培训需要结合实际案例进行。通过真实的安全事件案例分析，向用户展示安全风险的现实性和危害性，引起其警惕性和重视程度。同时通过案例分析也可以提供实战经验和解决方案，帮助用户更好地应对安全威胁。

安全意识教育与培训需要针对不同的用户群体进行个性化定制。不同用户群体的安全需求和风险特点有所不同，因此需要更具针对性地设计教育内容和培训方式。针对老年人群体可以强调电话诈骗、虚假信息等安全问题；针对青少年可以强调网络诈骗、个人隐私保护等问题。

安全意识教育与培训需要持续跟进和更新。随着科技发展和安全威胁的变化，安全意识教育与培训的内容和方式也需要不断更新和完善。定期组织安全意识培训活动，及时向用户介绍最新的安全技术和防范措施，提高用户的应对能力和适应能力。

安全意识教育与培训在科技金融领域具有重要作用。通过广泛覆盖不同群体、结合实际案例、个性化定制和持续跟进更新等方式，可以有效提高用户的安全意识和防范能力，保障金融信息和资金的安全。

二、支付监管挑战与合规措施

（一）支付监管现状与趋势

支付监管是金融科技领域的重要组成部分，其现状与趋势直接影响着金融科技行业的发展和运营。随着数字化支付和金融科技的不断创新，支付监管面临着新的机遇和挑战。

当前的支付监管面临着国际化和跨境性的挑战。随着数字化支付的普及和跨境交易的增加，支付活动的监管涉及多个国家和地区的监管机构和法律法规。因此，国际合作和统一标准成为解决跨境支付监管问题的关键。一些国际组织和跨国机构已经开始探索建立跨境支付监管机制和合作框架，以促进全球支付市场的稳定和发展。

支付监管面临着科技发展带来的挑战和变化。随着人工智能、大数据、区块链等新兴技术的应用，传统的支付监管模式和手段已经难以满足日益复杂的支付环境与风险特征。因此，支付监管需要不断创新和升级，采用先进的技术手段和监管工具，提高监管的效率和精度。同时监管机构也需要加强对新兴技术的监管和规范，防止其被用于非法活动和欺诈行为。

隐私和数据安全问题成为当前支付监管的重点关注对象。随着数字化支付和金融科技的发展，用户个人信息和交易数据的安全性和隐私保护越来越受到关注。因此，支付监管需要加强对支付服务提供商和金融机构的数据安全管理，建立健全的数据保护机制和隐私保护框架，保障用户数据的安全和隐私权。

金融科技的快速发展为支付监管带来了新的机遇和挑战。金融科技的创新可以提高支付系统的效率和便利性，促进金融包容和普惠金融的发展。同时金融科技的发展也可能带来新的风险和不确定性，如数据泄露、网络攻击和交易欺诈等问题。因此，支付监管需要与金融科技行业保持密切的合作和沟通，共同应对新的挑战和问题。

支付监管面临着多样化和复杂化的挑战和机遇。随着数字化支付和金融科技的不断发展，支付监管需要不断创新和升级，加强国际合作和数据安全保护，以促进支付市场的健康发展和用户权益的保护。

1.支付行业监管机构与政策概览

支付行业监管机构和政策对维护金融市场秩序与保障支付安全至关重要。在不同国家和地区，支付行业的监管机构和政策有所不同，但总体来说，它们都致力于保护消费者权益、维护金融稳定、促进支付创新和发展。

在美国，支付行业的监管机构主要包括联邦储备系统、美国财政部和消费金融保护局等。这些机构负责监督和管理支付系统的运行和发展，制定相关政策和规定，保障支付市场的公平竞争和合法运营。

在欧洲，支付行业的监管机构主要由欧洲央行和欧洲银行管理局等组成。欧洲央行负责制定货币政策和支付基础设施的监管，而欧洲银行管理局则负责统一监管欧洲各国银行和支付机构，保障支付系统的安全和稳定运行。

在中国，支付行业的监管机构主要由中国人民银行和中国银行保险监督管理委员会等组成。中国人民银行负责制定货币政策和支付结算政策，监督支付市场的运行和发展，保障支付安全和稳定。中国银行保险监督管理委员会负责监管支付机构的经营行为和风险管理，维护支付市场的秩序和稳定。

除了以上主要监管机构外，还有一些国际组织和行业协会也在支付行业监管中发挥着重要作用。国际清算银行、国际支付银行协会等组织都致力于促进支付市场的合作与发展，推动支付创新和国际支付规则的制定。

支付行业监管机构和政策在维护金融市场秩序与保障支付安全方面发挥着重要作用。通过加强监管和制定相关政策，可以有效防范支付风险和欺诈行为，促进支付市场的健康发展。未来，随着科技的不断进步和支付方式的不断创新，监管机构和政策将不断调整和完善，以适应支付行业发展的新需求和面临的挑战。

2.支付监管的国际标准与趋势

支付监管的国际标准与趋势在科技金融领域具有重要意义。随着全球支付市场的不断发展和技术的迅速进步，各国政府和国际组织都意识到了支付监管的重要性，积极制定和推进支付监管的国际标准和趋势。这些标准和趋势主要包括跨境支付监管、支付创新监管和数据安全监管等方面。

跨境支付监管是国际支付监管的重要内容之一。随着全球经济一体化的不断推进，跨境支付的需求也越来越多样化和复杂化。为了保障跨境支付的安全和稳定，各国政府和国际组织积极推动跨境支付监管的国际合作与标准制定。国际清算银行（BIS）和国际货币基金组织（IMF）等国际组织都制定了一系列的跨境支付监管标准和指导原则，加强了跨境支付的监管和合作，促进了全球支付市场的健康发展。

支付创新监管是国际支付监管的新趋势。随着科技金融的不断发展和创新，新型支付方式和业务模式层出不穷，给传统支付监管带来了新的机遇和挑战。为了促进支付创新的健康发展，各国政府和国际组织纷纷出台了相关的政策和监管措施，加强了对支付创新的监管和管理。一些国家建立了专门的支付创新监管机构，制定了相应的支付创新监管规定，引导和规范支付创新的发展，保障支付市场的稳定和安全。

数据安全监管是国际支付监管的重要内容之一。随着支付数据的不断增加和应用范围的不断扩大，数据安全问题日益受到人们的关注。为了保障支付数据的安全和隐私，各国政府和国际组织加强了对支付数据安全的监管与管理。一些国家出台了严格的数据保护法律和规定，规范了支付机构对用户数据的采集、存储和处理，加强了对支付数据泄露和滥用的打击，保障了支付数据的安全和隐私。

支付监管的国际标准与趋势在科技金融领域具有重要意义。各国政府与国际组织通过制定和推进相关标准及趋势，加强了对跨境支付、支付创新和数据安全等方面的监管和管理，促进了全球支付市场的健康发展和可持续增长。未来，随着技术的不断发展和应用，支付监管的国际标准与趋势也将不断完善和提升，为全球支付市场的发展和进步提供更好的保障与支持。

（二）支付合规与风险管理

1.合规审查与遵循支付规范

合规审查与遵循支付规范是科技金融领域至关重要的方面。合规审查指的是金融机构在开展支付业务时，需对相关交易进行严格的合规性审查，以确保交易符合国家法律法规和监管要求。遵循支付规范则是指金融机构在支付业务中，需遵守相关的支付行业规范和标准，确保支付系统的安全和稳定。

合规审查与遵循支付规范的重要性在于保护金融系统的安全和稳定。金融机构开展支付业务，涉及大量的资金流动和交易活动，一旦出现违规行为或安全漏洞，将对金融系统造成严重的影响。因此，通过对支付交易进行合规审查，及时发现和应对潜在的违规行为，是维护金融系统安全和稳定的关键。

合规审查与遵循支付规范有助于保护用户权益和信息安全。在支付过程中，用户的个人信息和资金安全面临着严峻的挑战，一旦出现安全漏洞或违规行为，将给用户造成不可估量的损失。因此，金融机构需加强对支付交易的合规审查，确保用户的信息和资金安全，维护用户的合法权益。

合规审查与遵循支付规范有助于促进金融行业的健康发展。金融行业是国民经济的重要组成部分，其发展需要一个健康、安全、稳定的环境。通过加强合规审查，规范金融机构的行为，维护金融市场的秩序和信誉，有助于促进金融行业的良性发展，推动经济的可持续增长。

合规审查与遵循支付规范有助于提升金融机构的竞争力和信誉度。在金融市场竞争激烈的情况下，金融机构需不断提升自身的合规性和服务水平，才能够赢得用户的信任和支持。通过加强合规审查，遵循支付规范，金融机构能够提升自身的竞争力和信誉度，赢得更多用户的青睐。

合规审查与遵循支付规范是保障金融系统安全和稳定的重要手段。通过加强对支付交易的合规审查，遵循相关的支付规范，金融机构能够保护用户权益和信息安全，促进金融行业的健康发展，提升金融机构的竞争力和信誉度。

2.金融科技创新与监管协调

金融科技创新与监管协调是金融行业发展中的重要议题。随着科技的不断进步和金融业务的日益复杂化，金融科技创新成为推动金融行业发展的关键力量。金融科技创新所带来的变化也带来了新的监管挑战。因此，金融科技创新与监管之间的协调成为促进金融稳健发展和维护金融市场秩序的关键因素。

金融科技创新的快速发展给监管带来了新的挑战。传统的金融监管框架往往难以适应金融科技创新的快速变革，监管部门需要不断调整监管政策和措施，确保金融科技创新在合规和风险可控的前提下进行。

监管的滞后性往往会制约金融科技创新的发展。由于监管的滞后，某些金融科技创新可能存在法律法规上的漏洞和不确定性，导致创新活动受到限制，影响了金融科技产业的健康发展。

金融科技创新有可能带来新的风险和挑战。虚拟货币、区块链等新兴技术可能存在法律风险、技术风险和市场风险，监管部门需要及时采取措施，加强对这些风险的监管和防范。

为了应对金融科技创新与监管之间的矛盾和冲突，需要采取一系列措施。监管部门需要加强与科技企业和金融机构的沟通和合作，及时了解金融科技创新的发展动态和风险特征，制定相应的监管政策和措施。监管部门需要加强监管科技的建设和应用，利用大数据、人工智能等技术手段，提高监管的效率和精准度，加强对金融市场的监控和预警。同时监管部门还需要加强国际合作，与其他国家和地区的监管机构共同应对跨境金融科技创新所带来的挑战。

金融科技创新与监管协调是金融行业发展中的重要课题。只有加强监管与创新之间的协调，保持监管政策的灵活性和前瞻性，才能够促进金融科技创新的健康发展，实现金融行业的稳健增长和金融市场的良性运行。

第五章　投资科技与资产管理创新

第一节　投资科技平台的兴起

一、投资科技平台的崛起现状与趋势

（一）科技平台投资市场现状

科技平台投资市场是金融科技领域的重要组成部分，其现状呈现出多元化和活跃性。随着数字化经济的发展和科技创新的加速，科技平台投资市场吸引了越来越多的投资者和创业者。

科技平台投资市场呈现出快速增长的态势。随着数字化经济的快速发展，人们对科技平台的需求不断增加。科技平台在各个领域都有所涉及，如金融、医疗、教育、零售等，吸引了大量的用户和投资者。据统计，全球科技平台投资市场规模不断扩大，投资金额逐年增长，成为吸引投资者的热门领域之一。

科技平台投资市场呈现出多样化和细分化的特点。随着科技的不断进步和创新，科技平台在不同领域和行业有着不同的特点和应用场景。在金融科技领域，科技平台涵盖了支付、借贷、投资、保险等多个子领域，吸引了各种类型的投资者和创业者。同时在医疗、教育、零售等领域，科技平台也在不断涌现，为投资者提供了更多的选择和机会。

科技平台投资市场呈现出国际化和跨境化的趋势。随着全球化的发展，科技平台投资市场已经成为各国和地区投资者的重要选择之一。许多科技平台具有全球化的视野和业务布局，吸引了来自不同国家和地区的投

资者。同时跨境投资和合作也促进了科技平台的创新和发展，为科技平台投资市场注入了新的活力和机遇。

科技平台投资市场面临着竞争激烈和风险多样化的挑战。随着竞争的加剧和市场的饱和，科技平台投资市场的投资回报和风险也变得更加不确定。投资者需要具备较高的风险意识和投资能力，选择合适的科技平台进行投资。同时科技平台也需要不断创新和优化，提高自身的竞争力和持续发展能力。

科技平台投资市场呈现出多样化、国际化和竞争激烈的特点。随着数字化经济的不断发展和科技创新的加速，科技平台投资市场将继续吸引投资者的关注和参与，成为金融科技领域的发展方向之一。

1.科技平台投资市场规模与增长趋势

科技平台投资市场规模持续扩大，呈现出快速增长的趋势。随着科技行业的不断发展和创新，越来越多的投资者将目光投向了科技平台，寻求投资机会。科技平台的崛起现状和趋势主要体现在以下几个方面。

一是科技平台投资市场规模不断扩大。随着互联网和移动互联网技术的普及，越来越多的科技平台涌现出来，覆盖了各个领域和行业，如电子商务、在线教育、金融科技等。这些科技平台在市场上展现出了巨大的发展潜力，吸引了大量投资者的关注和资金投入，推动了科技平台投资市场规模的不断扩大。

二是科技平台投资市场呈现出多样化的投资形式。除了传统的风险投资和股权投资，还出现了一系列新型投资形式，如天使投资、种子轮投资、风险投资基金等。这些投资形式为不同阶段的科技平台提供了不同的融资渠道和资金支持，促进了科技平台的创新和发展。

三是科技平台投资市场呈现出国际化和跨境投资的趋势。随着全球化进程的加速推进和国际投资环境的改善，越来越多的投资者跨越国界进行科技平台投资。国际资本的涌入不仅为科技平台提供了更广阔的发展空间，也促进了科技平台之间的合作与交流，推动了全球科技创新和产业发展。

四是科技平台投资市场呈现出趋势向资本化和专业化发展的特点。随着科技平台的规模不断扩大和商业化进程的加速推进，投资者对科技平台的投资需求越来越多，投资市场也变得越来越专业化。越来越多的专业投资机构和投资人涌入科技平台投资市场，推动了科技平台投资市场的规范化和成熟化。

科技平台投资市场规模不断扩大，呈现出多样化、国际化、资本化和专业化的发展趋势。随着科技行业的持续创新和发展，科技平台投资市场将继续成为投资者关注的热点和投资重要领域，为科技创新和产业发展注入新的活力和动力。

2.主要科技平台投资机构与平台介绍

在科技金融领域，主要的科技平台投资机构包括谷歌（Google）、亚马逊（Amazon）、腾讯（Tencent）、阿里巴巴（Alibaba）、苹果（Apple）等。这些科技巨头不仅在自身业务领域内具有深厚的技术实力和资源优势，还积极投资和收购科技金融领域的新兴企业，推动了科技金融行业的发展和创新。

谷歌作为全球领先的科技公司之一，在科技金融领域有着丰富的投资布局。谷歌的母公司Alphabet旗下的风险投资部门Google Ventures（GV）和CapitalG都在科技金融领域进行了多项投资。GV投资了很多初创企业，包括数字支付、区块链、人工智能等领域的创新公司。CapitalG则更多地关注成熟期企业，如在线支付公司Stripe和金融科技公司Robinhood等。

亚马逊作为全球最大的电商平台之一，一直在积极布局科技金融领域。亚马逊的投资机构Amazon Web Services（AWS）不仅为金融机构提供云计算服务，还积极投资金融科技领域的创新企业。AWS投资了一些数字支付、金融科技和区块链领域的初创企业，推动了金融科技的发展和创新。

腾讯和阿里巴巴作为中国的科技巨头，在科技金融领域有着广泛的投资布局。腾讯通过其投资部门腾讯投资（Tencent Investment）和腾讯金融科技（Tencent FinTech）积极投资金融科技领域的创新企业，包括数字支付、金融科技和区块链等领域。阿里巴巴的投资部门阿里巴巴集团（Alibaba Group）旗下的蚂蚁金服（Ant Group）在金融科技领域进行了多项投资，包括数字支付、个人理财、区块链等领域的创新企业。

苹果作为全球知名的科技公司，一直在金融科技领域有所布局。苹果的苹果支付（Apple Pay）服务已经成为全球领先的移动支付平台之一。同时苹果也通过其投资部门Apple Ventures积极投资金融科技领域的新兴企业，推动了金融科技的创新和发展。

科技平台投资机构在科技金融领域的崛起和投资趋势展现了科技公司在金融领域的强大影响力与深厚技术实力。未来，随着科技金融领域的不断发展和创新，科技平台投资机构将继续扮演重要角色，推动科技金融行业的进步和发展。

3.行业动态与关键发展趋势

投资科技平台的崛起是当前科技金融领域的一大动态。这些平台利用先进的科技手段，如人工智能、大数据分析等，为投资者提供全方位的投资服务，涵盖了股票、基金、债券、期货等多种投资品种。投资科技平台的崛起是金融科技的重要应用场景，也是金融行业转型升级的重要体现。

投资科技平台的崛起得益于科技进步和互联网普及。随着人工智能、大数据等技术的不断发展和应用，投资科技平台能够更好地理解用户需求、分析市场趋势，为投资者提供更精准的投资建议和个性化的投资方案。互联网的普及使得投资科技平台能够覆盖更广泛的用户群体，实现了投资服务的大众化和普惠化。

投资科技平台的崛起受益于金融市场的需求和趋势。随着经济全球化的深入发展和金融市场的不断创新，投资者对投资服务的需求也在不断提升。投资科技平台通过提供更便捷、更智能的投资服务，满足了投资者对投资理财的多样化需求，吸引了越来越多的用户使用。

投资科技平台的崛起受到了金融监管政策的支持和鼓励。一些国家和地区开始放宽对金融科技创新的监管限制，鼓励金融科技企业创新发展。在这样的政策环境下，投资科技平台得以蓬勃发展，吸引了大量的投资者和资本的关注及投入。

投资科技平台的发展趋势主要体现在以下几个方面。一是平台将进一步强化科技创新，不断提升平台的技术水平和服务能力。二是投资科技平台将加大对人工智能、大数据、区块链等前沿技术的研发和应用力度，提升投资决策的智能化和精准度。三是平台将进一步拓展业务范围，实现全方位的投资服务。四是投资科技平台将不仅提供投资咨询和交易执行等基本服务，还将拓展到财富管理、保险、信贷等更广泛的金融服务领域。五是平台将进一步加强风险管理和合规监管，确保平台运营的安全和稳定。六是投资科技平台将加强对用户信息和资金的保护，提升平台的安全性和可信度，积极响应监管政策，规范运营行为，促进行业的健康发展。

投资科技平台的崛起是金融科技发展的重要动态，受益于科技进步、金融需求和监管政策的支持。投资科技平台将继续深化科技创新，拓展业务范围，加强风险管理和合规监管，更好地为投资者提供高效、便捷、安全的投资服务，推动金融行业的数字化转型和创新发展。

（二）科技平台投资的影响因素

1.技术创新与科技平台投资的关系

技术创新与科技平台投资之间存在着密不可分的关系。随着科技的不断进步和创新，科技平台投资已成为投资领域的热点之一。科技平台作为承载技术创新成果的重要载体，为投资者提供了丰富的投资机会，同时也推动了技术创新的不断发展。

目前，投资科技平台的崛起已成为投资领域的一大趋势。科技平台的崛起得益于技术创新的推动和市场需求的增长。科技平台作为连接技术创新和商业应用的桥梁，为创新型企业提供了资金、资源和市场支持，推动了科技成果的商业化和产业化。同时科技平台还为投资者提供了丰富的投资标的，包括科技创新企业、科技产业基金等，吸引了大量资金的涌入，推动了科技创新和产业升级。

在投资科技平台的崛起过程中，一些新兴的科技领域尤其受到关注。人工智能、区块链、生物技术等领域的技术创新正在引领新一轮的科技革命，吸引了大量投资者的关注和投资。投资者希望通过投资科技平台，分享技术创新带来的红利，实现资本增值和投资回报。

投资科技平台的崛起推动了投资方式和策略的创新。传统的投资方式往往注重企业的财务表现和盈利能力，而在科技领域，往往需要更多的关注技术创新能力、市场前景和行业趋势等因素。因此，投资者需要具备更多的科技创新和行业知识，灵活运用各种投资工具和策略，以获取更高的投资回报。

在未来，投资科技平台的趋势将更加明显。随着科技创新的不断推进和技术应用的深入发展，科技平台将继续成为投资领域的热点。投资者将继续关注新兴科技领域的投资机会，寻找具有创新能力和商业潜力的科技企业，以实现长期的投资增值。同时科技平台也将继续推动技术创新和产业升级，为经济社会发展注入新的动力和活力。

技术创新与科技平台投资之间存在着密不可分的关系。投资科技平台已成为投资领域的一大趋势，吸引了大量资金的涌入，推动了技术创新和产业升级，为经济社会的可持续发展提供了强大支持。

2.经济环境对科技平台投资的影响

经济环境对科技平台投资有着深远的影响。科技平台的崛起现状和趋势受到经济环境的影响，经济状况的好坏、政策环境的稳定与变化都会直接影响到科技平台投资的决策和发展。

经济环境的繁荣与萧条直接影响着科技平台投资的规模和速度。在经济繁荣期，投资者更愿意将资金投入科技平台等高风险高收益的投资领域，以谋求更大的回报。在经济萧条期，投资者更加谨慎，对风险更加敏感，可能会减少对科技平台的投资，导致科技平台融资困难，发展速度放缓。

政府的政策环境对科技平台投资起着至关重要的作用。良好的政策环境可以吸引更多的投资者和创业者参与科技平台的投资和创新活动。政府的支持政策、税收优惠政策、创业扶持政策等都能够鼓励和促进科技平台的发展。相反，不利的政策环境可能会阻碍科技平台的发展，进而限制投资者的热情和动力。

金融环境对科技平台投资有着重要影响。金融市场的流动性和资金成本直接影响着投资者的投资决策和行为。如果金融市场流动性充裕、资金成本低，投资者就更容易进行科技平台投资；反之，如果金融市场流动性紧张、资金成本高，投资者可能就会更加谨慎，减少对科技平台的投资。

全球经济环境的变化会对科技平台投资产生影响。全球化进程的推进，国际贸易和投资的自由化，为科技平台提供了更广阔的发展空间和更多的投资机会。同时全球经济形势的变化，如国际金融危机、贸易战等，也会对科技平台投资产生一定的冲击和影响。

经济环境对科技平台投资的影响是多方面的、复杂的。投资者需要密切关注经济环境的变化，及时调整投资策略，以适应不断变化的市场环境，实现科技平台投资的长期稳健增长。

3.政策法规对科技平台投资的影响

政策法规在很大程度上影响着科技平台投资的发展。近年来，随着科技金融行业的蓬勃发展，各国政府纷纷出台了一系列的政策法规，以规范和引导科技平台投资，促进科技金融领域的健康发展。

政府出台的监管政策对科技平台投资起到了重要的引导作用。为了维护金融市场的稳定和安全，各国政府加强了对科技金融领域的监管力度，明确了科技平台投资的准入条件和运营规范。一些国家要求科技平台投资机构必须取得相关的金融牌照或者注册备案，遵守金融法规和监管要求。这些监管政策有助于规范科技平台的投资行为，提升金融市场的透明度和稳定性。

政府出台的创新政策推动了科技平台投资的崛起。为了促进科技创新和经济增长，各国政府积极出台了一系列的创新政策和支持措施，鼓励科技平台投资机构加大对科技创新企业的投资力度。一些国家为科技创新企业提供税收优惠政策、科研资助和创业扶持等支持措施，吸引了更多的资金和资源流入科技金融领域，推动了科技平台投资的崛起。

政府出台的跨境投资政策对科技平台投资产生了影响。随着经济全球化的深入发展，跨境投资在科技金融领域日益增加。为了促进跨境投资和金融合作，各国政府加强了对跨境投资的监管和管理，推动了科技平台投资的国际化发展。一些国家为跨境投资者提供了便利的投资环境和政策支持，鼓励他们在本国和其他国家开展科技平台投资活动。

政策法规在很大程度上影响着科技平台投资的发展。科技平台投资的发展受到了政府监管政策、创新政策和跨境投资政策的影响，政府出台的相关政策和法规有助于规范和引导科技平台投资行为，促进科技金融领域的健康发展。未来，随着科技金融领域的不断发展和政策环境的优化，相信科技平台投资将继续保持良好的发展态势，为科技金融行业的进步和发展注入新的活力。

二、科技平台投资的商业模式与策略

（一）科技平台投资的商业模式

科技平台投资的商业模式在金融科技领域具有重要意义。这种模式通常涉及科技公司通过在线平台或应用程序向投资者提供投资产品和服务。这些服务可能包括股票、债券、基金、ETF等各种金融产品的交易和投资，以及提供投资组合管理、投资建议和教育培训等附加服务。

金融科技公司通常通过以下几种方式赚取收入。科技公司可能收取交易佣金，即每笔交易的一小部分费用。科技公司可能会收取管理费，这是基于投资组合资产规模的一定比例。科技公司可能提供高级功能或专业服务，如个性化投资建议或投资组合定制，收取额外费用。一些金融科技公司可能通过广告或推广合作赚取额外收入。

金融科技平台的商业模式通常注重创新和用户体验。通过技术创新和数据分析，科技公司能够提供更智能、更便捷的投资体验，满足投资者不断变化的需求。一些平台可能采用人工智能算法，为用户提供个性化的投资建议，帮助科技公司优化投资组合。移动应用和在线平台的普及使得投资变得更加简单和可访问，吸引了更多的投资者参与其中。

金融科技平台注重用户服务和教育。科技公司通常会提供丰富的投资教育资源，帮助投资者了解金融市场和投资产品，提高投资决策能力。科技公司会通过多种渠道提供客户服务和支持，确保投资者在使用平台时能够获得及时的帮助和支持。

科技平台投资的商业模式在金融科技领域具有广阔的发展前景。随着技术的不断进步和金融市场的持续发展，这种模式将继续推动金融服务的创新和进步，为投资者提供更加智能、便捷和个性化的投资体验。

1.平台运营与资金运作模式

科技平台投资的商业模式和策略是科技金融领域的关键议题。平台运营与资金运作模式是构建科技平台投资商业模式的核心组成部分。平台运营模式主要包括交易撮合、信息中介和服务提供等形式，通过这些模式为投资者和项目方提供高效、便捷的交易和服务。资金运作模式则包括资金筹集、投资布局和风险管理等环节，通过这些模式实现对项目的有效投资和资金的合理运作。

平台运营模式是科技平台投资商业模式的重要组成部分。平台运营模式的选择直接影响着平台的盈利能力和用户体验。目前，主要的平台运营模式包括交易手续费收取、广告推广收入、增值服务收费等形式。通过这些模式，科技平台投资能够实现多元化的盈利，并为用户提供更多的选择和便利。

资金运作模式是科技平台投资商业模式的核心环节。资金运作模式主要包括资金来源、资金运用和风险管理等环节。科技平台投资的资金主要来自用户的投资、风险投资机构的支持等渠道，通过这些资金实现对项目的有效投资和资金的灵活运用。在资金运用方面，科技平台投资通常采取多元化投资策略，包括股权投资、债权投资、并购投资等形式，以降低投资风险和实现资金的最大化利用。同时科技平台投资还需要加强风险管理，建立完善的风险控制体系，保障投资者的权益和资金安全。

科技平台投资的商业模式和策略需要考虑到市场竞争和政策环境等因素。在市场竞争方面，科技平台投资需要不断提升自身的技术能力和服务水平，拓展业务范围，加强品牌建设，提升竞争力。在政策环境方面，科技平台投资需要密切关注监管政策的变化，合规运营，防范法律风险，确保业务的健康发展。

科技平台投资的商业模式和策略是科技金融领域的重要议题。平台运营模式和资金运作模式是构建商业模式的核心环节，需要综合考虑市场需求、技术能力、竞争环境和政策因素等多方面因素，实现对用户和投资项目的有效服务和管理。通过不断创新和优化，科技平台投资能够为投资者和项目方提供更好的投资体验，推动科技金融领域的健康发展。

2.投资决策与项目选择模式

投资决策与项目选择模式是科技平台投资的核心要素之一。在进行科技平台投资时，投资者需要考虑多方面因素，包括商业模式、战略规划、市场前景等，以确保投资的可持续性和回报率。

商业模式是科技平台投资的重要考量因素之一。不同的科技平台可能采用不同的商业模式，如平台服务费、广告收入、交易佣金等。投资者需要评估不同商业模式的盈利能力和可持续性，选择符合自身投资策略和风险偏好的科技平台。

投资者需要考虑科技平台的战略规划和发展方向。科技平台通常具有较长的发展周期和较高的不确定性，投资者需要了解平台的战略规划和发展蓝图，评估其在行业竞争中的地位和竞争优势，以确定是否值得投资。

投资者需要考虑科技平台所处的行业环境和市场前景。不同行业的发展前景和市场规模可能存在差异，投资者需要根据自身的投资目标和风险偏好选择合适的行业和市场。同时投资者还需要考虑科技平台所处行业的政策环境和监管政策，评估其对平台发展的影响和风险。

投资者需要考虑科技平台的技术实力和创新能力。科技平台通常具有较高的技术含量和创新能力，投资者需要评估平台的技术实力和研发能力，以确定其未来的发展潜力和竞争优势。

投资者需要考虑科技平台的团队和管理能力。科技平台的成功往往依赖优秀的管理团队和有效的管理机制，投资者需要评估平台的管理团队和领导力，以确定其执行能力和组织效率。

投资决策与项目选择模式在科技平台投资中起着至关重要的作用。投资者需要综合考虑商业模式、战略规划、市场前景、技术实力、团队能力等因素，以确定最适合自身投资目标和风险偏好的科技平台，从而实现长期的投资增值和回报。

（二）科技平台投资的策略与实践

1.投资策略与风险控制

科技平台投资的商业模式和策略是投资者在选择投资目标与制订投资计划时需要重点考虑的因素之一。在科技金融领域，科技平台的商业模式和策略会直接影响着投资的成功与否，以及风险的控制和回报的实现。

科技平台的商业模式是投资者评估投资价值和风险的重要依据。不同类型的科技平台可能采用不同的商业模式，如电子商务平台、在线教育平台、金融科技平台等。投资者需要深入了解和分析科技平台的商业模式，包括收入来源、盈利模式、用户增长策略等，以评估其盈利能力和商业前景，从而决定是否进行投资。

科技平台的策略是投资成功的关键。科技平台的策略涉及产品定位、市场定位、营销策略、技术创新等方面，决定了科技平台在市场竞争中的地位和竞争优势。投资者需要关注科技平台的战略规划和执行能力，评估其策略的合理性和可行性，以确定是否具有投资价值。

风险控制是科技平台投资的关键。科技平台投资具有一定的风险，包括市场风险、技术风险、竞争风险等。投资者需要采取有效的风险控制措施，降低投资风险，提高投资回报。这包括多元化投资组合、严格的风险管理和监控、及时调整投资策略等。

科技平台投资需要考虑长期投资和价值投资的原则。投资者应该注重长期价值的实现，而不是短期收益的追求。只有通过深入分析和挖掘科技平台的潜在价值，选择具有长期成长潜力和竞争优势的科技平台进行投资，才能实现持续稳健的投资回报。

科技平台投资的商业模式和策略是投资者在进行投资决策时需要重点考虑的因素之一。投资者需要深入了解和分析科技平台的商业模式和策略，评估其盈利能力和发展前景，同时采取有效的风险控制措施，以实现长期稳健的投资回报。

2.投资组合构建与管理

投资组合构建与管理是科技平台投资的重要环节，而科技平台投资的商业模式与策略则是决定投资组合构建与管理的核心。科技平台投资的商业模式通常包括平台型和项目型两种。平台型商业模式侧重于构建一个开放的生态系统，吸引各类用户和合作伙伴参与，如通过平台手续费、广告收入等方式盈利。项目型商业模式则侧重投资和孵化具有高成长潜力的科技项目，通过投资收益和项目退出来获取回报。

对投资组合构建与管理来说，首先需要根据投资者的风险偏好和资金规模确定投资策略。对风险偏好较高的投资者，可以选择配置更多风险较高但潜在回报也较高的科技平台项目；对风险偏好较低的投资者，则可以选择更加稳健的投资组合，配置较为成熟、稳定的科技平台项目。在资金规模方面，则需要根据投资者的实际情况确定投资金额和项目数量，合理分配资金，降低投资风险。

投资组合构建与管理需要根据市场情况和行业趋势进行定期调整和优

化。科技金融领域的市场变化较快，新技术、新产品和新业务模式不断涌现，投资者需要密切关注市场动态，及时调整投资组合，优化资产配置。在行业趋势方面，投资者需要了解科技金融领域的发展趋势和未来发展方向，选择具有长期潜力和竞争优势的科技平台项目进行投资，确保投资组合的长期稳健增长。

投资组合构建与管理需要考虑风险管理和退出机制。科技平台投资存在较高的市场风险和项目失败风险，投资者需要采取相应的风险管理措施，降低投资风险。风险管理措施可以包括分散投资、风险评估和监控、投资组合的动态调整等。同时投资者还需要制定清晰的退出机制，及时退出亏损项目，释放资金，避免进一步损失。

投资组合构建与管理是科技平台投资的重要环节，而科技平台投资的商业模式与策略则是决定投资组合构建与管理的核心。投资者需要根据自身的风险偏好和资金规模确定投资策略，根据市场情况和行业趋势进行定期调整和优化，考虑风险管理和退出机制，确保投资组合的长期稳健增长。

第二节　量化投资与算法交易

一、量化投资基础与概念

（一）量化投资的定义与特点

量化投资是一种基于数学、统计学和计算机技术的投资策略，旨在利用大数据和算法模型进行股票、债券、期货等金融资产的交易和投资。与传统的基于主观判断和经验的投资方法不同，量化投资依赖系统化的模型和算法，通过对市场数据的分析和挖掘，寻找并利用投资机会，从而实现稳定的投资回报。

量化投资的特点之一是基于科学化的模型和算法。量化投资者利用数学、统计学、计算机科学等知识，构建各种复杂的模型和算法，对市场数据进行分析和建模，发现隐藏在数据背后的规律和趋势，从而做出投资决策。这种科学化的方法使得投资决策更加客观、理性，降低了主观判断和情绪因素的影响，提高了投资的准确性和稳定性。

量化投资的另一个特点是高度自动化和程序化。量化投资策略通常以计算机程序的形式实现，通过编写代码来执行交易决策，实现交易的自动化和程序化。这种自动化的特点使得量化投资可以实现高频交易，快速响应市场变化，捕捉更多的交易机会，同时降低交易成本和人为错误的可能性。

量化投资具有系统性和标准化的特点。量化投资策略通常是经过系统化设计和反复测试的，具有明确的规则和参数，可以被标准化地应用于不同的市场和资产类别。这种系统性和标准化的特点使得量化投资具有较高的可复制性和可扩展性，可以快速适应不同的市场环境和投资需求。

量化投资注重风险管理和资产配置。量化投资者通常会通过严格的风险控制和资产配置来管理投资组合，以实现收益的最大化和风险的最小化。投资者会根据市场条件和模型的预测结果，调整投资组合的权重和结构，及时应对市场风险和波动，保护投资者的资产安全。

量化投资是一种基于科学化模型和算法的投资策略，具有客观、自动化、系统化和标准化的特点。通过利用大数据和计算机技术，量化投资者可以更加精准地分析市场数据、捕捉投资机会、管理风险，从而实现稳定的投资回报。随着金融科技的不断发展和应用，量化投资在金融市场中的地位和影响也越来越重要。

1.量化投资概念解析

量化投资是一种基于数据分析和数学模型的投资策略，它利用计算机技术和统计学方法对市场数据进行系统化、量化的分析，以实现投资组合的优化和风险控制。量化投资的核心思想是通过科学、系统化的方法，利用历史数据和统计模型，预测市场走势，发现投资机会，从而实现超越市场平均水平的投资回报。

量化投资的基本原理是建立数学模型和算法，对市场数据进行分析和预测。量化投资的投资决策主要基于历史数据和统计模型，通过对市场走势、价格波动等因素的分析，确定投资标的和投资时机。量化投资依靠计算机技术和算法，能够快速、准确地分析大量的数据，发现隐藏在数据背后的规律和趋势，从而进行有效的投资决策。

量化投资的优势在于其科学、系统化的方法和高效、精确地执行。通过量化投资，投资者可以规避主观情绪和人为偏见的影响，减少投资决策的随意性和不确定性，提高投资决策的准确性和稳定性。同时量化投资还能够实现投资组合的优化和风险控制，通过建立多因子模型和风险管理体系，实现对投资组合的有效分散和动态调整，降低投资风险，提高投资回报。

量化投资往往会面临着一些挑战和限制。量化投资的成功与否取决于模型的建立和参数的设定，对数据质量和模型的稳定性要求较高，一旦模型出现偏差或失效，可能就会导致投资损失。量化投资需要投资者具备丰富的数学、统计学和计算机技术知识，以及对金融市场和投资产品的深入理解，投资者的专业水平和技术能力对量化投资的成功至关重要。同时量化投资也面临着市场环境和行情变化的挑战，市场的非理性波动和突发事件可能会影响量化模型的准确性和稳定性，从而影响投资回报。

量化投资是一种基于数据分析和数学模型的投资策略，它利用科学、系统化的方法，对市场数据进行量化分析和预测，以实现投资组合的优化和风险控制。量化投资具有高效、精确的特点，能够规避主观情绪和人为偏见的影响，提高投资决策的准确性和稳定性。量化投资也面临着模型建立和参数设定的挑战，投资者需具备丰富的专业知识和技术能力，才能够成功应用量化投资策略。

2.量化投资的核心特点

量化投资的核心特点主要包括数据驱动、系统化策略、自动化执行和风险控制。

量化投资以数据驱动为核心。量化投资依赖大量的数据和信息进行决策，通过对历史数据的分析和挖掘，寻找规律和模式，以指导投资决策。数据的质量和准确性对量化投资的成功至关重要，投资者需要收集、整理和分析大量的数据，以获取有效的投资信号和决策依据。

量化投资具有系统化策略。量化投资采用严格的数学模型和算法进行交易决策，投资策略和交易规则被固化为计算机程序，实现自动化执行。

系统化策略的优势在于能够消除人为情绪和主观判断的影响，提高交易的纪律性和执行效率。

量化投资具有自动化执行的特点。量化投资依赖计算机程序进行交易执行，实现了投资决策和交易操作的自动化。投资者可以通过编写程序实现交易策略的自动执行，节省了大量的时间和精力，提高了交易的效率和效果。

量化投资注重风险控制和管理。量化投资在制定交易策略时会考虑风险和收益之间的平衡，设定风险控制指标和止损机制，以保护投资资金免受不利波动的影响。同时量化投资也会通过多样化投资组合、资金管理等方式降低投资风险，提高投资回报。

量化投资的核心特点包括数据驱动、系统化策略、自动化执行和风险控制。量化投资通过利用大数据和算法进行交易决策，实现了交易操作的自动化和系统化，同时注重风险控制和管理，提高了投资效率和回报。量化投资已成为金融市场中的重要投资方式，对提高投资者的交易能力和投资效果具有重要意义。

（二）量化投资模型与策略

1.基于数据的量化模型

基于数据的量化模型是科技金融领域中一种重要的分析方法和决策工具。这种模型利用数学和统计学方法对大量的金融数据进行分析和建模，以揭示数据之间的潜在关系，并基于这些关系进行预测和决策。

基于数据的量化模型依赖大量的金融数据。这些数据包括历史价格数据、交易量数据、财务报表数据等，覆盖了各种金融资产和市场。通过对这些数据的分析和挖掘，可以发现其中的规律和模式，为金融决策提供依据。

基于数据的量化模型借助数学和统计学方法对金融数据进行建模和预测。常见的量化模型包括回归分析、时间序列分析、机器学习算法等。这些模型可以帮助投资者理解市场的行为和趋势，发现交易机会，并进行风险管理和资产配置。

基于数据的量化模型具有一定的优势和特点。它能够消除主观性和情绪因素对决策的影响，提高决策的客观性和准确性。它能够利用大数据和高效算法进行快速、精确的分析和预测，实现实时决策和交易。

基于数据的量化模型往往会面临一些挑战和限制。它依赖数据的质量和完整性，如果数据存在错误或缺失，模型的分析结果可能就会不准确。它可能会受到市场环境和数据样本的限制，导致模型的泛化能力不足。

基于数据的量化模型在科技金融领域中发挥着重要作用。它不仅可以帮助投资者进行交易决策和风险管理，还可以为金融机构提供智能化的金融服务和产品。随着技术的不断进步和数据科学的发展，基于数据的量化模型将在科技金融领域中发挥越来越重要的作用，成为金融决策和创新的重要工具。

2.技术分析与量化交易策略

技术分析与量化交易策略是科技金融领域的重要组成部分。技术分析是一种通过研究历史市场数据和价格走势来预测未来市场走势的方法。它主要依靠图表模式、技术指标和价格动量等信息来进行分析，帮助投资者判断市场趋势和制定交易决策。量化交易策略则是一种基于数学模型和计算机算法来执行交易的方法。它通过对市场数据进行量化分析和模型建立，自动执行交易决策，实现交易的快速和高效。

技术分析是科技金融领域常用的交易分析方法之一。它通过研究市场的历史数据和价格走势，识别出市场的规律和趋势，帮助投资者做出买入和卖出的决策。技术分析主要依靠图表模式和技术指标来进行分析，如移动平均线、相对强弱指标（RSI）、MACD等。通过这些技术工具，投资者可以更准确地把握市场的脉搏，及时调整投资策略，提高交易的成功率和盈利水平。

量化交易策略则是一种基于数学模型和计算机算法来执行交易的方法。它利用大数据和机器学习技术对市场数据进行量化分析和模型建立，自动执行交易决策，实现交易的快速和高效。量化交易策略主要依靠算法交易平台来执行交易，如高频交易和套利交易等。通过这些算法，投资者可以利用市场的瞬时变化和微小差异来获取交易机会，实现超额收益。

技术分析与量化交易策略在科技金融领域具有重要的应用价值。它们可以帮助投资者更好地理解市场规律和趋势，提高交易的成功率和盈利水平。同时技术分析和量化交易策略还可以通过自动化执行交易决策，实现交易的快速和高效，降低交易成本和风险。在科技金融领域，技术分析和量化交易策略已经成为投资者获取超额收益的重要手段，对提升交易效率和优化投资组合具有重要意义。

技术分析与量化交易策略是科技金融领域的重要交易分析方法。它们通过研究市场数据和建立数学模型，帮助投资者更好地理解市场规律和趋势，提高交易的成功率和盈利水平。在科技金融领域，技术分析和量化交易策略已经成为投资者获取超额收益的重要手段，对提升交易效率和优化投资组合具有重要意义。

二、算法交易与市场应用

（一）算法交易在不同市场的应用

算法交易是一种利用计算机程序执行交易策略的交易方式，通过预先设定好的规则和算法，自动进行交易决策和执行。在不同市场中，算法交易都具有广泛的应用。

在股票市场中，算法交易是一种常见的交易方式。由于股票市场的高频交易和大量交易数据，传统的交易方式已经无法满足快速变化的市场需求。因此，许多投资机构和交易者开始采用算法交易系统，利用先进的算法和技术，实现高效的交易执行和风险管理。通过分析市场数据和价格走势，算法交易系统可以快速识别交易机会，并进行快速、准确的交易操作，从而获得更高的交易收益。

在外汇市场中，算法交易是一种普遍的交易方式。外汇市场具有24小时连续交易、高流动性和巨额交易量的特点，使得传统的手工交易方式难以适应市场的变化和需求。因此，许多外汇交易商和投资机构开始采用算法交易系统，通过自动化的交易策略和执行方式，实现外汇交易的高效和稳定。算法交易系统可以根据市场条件和交易规则，自动进行买卖决策和交易执行，减少人为干预和交易错误，提高交易效率和盈利能力。

在期货市场和加密货币市场等其他金融市场中，算法交易应用广泛。期货市场具有高杠杆和高风险的特点，使得交易者需要更加精确和高效的交易方式来应对市场波动。因此，许多期货交易者利用算法交易系统，通过编写复杂的交易策略和算法，实现期货交易的自动化和智能化。在加密货币市场，由于市场波动较大且交易时间连续性强，传统的手工交易方式容易受到市场波动的影响，因此许多交易者选择采用算法交易系统，实现加密货币交易的快速和稳定。

算法交易在不同金融市场中都具有广泛的应用。通过利用先进的算法和技术，算法交易系统可以实现交易决策的自动化和智能化，提高交易效率和盈利能力，为交易者提供更加稳定和可靠的交易方式。随着金融科技的不断发展和创新，算法交易在未来将继续发挥重要作用，推动金融市场的稳定和发展。

1.股票市场中的算法交易应用

股票市场中的算法交易应用是一种基于计算机程序和数学模型的自动化交易系统，通过预设的交易策略和算法，实现对股票市场的快速交易和高效执行。算法交易应用已成为股票市场中的重要交易方式，它利用先进的技术手段和大数据分析，实现对市场走势和交易信号的实时监测及分析，从而实现投资组合的优化和风险控制。

算法交易应用的核心思想是建立数学模型和算法，对市场数据进行系统化、量化的分析，以实现投资组合的优化和风险控制。算法交易应用主要依赖计算机技术和数学方法，能够快速、准确地分析大量的市场数据，发现市场走势和交易信号，实现自动化的交易执行和风险管理。算法交易应用的交易策略包括趋势跟随、均值回归、套利等多种形式，通过这些策略实现对市场波动的有效把握和投资收益的最大化。

在股票市场中，算法交易应用具有以下几个方面的应用和优势。一是算法交易应用能够实现快速交易和高效执行，避免了人为偏误和情绪干扰对交易的影响，提高了交易决策的准确性和稳定性。二是算法交易应用能够实现对市场走势和交易信号的实时监测和分析，发现市场中隐藏的投资机会，为投资者提供更多的交易选择和投资机会。三是算法交易应用能够实现对投资组合的动态调整和风险控制，通过建立多因子模型和风险管理体系，降低投资风险，提高投资回报。

算法交易应用往往会面临着一些挑战和限制。算法交易应用的成功与否取决于模型的建立和参数的设定，对数据质量和模型的稳定性要求较高，一旦模型出现偏差或失效，可能就会导致交易损失。算法交易应用需要投资者具备丰富的数学、统计学和计算机技术知识，以及对金融市场和投资产品的深入理解，投资者的专业水平和技术能力对算法交易的成功至关重要。同时算法交易应用还面临着市场环境和行情变化的挑战，市场的非理性波动和突发事件可能会影响算法模型的准确性和稳定性，从而影响投资回报。

股票市场中的算法交易应用是一种基于计算机程序和数学模型的自动化交易系统，它通过预设的交易策略和算法，实现对股票市场的快速交易和高效执行。算法交易应用能够利用先进的技术手段和大数据分析，发现市场走势和交易信号，实现投资组合的优化和风险控制，为投资者提供更多的交易选择和投资机会。同时算法交易应用也面临着模型建立和参数设定的挑战，投资者需具备丰富的专业知识和技术能力，才能够成功应用算法交易策略。

2.期货市场中的算法交易应用

期货市场中的算法交易应用越来越普遍，这在科技金融领域引起了广泛的关注。算法交易是利用预先设定的数学模型和算法进行交易决策的一种交易方式。在期货市场中，算法交易应用已成为投资者获取市场信息、执行交易策略和管理风险的重要工具。

算法交易应用在期货市场中可以帮助投资者更加高效地获取市场信息。通过利用大数据分析和人工智能技术，算法交易系统可以实时监测市场行情、价格波动、成交量等数据，识别出潜在的交易机会和趋势，为投资者提供及时准确的市场分析和预测。

算法交易应用可以帮助投资者执行交易策略并实现自动化交易。投资者可以通过编写程序设定交易规则和条件，根据市场行情和交易信号自动执行交易操作，实现交易策略的自动化执行。这不仅提高了交易的纪律性和执行效率，还能够减少人为情绪和主观判断对交易的影响，降低了交易风险。

算法交易应用可以帮助投资者进行风险管理和资金管理。通过设置风险控制指标和止损机制，投资者可以有效控制交易风险，保护投资资金免受不利波动的影响。同时算法交易系统还可以根据投资者的风险偏好和资金状况进行资金分配和仓位管理，最大限度地实现风险和收益的平衡。

　　算法交易应用还可以帮助投资者进行高频交易和套利交易。由于算法交易系统具有高速执行和低延迟的特点，可以实现秒级甚至毫秒级的交易响应速度，从而捕捉到市场微小的价格差异和波动，进行高频交易和套利交易，获取更快更稳定的交易收益。

　　算法交易应用在期货市场中具有重要意义。通过利用大数据和人工智能技术，可以实现市场信息的高效获取和分析，自动化执行交易策略，有效管理交易风险和资金风险，提高交易效率和执行效果。随着科技的不断进步和算法交易技术的不断成熟，相信算法交易应用在期货市场中将会发挥越来越重要的作用，成为投资者获取收益和保护资金的重要工具。

（二）算法交易的发展趋势与挑战

1.机器学习与深度学习在算法交易中的应用

　　机器学习与深度学习在算法交易中的应用是科技金融领域的一项重要进展。通过利用机器学习和深度学习算法，交易者可以更加精确地分析市场数据、发现交易机会，并制定有效的交易策略。

　　机器学习算法在算法交易中的应用包括监督学习、无监督学习和强化学习等。监督学习可以通过历史市场数据进行模式识别和预测，帮助交易者发现市场趋势和价格走势。无监督学习可以对市场数据进行聚类和分析，发现隐藏的规律和结构。强化学习则可以通过与市场的交互实践，不断优化交易策略，提高交易绩效。

　　深度学习算法在算法交易中的应用日益广泛。深度学习算法以其强大的学习和处理能力，在图像识别、语音识别、自然语言处理等领域取得了突出成果。在算法交易中，深度学习算法可以应用于模型建立、特征提取、预测分析等方面，帮助交易者更好地理解市场动态和行为。

　　算法交易往往会面临着一些挑战和困难。金融市场的复杂性和不确定性增加了交易算法的难度。金融市场受到多种因素的影响，包括经济政策、地缘政治、自然灾害等，这些因素使得市场行为难以准确预测，交易算法的稳定性和可靠性受到挑战。数据获取和处理的成本和难度提高了算法交易的门槛。金融市场的数据量庞大，数据来源复杂，需要大量的计算资源和技术支持，这对交易者提出了更高的要求。

　　算法交易还面临着监管和风险控制的挑战。由于算法交易的自动化特性和高频交易的复杂性，监管部门难以有效监管和管理算法交易，容易产生操纵市场、市场失调等问题。同时算法交易也存在着风险控制不足、系统风险和操作风险等方面的挑战，需要交易者采取有效的措施加以应对。

　　机器学习与深度学习在算法交易中的应用为交易者提供了更多的分析工具和决策支持，提高了交易的效率和准确性。算法交易仍然面临着诸多挑战和困难，需要交易者不断改进和创新，提高算法交易的稳定性和可靠性，以适应金融市场的变化和发展。

　　2.高频交易竞争、监管风险、系统性风险

　　高频交易与算法交易作为科技金融领域的重要发展方向，呈现出一系列趋势和面临的挑战。高频交易的竞争日益激烈，算法交易技术水平不断提升，各类交易机构竞相布局，力求在市场中获取更大的利润。监管风险日益凸显，监管部门对高频交易和算法交易的监管日益严格，加强市场监管，防范操纵市场和不当交易行为。系统性风险成为关注焦点，高频交易和算法交易的普及和复杂化，使得金融市场的波动和风险传导速度加快，系统性风险隐患日益增加。

　　在发展趋势方面，高频交易和算法交易将继续向智能化、高效化发展。通过引入人工智能、大数据等前沿技术，优化交易策略和算法模型，提升交易执行效率和盈利能力。交易市场的国际化和多样化趋势日益明显，高频交易和算法交易将更加关注全球市场的机会，拓展交易品种和交易场所，实现全球资源的优化配置。同时高频交易和算法交易还将更加注重可持续发展和社会责任，积极参与金融科技创新，推动金融科技的发展和应用，促进金融业的健康发展。

　　高频交易和算法交易仍然面临诸多挑战。技术风险是重要问题。高频交易和算法交易依赖复杂的技术系统和算法模型，一旦出现技术故障或者错误，可能就会导致交易失误和损失。信息安全风险不容忽视。高频交易和算法交易涉及大量的交易数据和敏感信息，一旦泄露或者被攻击，将对市场秩序和投资者信心造成严重影响。市场风险和监管风险同样值得关注。高频交易和算法交易的快速交易和高频交易行为可能引发市场的波动和不稳定，监管部门需要加强监管和防范，维护市场秩序和稳定。

高频交易和算法交易作为科技金融的重要发展方向，既面临着巨大的发展机遇，也面临着严峻的挑战。只有加强技术创新，提升风险管理水平，健全监管制度，才能更好地推动高频交易和算法交易的发展，实现金融市场的稳健发展和可持续发展。

第三节　个人理财科技与智能投顾

一、个人理财科技基础与概念

（一）个人理财科技概述

个人理财科技是指利用先进技术如人工智能、大数据、区块链等为个人提供理财服务的领域。在当今数字化时代，个人理财科技已经成为金融科技领域的一个重要分支，为个人投资、财务规划、资产管理等提供了全新的解决方案和工具。

个人理财科技利用大数据技术实现了个性化的理财规划。通过分析个人的消费习惯、投资偏好、财务状况等数据，个人理财科技可以为用户量身定制适合自己的理财方案，帮助其实现财务目标和增加财富积累。

个人理财科技通过智能投顾服务提升了投资效率和收益。智能投顾是指利用人工智能和算法模型为用户提供个性化的投资建议和组合管理，帮助其进行资产配置和风险管理。这种智能化的投资服务可以根据市场情况和用户需求实时调整投资策略，提高投资的成功率和收益水平。

个人理财科技推动了金融服务的数字化和在线化。通过移动应用、网站平台等技术手段，个人理财科技使得用户可以随时随地进行理财操作，无需受制于时间和地点的限制。这种便捷的理财体验吸引了越来越多的用户加入数字化理财的行列中。

个人理财科技促进了金融知识的普及和投资素养的提升。通过在线教育、财经资讯等渠道，个人理财科技为用户提供了丰富的理财知识和投资技巧，帮助他们更好地了解金融市场和投资产品，提升自己的投资决策能力。

个人理财科技往往会面临着一些挑战和风险。其中包括信息安全和隐私保护问题，投资风险管理不足等。因此，个人理财科技在发展的过程中需要加强监管和风险控制，保障用户的合法权益和财务安全。

个人理财科技是金融科技领域的一个重要分支，通过大数据、人工智能等技术手段为个人提供了个性化的理财服务。它不仅提升了投资效率和收益，也推动了金融服务的数字化和在线化，为用户提供了更加便捷和智能的理财体验。同时个人理财科技的发展也需要面对一些挑战和风险，需要加强监管和风险控制，以保障用户的财务安全和投资利益。

1.个人理财科技的定义与范畴

个人理财科技是指利用科技手段和金融技术创新，为个人提供更便捷、高效、智能化的理财服务和工具的领域。它涵盖多个方面，包括个人财务管理、投资理财、数字支付、借贷服务等，旨在帮助个人实现财务目标，提升理财效率和体验。

个人理财科技的范畴包括个人财务管理。个人财务管理科技旨在帮助个人管理和规划自己的财务，包括收入支出管理、预算规划、账单管理等。通过手机应用、网站平台等工具，个人可以方便地记录和分析自己的财务情况，了解自己的消费习惯和财务状况，制定合理的理财计划和目标。

个人理财科技包括投资理财领域。投资理财科技通过利用大数据、人工智能等技术手段，为个人提供更智能化、个性化的投资建议和服务。个人可以通过投资理财应用或者在线投资平台，了解各种投资产品的信息和风险，选择适合自己的投资组合，实现财富增值和风险管理。

个人理财科技还涉及数字支付和借贷服务。数字支付科技通过手机支付、电子钱包等方式，为个人提供更便捷、安全的支付方式，方便日常消费和生活。借贷服务科技则通过互联网和大数据技术，为个人提供更快速、灵活的借贷服务，满足个人的资金需求。

个人理财科技包括金融教育和咨询服务。金融教育科技通过在线课程、知识库等方式，帮助个人提升金融知识和理财技能，提高财务素养和风险意识。咨询服务科技则通过在线咨询平台、智能助理等方式，为个人提供专业的理财咨询和建议，解决个人在理财过程中遇到的问题。

个人理财科技是利用科技手段和金融技术创新，为个人提供更便捷、高效、智能化的理财服务和工具的领域。它涵盖个人财务管理、投资理财、数字支付、借贷服务、金融教育和咨询服务等多个方面，旨在帮助个人实现财务目标，提升理财效率和体验。随着科技的不断发展和应用，个人理财科技将会越来越普及和成熟，为个人理财带来更多便利和机遇。

2.个人理财科技的发展历程与现状

个人理财科技是指利用科技手段和金融工具，为个人投资者提供更智能、便捷、个性化的理财服务的领域。个人理财科技的发展历程可以追溯到互联网金融的兴起。互联网金融的出现，为个人理财提供了更多的渠道和选择，如网上银行、第三方支付、P2P网络借贷等，使个人理财更加便捷和灵活。

随着移动互联网的普及和技术的发展，个人理财科技进入了快速发展的阶段。移动支付、智能投顾、社交理财等新兴科技应用不断涌现，为个人理财提供了更多元化的选择和更便捷的服务。大数据、人工智能等前沿技术的应用，为个人理财提供了更精准的风险评估、投资建议和资产配置，实现了个性化、智能化的理财服务。

目前，个人理财科技正处于快速发展的阶段，呈现出以下几个主要特点和现状。一是个人理财科技呈现出多元化的发展趋势，涵盖了网上银行、移动支付、智能投顾、社交理财、虚拟货币等多种形式，为个人投资者提供了更丰富的选择和更便捷的服务。二是个人理财科技不断提升服务水平和用户体验，通过大数据分析和人工智能技术，为投资者提供更精准、个性化的投资建议和资产配置，满足了个人投资者不同需求的个性化要求。三是个人理财科技面临着监管政策和风险管理的挑战，监管部门加强对互联网金融和个人理财科技的监管，规范市场秩序，保护投资者的合法权益。

未来，个人理财科技将继续迎来新的发展机遇和挑战。随着移动支付、智能投顾、区块链等新兴技术的发展和应用，个人理财科技将进一步推动个人理财服务的智能化、个性化和数字化。个人理财科技将面临监管政策、信息安全、隐私保护等方面的挑战，需要加强风险管理和合规运营，确保个人投资者的合法权益和资金安全。

个人理财科技是金融科技领域的重要组成部分，正在为个人投资者提供更智能、便捷、个性化的理财服务。随着技术的不断发展和应用，个人理财科技将继续推动金融行业的数字化转型和创新发展，为个人投资者创造更多的投资机会和更好的投资体验。

（二）个人理财科技的关键技术

1.人工智能与大数据在个人理财中的应用

人工智能与大数据在个人理财中的应用日益广泛，为个人理财提供了更加智能化和个性化的服务。人工智能和大数据技术通过分析个人的财务数据、消费行为和投资偏好，为个人提供定制化的理财建议、风险评估和投资组合管理，有效提高了个人理财的效率和质量。

人工智能和大数据在个人理财中可以提供智能化的投资建议与规划。通过分析个人的财务状况、收入水平、支出结构等数据，人工智能系统可以为个人量身定制理财规划，包括储蓄计划、投资目标、风险偏好等方面。结合市场行情和经济环境的数据分析，人工智能系统可以为个人提供实时的投资建议和资产配置方案，帮助个人优化投资组合，降低投资风险，实现长期的财富增值。

人工智能和大数据可以为个人提供个性化的消费管理和支出控制服务。通过分析个人的消费行为和消费偏好，人工智能系统可以为个人提供个性化的消费建议和预算规划，帮助个人合理规划支出，避免浪费和过度消费。同时结合大数据技术，人工智能系统还可以帮助个人发现消费优惠和折扣信息，优化消费结构，提高消费的效率和价值。

人工智能和大数据可以为个人提供智能化的风险评估和管理服务。通过分析个人的投资偏好和风险承受能力，人工智能系统可以为个人提供个性化的风险评估和投资建议，帮助个人选择适合自己的投资产品和策略。同时结合市场数据和风险模型，人工智能系统还可以为个人进行实时的风险监控和预警，帮助个人及时调整投资组合，降低投资风险。

人工智能和大数据可以为个人提供智能化的理财教育和培训服务。通过分析个人的理财知识水平和学习需求，人工智能系统可以为个人提供个性化的理财教育和培训方案，包括理财知识的学习资料、在线课程、投资案例等方面。通过智能化的学习和培训服务，个人可以提升自己的理财能力和投资水平，更好地实现财富增值和财务自由。

人工智能与大数据在个人理财中的应用为个人提供了智能化、个性化的理财服务，包括投资建议、消费管理、风险评估和理财教育等方面。随着科技的不断进步和应用场景的不断拓展，相信人工智能与大数据在个人理财中的应用将会越来越广泛，为个人带来更加便捷和智能的理财体验。

2.金融科技平台与个人理财工具

金融科技平台和个人理财工具是当代金融领域的重要发展趋势之一。金融科技平台以其创新性和便利性，正在改变着人们的理财方式和习惯。个人理财工具则是金融科技平台的一种应用，通过技术手段为个人提供智能化的理财服务和工具，帮助个人更好地管理财务、规划投资。

金融科技平台是指运用先进的科技手段，为金融服务提供商和消费者搭建起来的一个平台。这些平台通常基于互联网和移动互联网技术，涵盖了各种金融服务，包括支付、借贷、投资、保险等。金融科技平台通过数字化、智能化和个性化的服务，为用户提供更加便捷、高效和智能的金融体验。

个人理财工具是金融科技平台中的一种应用，旨在帮助个人进行理财管理和投资规划。这些工具通常具有多种功能，包括资产管理、账户管理、投资分析、财务规划等。通过个人理财工具，个人可以随时随地查看自己的财务状况，制订合理的理财计划，优化资产配置，实现财务目标。

金融科技平台和个人理财工具的发展带来了许多优势与便利。它们打破了传统金融服务的时空限制，为用户提供了24小时不间断的服务。无论是账户查询、资产调整还是投资交易，用户都可以随时通过手机或电脑进行操作。它们提供了智能化的服务和工具，通过数据分析和算法模型，为用户提供个性化的理财建议和投资方案。它们降低了金融服务的成本，通过自动化和数字化的服务，减少了人力和物力的消耗，提高了效率和便利性。

金融科技平台和个人理财工具往往会面临一些挑战与风险。信息安全和隐私保护是个人理财工具发展过程中面临的重要问题。个人理财工具涉及用户的个人财务信息和交易数据，一旦泄露或被窃取，将对用户的财产安全造成严重威胁。投资风险和市场波动是个人理财工具用户面临的风险之一。尽管个人理财工具提供了投资分析和风险提示等功能，但用户仍需自行承担投资风险和市场波动带来的损失。同时技术风险和系统故障也是金融科技平台和个人理财工具的风险之一。一旦出现技术故障或系统漏洞，可能就会导致用户的资金安全受到威胁，甚至造成财产损失。

金融科技平台和个人理财工具是金融领域的重要发展趋势，为个人理财提供了更加便捷、智能和个性化的服务。它们仍面临着信息安全、投资风险和技术风险等诸多挑战，需要金融机构和监管部门共同努力，加强监管和风险控制，确保用户的财产安全和合法权益。

二、智能投顾

（一）智能投顾的概念与原理

1.智能投顾的定义与特点

智能投顾是一种利用人工智能、大数据等先进技术为投资者提供个性化投资建议和服务的金融工具。其特点包括自动化、个性化、智能化和便捷性。

智能投顾具有自动化特点。它通过预先设定的算法和模型，自动分析市场信息、投资者偏好等数据，生成相应的投资组合和建议，实现投资决策的自动化和高效化。

智能投顾具有个性化特点。它能够根据投资者的风险偏好、投资目标、财务状况等个性化信息，为投资者量身定制合适的投资方案和策略，满足不同投资者的需求和偏好。

智能投顾具有智能化特点。它借助人工智能、机器学习等技术，不断优化投资模型和算法，提升投资决策的准确性和效率，逐步实现智能化投资管理和服务。

智能投顾具有便捷性特点。投资者可以通过手机App、网站等多种渠道随时随地获取投资建议和服务，无需面对面咨询，大大提高了投资者的投资体验感和便利性。

智能投顾作为一种新型的金融服务工具，具有自动化、个性化、智能化和便捷性等特点，为投资者提供了更加智能化和个性化的投资建议和服务，有助于提高投资效率和投资体验，推动金融科技的发展和应用。

2.人工智能在投资领域的应用原理

人工智能在投资领域的应用原理是基于其强大的数据处理和学习能力，利用大数据分析、机器学习和深度学习等技术，对市场数据和交易模式进行深度挖掘和分析，从而辅助投资者做出更准确、更智能的投资决策。

人工智能在投资领域的应用基于大数据分析技术。大数据分析技术能够处理海量的市场数据和历史交易记录，发现隐藏在数据背后的规律和模式。通过对市场数据的统计分析、数据挖掘和模式识别，人工智能可以找到市场的趋势、周期和规律，为投资者提供重要的参考信息。

人工智能在投资领域的应用基于机器学习技术。机器学习技术是人工智能的重要组成部分，它通过对数据的学习和训练，不断优化模型和算法，提高预测的准确性和精度。在投资领域，机器学习技术可以应用于股票价格预测、风险评估、资产配置等方面，帮助投资者更好地理解市场和行情，做出更明智的投资决策。

人工智能在投资领域的应用基于深度学习技术。深度学习技术是一种基于人工神经网络的机器学习方法，具有强大的模式识别和学习能力。在投资领域，深度学习技术可以应用于股票价格走势预测、量化交易策略优化、情感分析等方面，帮助投资者更好地把握市场的脉搏，获取投资机会。

人工智能在投资领域的应用原理是基于其强大的数据处理和学习能力，利用大数据分析、机器学习和深度学习等技术，对市场数据和交易模式进行深度挖掘和分析，从而辅助投资者做出更准确、更智能的投资决策。随着科技的不断发展和应用，人工智能在投资领域的应用将会越来越广泛和成熟，为投资者提供更多的投资工具和策略，推动投资行业的创新和发展。

（二）智能投顾的优势与风险

1.低成本、高效率、个性化投资建议

智能投顾是一种利用人工智能和大数据技术，为投资者提供个性化的投资建议和资产配置服务的新型投资方式。其优势在于低成本、高效率和个性化投资建议。智能投顾通过算法模型和大数据分析，能够实现对市场走势和投资机会的快速识别和分析，为投资者提供更加精准、科学的投资建议。智能投顾采用自动化的投资管理方式，无需人工干预，减少了人为因素对投资决策的影响，提高了投资执行的效率和准确性。智能投顾具有个性化的特点，能够根据投资者的风险偏好、投资目标和资产状况，量身定制投资组合和资产配置方案，满足投资者个性化的投资需求。

智能投顾存在一定的风险和挑战。智能投顾的投资建议和资产配置是基于历史数据和统计模型的分析，存在模型风险和市场风险，一旦模型出现偏差或失效，可能就会导致投资损失。智能投顾的投资建议可能会受到大数据质量和模型精度的影响，如果数据质量不准确或者模型不稳定，可能就会导致投资决策的失误。智能投顾的自动化投资管理方式可能会存在技术风险和系统故障的风险，一旦系统出现故障或者黑客攻击，可能就会导致投资者资金损失。

智能投顾作为一种新型投资方式，具有低成本、高效率和个性化投资建议的优势，能够为投资者提供更加智能、便捷的投资服务。同时智能投顾也面临着模型风险、市场风险、数据质量风险、技术风险等方面的挑战，投资者在使用智能投顾时需要谨慎评估风险，选择合适的投资产品和服务商，加强投资者教育和风险管理，提高投资决策的准确性和稳定性。

2.算法失误、暗箱操作、市场不确定性

智能投顾作为科技金融领域的一种新兴形态，旨在利用人工智能和大数据技术为投资者提供智能化的投资建议和资产管理服务。它的优势在于提高投资决策的科学性和效率，同时也面临着算法失误、暗箱操作和市场不确定性等风险。

智能投顾的优势之一在于其基于人工智能和大数据技术，能够快速、准确地分析市场信息和投资数据，为投资者提供智能化的投资建议。通过对历史数据的分析和模型的训练，智能投顾能够发现市场趋势和投资机会，帮助投资者制订合理的投资策略和资产配置方案，实现长期的资产增值。

智能投顾的优势在于其具有自动化执行的特点，可以根据预先设定的交易规则和条件自动执行交易操作，减少人为情绪和主观判断对投资决策的影响，提高交易的纪律性和执行效率。同时智能投顾还可以根据投资者的风险偏好和投资目标，为其量身定制个性化的投资组合，实现风险和收益的平衡。

智能投顾存在着一些风险和挑战。智能投顾的算法模型可能存在失误和偏差，导致投资决策的不准确性和不稳定性。由于市场环境的变化和投资风险的不确定性，算法模型可能无法完全预测市场走势和交易结果，从而导致投资损失。

智能投顾的运行过程通常是黑箱操作，投资者难以了解其中的具体逻辑和算法原理，无法判断投资建议的有效性和可靠性。这可能会给投资者带来信任危机和风险，进而增加投资决策的不确定性和不透明性。

智能投顾面临着市场不确定性和风险的挑战。金融市场的波动和不确定性可能会影响智能投顾的投资决策和执行效果，导致投资者的投资回报受损。同时市场中的一些非理性因素和外部事件也可能对智能投顾的运行产生影响，增加了投资风险和不确定性。

智能投顾作为一种新兴形态的投资方式，具有一定的优势和潜在风险。投资者在选择使用智能投顾时，需要充分认识其优势和风险，理性对待投资建议，谨慎选择投资产品，合理规划投资组合，从而实现长期的财务目标和稳健的资产增值。

第四节　资产管理创新与社会影响

一、资产管理创新

（一）技术驱动的资产管理创新

1.人工智能在资产管理中的应用

人工智能在资产管理中的应用是科技金融领域的一大亮点。借助人工智能技术，资产管理者能够更加智能化地分析市场数据、优化投资组合、进行风险管理，并为客户提供个性化的投资建议。

人工智能在资产管理中的应用包括数据分析和预测模型。通过机器学习和深度学习算法，资产管理者可以对历史市场数据进行分析，发现数据之间的潜在关系和规律，并构建预测模型来预测未来市场走势和资产价格变动。这些预测模型能够帮助资产管理者更准确地把握市场动态，做出相应的投资决策。

人工智能在资产管理中的应用包括投资组合优化和资产配置。通过智能算法和优化模型，资产管理者可以根据客户的投资偏好、风险承受能力和投资目标，优化投资组合，实现资产配置的最优化。这样可以有效降低投资组合的风险，提高投资回报，满足客户的个性化投资需求。

人工智能可以用于资产管理中的风险管理和风险控制。通过监控市场风险指标、实时监测资产价格波动和预警系统，资产管理者可以及时识别和评估市场风险，采取相应的风险管理措施，保护客户的资产安全和投资利益。

人工智能在资产管理中的应用包括客户服务和交互体验。通过自然语言处理和智能对话系统，资产管理者可以为客户提供智能化的投资咨询和服务，解答客户的投资疑问，提供个性化的投资建议，提高客户的投资体验和满意度。

人工智能在资产管理中的应用往往会面临着一些挑战和限制。人工智能算法的准确性和稳定性是资产管理者需要关注的重要问题。尽管人工智能技术取得了长足的进步，但仍然存在着算法模型不稳定、过拟合等问题，可能导致投资决策的错误和风险。数据安全和隐私保护是人工智能在资产管理中面临的另一个重要挑战。资产管理者需要严格遵守相关法律法规，保护客户的个人信息和投资数据不被泄露和滥用。

人工智能在资产管理中的应用为资产管理者提供了更加智能化、高效化和个性化的服务和工具。资产管理者需要充分认识到人工智能技术的局限性和风险，采取相应的措施加以应对，以确保投资决策的准确性和客户的资产安全。

2.大数据分析在资产管理中的作用

大数据分析在资产管理中发挥着至关重要的作用。大数据分析可以帮助资产管理公司更好地了解市场和投资者行为。通过分析海量的市场数据和投资者行为数据，资产管理公司可以深入了解市场趋势、投资者情绪和行为偏好，把握市场变化，提前做出投资决策。

大数据分析可以帮助资产管理公司优化投资组合和风险管理。通过分析各种资产的历史数据、相关性以及市场波动情况，资产管理公司可以构建更加多样化、稳健的投资组合，实现风险分散和收益最大化。同时大数据分析还可以帮助资产管理公司及时发现和应对投资组合中的风险因素，降低投资风险，保护投资者的利益。

大数据分析可以提升资产管理公司的运营效率和服务水平。通过分析客户数据和行为数据，资产管理公司可以了解客户的需求和偏好，为客户提供更加个性化的投资建议和服务，提高客户满意度和忠诚度。同时大数据分析还可以帮助资产管理公司优化内部运营流程和决策机制，提高运营效率和管理水平，降低成本，提高盈利能力。

大数据分析可以推动资产管理行业的创新和发展。通过与人工智能、机器学习等前沿技术的结合，资产管理公司可以开发出更加智能化、个性化的投资工具和服务，满足不同投资者的需求和偏好。同时大数据分析还可以促进资产管理行业的数字化和智能化转型，推动行业的健康发展和可持续发展。

大数据分析在资产管理中发挥着重要作用，可以帮助资产管理公司更好地了解市场和投资者行为，优化投资组合和风险管理，提升运营效率和服务水平，推动行业的创新和发展。随着技术的不断进步和数据的不断积累，大数据分析在资产管理中的作用将越来越突出，为行业的持续发展和投资者的长期利益提供更加有力的支持。

（二）创新金融产品与资产管理

1.ETFs（交易所交易基金）与资产配置

ETFs（交易所交易基金）是一种创新的金融产品，已经成为资产管理领域的重要工具。ETFs基于基金的结构，但可以在交易所上市交易，使得投资者能够通过购买或出售ETFs来获取市场指数或特定资产类别的收益。ETFs与资产配置密切相关，因为它们为投资者提供了一种灵活、便捷、低成本的方式来实现多样化的资产配置。

ETFs的创新在于其交易机制的灵活性。ETFs可以在交易所上市交易，使得投资者可以像股票一样在市场上买卖ETFs份额。这种灵活性使得投资者能够随时调整自己的投资组合，根据市场情况和个人需求进行资产配置，从而实现风险分散和收益最大化。

ETFs的创新在于其低成本的特点。相比传统的共同基金，ETFs通常具有较低的管理费用和交易成本，使得投资者可以以更低的成本获取市场指数或特定资产类别的收益。这种低成本的特点使得ETFs成为许多投资者的首选，尤其是长期投资者和passively managed基金。

ETFs的创新在于其多样化的投资策略和资产类别。ETFs可以追踪各种市场指数，包括股票指数、债券指数、商品指数等，也可以追踪特定行业、地区或主题的指数。这使得投资者能够根据自己的投资目标和风险偏好，选择适合自己的ETFs产品，实现个性化的资产配置。

ETFs的创新在于其透明度和流动性。ETFs的投资组合通常会公开披露，使得投资者可以清楚地了解ETFs所持有的资产构成和权重分配。而且，由于ETFs在交易所上市交易，其流动性较高，投资者可以随时买入或卖出ETFs份额，实现资金的灵活运用。

ETFs作为一种创新的金融产品，与资产配置密切相关，已经成为资产管理领域的重要工具。它的创新在于交易机制的灵活性、低成本的特点、多样化的投资策略和资产类别，以及透明度和流动性等方面。ETFs的出现和发展为投资者提供了一种便捷、低成本、多样化的资产配置方式，促进了资产管理领域的创新和发展。

2.数字资产与加密货币的涌现

数字资产和加密货币的涌现标志着金融领域的一场革命性变革。数字资产是一种以数字形式存在的资产，具有独特的属性和特征，包括加密货币、数字证券、数字化商品等。加密货币是数字资产中的一种，采用加密技术保护交易安全和资产安全。随着区块链技术的不断发展和应用，数字资产和加密货币已成为金融领域的重要创新产品与资产管理工具。

数字资产和加密货币的涌现得益于区块链技术的发展和应用。区块链技术是一种分布式账本技术，能够实现对交易数据的去中心化存储和安全验证，确保交易的透明、安全和不可篡改。基于区块链技术，数字资产和加密货币可以实现点对点的交易，无需中心化的金融机构和中介，降低了交易成本和信息传递的延迟，提高了交易效率和资产流动性。

创新金融产品和资产管理是数字资产和加密货币带来的重要影响之一。数字资产和加密货币为投资者提供了更多元化的投资选择和更便捷的资产配置方式，打破了传统金融产品和服务的壁垒，实现了金融资产的全球化和流动化。数字资产和加密货币的涌现也促进了资产管理行业的创新和转型，引入了更加灵活和智能的资产管理工具和服务，满足了投资者对个性化、多样化投资需求的不断增长。

数字资产和加密货币的涌现往往会面临着一些挑战和风险。数字资产和加密货币市场存在着较大的波动性和不确定性，投资者需要面对市场风险和投资风险。数字资产和加密货币市场缺乏有效的监管和规范，存在着市场操纵、内幕交易等违规行为，投资者的合法权益和资金安全难以保障。同时数字资产和加密货币市场还存在技术风险和信息安全风险，一旦系统出现故障或者黑客攻击，可能会导致投资者资金损失。

数字资产和加密货币的涌现是金融领域的一场革命性变革，推动了创新金融产品和资产管理的发展。数字资产和加密货币的涌现得益于区块链技术的发展和应用，为投资者提供了更多元化的投资选择和更便捷的资产配置方式。同时数字资产和加密货币市场也面临着市场风险、监管风险和技术风险等多方面的挑战，投资者需要谨慎评估风险，加强风险管理和投资者教育，提高投资决策的准确性和稳定性。

（三）可持续投资与资产管理

1.ESG（环境、社会、治理）标准的兴起

ESG（环境、社会、治理）标准的兴起标志着可持续投资与资产管理在科技金融领域的新进展。ESG标准着眼企业的环境保护、社会责任和良好治理，成为投资者评估企业绩效和风险的重要指标，推动了可持续投资和资产管理的发展。

ESG标准的兴起受到了社会和市场的广泛关注。随着全球环境问题日益严重和社会责任意识的提升，投资者对企业的社会责任和环境影响越来越关注。ESG标准的兴起为投资者提供了一个评估企业绩效和风险的新视角，使得可持续发展成为投资决策的重要考量因素。

ESG标准的兴起推动了可持续投资和资产管理的发展。可持续投资和资产管理旨在将环境、社会和治理因素纳入投资决策过程，实现长期的投资回报和社会价值的双赢。ESG标准为投资者提供了一个全面评估企业绩效和风险的框架，帮助投资者识别和选择具有良好ESG表现的投资标的，从而实现可持续发展目标。

科技金融技术的发展为ESG标准的应用提供了技术支持和工具。通过利用大数据分析、人工智能和区块链等技术手段，投资者可以更加全面和准确地评估企业的ESG表现，发现潜在的投资机会和风险。同时科技金融技术还可以为投资者提供智能化的投资决策和资产配置服务，帮助投资者实现ESG标准的有效应用和实施。

ESG标准的兴起面临着一些挑战和障碍。ESG数据的质量和可靠性是一个重要问题。由于ESG数据的收集和披露存在差异和不确定性，投资者往往难以获取准确和全面的ESG信息，影响了投资决策的科学性和有效性。ESG标准的应用和实施仍然存在着一定的技术和管理难度。投资者需要不断提升自身的ESG理解和评估能力，加强ESG标准的研究和应用，才能够更好地发挥ESG标准在可持续投资和资产管理中的作用。

ESG标准的兴起为可持续投资与资产管理带来了新的发展机遇和挑战。通过充分利用科技金融技术，加强ESG标准的应用和实施，投资者可以更好地实现ESG标准与投资决策的有效结合，推动可持续发展和社会责任投资的进一步发展。

2.社会责任投资的增长与影响

社会责任投资（SRI）的增长与影响以及可持续投资与资产管理之间的关系是当代科技金融领域中备受关注的话题。

SRI作为一种投资策略，旨在追求不仅仅是金融回报，而且包括社会和环境的回报。随着社会对环保、社会公正和企业治理等问题的关注不断增加，SRI得到了广泛认可和推广。越来越多的投资者认识到，通过投资符合环境、社会和治理（ESG）标准的企业和项目，可以实现长期稳健的投资回报，同时也为社会和环境做出积极贡献。因此，SRI的规模不断扩大，对金融市场和社会经济产生了积极影响。

可持续投资与资产管理之间有着密切的关系。可持续投资是SRI的核心理念之一，旨在通过投资符合环境、社会和治理标准的项目和企业，实现长期的经济、环境和社会效益。资产管理者在执行可持续投资策略时，需要综合考虑多种因素，包括环境风险、社会责任、企业治理等，制订相应的投资方案和策略。资产管理者可以利用科技金融领域的技术手段，如大数据分析、人工智能算法等，对可持续投资进行更加精准和有效的管理和跟踪，以实现投资目标和最大化社会价值。

可持续投资与资产管理需要充分考虑环境、社会和治理（ESG）因素的影响。环境因素包括气候变化、资源利用、污染排放等，社会因素包括劳工权益、社会公正、人权保护等，治理因素包括企业治理结构、董事会独立性、内部控制等。资产管理者需要对这些因素进行全面评估和分析，确保投资组合符合可持续发展的要求，最大限度地降低环境和社会风险，实现长期的投资回报和社会价值。

可持续投资与资产管理仍然面临着一些挑战和障碍。环境、社会和治理数据的获取和标准化是可持续投资和资产管理面临的重要问题。由于数据来源不一、标准不统一，资产管理者往往难以获取和分析全面、准确的 ESG 数据，影响了投资决策的效果。投资者对可持续投资的认知和理解程度不同，部分投资者可能过于注重短期经济回报，而忽视了长期的环境和社会影响。这些都将对可持续投资和资产管理的推广和实施带来一定的阻碍。

社会责任投资的增长与影响以及可持续投资与资产管理之间的关系是当代科技金融领域中重要的议题。随着社会对环保、社会公正和企业治理等问题的关注不断增加，可持续投资和资产管理将会越来越受到重视，并在推动金融领域的发展和社会经济的进程中发挥着越来越重要的作用。

二、资产管理的社会影响

（一）资产管理与社会不平等

1.资产管理对财富分配的影响

资产管理对财富分配具有深远的影响，特别是在科技金融领域。资产管理涉及对个人或机构资产的有效配置和管理，以实现财富最大化的目标。科技金融则是指利用科技手段来改善金融服务和流程，提高效率和可及性。这两者的结合，为财富分配带来了新的可能性和挑战。

科技金融为资产管理带来了更多的数据和信息。通过互联网和大数据技术，资产管理者可以获得更准确、更全面的市场信息和投资数据。这使得他们能够更好地识别投资机会和风险，从而更有效地管理资产，提高财富分配的效率和准确性。

科技金融提供了更多的投资选择和工具。传统的资产管理通常局限于股票、债券等传统资产类别，而科技金融则引入了更多新型资产，如加密货币、P2P借贷等。这为投资者提供了更广泛的选择，其可以根据自身的需求和风险偏好进行更灵活的资产配置，从而更好地实现财富分配的个性化和多样化。

科技金融降低了资产管理的成本。传统的资产管理通常需要高昂的管理费和交易成本，而科技金融通过自动化、智能化的技术手段，可以大幅降低这些成本。这使得更多的投资者能够享受到专业的资产管理服务，而不受资金规模的限制，从而促进了财富分配的更加公平和包容。

科技金融的发展往往会带来了一些挑战和风险。科技金融的创新速度很快，风险随之增加。新型金融产品和服务可能存在未知的风险，资产管理者需要更加谨慎地评估和管理这些风险，以防止对财富分配造成不利影响。

科技金融的发展可能加剧财富分配的不平等。科技金融虽然提供了更多的投资机会和工具，但是其对技术的依赖可能导致数字鸿沟的加剧，使得部分人群无法享受到科技金融所带来的好处，从而加剧了财富分配的不均衡现象。

资产管理对财富分配的影响在科技金融的背景下呈现出新的特点。科技金融为资产管理带来了更多的数据和信息、更多的投资选择和工具，以及更低的成本，从而提高了财富分配的效率和准确性。同时科技金融也带来了新的挑战和风险，资产管理者需要更加谨慎地应对，以确保财富分配的公平和可持续性。

2.社会不平等问题与资产管理行业的关联

社会不平等问题一直是引发广泛关注和热议的议题，而资产管理行业与社会不平等之间存在着紧密的联系。科技金融作为一种新兴的金融模式，进一步深化了这种联系。

在当今社会，资产管理行业扮演着至关重要的角色。这个行业掌握着大量的资本，通过投资和管理资金来获取利润。这种利润并非均匀分配，而是集中在少数人手中，加剧了贫富分化。社会不平等在此背景下愈发显著，而科技金融的发展更是加剧了这一程度。

科技金融的发展极大地改变了传统金融业的运作方式。通过技术创新，科技金融降低了金融服务的门槛，为更多的人提供了投资和理财的机会。值得注意的是，科技金融也带来了一些负面影响，特别是在社会不平等方面。

科技金融的发展加剧了数字鸿沟。科技金融虽然为普通投资者提供了更多的投资渠道，但是由于数字化工具的使用和金融知识的不对称，高科技含量的金融产品更多地被富裕阶层所掌握，而普通民众往往无法获得同等的机会。这进一步加剧了贫富分化，使得社会不平等问题愈发突出。

科技金融的算法决策可能导致更大范围的财富集中。传统资产管理行业已经存在着信息不对称和利益冲突的问题，而科技金融的算法决策更加自动化和高效。这种自动化决策也可能会加剧财富的集中，因为这些算法更倾向服务资本庞大的投资者，而忽视了普通投资者的需求，进一步拉大了贫富差距。

科技金融的发展带来了就业结构的变革。虽然科技金融创造了一些新的就业机会，如数据分析师和软件工程师，但是同时大量的传统金融从业者可能会失业，特别是那些从事基础性工作的人员。这导致了就业市场的不稳定性，加剧了社会的不平等现象。

资产管理行业与社会不平等之间存在着紧密的联系，而科技金融的发展进一步加剧了这种联系。科技金融虽然为更多人提供了投资机会，但也带来了数字鸿沟、财富集中和就业结构变革等问题，加剧了社会不平等现象。因此，我们需要更加关注和思考如何在科技金融发展过程中缓解社会不平等问题，实现更加公平和包容的社会发展。

（二）资产管理的社会责任与透明度

1.资产管理公司的社会责任倡议

资产管理公司在当今社会中承担着重要的社会责任，其社会责任倡议需要与时俱进，紧跟科技金融发展的步伐。科技金融作为金融业的创新和变革，为资产管理公司带来了新的发展机遇和挑战。在这个过程中，资产管理公司应当积极倡导并践行社会责任，以推动科技金融的可持续发展。

资产管理公司应当致力于保障金融科技的安全与可靠性。随着科技金融的不断发展，金融数据安全成为一个重要的问题。资产管理公司应当加强对金融科技平台和数据安全的管理与监控，采取有效的措施保护客户的资金和隐私信息，确保金融科技的稳健运行。

资产管理公司应当推动金融科技的普惠性发展。科技金融的发展应当服务社会的全体成员，而不仅仅是少数人群。资产管理公司可以通过开展金融科技教育培训，提升普通人群对金融科技的认知水平和运用能力；开发和推广面向中小微企业和普通消费者的金融科技产品和服务，为他们提供更加便捷、低成本的金融服务。

资产管理公司应当关注金融科技发展对社会的影响，积极参与金融科技的监管与规范。尽管金融科技为金融行业带来了诸多便利，但也伴随着一些新的风险与挑战，如数据安全风险、信息不对称等。资产管理公司应当与监管部门和行业组织密切合作，共同制定和完善金融科技的监管政策与标准，促进金融科技健康发展，维护金融市场的稳定和公平。

资产管理公司在推动科技金融发展的应当充分认识到自身的社会责任，通过保障金融科技的安全与可靠性、推动金融科技的普惠性发展、积极参与金融科技的监管与规范等方式，践行社会责任，为构建更加公平、高效、稳定的金融体系做出积极贡献。

2.社会舆论对资产管理行业的影响

资产管理行业受社会舆论影响深远，特别是在科技金融发展迅猛的当下。社会舆论的态度和看法往往能够直接影响着资产管理行业的发展趋势和市场走向。

要认识到社会舆论对于资产管理行业的态度是多元的。一些人对资产管理行业持积极乐观的态度，他们认为科技金融的发展可以为资产管理行业带来更多的创新和机会。也有一些人对资产管理行业持怀疑和质疑的态度，他们担心科技金融的风险可能会对整个金融体系造成不利影响。

社会舆论的变化往往会直接影响着投资者的信心和行为。当社会舆论对资产管理行业持乐观态度时，投资者可能更愿意将资金投入资产管理产品中，促进资产管理行业的发展。相反，当社会舆论对资产管理行业持怀疑态度时，投资者可能会选择撤离资产管理产品，从而对资产管理行业造成不利影响。

资产管理行业需要积极回应社会舆论的关切，不断提升透明度和规范性。只有通过公开透明的运作和合规管理，才能够赢得社会舆论的信任，推动资产管理行业持续健康发展。

随着科技金融的不断发展和社会观念的变化，资产管理行业将不断面临新的机遇和挑战。因此，资产管理行业从业人员需要保持敏锐的洞察力，不断调整和优化自身的发展战略，以适应社会舆论的变化和需求。

第六章　金融科技与风险管理

第一节　金融科技中的风险类型

一、金融科技中的技术风险

（一）数据隐私与安全风险

1.数据泄露与个人隐私保护

数据泄露是当今科技金融领域面临的一个严峻挑战，它直接涉及个人隐私保护的问题。科技金融的快速发展带来了大量的个人数据，包括金融交易记录、个人身份信息等敏感数据，而这些数据的泄露可能导致严重的隐私侵犯和金融欺诈问题。

数据泄露可能源自多方面，包括黑客攻击、内部员工犯错或故意泄露、第三方数据共享等。无论是何种原因，数据泄露都会对个人隐私造成严重威胁。一旦个人数据泄露，个人的财务状况、消费习惯、甚至身份信息就可能被恶意利用，进而会带来造成困扰和不可估量的损失。

为了保护个人隐私，科技金融领域需要采取一系列措施来防止数据泄露。加强数据安全意识和技术防护措施至关重要。金融机构和科技公司需要投入更多资源来加强数据加密、访问控制等技术手段，以防止黑客攻击和内部泄露。同时建立完善的法律法规和监管机制也是必不可少的。政府部门应当出台更加严格的数据保护法律，对数据泄露行为进行严惩，并加强对金融机构和科技公司的监管，确保其遵守相关法规，保护个人隐私。

金融机构和科技公司应当积极推动形成数据伦理和隐私保护的理念。

金融机构和科技公司应当尊重用户的隐私权，明确告知用户数据的使用目的和范围，并在获取用户数据时尽可能减少数据的收集和使用，以最大限度地保护用户隐私。同时金融机构和科技公司还应当加强对员工的培训和监督，确保他们严格遵守数据保护规定，不得滥用或泄露用户数据。

数据泄露对个人隐私保护构成了严重威胁，尤其在科技金融领域更是如此。为了有效防止数据泄露，金融机构和科技公司需要加强数据安全技术和意识，建立健全的法律法规和监管机制，以及推动形成数据伦理和隐私保护的理念。只有这样，才能有效保护个人隐私，维护科技金融行业的健康发展。

2.数据安全漏洞与黑客攻击

当谈及科技金融时，我们不得不考虑到数据安全漏洞以及黑客攻击带来的挑战。这些问题已经成为科技金融领域不可忽视的一部分。数据安全漏洞可能导致用户的敏感信息被窃取，而黑客攻击则可能导致系统瘫痪或者资金损失。

数据安全漏洞是科技金融面临的重大威胁之一。随着科技金融的发展，大量的用户数据被收集和存储，其中包括个人身份信息、银行账户信息等敏感数据。许多科技金融平台可能存在数据安全漏洞，使得这些敏感信息易于被黑客窃取。一旦用户数据被泄露，不仅会导致用户个人隐私的泄露，还可能导致金融欺诈等问题，给用户带来巨大的损失。

除了数据安全漏洞，黑客攻击也是科技金融所面临的重要挑战之一。黑客可能通过各种手段入侵科技金融平台，篡改数据或者窃取资金。这种攻击不仅会导致金融系统的瘫痪，还可能给用户和机构带来巨大的经济损失。特别是在数字货币交易所等领域，黑客攻击已经成为常态，给整个金融系统带来了巨大的风险。

要应对数据安全漏洞和黑客攻击，科技金融行业就需要采取一系列有效的措施。科技金融平台需要加强数据安全管理，建立完善的数据加密和权限管理机制，确保用户数据得到有效保护。科技金融平台需要加强网络安全防御，建立健全的安全审计和监控机制，及时发现并应对潜在的安全威胁。同时科技金融平台还需要加强用户教育，提高用户的安全意识，避免因用户行为不当导致的安全风险。

数据安全漏洞和黑客攻击是科技金融所面临的重大挑战，需要科技金融行业和相关政府部门共同努力，加强数据安全管理和网络安全防御，保护用户的个人隐私和资金安全，确保金融系统的稳健运行。

3.第三方数据共享与风险控制

在科技金融领域，第三方数据共享是一项具有潜力和面临挑战的重要实践。它涉及金融机构与其他组织之间的数据共享，为了实现更高效的金融服务和创新的金融产品。同时这种共享也带来了一定的风险，特别是涉及数据隐私和安全方面的问题。因此，科技金融领域需要有效的风险控制机制，以保障数据共享的安全和合规性。

数据共享可以促进金融创新和发展。通过获取来自不同来源的数据，金融机构可以更全面地了解客户的需求和行为，从而提供更加个性化和有效的金融产品和服务。数据共享还有助于降低金融机构的成本和风险，提高运营效率，促进金融市场的竞争和发展。

数据共享存在着一定的风险和挑战。数据隐私是一个重要的问题。金融机构在共享数据的过程中需要确保客户的个人隐私得到充分保护，遵守相关的法律法规和行业标准。数据安全是另一个关键问题。金融机构需要采取有效的技术和管理措施，保障共享数据的安全性，防止数据泄露和滥用。

为了有效控制数据共享的风险，科技金融领域需要建立健全的风险管理体系和监管制度。金融机构应该制定明确的数据共享政策和流程，确保数据共享活动符合法律法规和监管要求。同时金融机构还应该加强对数据共享合作方的审查和监控，确保其具备足够的数据安全能力和合规能力。同时监管部门也需要加强对数据共享活动的监管和评估，推动行业建立更加健康和透明的数据共享机制。

数据共享是推动科技金融发展的重要推动力量，但也面临着一定的风险和挑战。为了实现安全和有效的数据共享，金融机构需要建立健全的风险管理机制，遵守相关法律法规，加强对数据安全和隐私保护的管理。同时监管部门也需要加强监管和评估，推动行业建立更加健康和透明的数据共享机制。

（二）算法与模型风险

算法和模型风险在科技金融中占据重要位置。算法是科技金融的核心，通过数学模型来预测市场走势和风险，算法以帮助投资者做出决策。同时算法和模型也存在一定的风险，可能会导致投资损失和金融系统不稳定。

算法的设计和参数选择可能存在误差。由于金融市场的复杂性和不确定性，设计一个完全准确的算法是困难的。即使是经过充分测试和验证的算法，也可能在特定市场条件下失效，导致投资损失。

模型的过度拟合可能会引发风险。在建立数学模型时，如果过度依赖历史数据或者特定假设，就可能导致模型在未来预测时失效。特别是在市场结构或政策环境发生变化时，过度拟合的模型可能会产生误导性的结果，使投资者做出错误的决策。

算法交易可能引发系统性风险。随着算法交易在金融市场中的普及，大规模的算法交易可能会引发市场的剧烈波动，甚至导致市场崩溃。这种系统性风险可能会对金融系统的稳定性产生严重威胁，需要监管机构和金融机构采取相应措施来加以控制。

算法和模型的不透明性可能会引发风险。由于算法和模型的复杂性，很难对其内部运作机制进行全面理解和监控。这种不透明性可能会导致投资者对市场走势和风险的判断产生误解，进而影响投资决策的准确性。

算法和模型风险在科技金融中具有重要意义。为了降低这些风险，需要加强对算法和模型的设计、测试和监管，提高金融系统的稳定性和透明度，从而更好地保护投资者利益和维护金融市场的稳定运行。

1.机器学习模型的不确定性与误差

在科技金融领域，机器学习模型的不确定性和误差是一个重要的议题。这些模型的不确定性和误差可能会导致算法和模型风险，进而影响金融市场的稳定性和投资者的利益。机器学习模型在金融领域的广泛应用带来了许多新的挑战，其中之一就是如何处理模型的不确定性和误差。

机器学习模型的不确定性主要来源自数据的不确定性和模型本身的不确定性。金融市场的数据往往是不完整和不确定的，而机器学习模型在处理这些数据时会受到影响，导致模型的不确定性增加。同时机器学习模型本身也存在不确定性,例如模型选择、参数调整等方面的不确定性,这些都可能影响模型的预测结果。

机器学习模型的误差是无法完全避免的。即使是最优秀的模型也会存在误差,这是因为金融市场的复杂性和不确定性使得预测结果很难完全准确。误差的存在可能会导致投资决策的失误,进而影响投资者的收益和风险。

为了降低算法和模型风险,科技金融领域需要采取一系列措施。金融机构和科技公司应当加强对机器学习模型的监管和审查,确保模型的稳健性和可靠性。金融机构和科技公司应当加强对数据的质量控制,减少数据的不确定性,从而降低模型的不确定性。同时金融机构和科技公司还应当采用多模型组合的方法,通过集成多个模型的预测结果来降低误差,提高预测的准确性。

除此之外,金融机构和科技公司还应当加强对模型风险的监测和管理。金融机构和科技公司应当建立完善的风险管理体系,及时识别和评估模型风险,并采取相应的措施加以应对。可以建立预警机制,一旦发现模型风险超过预设阈值,就立即采取措施进行调整或停止使用模型。

机器学习模型的不确定性和误差是科技金融领域面临的一个重要问题。为了降低算法和模型风险,金融机构和科技公司需要加强对模型的监管和审查,减少数据的不确定性,采用多模型组合的方法降低误差,并建立完善的风险管理体系。只有这样,才能确保机器学习模型在金融领域的稳健应用,维护金融市场的稳定性和投资者的利益。

2.算法偏见与不公平性

谈到科技金融,我们不得不考虑算法偏见和不公平性这两个问题。随着科技金融的兴起,越来越多的决策和交易依赖算法和模型。这些算法和模型可能存在偏见,导致不公平性的产生。

算法偏见可能源自数据偏见。算法和模型的训练数据可能源自历史数据,而历史数据往往反映了现实世界中的不公平现象。如果这些历史数据中存在偏见,那么训练出的算法和模型也会继承这种偏见,导致不公平性的产生。在信贷评分模型中,如果历史数据中存在对某些群体的歧视,那么训练出的模型也可能对这些群体做出不公平的评价。

算法偏见可能源自算法本身的设计。在设计算法时，可能会考虑到某些特定的因素，而忽略了其他因素，导致对某些群体的歧视。在招聘算法中，如果算法更注重某些技能或经历，而忽略了其他因素，那么可能就会对某些群体造成不公平。

为了解决算法偏见和不公平性问题，科技金融行业需要采取一系列有效的措施。一是需要对训练数据进行审查和清理，消除其中的偏见。二是需要设计更加公平和透明的算法和模型，考虑到更多的因素，避免对某些群体的歧视。三是需要加强对算法和模型的监管和审查，确保其符合公平原则。

算法偏见和不公平性是科技金融所面临的重要挑战，需要科技金融行业和相关政府部门共同努力，采取一系列有效的措施，消除算法偏见，确保算法和模型的公平性和透明性，保护用户的权益，促进金融系统的健康发展。

3.模型演化与过时性风险

在科技金融领域，算法和模型风险是一个备受关注的议题。随着科技的不断进步和金融行业的日益数字化，金融机构越来越依赖各种算法和模型来支持决策和业务运营。这些算法和模型的演化和过时性可能会带来一定的风险和挑战。

算法和模型的演化是一个持续不断的过程。随着数据的积累和技术的进步，金融机构不断优化和更新他们的算法与模型，以提高其准确性和预测能力。同时这种演化也可能会导致一些问题，如模型过拟合、数据偏差等，从而影响到模型的有效性和稳定性。

算法和模型的过时性是一个潜在的风险。随着时间的推移，金融市场和环境可能会发生变化，导致过去的模型不再适用于当前的情况。新的技术和方法可能会出现，使得过去的模型显得过时和落后。因此，金融机构需要不断监测和评估他们的算法和模型，确保其与时俱进，适应市场的变化和技术的发展。

为了有效管理算法和模型风险，金融机构需要建立健全的模型开发和管理流程。金融机构应该确保模型开发过程的透明和可追溯性，包括数据收集、模型训练、验证和部署等环节。金融机构应该建立有效的模型监测和评估机制，定期对模型的性能和稳定性进行评估，及时发现和解决潜在的问题。同时金融机构还应该加强对模型风险的内部控制和外部监管，确保模型的合规性和稳健性。

算法和模型风险是科技金融领域的一个重要问题。金融机构需要认识到这种风险的存在，并采取有效的措施加以管理和控制。通过建立健全的模型开发和管理流程，加强对模型的监测和评估，以及加强内部控制和外部监管，可以有效降低算法和模型风险，保障金融系统的稳健运行。

二、金融科技中的市场与运营风险

（一）市场风险与不确定性

金融科技领域的市场与运营风险主要受市场风险与不确定性的影响。市场风险是指金融市场因外部环境变化而导致的资产价格波动，而不确定性则是指市场中存在的各种未知因素和随机事件。这些风险与不确定性对金融科技企业的市场和运营活动产生着直接的影响，需要企业采取有效措施来应对。

市场风险与不确定性给金融科技企业的市场开拓带来了挑战。市场风险可能导致市场波动加剧，影响企业的盈利能力和市场地位。不确定性则使得企业难以准确预测市场需求和趋势，增加了市场推广和产品定价的不确定性。因此，金融科技企业在市场开拓过程中需要加强对市场风险和不确定性的分析，灵活调整市场策略，及时应对市场变化。

市场风险与不确定性对金融科技企业的产品设计和研发活动产生影响。市场风险可能导致用户需求和偏好的变化，从而影响产品的市场适应性。不确定性则增加了产品研发的风险，可能导致研发投入的失败或无法达到预期效果。因此，金融科技企业需要不断优化产品设计和研发流程，提高产品的灵活性和适应性，降低研发风险。

市场风险与不确定性对金融科技企业的运营管理带来了挑战。市场风险可能导致资金流动性紧张，影响企业的资金周转和运营稳定性。不确定性则增加了企业运营中各种风险的不确定性，如供应链风险、合规风险等。因此，金融科技企业需要加强对运营风险和不确定性的监控和管理，建立完善的风险管理体系，确保企业运营的稳定和可持续发展。

金融科技企业需要积极应对市场风险与不确定性，采取多种手段来降低风险和提高应对能力。科技企业可以通过多元化产品线和市场布局来分散市场风险，采用灵活的运营模式和技术手段来应对不确定性，加强内部管理和团队建设，提高企业的应变能力和抗风险能力。

市场风险与不确定性对金融科技企业的市场与运营活动产生着直接的影响。金融科技企业需要加强对市场风险和不确定性的分析，灵活调整市场策略和产品设计，加强对运营风险和不确定性的监控和管理，采取多种手段来降低风险和提高应对能力，确保企业的稳健发展。

1.技术变革对市场需求的影响

技术变革对市场需求产生深远影响，特别是在金融科技领域。金融科技的兴起不仅改变了金融行业的商业模式和运营方式，也对市场需求产生了重大影响，同时也带来了市场与运营风险。

技术变革提升了市场对便捷、高效金融服务的需求。随着科技的不断进步，人们对金融服务的期望也不断提高，他们希望能够通过手机应用或者网络平台随时随地进行金融交易和理财。因此，金融科技公司需要不断提升技术能力，开发出更加便捷高效的金融服务产品，以满足市场需求。

技术变革促使市场对个性化、定制化金融服务的需求不断增加。传统金融机构往往采用标准化的金融产品和服务，无法满足不同客户的个性化需求。金融科技公司通过大数据分析和人工智能技术，可以更好地理解客户需求，为客户提供定制化的金融解决方案，满足不同客户的个性化需求，提升市场竞争力。

技术变革推动了市场对创新金融产品和服务的需求增加。随着区块链、人工智能、云计算等新技术的不断涌现，金融科技公司可以开发出更加创新的金融产品和服务，如数字货币、智能投顾等，满足市场对创新金融产品和服务的追求，拓展市场份额。

金融科技中存在着市场与运营风险。技术变革可能导致市场变化的不确定性增加，如新技术的快速发展可能导致传统金融机构失去竞争优势。同时技术风险也可能导致金融科技公司的运营受到影响，如系统故障、数据泄露等问题可能导致公司声誉受损，进而影响市场地位。

因此，金融科技公司需要不断提升技术能力，积极应对市场变化，降低市场与运营风险。同时金融监管部门也需要加强监管力度，规范金融科技市场秩序，保护投资者权益，促进金融科技行业健康稳定发展。

2.竞争加剧与市场份额动态变化

金融科技领域的竞争加剧和市场份额动态变化对市场与运营带来了重要影响。随着金融科技的迅速发展，越来越多的公司涌入这一领域，竞争日益激烈。在这种竞争的背景下，市场份额的动态变化成为常态，金融科技公司面临着诸多市场和运营风险。

竞争加剧导致了市场竞争的激烈化。随着更多公司进入金融科技市场，市场上的竞争变得异常激烈，公司之间为了争夺市场份额不惜采取各种手段，包括价格战、产品创新、营销策略等。这种竞争加剧给金融科技公司带来了巨大的市场压力，对其市场地位和盈利能力构成了挑战。

市场份额的动态变化使得市场格局不断发生变化。随着竞争的加剧，市场上的公司之间的市场份额会发生动态变化，原有的市场领导者可能会失去市场份额，而新兴的公司可能会迅速崛起。这种市场份额的动态变化对金融科技公司的市场定位和战略规划带来了挑战，需要其不断调整和优化自己的市场策略和运营模式，以适应市场的变化。

竞争加剧和市场份额动态变化会增加金融科技公司的运营风险。在竞争激烈的市场环境下，金融科技公司可能会面临各种运营挑战，包括资金压力、人才争夺、技术创新等方面的挑战。同时市场份额的动态变化也会影响到公司的盈利能力和财务稳定性，增加其经营风险。

为了有效应对市场和运营风险，金融科技公司需要采取一系列措施。科技公司需要不断优化自己的产品和服务，提升自身的竞争力，从而在激烈的市场竞争中脱颖而出。科技公司需要加强对市场的监测和分析，及时了解市场的动态变化，制定灵活的市场策略和应对措施。同时金融科技公司还需要加强内部管理，提升运营效率和风险管理能力，确保公司能够在竞争激烈的市场环境中稳健发展。

金融科技领域的竞争加剧和市场份额动态变化给金融科技公司带来了市场与运营风险，需要其采取有效的措施加以应对。通过不断优化产品和服务、加强市场监测和分析、提升内部管理和风险管理能力等方面的努力，金融科技公司可以有效降低市场和运营风险，实现可持续发展。

（二）法律与监管风险

1.金融科技监管环境的不确定性

金融科技监管环境的不确定性给金融科技行业带来了市场和运营的风险。金融科技的迅速发展使监管机构面临着前所未有的挑战，导致监管环境的不确定性。这种不确定性直接影响着金融科技企业的市场竞争力和运营稳定性。

监管环境的不确定性首先表现在监管政策的频繁变化上。随着金融科技的快速发展，监管机构不断调整和完善监管政策，以应对新兴科技带来的挑战和风险。这种政策的不确定性给金融科技企业带来了不稳定的市场环境，使其难以制订长期的发展战略和规划。

监管机构对金融科技的监管标准和要求不明确。由于金融科技的创新性和复杂性，监管机构往往难以准确评估其风险和影响。这导致监管标准和要求的不确定性，使金融科技企业难以确定自身的合规性，增加了市场运营的不确定性。

监管机构的执法力度和手段不一致。不同国家和地区的监管机构对金融科技的监管力度与手段存在差异，使得金融科技企业面临着不同程度的监管压力和风险。这种不一致性增加了金融科技企业的市场运营成本，降低了其竞争力和盈利能力。

监管环境的不确定性给金融科技企业带来了法律风险和声誉风险。由于监管政策和要求的不确定性，金融科技企业往往难以确定自身的合规性，容易面临法律诉讼和被罚款。同时监管环境的不确定性也会影响金融科技企业的声誉和形象，降低其客户信任度和市场认可度。

金融科技监管环境的不确定性给金融科技行业带来了市场和运营的风险。为了降低这些风险，金融科技企业需要加强对监管政策和要求的监测和理解，制定灵活的应对策略，提高自身的合规性和稳定性，从而更好地应对监管环境的不确定性带来的挑战。

2.法律法规变化与合规风险

金融科技行业发展迅速，法律法规的变化给金融科技企业带来了市场与运营的风险。这种风险主要来自法律法规的不确定性和合规要求的变化。金融科技企业需要及时了解和适应法律法规的变化，以降低市场与运营风险，确保业务的可持续发展。

法律法规的不确定性给金融科技企业带来了市场风险。由于金融科技的发展速度很快，法律法规往往滞后于技术的发展，导致金融科技企业的业务可能存在法律风险。某些新兴的金融科技业务可能涉及监管机构尚未明确规定的领域，企业需要自行承担法律风险。同时不同国家和地区的法律法规存在差异，金融科技企业在跨境业务时也需要面对不同的法律风险。

法律法规的变化给金融科技企业带来了合规风险。随着监管环境的变化和金融科技业务的发展，相关法律法规也在不断调整和完善，这给金融科技企业的合规要求带来了挑战。个人数据保护法律的不断升级，要求金融科技企业加强用户隐私保护措施；反洗钱法律的修改，要求金融科技企业加强客户身份验证和交易监控。这些法律法规的变化可能需要金融科技企业调整其业务模式和技术架构，增加合规成本，影响企业的运营效率和盈利能力。

为了降低市场与运营风险，金融科技企业需要采取一系列措施。企业应建立专门的法律合规团队，及时关注法律法规的变化，制定相应的应对策略。企业应加强与监管机构的沟通与合作，积极参与相关法律法规的制定和修改过程，争取更多的政策支持和资源倾斜。同时企业还应加强内部合规培训，提高员工的合规意识和能力，确保企业的日常运营符合法律法规的要求。

法律法规的变化给金融科技企业带来了市场与运营风险，企业需要积极应对，降低风险，确保业务的稳健发展。只有做好法律合规工作，金融科技企业才能在激烈的市场竞争中立于不败之地，实现长期的可持续发展。

第二节　金融科技在风险管理中的应用

一、金融科技在风险识别与评估中的应用

（一）数据驱动的风险识别

金融科技领域的数据驱动风险识别和评估是一项重要而复杂的任务。通过利用大数据、人工智能和机器学习等先进技术，金融科技公司能够更准确地识别和评估各种类型的风险，包括市场风险、信用风险、操作风险等。这种数据驱动的风险识别和评估不仅能够帮助金融机构更好地管理风险，还能提高金融市场的稳定性和透明度。

数据驱动的风险识别和评估能够更全面地分析与理解风险。传统的风险评估方法往往依赖有限的数据和经验判断，容易受到主观因素和局限性的影响。数据驱动的方法则能够利用大数据和机器学习算法，从海量数据中挖掘出隐藏的规律和趋势，更全面地了解各种风险的来源、特征和影响因素。

数据驱动的风险识别和评估能够更及时地发现与应对风险。金融市场的风险变化迅速，传统的风险评估方法往往无法及时捕捉到风险的变化，导致风险控制措施的滞后性。数据驱动的方法能够实时监测市场数据和交易行为，快速发现异常情况和风险信号，并及时采取相应的风险管理措施，以防止风险范围的进一步扩大。

数据驱动的风险识别和评估能够更精准地量化与预测风险。传统的风险评估方法往往依赖经验判断和模糊的指标，难以准确地量化和预测风险的大小和概率。数据驱动的方法能够利用机器学习算法和统计模型，从历史数据中挖掘出风险的潜在规律，通过量化模型和预测模型对风险进行精准的评估与预测。

数据驱动的风险识别和评估面临着一些挑战和限制。数据质量和数据完整性是数据驱动方法的关键问题。如果数据质量不高或数据不完整，就

会影响到风险识别和评估的准确性与可靠性。数据隐私和安全性是数据驱动方法的重要考量。在利用大数据进行风险识别和评估时，需要确保对个人隐私和敏感信息进行充分保护，避免数据泄露和滥用的风险。

数据驱动的风险识别和评估在金融科技领域具有重要的意义及价值。通过利用大数据、人工智能和机器学习等技术手段，金融科技公司能够更全面、更及时、更精准地识别和评估各种类型的风险，从而提高风险管理的效率和效果，保障金融市场的稳定和投资者的利益。

1.大数据分析在风险识别中的应用

大数据分析在风险识别中发挥着重要作用，而金融科技则在风险识别与评估方面发挥着更为深远的影响。

大数据分析在风险识别中的应用可以说是革命性的。传统的风险识别方法往往依赖有限的数据样本和经验判断，而大数据分析则能够从海量数据中挖掘出隐藏的模式和规律，提供更加全面和准确的风险识别结果。在信贷风险识别中，传统方法可能只考虑少数几个因素，而大数据分析可以利用客户的消费行为、社交网络活动等多维度数据，更全面地评估客户的信用风险。

金融科技在风险识别与评估中的应用则更加多样化和深入。金融科技公司利用先进的技术手段，如人工智能、机器学习等，构建了一系列高效的风险评估模型，可以实现对各种类型风险的准确识别和评估。在反欺诈领域，金融科技公司可以利用机器学习算法分析客户的行为模式和交易数据，识别出潜在的欺诈行为，有效降低欺诈风险。

金融科技在风险识别与评估中发挥着巨大的作用。在投资风险识别方面，金融科技公司利用大数据分析和人工智能技术，可以快速识别出市场波动和行业变化带来的投资风险，为投资者提供科学的投资建议。在网络安全风险识别方面，金融科技公司可以利用先进的网络安全技术，监控用户的网络行为，及时发现并应对网络安全威胁，保护客户资金安全。

大数据分析和金融科技在风险识别与评估中的应用为金融行业带来了巨大的变化。通过利用大数据和先进技术手段，金融机构可以更准确地识别和评估各种类型的风险，提高风险管理的效率和水平，保障金融市场的稳定和安全。

2.自然语言处理技术在舆情风险识别中的应用

自然语言处理技术在金融科技领域的应用日益广泛，尤其是在舆情风险识别方面展现出了巨大潜力。舆情风险是指因公众舆论对特定机构或行业产生负面影响而导致产生的潜在风险。在金融领域，舆情风险可能源自各种信息源，如新闻报道、社交媒体、网络论坛等。传统方法往往依赖人工分析和判断，效率低且容易遗漏关键信息。借助自然语言处理技术，可以实现对大规模文本数据的自动分析和挖掘，从而快速准确地识别出潜在的舆情风险。

自然语言处理技术可以实现对文本数据的情感分析。情感分析是通过识别文本中的情绪和情感倾向，从而判断文本所表达的态度是积极的、消极的还是中性的。在舆情风险识别中，通过情感分析可以快速筛选出具有负面情绪和情感倾向的文本，帮助金融机构及时发现并应对潜在的负面舆情。

自然语言处理技术可以实现对文本数据的实体识别和关系抽取。实体识别是指识别文本中涉及的具体实体，如公司、人物、产品等，而关系抽取则是指识别文本中实体之间的关联关系。通过实体识别和关系抽取，可以帮助金融机构追踪和分析与其相关的各种信息，从而及时发现潜在的舆情风险并做出相应的应对措施。

自然语言处理技术可以实现对文本数据的主题分析和话题挖掘。主题分析是指识别文本中所涉及的主题或话题，帮助金融机构了解公众关注的焦点和热点问题，而话题挖掘则是指发现文本数据中隐藏的关联话题或相关话题。通过主题分析和话题挖掘，金融机构可以更好地理解公众舆论的走向和演变规律，及时发现与自身业务相关的舆情风险，并采取有效的措施进行应对。

自然语言处理技术在金融科技领域的应用为舆情风险识别提供了新的解决方案。借助情感分析、实体识别与关系抽取、主题分析与话题挖掘等技术手段，金融机构可以快速准确地识别出潜在的舆情风险，及时做出反应，保护自身的声誉和利益。

（二）实时监测与预警系统

实时监测与预警系统在金融科技中的应用对风险识别与评估至关重

要。这些系统利用先进的技术和数据分析方法，能够实时监测市场动态和交易行为，及时识别潜在风险并发出预警，帮助金融机构和投资者做出及时有效的决策。

这些系统的应用可以帮助金融机构更好地识别和评估市场风险。通过实时监测市场数据和交易活动，这些系统能够迅速识别出异常波动和风险信号，帮助金融机构及时调整投资组合和风险管理策略，降低损失风险。

实时监测与预警系统的应用可以帮助金融机构更好地评估信用风险和市场风险。通过分析客户的信用状况和市场环境的变化，这些系统能够提供客观准确的风险评估，帮助金融机构做出更加合理的信贷决策和投资决策。

实时监测与预警系统的应用可以帮助金融机构更好地预防和控制欺诈风险。通过监测客户的交易行为和资金流动，这些系统能够及时识别出可疑交易和欺诈行为，帮助金融机构及时采取措施防范风险，保护客户资产安全。

实时监测与预警系统的应用可以帮助金融机构更好地遵守监管要求和规定。通过监测市场动态和交易行为，这些系统能够及时发现违规行为并报告监管机构，帮助金融机构保持合规性，降低违规风险和罚款风险。

实时监测与预警系统在金融科技中的应用对风险识别与评估具有重要意义。这些系统能够帮助金融机构及时识别潜在风险并采取有效措施加以应对，提高风险管理的效率和水平，从而保护投资者利益和维护金融市场的稳定运行。

1.金融科技平台实时监控系统的设计与实施

金融科技平台实时监控系统的设计与实施是金融科技领域中一项至关重要的任务。这一系统的设计旨在利用最新的技术手段，如大数据分析、机器学习和人工智能，来实现对金融市场的实时监控，以便及时发现和评估各种潜在风险。

该系统的设计应当考虑到金融市场的复杂性和多样性。金融市场涉及多种金融工具和交易方式，包括股票、债券、衍生品等，因此监控系统需要具备对不同类型金融产品和市场行为的监控能力。同时金融市场还受到政策法规、经济政策等因素的影响，监控系统需要能够及时识别和应对这些外部因素带来的影响。

监控系统的设计需要充分考虑数据的来源和质量。金融市场涉及的数据量庞大，包括市场交易数据、财务数据、新闻舆情数据等，而这些数据的质量和准确性直接影响到监控系统的效果。因此，监控系统需要建立健全的数据采集和清洗机制，确保所使用的数据具有高质量和完整性。

在实施监控系统时，金融科技公司需要充分考虑系统的实时性和准确性。金融市场的变化非常快速，监控系统需要能够实时监测市场数据和交易行为，并快速做出反应。为此，监控系统需要具备高性能的计算和分析能力，能够在短时间内处理大量数据，并生成准确的监控结果。

监控系统需要具备智能化的风险识别和评估能力。传统的监控方法往往依赖人工分析和规则设定，效率较低且容易出现遗漏。金融科技可以通过机器学习和人工智能等技术手段，建立起智能化的风险模型，能够自动识别和评估各种类型的风险，并给出相应的预警和建议。

在实施监控系统时，金融科技公司需要考虑到合规性和安全性等方面的问题。监控系统涉及大量的敏感信息和交易数据，必须确保这些信息的安全和隐私保护。同时监控系统的设计和实施还需要符合相关的法律法规和行业标准，以确保系统的合规性和可靠性。

金融科技平台实时监控系统的设计与实施是金融科技领域中一项具有挑战性的任务。通过充分考虑金融市场的特点和监控需求，利用最新的技术手段和智能化方法，可以设计出高效、准确、安全的监控系统，为金融市场的稳定和发展提供重要支持。

2.人工智能技术在异常检测中的应用

人工智能技术在异常检测中的应用对金融科技的风险识别与评估方面产生了深远的影响。这种技术的应用不仅提高了风险识别的准确性，还加速了风险处理的效率。

人工智能技术在异常检测中发挥了重要作用。传统的异常检测方法往往依赖规则或者阈值设定，容易受到人为因素的影响，并且难以应对复杂多变的市场环境。人工智能技术可以利用机器学习算法，从大量的历史数据中学习并发现隐藏在数据背后的规律和模式，进而识别出潜在的异常情况。在金融交易中，人工智能技术可以分析客户的交易行为，识别出异常的交易模式，及时发现潜在的欺诈行为。

人工智能技术在风险识别与评估中发挥了关键作用。传统的风险评估方法往往依赖专业人员的经验判断，容易受到主观因素的影响，并且难以应对大规模数据的处理需求。人工智能技术可以利用大数据分析和机器学习算法，快速分析大规模数据，发现数据之间的相关性和趋势，进而准确评估各种类型的风险。在信贷风险评估中，人工智能技术可以分析客户的信用历史、收入水平、借款用途等多维度数据，帮助金融机构更准确地评估客户的信用风险。

人工智能技术可以在实时监测和预警方面发挥重要作用。金融市场的变化常常是突发和快速的，传统的监测方法往往难以及时发现潜在的风险。人工智能技术可以利用实时数据流和机器学习算法，快速识别出潜在的异常情况，并及时发出预警，帮助金融机构采取及时有效的措施。在市场交易监测中，人工智能技术可以分析市场交易数据，识别出异常的交易模式，并发出实时预警，帮助监管部门维护市场秩序。

人工智能技术在异常检测和风险识别与评估方面的应用对金融科技产生了深远的影响。通过利用机器学习算法和大数据分析技术，人工智能技术可以帮助金融机构更准确地识别和评估各种类型的风险，并及时应对潜在的风险，保障金融市场的稳定和安全。

（三）风险模型创新

1.融合多种数据源的风险模型设计

金融科技在风险识别与评估中的应用日益成熟，融合多种数据源的风险模型设计成为一项重要的实践。传统的风险模型往往依赖有限的数据源和单一的指标，难以全面准确地评估风险。借助金融科技，可以实现对多种数据源的整合与分析，从而构建出更为综合、精准的风险模型。

融合多种数据源可以提高风险识别的准确性和全面性。金融科技可以整合来自不同来源的数据，如结构化数据、非结构化数据、外部数据等，从而获得更全面的信息。结合客户的财务数据、行为数据和社交媒体数据，可以更好地了解客户的信用状况和行为习惯，识别潜在的信用风险和欺诈风险。

融合多种数据源可以提高风险评估的精度和预测能力。金融科技可以运用机器学习和数据挖掘技术，对多维度的数据进行分析和建模，从而发现隐藏在数据背后的规律和模式。通过分析大量的市场数据、经济数据和企业数据，可以预测市场风险和经济周期的变化，为金融机构提供更准确的风险预警和决策支持。

融合多种数据源可以提高风险模型的适应性和灵活性。金融科技可以实现对数据的动态更新和实时监测，及时调整和优化风险模型。通过监测客户的交易行为和市场环境的变化，可以动态调整风险模型的参数和权重，有助于其适应不断变化的风险情况。

金融科技在风险识别与评估中的应用通过融合多种数据源，提高了风险识别的准确性和全面性，提高了风险评估的精度和预测能力，提高了风险模型的适应性和灵活性。这不仅为金融机构提供了更有效的风险管理工具，也为金融市场的稳健运行和经济的可持续发展做出了重要贡献。

2.实时风险评估与动态调整策略

实时风险评估与动态调整策略是金融科技在风险识别与评估中的重要应用。金融科技利用先进的技术和数据分析方法，能够实时监测市场动态和交易行为，快速识别潜在风险，并及时调整风险管理策略，以保障投资者的利益和金融市场的稳定运行。

这种应用使金融机构能够更加及时地识别和评估市场风险。通过实时监测市场数据和交易活动，金融科技可以迅速识别出潜在风险信号，并及时发出警报。这样的实时性使金融机构能够更加快速地做出决策，降低风险对投资组合的影响。

实时风险评估与动态调整策略能够帮助金融机构更加准确地评估信用风险和市场风险。通过分析客户的信用状况和市场环境的变化，金融科技可以提供客观准确的风险评估，为金融机构制定更加合理的信贷政策和投资策略提供支持。

实时风险评估与动态调整策略能够帮助金融机构更加有效地预防和控制欺诈风险。通过监测客户的交易行为及资金流动，金融科技可以及时识别出可疑交易和欺诈行为，并采取相应措施加以防范，保护客户资产的安全。

实时风险评估与动态调整策略能够帮助金融机构更好地遵守监管要

求和规定。通过监测市场动态和交易行为，金融科技可以及时发现违规行为并报告监管机构，帮助金融机构保持合规性，降低违规风险和罚款风险。

实时风险评估与动态调整策略是金融科技在风险识别与评估中的重要应用。这种应用能够帮助金融机构更加及时和准确地识别潜在风险，并采取相应措施加以应对，提高风险管理的效率和水平，从而保障投资者的利益和金融市场的稳定运行。

二、金融科技在风险防范与治理中的应用

（一）自动化风险管理流程

1.金融科技在风险管控流程中的自动化应用

金融科技在风险管控流程中的自动化应用是当前金融领域的一大趋势。这种应用涵盖风险识别、评估、监测和管理等多个环节，通过引入自动化技术，能够提高风险管控的效率、准确性和及时性。

金融科技在风险识别方面的自动化应用突破了传统手工分析的局限。传统风险识别依赖人工收集、整理和分析数据，效率低下且容易出现遗漏。引入金融科技的自动化技术，如大数据分析和机器学习，能够实现对海量数据的快速处理和分析，识别出潜在的风险信号，极大地提高了风险识别的效率和准确性。

金融科技在风险评估方面的自动化应用带来了更加科学和客观的评估结果。传统的风险评估往往受到主观因素的影响，容易出现误判和偏差。引入金融科技的自动化技术，能够基于客观的数据和模型进行风险评估，避免了人为因素的干扰，提高了评估的客观性和准确性。

金融科技在风险监测方面的自动化应用实现了对金融市场的实时监控。传统的监测方法往往依赖人工分析和规则设定，反应速度较慢且易受主观因素的影响。引入金融科技的自动化技术，能够实现对市场数据的实时监测和分析，及时发现市场异常和风险信号，极大地提高了监测的及时性和准确性。

金融科技在风险管理方面的自动化应用使得风险管理过程更加规范和

高效。传统的风险管理往往依赖人工的决策和执行，容易出现人为失误和延误。引入金融科技的自动化技术，能够实现对风险管理流程的自动化执行和监控，确保风险管理措施的及时性和有效性，降低了风险管理的成本和风险。

金融科技在风险管控流程中的自动化应用为金融机构带来了巨大的益处。通过引入自动化技术，能够提高风险管控的效率、准确性和及时性，帮助金融机构更好地应对市场风险、信用风险和操作风险等各种风险及挑战，维护金融市场的稳定和投资者的利益。

2.智能合约与自动执行的风险管理

智能合约作为金融科技领域的一项重要技术，为金融交易和合约执行带来了全新的可能性。同时智能合约与自动执行的风险管理也是金融科技面临的挑战之一。

智能合约可能存在的编程漏洞是风险管理的一个关键问题。智能合约是通过编程代码实现的，而编程过程中可能存在疏忽或错误，导致合约中存在安全漏洞。这些漏洞可能被黑客利用，导致资金被盗或者合约的执行出现问题。因此，金融科技公司需要加强对智能合约的编写和审查，确保合约的安全性和稳定性。

智能合约的自动执行可能导致的不可逆性是风险管理的一个重要考虑因素。一旦智能合约被执行，其中的交易就无法逆转或取消，即使发现合约存在问题也无法撤销已经执行的交易。因此，金融科技公司需要谨慎设计智能合约，确保合约条款清晰明确，避免出现执行后无法修复的问题。

智能合约的依赖区块链技术也会带来一定的风险。区块链技术虽然具有分布式、去中心化等特点，但同时也存在着安全性和可扩展性等方面的问题。区块链网络可能面对到攻击、双重花费等问题，导致智能合约的执行出现问题。因此，金融科技公司需要认真评估区块链技术的安全性和可靠性，选择合适的区块链平台，降低风险。

智能合约的法律和监管风险需要引起重视。智能合约的法律地位和法律责任尚不明确，可能存在法律风险。监管部门对智能合约的监管政策尚未形成，可能存在监管风险。因此，金融科技公司需要密切关注相关法律法规和监管政策的变化，积极配合监管部门，规范智能合约的使用和管理。

智能合约与自动执行的风险管理是金融科技领域面临的重要挑战。金融科技公司需要加强对智能合约编写的审查，设计合理的合约条款，选择可靠的区块链技术平台，积极应对法律法规和监管政策的变化，以降低智能合约带来的风险，确保金融市场的稳定和安全。

（二）实时风险监控与应对

1.实时数据处理与风险监控系统的搭建

金融科技的发展为金融行业带来了许多创新和变革，其中包括实时数据处理与风险监控系统的搭建。这种系统的建立是为了更有效地识别、评估和管理各种风险，从而提高金融机构的风险管理能力和业务运营效率。

实时数据处理是构建风险监控系统的关键环节之一。传统的风险监控系统往往依赖静态的报表和数据，难以及时捕捉到市场的变化和风险的演变。借助实时数据处理技术，金融机构可以实时地从各种数据源获取数据，并对数据进行快速、准确的处理和分析，从而及时发现和应对潜在的风险。

风险监控系统的搭建需要结合多种数据源。金融风险涉及各个方面，包括市场风险、信用风险、操作风险等。因此，金融机构需要从多个数据源获取数据，包括交易数据、市场数据、客户数据等，以全面了解市场动态和风险情况。同时金融机构还需要将这些数据进行整合和分析，从而更好地识别和评估风险。

风险监控系统的搭建需要结合先进的技术手段。随着人工智能、大数据和云计算等技术的发展，金融机构可以利用这些技术来构建更加智能、高效的风险监控系统。金融机构可以利用机器学习和深度学习技术来对大规模数据进行分析与建模，从而发现隐藏在数据背后的规律和趋势；可以利用云计算和分布式系统来处理和存储海量数据，提高系统的性能和可扩展性。

风险监控系统的搭建需要建立健全的管理和运维机制。金融机构应该制定明确的风险监控政策和流程，明确各个岗位的职责和权限，确保风险监控系统的有效运行。同时金融机构还需要加强对系统的监控和维护，及时发现和解决系统中存在的问题和漏洞，保障系统的安全和稳定。

实时数据处理与风险监控系统的搭建是金融科技在风险识别与评估中的重要应用之一。通过利用实时数据处理技术、结合多种数据源和先进的技术手段，以及建立健全的管理和运维机制，金融机构可以构建更加智能、高效的风险监控系统，从而提高风险管理能力和业务运营效率。

2.实时交易监测与异常处理机制

实时交易监测与异常处理机制是金融科技领域的重要应用之一。这一技术利用先进的数据分析和监控系统，能够实时监测金融市场的交易活动，快速发现异常情况，并采取相应措施加以处理，以保障投资者的利益和金融市场的稳定。该技术的应用可以帮助金融机构更加及时地发现潜在风险。通过实时监控市场的交易活动和价格波动，该系统能够快速识别出异常情况，如异常交易量、异常价格波动等，为金融机构提供及时预警，帮助其采取相应措施降低风险。

实时交易监测与异常处理机制能够帮助金融机构更加有效地预防和控制市场操纵行为。通过监控市场的交易活动和资金流动，该系统能够及时识别出可疑交易和操纵行为，并采取相应措施加以打击，保护市场的公平和透明。

该技术的应用能够帮助金融机构更好地保护客户资产安全。通过实时监控客户的交易活动和资金流动，该系统能够及时发现异常情况，如异常转账、异常提现等，为客户资产的安全提供保障，降低客户的损失风险。

实时交易监测与异常处理机制能够帮助金融机构更好地遵守监管要求和规定。通过监控市场的交易活动和资金流动，该系统能够及时发现违规行为，并报告监管机构，帮助金融机构保持合规性，降低违规风险和罚款风险。

实时交易监测与异常处理机制是金融科技领域的重要应用之一。该技术能够帮助金融机构更加及时地发现潜在风险，预防和控制市场操纵行为，保护客户资产安全。同时也能够帮助金融机构更好地遵守监管要求和规定，提高金融市场的稳定性和透明度。

第三节　数据隐私与安全面临的风险

一、金融科技中的数据隐私风险

（一）数据收集与存储风险

金融科技领域的数据收集与存储涉及敏感信息的获取和保管，由此产生了数据隐私风险。这一风险包括数据泄露、滥用和未经授权的访问等问题，给个人隐私和金融机构的声誉带来了潜在的威胁。

数据的收集环节往往会存在潜在的风险。在金融科技平台中，大量的个人和机构数据被收集用于风险评估、产品推荐等目的。数据收集过程中可能存在采集不当或未经充分告知的情况，这可能违反了用户的隐私权和相关法律法规，导致风险的进一步加剧。

数据的存储环节往往会面临着重要的挑战。金融科技公司需要将大量的敏感数据存储在其系统中，以便进行分析和应用。数据存储的安全性和可靠性可能会受到黑客攻击、技术故障等因素的影响，导致数据泄露或损坏的风险增加。同时金融科技公司还需要考虑数据备份和灾难恢复等方面的问题，以确保即使发生意外事件也能及时恢复数据并保障用户权益。

数据隐私风险涉及数据的滥用和未经授权的访问。金融科技公司可能会将用户数据用于除金融服务外的其他用途，如广告推送、数据分析等。如果未经用户授权或超出授权范围使用用户数据，则可能引发用户的不满和法律责任。同时金融科技公司内部员工或外部黑客等恶意行为也可能导致数据的未经授权访问，进而造成用户隐私的泄露和滥用。

为了降低数据隐私风险，金融科技公司需要采取一系列措施。这些金融科技公司应当建立健全的数据收集和使用规范，明确告知用户数据的收集目的和使用范围，并尊重用户的选择和权利。金融科技公司应当加强数据安全技术和措施，包括数据加密、访问控制、安全审计等，以防止数据泄露和未经授权访问的风险。同时金融科技公司还应当加强对员工的培训和监督，建立起内部控制机制，防止内部人员滥用用户数据。

金融科技公司应当积极与监管部门和行业协会合作，加强对数据隐私的监管和自律。这些金融科技公司应当密切关注相关法律法规的更新和变化，及时调整和完善自身的数据隐私政策和措施，以确保符合法律法规的要求，并保护用户的隐私权益。

金融科技领域的数据隐私风险是一项值得重视的问题，涉及数据收集、存储、使用等多个环节。金融科技公司应当采取一系列措施，包括建立规范、加强技术和控制措施、与监管部门合作等，以降低数据隐私风险，保护用户的隐私权益，维护金融科技行业的健康发展。

1.第三方数据泄露风险

第三方数据泄露风险是金融科技领域面临的一个重要挑战。随着金融科技的发展，金融机构越来越依赖第三方服务提供商来获取和处理大量的客户数据。这也带来了数据隐私风险，因为一旦第三方服务提供商存在安全漏洞或不当操作，客户的敏感信息就可能被泄露，导致严重的后果。

第三方数据泄露风险可能由多种因素引发。第三方服务提供商可能存在安全漏洞，例如网络攻击、数据泄露等，使得客户的敏感信息遭到窃取。第三方服务提供商可能存在不当操作，如未经授权地访问客户数据、将数据用于其他目的等，导致客户的隐私权受到侵犯。同时金融机构与第三方服务提供商之间的数据共享和传输也可能存在风险，如数据在传输过程中被窃取或篡改。

为了应对第三方数据泄露风险，金融科技公司需要采取一系列有效的措施。金融科技公司需要严格筛选第三方服务提供商，选择具有良好信誉和严格安全标准的合作伙伴。金融科技公司需要建立健全的数据安全管理制度，包括对客户数据进行加密、备份和监控等措施，确保数据的安全和完整性。同时金融科技公司还需要加强对第三方服务提供商的监督和管理，定期对其安全措施进行审查和评估，及时发现并解决潜在的安全隐患。

除了技术手段，金融科技公司还需要加强对客户数据的合法使用和保护。金融科技公司需要明确客户数据的收集和使用目的，遵守相关法律法规和隐私政策，保护客户的隐私权和数据安全。同时金融科技公司还需要加强对员工的数据安全意识培训，确保员工能够正确处理客户数据，防止数据被泄露和被滥用的发生。

第三方数据泄露风险是金融科技领域面临的一个重要挑战，金融科技公司需要采取一系列有效的措施来降低这一风险。通过严格筛选合作伙伴、建立健全的数据安全管理制度、加强对第三方服务提供商的监督和管理，金融科技公司可以更好地保护客户的隐私权和数据安全，确保金融市场的稳定和安全。

2.数据存储安全漏洞

金融科技的快速发展带来了数据的大规模采集、存储和处理工作，数据存储安全漏洞是一个不容忽视的问题，它直接威胁着数据的隐私与安全。数据存储安全漏洞是指在数据存储过程中出现的系统或技术缺陷，可能导致数据被未经授权的访问、篡改、泄露或丢失的风险。特别是在金融科技领域，由于金融数据的敏感性和重要性，数据存储安全漏洞可能会给金融机构和客户造成严重的影响。

数据存储安全漏洞可能导致数据的未经授权访问。黑客或恶意攻击者可能利用系统漏洞或弱密码等方式，非法获取存储在金融机构服务器上的敏感数据，如客户个人信息、财务数据等。这种未经授权的访问可能导致用户隐私泄露、财产损失甚至金融机构信誉受损。

数据存储安全漏洞可能导致数据的篡改和损坏。黑客或内部人员可能利用漏洞或恶意软件篡改金融机构存储的数据，包括交易记录、账户余额等。这种数据的篡改可能导致金融机构出现账务错误，客户信任度受损，甚至引发纠纷和法律诉讼。

数据存储安全漏洞可能导致数据的泄露。金融机构可能因配置错误或管理不当导致数据库或文件存储被公开访问，使得敏感数据被暴露在互联网上。被泄露的数据可能被恶意利用，导致个人隐私泄露、身份盗窃等问题。

要有效应对数据存储安全漏洞，金融科技公司和金融机构需要采取一系列措施加强数据隐私保护，其需要建立健全的数据安全管理制度和规范，明确责任和权限，加强对数据存储系统的监控和审计。这些公司和机构应采用安全加密技术，对存储的敏感数据进行加密保护，确保即使数据被盗取也无法被恶意利用。金融机构还应加强员工的安全意识培训，防范社会工程学攻击和内部恶意行为。同时金融机构还应与安全专家和监管机构合作，及时修补漏洞，提升数据存储系统的安全性和稳定性。

数据存储安全漏洞是金融科技领域面临的一个严重问题，可能导致数据的未经授权访问、被篡改、被泄露等风险。金融机构和科技公司需要加强数据安全管理，采用加密技术、加强员工培训等措施，保护客户和机构的数据安全与隐私。

（二）数据传输与处理风险

数据传输与处理风险在金融科技中是一个重要问题，尤其是涉及数据隐私方面的风险。金融科技的发展使得大量的个人和机构数据被收集、传输和处理，这也带来了数据隐私的风险。

数据传输过程中存在的安全漏洞可能导致数据被泄露和被盗用的风险。在数据传输过程中，如果不采取适当的加密和安全措施，数据可能就会被黑客攻击者截获，从而导致敏感信息的被泄露和被盗用。

数据处理过程中的错误和失误可能导致数据被泄露和滥用的风险。在数据处理过程中，如果人为或技术上的失误导致数据被错误处理或泄露，可能就会对个人隐私造成严重影响，甚至导致财产损失和声誉受损。

数据传输和处理过程中的第三方参与可能会增加数据隐私的风险。在金融科技中，通常会涉及多个第三方服务提供商，如云服务提供商、数据处理公司等。如果这些第三方参与方未能保护好数据安全，可能就会导致数据被泄露和被滥用的风险。

数据传输和处理过程中的监管不足可能会增加数据隐私的风险。虽然有一些监管机构对金融科技领域的数据隐私问题进行了一定程度的监管，但是监管的力度和范围仍然有限，难以全面覆盖金融科技中涉及的各个环节和问题。

数据传输与处理风险在金融科技中的数据隐私方面是一个重要问题。为了降低这些风险，金融科技企业需要加强对数据安全的保护措施，采取适当的加密和安全措施，加强对第三方参与方的监管。同时也需要加强与监管机构的合作，共同推动金融科技领域的数据隐私保护工作。

1.数据传输过程中的中间人攻击

金融科技领域中数据隐私风险的一个重要方面是数据传输过程中的中

间人攻击。这种攻击方式是指黑客或恶意攻击者在数据传输过程中，通过劫持通信渠道，窃取或篡改数据，从而获取敏感信息或对数据进行恶意操作。这种风险将对金融科技行业的数据隐私和安全性构成严重威胁。

中间人攻击可能会导致用户的敏感信息泄露。在金融科技平台中，用户可能通过网络进行金融交易、登录账户等操作，而这些操作往往涉及用户的个人身份信息、财务信息等敏感数据。如果黑客成功劫持了通信渠道，就有可能窃取用户的敏感信息，导致用户的隐私被泄露。

中间人攻击可能导致数据的被篡改或劫持。在金融交易过程中，黑客可能会篡改交易数据，修改交易金额、账户信息等，从而导致金融欺诈或财产损失。同时黑客还可能劫持交易流程，将交易指向恶意网站或伪造的支付平台，诱导用户输入敏感信息或进行非法转账操作，进而造成用户财产损失。

为了应对中间人攻击带来的数据隐私风险，金融科技公司需要采取一系列措施。这些金融科技公司应当加强对数据传输通道的安全保护。采用加密技术和安全协议，确保数据在传输过程中被加密和保护，防止黑客窃取或篡改数据。金融科技公司应当加强对用户身份的认证和授权管理。采用双因素认证、动态口令等安全机制，确保只有合法用户才能进行敏感操作，防止非法操作和欺诈行为。同时金融科技公司还应当加强对交易数据的实时监测和分析，及时发现异常交易行为，防止恶意攻击的发生。另外，金融科技公司还应当加强对系统漏洞和安全漏洞的管理，及时修补和更新系统，防止黑客利用漏洞进行攻击。

中间人攻击是金融科技领域面临的一个重要数据隐私风险，可能导致用户敏感信息被泄露、数据被篡改或财产损失。为了应对这一风险，金融科技公司需要采取一系列措施，包括加强数据传输通道的安全保护、加强用户身份认证和授权管理、加强交易数据的实时监测和分析等，以确保用户数据的隐私和安全。

2.数据处理环节的隐私保护漏洞

金融科技的蓬勃发展虽然为金融行业带来了巨大的便利和效率的提升，但与此数据处理环节中的隐私保护漏洞也成为一个值得关注的问题。随着金融科技的不断普及和应用，个人敏感信息的收集、存储、处理和传输变得日益频繁和复杂，从而增加了数据隐私被泄露的风险。

金融科技应用中的数据收集环节存在着潜在的隐私被泄露风险。金融科技公司通常通过各种手段收集用户的个人信息，包括但不限于身份证号码、银行账号、交易记录等敏感信息。一些不法分子或黑客可能会利用系统漏洞或社会工程学手段，非法获取这些数据，从而导致用户的隐私被泄露。

数据存储环节的安全性是一个值得关注的问题。金融科技公司往往需要大量存储用户的个人信息以便进行数据分析和个性化服务，如果安全措施不到位，这些数据就可能面临被黑客攻击或内部人员信息被泄露的风险。一旦用户的个人信息被泄露，可能就会导致金融欺诈、身份盗窃等问题，严重损害用户的利益和金融系统的稳定。

数据处理环节中的算法和模型可能存在潜在的隐私保护漏洞。金融科技公司通常会利用机器学习和数据挖掘等技术分析用户数据，以实现精准营销、信用评估等目的。一些算法可能会在不经意间泄露用户的隐私信息，如通过用户的交易模式推测其财务状况或个人偏好，从而侵犯用户的隐私权。

数据传输环节的安全性是一个需要重视的问题。金融科技公司往往需要将用户的个人信息传输到不同的系统或平台进行处理，而这些传输过程可能会存在被窃听或中间人攻击的风险，导致用户的隐私信息被泄露或被篡改。

金融科技中的数据隐私风险主要集中在数据收集、存储、处理和传输等环节。为了有效保护用户的隐私权，金融科技公司应加强对数据安全的管理和控制，采取有效的加密、权限控制、监控等措施，防范数据隐私被泄露的风险，确保用户的个人信息安全可靠。

二、金融科技中的数据安全风险

（一）系统与平台安全漏洞

金融科技领域的数据隐私风险日益引起人们的关注，其中系统与平台安全漏洞是导致数据隐私泄露的主要原因之一。系统与平台安全漏洞指的是金融科技公司或金融机构使用的系统和平台存在的潜在漏洞或弱点，可能被恶意攻击者利用来获取用户敏感信息或破坏数据安全。这些安全漏洞可能导致用户个人信息、财务数据等敏感数据被泄露，给用户和机构带来严重的损失和风险。

系统与平台安全漏洞可能导致用户个人信息被泄露。金融科技公司或金融机构使用的系统和平台可能存在未经修补的漏洞或弱点，使得黑客或其他恶意攻击者可以利用这些漏洞来非法获取用户的个人信息，如姓名、身份证号码、联系方式等。这些个人信息一旦被泄露，就可能被用于进行身份盗窃、欺诈等违法活动，给用户造成严重的财务损失和信用风险。

系统与平台安全漏洞可能导致财务数据被泄露。金融科技公司或金融机构使用的系统和平台存储了大量的财务数据，包括交易记录、账户余额等敏感信息。如果这些系统和平台存在安全漏洞，黑客或其他恶意攻击者就可能利用这些漏洞来获取或篡改财务数据，导致金融机构的财务损失和客户的信任受损。

系统与平台安全漏洞可能导致数据被篡改和丢失。黑客或其他恶意攻击者可能利用系统和平台的漏洞来篡改或删除存储在其中的数据，包括交易记录、合同文件等重要信息。这种数据的篡改和丢失可能导致金融机构出现账务错误、合同纠纷等问题，给用户和机构带来严重的法律和经济风险。

要有效应对系统与平台安全漏洞带来的数据隐私风险，金融科技公司和金融机构就需要采取一系列措施加强系统与平台的安全防护。这些金融科技公司和金融机构应该加强对系统与平台的安全审计和漏洞修补，及时发现和修复潜在的安全漏洞。这些金融科技公司和金融机构应该采用先进的安全技术和加密技术，对存储在系统和平台中的敏感数据进行加密保护，防止数据被泄露和篡改。这些金融科技公司和金融机构还应该加强员工的安全意识培训，提高其对安全风险的认识和防范能力。

系统与平台安全漏洞是金融科技领域面临的一个严重问题，可能导致用户个人信息、财务数据等敏感数据被泄露、篡改和丢失。金融科技公司和金融机构需要加强系统与平台的安全防护，采取有效措施保护用户和机构的数据隐私与安全。

1.软件与系统漏洞的利用与防范

软件与系统漏洞的利用与防范在金融科技领域尤为重要，因为数据隐私风险可能对金融系统和用户造成严重的损害。漏洞的利用可能导致敏感数据被泄露、个人信息的盗窃以及金融欺诈等严重后果。为了应对这一挑战，金融科技领域需要采取有效的措施来防范不法分子对漏洞的利用。

金融科技企业需要重视软件和系统的安全性。这些金融科技企业应该确保采用最新的安全技术和加密标准来保护用户数据，并且及时更新和修补软件与系统中发现的漏洞。同时定期进行安全评估和审计也是必要的，以发现潜在的安全隐患并及时加以解决。

金融科技企业需要加强员工的安全意识培训。员工是金融系统安全的第一道防线，这些金融科技企业需要了解安全策略和措施，并且知道如何识别和应对潜在的安全威胁。通过定期的安全培训和教育，可以提高员工的安全意识，降低人为失误导致的安全风险。

金融科技企业需要建立健全的访问控制和权限管理机制。只有授权的人员才能访问和处理敏感数据，其他人员则应该被限制在必要的范围内进行操作。通过细粒度的权限控制和多层次的访问验证，可以降低未经授权访问数据的风险。

金融科技企业需要与安全专家和行业组织密切合作，共同应对安全挑战。安全专家可以提供专业的安全咨询和技术支持，帮助企业建立健全的安全架构和流程。行业组织可以促进信息共享和合作，加强行业内部的安全意识和防范能力。

软件与系统漏洞的利用与防范在金融科技领域是一个关键问题。金融科技企业需要采取多种措施来防范漏洞被利用，包括加强软件和系统的安全性、培训员工的安全意识、建立健全的访问控制和权限管理机制，以及与安全专家和行业组织密切合作。只有这样，才能有效地保护用户数据的隐私安全，维护金融系统的稳定运行。

2.分布式系统与区块链安全性挑战

金融科技领域中的数据隐私风险在面对分布式系统和区块链技术时，也面临着新的挑战。分布式系统和区块链技术的兴起为金融领域带来了许多创新，但同时也带来了新的安全隐患和风险。

分布式系统和区块链技术可能增加数据隐私泄露的风险。在分布式系统中，数据可能存储在多个节点上，并通过网络进行传输和共享，这增加了数据被攻击者窃取或篡改的可能性。同样，在区块链中，交易数据被公开记录在不同的区块中，并通过共识机制进行验证，但仍然存在着信息被泄露和敏感数据的公开性问题。攻击者可能通过分析交易数据或攻击节点来获取用户的隐私信息。

分布式系统和区块链技术可能增加数据存储和传输过程中的中间人攻击风险。在传统的中心化系统中，数据传输通常由中心化的服务器进行控制和管理，而在分布式系统和区块链中，数据传输可能涉及多个节点和参与者，其中可能存在恶意节点或中间人。攻击者可能通过劫持通信渠道来窃取或篡改数据，从而造成用户隐私被泄露或财产损失。

分布式系统和区块链技术可能增加数据安全性和隐私保护的复杂性。由于分布式系统和区块链技术的复杂性和特殊性，传统的数据安全措施可能无法直接适用于这些系统。在区块链中，尽管交易数据被加密和记录在不同的区块中，但用户的身份可能仍然可以被推断出来，从而造成隐私被泄露。同时区块链中的智能合约等特性也可能导致安全漏洞和错误的合约执行，进而导致数据被泄露和财产损失。

为了应对分布式系统和区块链技术带来的数据隐私风险，金融科技公司需要采取一系列措施。这些金融科技公司应当加强对分布式系统和区块链技术的理解和应用。了解这些技术的工作原理和特点，能够更好地识别和理解其中可能存在的安全隐患与风险。金融科技公司应当加强对数据隐私和安全的保护措施。采用加密技术、访问控制、安全审计等手段，保护数据在传输和存储过程中的安全性和完整性。同时金融科技公司还应当加强对系统和智能合约等代码的审查和测试，及时发现和修补安全漏洞，保障系统的安全运行。

分布式系统和区块链技术虽然在金融科技领域带来了许多创新，但同时也增加了数据隐私风险。金融科技公司需要加强对这些技术的理解和应用，并采取一系列措施加强数据隐私和安全保护，以应对这些新的安全挑战。

（二）社会工程学与欺诈风险

金融科技的迅速发展虽然给金融行业带来了许多创新，但也伴随着数据隐私风险的增加。社会工程学是一种利用心理学原理和人类行为特征进行欺诈的手段，已经成为应对金融科技中数据隐私风险的一个重要方面。

在金融科技领域，黑客和不法分子可以利用社会工程学手段来获取用户的个人信息，进而进行欺诈行为。他们可能通过钓鱼邮件、虚假网站或电话欺诈等手段诱让用户提供账号密码、身份证号码等敏感信息，然后利用这些信息进行金融欺诈。

金融科技中的数据隐私风险与社会工程学的技巧紧密相关。金融科技公司可能会收集大量用户的个人信息，包括交易记录、财务状况等敏感数据。如果这些数据未经妥善保护，黑客和欺诈分子就有可能利用社会工程学手段进行更具针对性的欺诈活动。他们可以通过分析用户的交易模式和消费习惯来制定更具针对性的欺诈方案，进而窃取用户的资金或个人信息。

金融科技公司的内部人员可能利用社会工程学手段进行欺诈活动。内部人员可能会滥用其对系统和数据的访问权限，获取用户的个人信息，并将其出售给不法分子或利用这些信息进行欺诈行为。他们可能会利用社会工程学手段来获取其他员工的登录凭证或绕过安全措施，进而获取敏感信息。

金融科技中的数据隐私风险与社会工程学密切相关，社会工程学手段可以被用于获取用户的个人信息，并加剧金融欺诈风险。为了有效防范这一风险，金融科技公司应加强对用户数据的保护和安全控制，采取有效的安全措施，包括加密、权限管理、监控等，以防止黑客和欺诈分子利用社会工程学手段进行数据泄露与欺诈活动，保护用户的个人隐私和金融安全。

1.诈骗与欺诈行为的识别与应对

金融科技的迅速发展为诈骗与欺诈行为的识别与应对提供了新的机遇与挑战。随着金融活动的数字化和网络化，诈骗与欺诈行为也在不断演变，对金融系统和用户的安全构成严重威胁。因此，金融科技领域需要借助先进的数据技术和智能算法，从海量数据中识别出潜在的欺诈行为，以及采取有效的措施予以应对。

金融科技可以利用大数据技术和机器学习算法来识别诈骗与欺诈行为。通过分析用户的交易数据、行为模式、地理位置等信息，系统可以建立用户的行为画像，从而发现异常或可疑的交易行为。利用机器学习算法，系统可以不断学习和优化模型，提高对欺诈行为的识别能力。

金融科技可以利用数据挖掘技术来发现欺诈模式和规律。通过对历史交易数据和欺诈案例进行分析，系统可以挖掘出不同类型的欺诈行为的特征和模式，从而建立起更加精准的欺诈识别模型。同时系统还可以通过实时监控交易数据，及时发现新出现的欺诈行为，并根据实时数据更新模型，提高欺诈识别的准确性和效率。

金融科技可以利用人工智能和自然语言处理技术来识别欺诈行为。通过分析用户在网上的言论、评论和行为，系统可以识别出潜在的欺诈行为，并及时采取措施进行防范。同时系统还可以利用自然语言处理技术对大量的文本数据进行分析，发现隐藏在文本背后的欺诈信息和线索，从而提高欺诈识别的精准度和效率。

金融科技可以利用区块链技术和加密算法来保护用户的数据安全与隐私。通过区块链技术，所有交易数据都将被记录在不可篡改的区块链上，确保数据的完整性和安全性。利用加密算法，可以对用户的个人信息和交易数据进行加密保护，防止被未经授权的访问和窃取。

金融科技在诈骗与欺诈行为的识别与应对方面发挥着重要作用。通过大数据技术、机器学习算法、数据挖掘技术、人工智能和自然语言处理技术以及区块链技术和加密算法的综合应用，金融科技可以有效识别出潜在的欺诈行为，并采取相应的措施进行预防和应对，保护金融系统和用户的安全。

2.欺诈检测模型的建立与优化

金融科技领域面临着数据隐私风险，其中欺诈检测模型的建立与优化是重要举措。这些模型的目的是识别潜在的欺诈行为，同时保护用户的数据隐私。在建立和优化欺诈检测模型时，必须综合考虑数据隐私的重要性，采取有效措施保护用户的敏感信息。

建立欺诈检测模型时，必须遵循数据隐私的原则。这意味着只有在保护用户数据隐私的前提下，才能进行模型的数据收集、处理和分析工作。金融科技企业应该采用加密技术、匿名化方法等手段，对用户数据进行保护，确保用户的敏感信息不被泄露或滥用。

建立欺诈检测模型时，需要考虑用户数据的合规性和透明度。金融科技企业应该明确告知用户他们的数据将如何被使用，并且征得用户的明确同意。用户应该有权访问和管理他们的个人数据，并且有权选择是否参与欺诈检测模型的建立和优化过程。

建立欺诈检测模型时，需要考虑数据的安全性和保密性。金融科技企业应该采取严格的安全措施，确保用户数据不受未经授权的访问和篡改。同时企业还应该建立监测机制，定期审查和更新安全措施，以及及时响应潜在的安全威胁。

建立欺诈检测模型时，需要进行持续的优化和改进。金融科技企业应该利用机器学习和人工智能等技术，不断改进模型的精度和效率。同时企业还应该监控模型的性能和表现，及时调整和优化模型参数，以适应不断变化的欺诈手段和市场环境。

建立和优化欺诈检测模型时，必须充分考虑数据隐私的重要性。金融科技企业应该遵循数据隐私原则，保护用户的敏感信息，确保用户数据的合规性、透明度、安全性和保密性。只有这样，才能有效地识别和防范潜在的欺诈行为，维护金融市场的稳定和取得用户的信任。

第四节　风险监管与合规面临的挑战

一、金融科技风险监管面临的挑战

（一）技术迭代与监管滞后

1.技术创新速度与监管跟进的不匹配

金融科技的迅猛发展带来了许多创新，但与之相比，监管机构的监管跟进速度却显得滞后，这导致了金融科技领域面临监管挑战。这种技术创新速度与监管跟进速度不匹配的情况，可能会导致一系列风险和问题的出现。

技术创新速度快于监管跟进速度可能会增加金融市场的不稳定性。金融科技领域的技术创新往往涉及新的金融产品和服务，以及新的交易方式和市场模式。由于监管机构的监管跟进速度较慢，这些新兴业务可能存在监管真空或监管漏洞，导致市场秩序的混乱和不确定性增加。

技术创新速度快于监管跟进速度可能会增加金融机构和投资者的风险。金融科技领域的技术创新往往涉及新的风险类型和风险传播方式，如网络安全风险、数据隐私风险等。由于监管机构的监管跟进速度较慢，金融机构和投资者可能缺乏足够的监管指导和保护，无法有效防范和应对这些新的风险，从而增加了金融体系的系统性风险。

技术创新速度快于监管跟进速度还可能会增加金融犯罪和欺诈行为的风险。金融科技领域的技术创新往往伴随着新的金融犯罪种类和欺诈手段的出现，如网络诈骗、虚拟货币洗钱等。由于监管机构的监管跟进速度较慢，这些新型金融犯罪和欺诈行为可能在一定时期内得以滋生和蔓延，造成了金融市场秩序的混乱和金融消费者权益的受损。

为了应对技术创新速度与监管跟进速度不匹配的问题，监管机构需要采取一系列措施。监管机构应当加强对金融科技领域的监管和监测。建立健全的监管框架和机制，加强对新兴业务和新型风险的监管和评估，及时发现和应对监管漏洞与监管真空。监管机构应当加强与科技企业和金融机构的合作和沟通。积极参与金融科技创新的监管沙盒试点，了解和掌握最新的科技发展动态，促进监管政策和技术创新的良性互动。同时监管机构还应当加强对金融从业人员的培训和教育，提高其对新型金融风险和金融犯罪的识别和应对能力。

技术创新速度与监管跟进不匹配可能会导致金融市场的不稳定性，增加金融机构和投资者的风险，以及加剧金融犯罪和欺诈行为的风险。监管机构需要加强对金融科技领域的监管和监测，加强与科技企业和金融机构的合作和沟通，提高对新型金融风险和金融犯罪的识别和应对能力。

2.新型金融业务模式对传统监管框架带来的冲击

金融科技的快速发展对传统监管框架带来了前所未有的挑战。新型金融业务模式的出现使得传统监管体系面临着诸多冲击和困难。传统监管框架往往是基于传统金融业务模式设计的，难以适应金融科技快速变化的发展趋势。新型金融业务模式的出现，如P2P网络借贷、数字货币、区块链等，使得监管部门难以有效监管和管控金融科技风险。

新型金融业务模式的出现给传统监管框架带来了新的挑战和压力。传统监管框架往往是基于传统金融业务模式设计的，难以适应金融科技的快速发展和创新。P2P网络借贷平台的兴起使得传统银行业务模式受到了冲击，传统监管部门难以有效监管和管控P2P网络借贷平台产生的风险，导致出现一系列的风险事件和问题。

金融科技的快速发展会给监管部门带来了技术方面的挑战。传统监管部门往往缺乏金融科技方面的专业知识和技术手段，难以有效监管和管控金融科技风险。数字货币和区块链技术的兴起使得传统监管部门难以有效监管和管控数字货币交易产生的风险，导致出现一系列的监管漏洞和问题。

金融科技的快速发展给监管部门带来了跨界监管的挑战。传统金融业务模式往往是由单一金融机构提供的，监管部门可以通过单一金融机构进行监管和管控。新型金融业务模式的出现使得金融业务跨界合作成为一种趋势，监管部门会面临难以有效监管和管控跨界金融业务的风险。

金融科技的快速发展给传统监管框架带来了前所未有的挑战。新型金融业务模式的出现使得传统监管框架难以适应金融科技的快速发展，监管部门面临着诸多技术、跨界监管等方面的挑战。为了有效监管和管控金融科技风险，监管部门应加强技术研发和人才培养力度，加强国际合作，探索建立更加灵活和适应性强的监管框架，以应对金融科技快速变化的发展趋势。

（二）跨界监管与监管碎片化

1.金融科技跨界融合带来的监管边界模糊

金融科技的跨界融合带来了监管边界模糊的挑战，这是由于传统金融业务与新兴科技应用的融合引发的监管体系的复杂性和不确定性所致。随着金融科技的快速发展和创新，传统金融业务与新型科技平台的相互渗透与融合日益深入，监管面临着新的挑战。

金融科技的跨界融合导致了监管边界的模糊。传统金融业务往往受到严格监管，而新兴科技平台则可能以创新的姿态进入金融领域，其业务模式和产品特性常常超出传统监管范围。互联网公司提供的如支付服务、P2P借贷平台、数字货币等新型金融业务，其监管主体和监管规则往往不明确，导致监管边界的模糊化。

金融科技跨界融合增加了监管的难度和复杂性。传统金融监管机构通常只负责监管传统金融业务，对涉及新兴科技的金融服务往往缺乏专业性和经验，监管难度较大。新兴科技平台的发展速度快，技术创新不断涌现，监管机构往往难以及时跟上变化，导致监管失效和漏洞的出现。

金融科技跨界融合可能会加剧监管套利和监管漏洞。部分金融科技公司可能会利用监管边界模糊的漏洞，通过跨界融合创造出监管的"灰色地带"，从而规避监管或寻求监管套利。这可能会导致金融市场的不公平竞争和金融稳定风险的增加。

为了应对金融科技跨界融合带来的监管边界模糊的挑战，监管部门可以采取以下一系列措施。一是建立跨部门协作机制，加强监管合作与信息共享，促进监管部门之间的沟通和协调。二是完善监管法律法规，及时修订监管政策，弥补监管漏洞，确保监管覆盖的全面性和及时性。三是加强技术监管手段的应用，发展监管科技工具，提高监管效率和精准度。四是加强金融科技从业人员的监管意识和风险管理能力，强化自律和道德约束，共同维护金融市场的秩序和稳定。

金融科技的跨界融合带来了监管边界模糊的问题，监管部门需要加强合作与协调，完善监管法规和政策，加强技术监管手段的应用，提高从业人员的监管意识和风险管理能力，共同应对金融科技发展带来的监管挑战。

2.监管机构合作与信息共享面临的机遇与挑战

监管机构在金融科技领域面临着诸多机遇和挑战。金融科技的快速发展给监管带来了新的挑战，包括技术更新换代、监管跨界合作等方面的问题；监管机构与金融科技企业的合作和信息共享为监管带来了机遇，其可以加强监管效能，更好地应对金融科技领域的风险。

监管机构面临着技术更新换代带来的挑战。随着金融科技的不断创新和发展，监管机构需要不断更新自身的技术和工具，以应对日益复杂的金融科技风险。这意味着监管机构需要不断加强对新技术的研究和应用，提高自身的技术水平和应变能力。

监管机构面临着监管跨界合作带来的挑战。金融科技的跨界性和全球化特点使得监管面临着跨境合作与信息共享的问题。监管机构需要加强与其他国家和地区的合作，建立跨境监管机制，共同应对金融科技领域的风险和挑战。

监管机构与金融科技企业的合作和信息共享为监管带来了机遇。监管机构可以通过与金融科技企业合作，共同研究和解决金融科技领域的问题，促进监管政策的制定和落实。同时监管机构还可以与金融科技企业共享数据和信息，加强对金融市场的监测和预警，及时发现和应对潜在的风险。

监管机构可以利用人工智能和大数据等技术手段加强风险监管。监管机构可以利用人工智能和大数据技术分析金融市场数据和交易行为，发现潜在的风险和异常情况，并及时采取措施加以应对。这种技术手段的应用可以提高监管效能，降低监管成本，为金融市场的稳定和健康发展提供更好的保障。

监管机构在金融科技领域面临着诸多机遇和挑战。监管机构需要加强技术更新换代和监管跨界合作，应对金融科技领域的新挑战；监管机构可以与金融科技企业合作和信息共享，加强监管效能，更好地应对金融科技领域的风险。

（三）监管科技与监管沙盒

1.监管科技在风险监测与评估中的应用

金融科技的迅速发展给金融市场带来了新的挑战，其中包括监管科技在风险监测与评估中的应用所带来的挑战。监管科技，作为一种新兴的技术手段，虽然能够为监管机构提供更高效、精准的风险监测和评估能力，但同时也面临着一系列挑战。

监管科技的应用可能带来技术障碍和复杂性。监管科技往往涉及大数据分析、人工智能、机器学习等先进技术，需要具备相应的技术能力和专业知识。监管机构可能缺乏相关的技术人才和技术基础设施，导致监管科技的应用面临着技术障碍和复杂性的挑战。

监管科技的应用可能面临数据质量和数据安全的问题。监管科技依赖大量的数据进行风险监测和评估，使数据的质量和完整性可能受到影响，如数据缺失、数据错误等。同时数据的安全性也是一个重要问题，监管机构需要确保敏感数据在收集、传输和存储过程中的安全性和隐私保护。

监管科技的应用可能面临模型风险和误差的问题。监管科技往往依赖复杂的风险模型和算法进行风险监测与评估，而这些模型和算法可能存在误差和不确定性，导致监管决策的不准确性和可靠性降低。同时模型风险还可能导致监管机构对风险的误判和漏报，进而影响金融市场的稳定和发展。

为了应对监管科技在风险监测与评估中的挑战，监管机构需要采取一系列措施。监管机构应当加强对监管科技的投入和支持，提升技术人才队伍和技术基础设施建设的水平，以应对监管科技应用中的技术障碍和复杂性。监管机构应当加强对数据质量和数据安全的管理，建立健全的数据采集、清洗和安全保护机制，确保监管科技的数据来源和数据质量可靠可控。同时监管机构还应当加强对监管科技模型和算法的审查和评估，建立起监管科技的风险管理机制，及时发现和应对模型风险和误差，提高监管决策的准确性和可靠性。

监管科技在风险监测与评估中的应用为监管机构提供了新的机遇和挑战。监管机构需要克服技术障碍和复杂性，解决数据质量和数据安全问题，应对模型风险和误差，以实现监管科技的有效应用，促进金融市场的稳定和发展。

2.监管科技创新与监管政策的协同发展

金融科技的迅猛发展给监管机构带来了前所未有的挑战。监管科技创新与监管政策的协同发展是有效解决金融科技风险监管问题的关键。传统监管政策往往无法适应金融科技的快速发展，监管部门需要加强监管科技的创新，与监管政策相辅相成，共同应对金融科技风险监管挑战。

监管科技创新包括监管技术的应用和监管数据的分析。监管技术的应用可以帮助监管部门更好地监测金融市场和金融机构的运行情况，发现和预防金融风险。监管部门可以利用大数据技术和人工智能技术对金融数据进行分析，发现异常交易和风险行为，及时采取监管措施。监管数据的分析可以帮助监管部门更好地了解金融市场和金融机构的运行情况，制定更加有效的监管政策和措施。监管部门可以利用监管数据分析技术对金融数据进行挖掘和分析，发现潜在的风险因素和问题，及时采取相应的监管措施。

监管政策的协同发展包括监管政策的制定和执行。监管政策的制定需要考虑金融科技的发展趋势和监管科技的应用情况，及时调整和完善监管政策。监管政策的执行需要监管部门加强对金融机构和市场的监督检查，确保监管政策的落实和执行效果。监管部门可以利用监管科技创新提高监管效率和监管质量，加强对金融机构和市场的监督检查，及时发现和纠正违规行为，保护金融市场和金融消费者的合法权益。

监管科技创新与监管政策的协同发展是解决金融科技风险监管问题的有效途径。监管部门应加强监管科技的研发和应用，不断提升监管能力和水平，及时调整和完善监管政策，保持监管政策的灵活性和适应性，确保金融市场的稳定和健康发展。同时监管部门还应加强与金融机构和科技企业的合作，共同推动监管科技创新与监管政策的协同发展，共同应对金融科技风险监管挑战，维护金融市场的稳定和健康发展。

二、金融科技合规挑战与应对

（一）透明度与责任追究

1.金融科技平台信息透明度的提升与监管要求

金融科技平台的信息透明度提升和监管要求是金融科技行业面临的重要挑战之一。信息透明度的提升意味着金融科技平台需要更加清晰地向用户和监管机构披露其运营情况、风险管理措施和数据使用方式。金融科技平台的合规性受到监管要求的影响，需要平衡创新与合规之间的关系，确保在满足监管要求的同时保持竞争力和创新性。

金融科技平台需要提升信息披露的透明度。这包括对平台业务模式、收费标准、风险管理措施等方面的清晰披露，以便用户能够充分了解平台运营情况和风险特征。同时金融科技平台还需要向监管机构提供更加详尽和全面的信息披露，以满足监管要求，确保平台的合规性。

金融科技平台需要加强风险管理和数据隐私保护。金融科技平台往往涉及大量用户数据的收集、存储和处理工作，因此必须建立完善的风险管理机制，保护用户数据的安全和隐私。金融科技平台还需要遵守相关的数据隐私法规和标准，确保数据的合法使用和合规性。

金融科技平台需要加强对金融产品和服务的监管和审查。金融科技平台往往涉及多种金融产品和服务，包括支付服务、借贷服务、投资理财等，因此需要建立严格的监管机制，确保金融产品和服务的合规性和安全性。同时金融科技平台还需要加强对第三方合作机构的监管和管理，确保其业务活动符合监管要求。

金融科技平台需要加强合规风险管理和监督。金融科技行业发展迅速，监管要求在不断调整和升级，因此金融科技平台需要不断跟进监管政策和法规的变化，加强内部合规风险管理和监督，确保平台的合规性和稳定性。

金融科技平台面临着信息透明度提升和监管要求的双重挑战，需要加强信息披露、风险管理和合规监管，确保平台的稳健发展和用户利益的保护。同时金融科技平台还需要不断创新，提升技术能力和服务水平，适应金融市场和监管环境的变化，实现可持续发展。

2.金融科技产品责任追溯与监管机制建设

金融科技产品责任追溯与监管机制建设是金融科技领域面临的重要问题。随着金融科技产品的不断发展和普及，金融科技企业需要承担起相应的责任，并与监管机构合作，建立有效的监管机制，以应对合规挑战。

金融科技企业应该对其产品负起责任。这些金融科技企业应该确保其产品符合法律法规的要求，保护用户的权益和数据隐私。如果产品存在安全漏洞或违规行为等问题，金融科技企业就应该承担相应的责任，并采取及时有效的措施加以解决，避免对用户造成损失。

监管机构和金融科技企业需要加强合作，共同建立监管机制。监管机构应该加强对金融科技产品和服务的监管，及时发现并处置违规行为。同时监管机构也应该积极与金融科技企业合作，共同制定合规标准和监管规定，为金融科技企业提供指导和支持，促进金融科技行业的健康发展。

金融科技企业应该加强内部合规管理。这些金融科技企业应该建立健全的内部合规制度和流程，确保员工遵守法律法规的要求，保护用户的权益和数据隐私。通过加强内部合规管理，金融科技企业能够提高合规意识，降低违规风险，增强自身的竞争力和可持续发展能力。

金融科技企业和监管机构应该加强信息共享和交流。金融科技企业应该向监管机构及时报告产品的安全漏洞和违规行为，积极配合监管机构的调查和处置工作。同时监管机构也应该向金融科技企业提供及时有效的监管指导和支持，共同应对合规挑战，促进金融科技行业的健康发展。

金融科技产品责任追溯与监管机制建设是金融科技领域面临的重要问题。金融科技企业应该对其产品负起责任，与监管机构加强合作，建立有效的监管机制，加强内部合规管理，加强信息共享和交流，共同应对合规挑战，促进金融科技行业的健康发展。

（二）金融创新与监管反应

1.监管沙盒制度下的金融创新与监管协同

监管沙盒制度下的金融创新与监管协同是金融科技合规面临的重要议题。监管沙盒制度作为一种创新监管模式，旨在为金融科技企业提供一定的试验场所，以促进金融创新和监管协同发展。金融科技合规面临着诸多挑战，需要采取相应的应对措施。

监管沙盒制度下的金融创新可能会增加金融风险。在监管沙盒中，金融科技企业虽然可以在一定范围内进行试验和创新，但这也意味着监管机构对其业务的监管程度可能会相对较低。这可能会导致金融科技企业过度冒险和追求快速发展，忽视风险管理和合规要求，从而增加金融市场的不稳定性和风险。

监管沙盒制度下的金融创新可能会增加数据隐私和安全风险。金融科技企业在监管沙盒中可能会涉及大量的用户数据和交易信息，但监管沙盒制度往往对数据隐私和安全的要求相对较低，这可能会导致用户隐私被泄露或滥用的风险。监管沙盒中的金融科技企业可能缺乏完善的安全机制和数据保护措施，使得数据容易受到黑客攻击和技术漏洞的影响。

监管沙盒制度下的金融创新可能会增加金融消费者权益的风险。在监管沙盒中，金融科技企业虽然可能会推出新的金融产品和服务，但这些产品和服务可能存在不完善的风险披露与合规规定，使得金融消费者无法充分了解产品和服务的风险与权益。监管沙盒中的金融科技企业可能缺乏完善的投诉和争议解决机制，使得金融消费者面临投诉难以解决的问题。

为了应对监管沙盒制度下的金融创新与监管协同的挑战，需要采取一系列应对措施。监管机构应当加强对监管沙盒的监管和管理，建立起健全的监管框架和机制，加强对金融科技企业的监督和指导，确保其业务活动符合法律法规和合规要求。监管机构应当加强对金融科技企业的风险评估和监测，及时发现和应对风险问题，保障金融市场的稳定和发展。同时监管机构还应当加强与金融科技企业和金融消费者的沟通和合作，共同推动金融创新与监管协同发展，促进金融科技的健康发展和金融消费者权益的保护。

监管沙盒制度下的金融创新与监管协同面临着诸多挑战，需要监管机构和金融科技企业共同努力，采取相应的应对措施，以促进金融创新和监管协同发展，维护金融市场的稳定和金融消费者权益的保护。

2.金融科技企业合规风险管理与自律机制

金融科技企业在发展过程中面临着合规风险管理带来的挑战。合规风险管理是金融科技企业必须面对的重要问题，它涉及企业的法律法规遵从、业务合规性、信息安全等方面。金融科技企业需要建立起合规风险管理与自律机制，以应对合规挑战，确保企业的持续健康发展。

金融科技企业需要深入了解并遵守各国家和地区的相关法律法规。在不同的国家和地区，金融行业存在着不同的法律法规体系，金融科技企业必须严格遵守当地的法律法规，确保业务活动的合法性和合规性。金融科技企业应建立专门的法律合规团队，加强对法律法规的研究和理解，及时调整业务模式和运营方式，以确保企业的合规风险管理。

金融科技企业需要建立健全的自律机制，加强对内部业务活动的监督和管理。自律机制是金融科技企业自身内部建立的一套规范和制度，用于约束和规范企业员工的行为，保证企业的业务活动合规性和风险管理。金融科技企业应建立起严格的内部控制制度和风险管理制度，加强对业务流程和操作的监督和管理，确保企业的运营活动符合法律法规的要求，降低合规风险的发生概率。

　　金融科技企业需要加强对客户信息和数据的保护，提升信息安全水平。随着金融科技的发展，企业需要收集和处理大量的客户信息与数据，这些信息和数据涉及用户的个人隐私和敏感信息，必须得到妥善保护。金融科技企业应加强信息安全管理，建立起完善的信息安全保护体系，采取有效的技术手段和管理措施，确保客户信息和数据的安全性和保密性，避免信息泄露和数据风险。

　　金融科技企业面临着合规风险管理的挑战，需要建立起合规风险管理与自律机制，加强对法律法规的遵守和理解，建立健全的内部控制制度和风险管理制度，加强对客户信息和数据的保护，提升信息安全水平，以应对合规挑战，确保企业的持续健康发展。

第七章　金融科技与保险业务创新

第一节　数字保险与创新产品

一、金融科技数字保险

（一）数字化保险产品的特点

1.数据驱动的保险定价与风险评估

金融科技领域的数字保险正日益成为保险业的重要创新方向，其中数据驱动的保险定价与风险评估是其核心特征之一。数字保险借助先进的数据分析技术，结合大数据和人工智能等技术手段，实现了更精准、更个性化的保险定价和风险评估，为保险行业带来了新的发展机遇和挑战。

数据驱动的保险定价与风险评估使得保险公司能够更准确地评估被保险人的风险水平。传统的保险定价和风险评估主要依赖统计数据和风险模型，而数字保险则可以基于个体的大数据信息进行精细化定价和评估。通过分析被保险人的个人资料、行为习惯、健康状况等数据，保险公司可以更全面地了解被保险人的风险特征，从而更精准地确定保险费率和赔付金额。

数据驱动的保险定价与风险评估有助于降低保险公司的风险成本。传统的保险定价和风险评估往往存在信息不对称和风险估计不准确的问题，导致保险公司需要通过提高保险费率或设定更多的风险溢价来弥补风险。数字保险通过利用大数据和人工智能技术，能够更好地识别和预测风险，减少保险公司的风险成本，从而降低保险产品的价格，提高市场竞争力。

数据驱动的保险定价与风险评估可以为被保险人提供更个性化的保险

服务。传统的保险产品通常是基于大众平均风险水平进行定价和设计的，而数字保险则可以根据每个个体的实际风险情况进行定制化，为被保险人提供更符合其需求和实际情况的保险产品。保险公司可以根据被保险人的健康数据和生活习惯，制订个性化的健康保险计划，提供健康管理建议和健康风险预警服务。

数字保险面临着一些挑战和障碍。数据隐私和安全问题是在数字保险发展过程中的重要考虑因素。保险公司需要收集和分析大量的个人数据来进行保险定价与风险评估，而这也可能导致被保险人的隐私被泄露或滥用的风险。因此，保险公司需要加强对数据的保护和安全措施，确保被保险人的数据安全和隐私权得到充分保护。

数字保险的技术实施和应用面临着技术复杂性和成本问题。数字保险需要依托先进的数据分析和人工智能技术，建立起庞大的数据平台和算法模型，这需要大量的技术投入和人力资源支持。数字保险的技术应用和实施过程中可能会面临技术难题和技术风险，如数据质量问题、模型误差问题等，这需要保险公司加强技术研发和风险管理，提高技术应用的成功率和稳定性。

数据驱动的保险定价与风险评估是金融科技领域数字保险的核心特征之一，为保险行业带来了新的发展机遇和挑战。数字保险通过精准的数据分析和个性化的定价，提高保险公司的风险管理能力和市场竞争力，为被保险人提供更好的保险服务。同时数字保险也面临着数据隐私和安全、技术复杂性和成本等挑战，需要保险公司加强风险管理和技术创新，促进数字保险的健康发展。

2.在线销售与数字化服务渠道

金融科技的发展促进了保险业务的数字化转型，使得数字保险在在线销售与数字化服务渠道中扮演着越来越重要的角色。数字保险利用互联网、大数据、人工智能等技术手段，为客户提供更加便捷、高效的保险服务，推动了保险行业的创新与发展。

在线销售是数字保险的重要渠道之一。通过互联网和移动应用等在线平台，保险公司可以向客户推广和销售各类保险产品，实现线上购买和支付，极大地提高了保险产品的销售效率和覆盖范围。客户可以通过在线渠道方便地比较不同保险产品的价格和特性，选择最适合自己的保险方案，实现个性化定制。同时在线销售还可以降低保险产品的销售成本，提高保险公司的盈利能力，促进保险市场的健康发展。

数字化服务渠道是数字保险的另一重要方面。通过大数据和人工智能等技术手段，保险公司可以实现对客户的精准定位和个性化推荐，为客户提供更加智能化的保险服务。保险公司可以利用大数据分析客户的行为数据和偏好，推荐最适合客户的保险产品；通过人工智能技术实现智能理赔，提高理赔效率和客户满意度。同时数字化服务渠道还可以实现保险产品的在线投保、在线理赔等功能，方便客户随时随地进行保险业务办理，提升了客户的使用体验和满意度。

数字保险在在线销售与数字化服务渠道中面临着一些挑战。网络安全风险是数字保险面临的重要问题。随着在线销售和数字化服务的普及，客户的个人信息和交易数据可能会受到网络黑客和恶意攻击的威胁，造成信息被泄露和财产损失。保险公司需要加强信息安全保护，建立健全的网络安全体系，确保客户数据的安全性和保密性。数字保险面临着信息不对称和信任问题。客户往往对在线销售和数字化服务的信任度较低，担心在线渠道存在虚假宣传和欺诈行为。保险公司需要加强对产品信息的透明度和真实性披露，提高客户对在线销售和数字化服务的信任度，促进数字保险的健康发展。

数字保险在在线销售与数字化服务渠道中具有巨大的发展潜力，可以为客户提供更加便捷、高效的保险服务，推动保险行业的创新与发展。数字保险在发展过程中需要应对网络安全风险、信息不对称和信任问题等挑战，保持良好的发展态势。保险公司应加强对数字保险的技术研发和风险管理，不断提升数字保险的服务水平和客户体验，促进数字保险的健康、可持续发展。

3.客户体验优化与个性化服务

随着金融科技的迅速发展，数字保险在金融领域扮演着日益重要的角色。数字保险将传统保险业务与现代科技相结合，为客户提供更便捷、高效、个性化的保险服务，从而优化客户体验。客户体验的优化与个性化服务是数字保险领域面临的重要挑战和关键问题。

数字保险通过科技手段优化客户体验。传统保险业务常常需要客户前往实体店面或通过电话等方式办理，流程繁琐、耗时较长。数字保险利用互联网、移动应用等技术手段，实现了保险业务的线上化、便捷化。客户可以通过手机App或网站轻松购买保险产品、查询保单信息、理赔等，大大提高了保险业务的便利性和效率。

数字保险实现了个性化服务的提供。传统保险产品往往是标准化的，无法满足客户个性化的需求。数字保险通过大数据分析和人工智能技术，可以更好地了解客户的需求和行为，从而为客户量身定制个性化的保险方案。根据客户的年龄、职业、健康状况等个人信息，推荐适合的保险产品和保额，提供定制化的保险服务。

数字保险可以通过创新技术提升保险产品的体验和价值。智能设备与传感器技术的应用，使得保险公司可以实时监测客户的行为和风险，及时提供预警和建议。通过车载设备监测驾驶行为，保险公司可以为安全驾驶的客户提供优惠保费；通过健康监测设备监测客户的健康状况，保险公司可以提供个性化的健康管理方案。这些创新技术为客户提供了更全面、精准的保险服务，提升了客户体验和满意度。

数字保险在实现客户体验优化与个性化服务的过程中面临着一些挑战。客户隐私和数据安全是数字保险面临的重要问题。保险公司在收集和使用客户个人信息时，必须严格遵守相关法律法规，保护客户隐私和数据安全，防止数据被泄露和滥用。技术和平台的稳定性和可靠性是数字保险提供个性化服务的关键。保险公司需要不断提升技术水平，加强系统和平台的安全性与稳定性，确保客户数据的安全和保险服务的连续性。

客户体验优化与个性化服务是数字保险领域的重要发展方向。数字保险通过科技手段优化客户体验，实现个性化服务，提升了保险业务的便捷性、透明性和价值。同时数字保险在实现客户体验优化与个性化服务的过程中也面临着客户隐私和数据安全、技术和平台稳定性等挑战，需要保险公司加强管理和应对。

（二）技术驱动的创新

1.人工智能在理赔处理中的应用

人工智能在理赔处理中的应用，极大地提高了效率和准确性，为保险公司和客户带来了诸多好处。

人工智能技术能够加速理赔处理的速度。通过自动化和智能化的算法，人工智能可以快速分析和处理大量的理赔申请，大大缩短了理赔处理的时间，提高了客户的满意度和体验感。

人工智能可以提高理赔处理的准确性。通过机器学习和数据挖掘技术，人工智能可以自动识别和验证理赔申请的真实性，减少人为错误和欺诈行为的发生，保障保险公司和客户的权益。

人工智能可以优化理赔流程和资源分配。通过智能算法和预测分析，人工智能可以帮助保险公司更加合理地安排资源，提高工作效率和资源利用率，降低理赔处理的成本。

人工智能可以提供个性化的理赔服务。通过分析客户的个人信息和历史理赔记录，人工智能可以为客户定制个性化的理赔方案，满足其特定的需求和要求，提升了客户的满意度和忠诚度。

人工智能可以帮助保险公司进行风险管理和预防。通过分析大数据和趋势预测，人工智能可以及时识别出潜在的风险和问题，帮助保险公司采取相应措施加以防范，进而降低理赔的风险和成本。

人工智能在数字保险领域的理赔处理中发挥着重要作用。其快速、准确、个性化的特点，为保险公司和客户带来了诸多好处，提升了理赔处理的效率和质量，推动了数字保险行业的发展。

2.区块链技术在保险合同管理中的作用

区块链技术作为一种去中心化、安全可信的分布式账本技术，在金融科技领域的数字保险中扮演着重要角色。在保险合同管理中，区块链技术具有以下作用。

区块链技术提供了去中心化的合同存储和管理机制。传统的保险合同管理通常依赖中心化的数据存储和管理系统，存在数据容易篡改和丢失的风险。区块链技术通过分布式账本的方式，将保险合同的信息分布存储在多个节点上，并通过采用密码学技术保证数据的安全性和不可篡改性，使得保险合同的存储和管理更加安全可靠。

区块链技术提供了智能合约功能，实现了保险合同的自动化执行和管理。智能合约是一种基于区块链的程序代码，能够在事先设定的条件下自动执行合同条款，并将执行结果记录在区块链上，实现了合同的自动化管理和执行。通过智能合约，保险公司可以实现保险合同的自动化理赔、保费结算等业务流程，提高了合同管理的效率和透明度。

区块链技术可以提供可追溯性和透明度，加强保险合同管理的监督和审计功能。区块链上的交易数据是公开透明的，任何人都可以查看和验证，保险合同的存储和变更历史都可以被追溯到，保险公司和被保险人可以通过区块链上的数据进行交易审计与合规监督，增强了合同管理的透明度和可信度。

区块链技术可以提供数据共享和协作的机制，促进了保险合同管理的信息共享和业务协作。在区块链上，保险公司、被保险人、第三方机构等各方可以共享和访问同一份保险合同的数据，实现了信息的互通互联，提高了合同管理的效率和协同性，降低了合同管理的成本和风险。

区块链技术在保险合同管理中面临着一些挑战和限制。区块链技术的成本和性能问题可能会影响其在保险合同管理中的应用。区块链技术需要消耗大量的计算资源和能源，同时也存在着数据处理速度较慢和交易费用较高等问题，这可能会限制其在保险合同管理中的广泛应用。

区块链技术的法律法规和标准化问题可能影响其在保险合同管理中的推广与应用。由于区块链技术的新颖性和复杂性，相关的法律法规和标准化工作相对滞后，可能会导致保险公司在使用区块链技术进行合同管理时面临法律风险和合规挑战。

区块链技术在保险合同管理中发挥着重要作用，提供了安全可信的合同存储和管理机制、智能合约功能、数据追溯和透明度、信息共享和协作等功能，促进了保险合同管理的效率和透明度。同时区块链技术在保险合同管理中也面临着成本、性能、法律法规和标准化等挑战，需要保险公司加强技术研发和合规管理，推动区块链技术在保险行业的健康发展。

3.传感器技术与物联网在保险中的应用

传感器技术和物联网在保险领域的应用是金融科技数字保险发展的重要方向之一。传感器技术可以帮助保险公司更准确地评估风险，并提供更个性化的保险产品和服务。物联网的发展使得各种设备和物品可以相互连接和通信，为保险行业带来了更多的数据来源和风险管理工具。传感器技术和物联网的结合为数字保险的创新提供了丰富的可能性，使得保险业能够更好地适应数字化时代的发展趋势。

传感器技术在数字保险中的应用主要体现在风险评估和定价方面。通过在汽车、房屋等物品上安装传感器，保险公司可以实时监测这些物品的状态和使用情况。汽车保险公司可以通过车载传感器监测驾驶行为和车辆状况，根据实际驾驶情况调整保险费率。房屋保险公司可以通过智能家居设备监测房屋的安全状况，提供更全面的保险保障。传感器技术的应用使得保险公司能够更精准地评估风险，为客户提供更个性化的保险产品和服务。

物联网的发展为数字保险提供了更广阔的应用场景。通过物联网技术，各种设备和物品可以实现互联互通，为保险行业提供了更多的数据来源和风险管理工具。健康保险公司可以通过智能手环或智能手表监测客户的健康状况，根据客户的健康数据制订个性化的健康保险计划。农业保险公司可以通过农业物联网设备监测农田的气象条件和作物生长情况，提供更及时的保险理赔服务。物联网技术的应用使得保险公司能够更好地了解客户的需求，提供更贴近客户需求的保险产品和服务。

传感器技术和物联网的结合为数字保险的创新提供了丰富的可能性。保险公司可以通过传感器技术和物联网技术实现对风险的更精准评估和更及时监测，为客户提供更个性化的保险产品和服务。随着数字化技术的不断发展，保险行业也面临着一些挑战，如数据隐私和安全风险等。因此，保险公司在应用传感器技术和物联网技术时需要加强数据安全管理，保护客户的隐私权和个人信息安全，确保数字保险的可持续发展。

二、数字保险创新产品与服务

（一）无人机保险

1.无人机行业的快速发展与保险需求

无人机行业的迅速发展为保险业带来了新的机遇与挑战。随着无人机技术的不断成熟和应用范围的扩大，其风险与保险需求日益突显。在这一背景下，数字保险行业正积极创新产品与服务，以满足无人机行业的保险需求。

无人机行业的快速发展使得其相关风险备受关注。无人机的使用涉及一系列风险，包括飞行事故、碰撞损坏、数据丢失等。在无人机航拍活动中，飞行意外、设备故障或操作失误可能导致无人机坠毁，造成严重的人员伤亡和财产损失。无人机搭载的摄像头和传感器可能意外损坏，导致数据丢失或泄露。因此，无人机行业对于保险保障的需求日益迫切。

数字保险行业正积极创新产品与服务，以满足无人机行业的保险需求。数字保险公司通过引入新技术和灵活的保险方案，为无人机行业提供全方位的保险保障。数字保险公司可以利用大数据和人工智能技术，对无人机使用情况进行实时监测和分析，及时识别风险，并提供定制化的保险方案。同时数字保险公司还可以利用区块链技术，确保保险索赔的透明度和公正性，提高保险理赔的效率和准确性。

数字保险行业在不断探索新的保险产品和服务，以满足无人机行业不断变化的需求。无人机责任保险、无人机损坏保险、无人机数据保险等保险产品正在逐步推出，为无人机行业提供了全方位的保险保障。同时数字保险公司还可以结合无人机行业的特点，推出一系列增值服务，如风险评估、培训指导、技术支持等，帮助无人机用户降低风险，提高安全性和可靠性。

无人机行业的快速发展为数字保险行业带来了新的机遇与挑战。数字保险公司通过创新产品与服务，满足无人机行业的保险需求，为无人机用户提供全方位的保险保障和增值服务。在未来，随着无人机行业的不断发展和应用范围的扩大，数字保险行业将继续加大创新力度，不断完善保险产品与服务，为无人机行业的可持续发展提供有力支持。

2.无人机风险评估与保险产品设计

数字保险领域的创新产品与服务涵盖了许多方面，其中无人机风险评估与保险产品设计是一个备受关注的领域。无人机在各行各业的应用不断增加，但其使用也往往会伴随着一定的风险，如碰撞、失控等。因此，对无人机风险进行评估，并设计相应的保险产品和服务，对推动数字保险行业的发展至关重要。

对无人机风险进行全面评估是保险产品设计的基础。通过分析无人机在不同场景下的使用情况和可能发生的风险，可以识别潜在的风险因素，并量化其影响程度。这为设计相应的保险产品提供了重要的参考依据。

保险公司可以针对无人机风险推出多样化的保险产品。针对无人机碰撞造成的损失可以设计碰撞保险，针对无人机丢失或被盗的风险可以设计盗窃保险，针对无人机操作人员的责任风险可以设计责任保险等。这样的保险产品可以满足不同客户的需求，提供全方位的保障。

数字保险创新产品与服务可以利用无人机技术来提升理赔处理效率。保险公司可以利用无人机技术对事故现场进行快速勘察和数据采集，加快理赔处理的速度；可以利用无人机技术进行风险监测和预警，提前发现潜在风险，减少理赔次数和金额。

保险公司可以利用无人机技术开展风险管理和预防工作。可以利用无人机对高风险区域进行巡检和监测，及时发现潜在风险并采取措施加以防范；可以利用无人机技术对保险公司的资产和设施进行安全监控，提升安全性和防范能力。

无人机风险评估与保险产品设计是数字保险领域的一个重要创新方向。通过全面评估无人机风险，并设计多样化的保险产品和服务，可以提供全方位的保障，推动数字保险行业的发展和进步。同时利用无人机技术提升理赔处理效率和风险管理能力，也是保险公司在数字化转型过程中的重要措施。

（二）健康监测与保险

1.健康监测设备在保险行业中的应用

健康监测设备已成为保险行业的一项重要工具，为数字保险创新产品与服务提供了新的可能性。这些设备可以收集客户的健康数据，如心率、睡眠质量、运动量等。这些数据不仅有助于保险公司更准确地评估客户的健康状况，还可以帮助客户更好地管理自己的健康。

通过健康监测设备收集的数据，保险公司可以更准确地评估客户的风险水平，从而更精确地定价保险产品。如果一个客户通过监测设备展示出良好的健康习惯和稳定的生活方式，保险公司就可以为其提供更优惠的保险费率，因为这些客户可能会有更低的健康风险。相反，如果一个客户展示出不良的健康习惯或潜在的健康风险，保险公司就可以采取措施，如提供健康管理建议或定期检查，以帮助客户改善他们的健康状况，从而减少未来的风险和索赔次数。

健康监测设备可以作为保险公司推出创新产品和服务的基础。一些保险公司已经推出了基于健康监测数据的个性化保险产品。这些产品根据客户的实际健康状况来定价，与传统的固定保费模式相比，更能满足客户的个性化需求。同时一些保险公司还利用健康监测设备为客户提供附加值服务，如健康管理咨询、健康挑战活动和奖励计划等，以吸引客户并提高客户的健康意识和积极性。

健康监测设备在保险行业中的应用为数字保险创新产品与服务开辟了新的前景。通过利用这些设备收集的数据，保险公司可以更好地理解客户的健康状况，提供个性化的保险产品和服务，从而实现风险管理和维护好客户关系的双赢局面。

2.健康数据分析与个性化保险产品

健康数据分析和个性化保险产品是数字保险领域的重要创新。健康数据分析是指利用先进的信息技术和数据分析方法，对个人健康数据进行系统化、量化的分析，以实现对个人健康状况的全面评估和精准预测。个性化保险产品则是根据个人健康状况和风险特征，量身定制的保险产品，能够为投保人提供更加个性化、灵活的保险保障和服务。

健康数据分析在数字保险领域的应用为个性化保险产品的创新提供了重要支撑。通过收集个人健康数据，包括生物指标、医疗记录、运动数据等，利用大数据分析和人工智能技术，对这些数据进行深度挖掘和分析，可以发现个体的健康状况和潜在风险，为保险公司提供更加精准、个性化的风险评估和定价依据。基于健康数据分析，保险公司可以开发出更多元化、差异化的个性化保险产品，满足不同人群的保险需求，提高产品的竞争力和市场占有率。

个性化保险产品的创新包括健康保险、健康管理、健康服务等多种形式。健康保险是指根据个人健康状况和风险特征，量身定制的保险产品，能够为投保人提供更加全面、个性化的保险保障和理赔服务。健康管理是指基于健康数据分析，为投保人提供个性化的健康管理方案，包括健康咨询、健康评估、健康监测等服务，帮助投保人更好地管理健康，预防疾病。健康服务是指为投保人提供个性化的健康服务和健康促进活动，如健康教育、健康咨询、健康体检等，提高投保人的健康意识和健康水平。

健康数据分析和个性化保险产品面临一些挑战和限制。健康数据的收集和使用涉及个人隐私和数据安全等重要问题，保险公司需要加强数据保护和隐私保护，确保个人健康数据的安全和隐私不受侵犯。个性化保险产品的定价和服务可能受到监管政策和法律法规的限制，保险公司需要合规运营，遵守相关法律法规，保障投保人的合法权益和权利。同时个性化保险产品的推广和营销也面临着市场竞争和消费者接受度的挑战，保险公司需要加强市场调研和产品创新，提高产品的市场竞争力和消费者满意度。

健康数据分析和个性化保险产品是数字保险领域的重要创新，能够为投保人提供更加个性化、灵活的保险保障和服务。同时这一领域也面临着个人隐私和数据安全、监管政策和法律法规、市场竞争和消费者接受度等多方面的挑战，保险公司需要加强风险管理和合规运营，不断创新和完善产品和服务，提高产品的市场竞争力和消费者满意度。

第二节 保险科技公司的崛起

一、金融科技保险科技公司的兴起背景

（一）金融科技与保险业的融合趋势

1.金融科技对传统保险行业的影响与推动

金融科技对传统保险行业的影响日益显著，推动了保险行业的数字化转型和创新发展。金融科技保险科技公司的兴起背景主要源自以下几方面因素。

一是信息技术的迅猛发展为金融科技保险科技公司的兴起提供了技术基础。随着互联网、大数据、人工智能等技术的不断进步，保险行业逐渐意识到信息技术在产品设计、销售渠道、风险评估等方面的重要作用。金融科技保险科技公司利用先进的信息技术，为传统保险公司提供了更加高

效、便捷、智能的解决方案，推动了保险行业的数字化转型。

二是消费者需求的变化是金融科技保险科技公司兴起的重要原因。随着生活水平的提高和消费观念的转变，消费者对保险产品的需求也发生了变化，不再满足于传统的保险产品和服务。金融科技保险科技公司通过创新产品和服务，满足了消费者个性化、多样化的保险需求，扩大了保险产品的覆盖范围和提高了市场竞争力。

三是金融科技生态系统的建立为金融科技保险科技公司的兴起提供了良好的发展环境。随着金融科技产业链的不断完善和金融科技生态系统的不断发展，金融科技保险科技公司得以在各个环节获得技术支持和合作资源，加速了技术创新和对传统商业模式的突破。金融科技保险科技公司利用金融科技生态系统的优势，不断拓展业务领域和市场份额，成为保险行业的重要创新力量。

四是监管政策的支持为金融科技保险科技公司的兴起提供了政策环境。随着监管政策的逐步放开和改革，金融科技保险科技公司得以在监管框架内进行创新实践和试点探索，推动了保险行业的市场竞争力和服务质量的提升。监管政策的支持为金融科技保险科技公司的发展提供了政策保障和市场机遇，促进了保险行业的变革和创新。

金融科技保险科技公司的兴起背景主要源自信息技术的迅猛发展、消费者需求的变化、金融科技生态系统的建立以及监管政策的支持。金融科技保险科技公司利用先进的技术和创新的商业模式，推动了保险行业的数字化转型和创新发展，为保险行业的可持续发展和服务升级注入了新的活力。

2.数字化转型对保险业务模式的改变

数字化转型对保险业务模式的改变是当代金融领域的一大重要趋势。随着科技的不断发展和信息化程度的提高，保险行业也在不断探索和应用新技术，以适应市场变化和满足客户需求。

数字化转型为保险业带来了更加便捷和高效的业务模式。传统的保险业务模式通常繁琐而耗时，需要大量的纸质文件和人工操作，效率低。在数字化转型后，保险公司可以通过建立在线平台和移动应用，打理客户自助购买、在线投保、理赔申请等业务，极大地提高了业务处理的速度和效率，减少了人力和时间成本。

数字化转型使保险公司能够更好地了解和满足客户需求。通过大数据分析和人工智能技术，保险公司可以收集和分析海量的客户数据，深入挖掘客户的偏好和行为，为客户提供个性化的保险产品和服务。这种精准定制的方式可以增强客户粘性，提高客户满意度，促进保险业务的持续发展。

数字化转型为保险公司提供了更加全面和精准的风险管理能力。通过物联网技术和传感器设备，保险公司可以实时监测和评估客户的风险状况，及时发现和预警潜在的风险事件，降低风险损失。利用区块链技术可以实现保险合同的智能化管理和安全性加密，提高数据的安全性和可信度，增强保险业务的稳定性和可持续性。

金融科技保险科技公司的兴起是其数字化转型的重要体现。这些公司通过创新的科技手段和商业模式，为保险业带来了新的发展机遇和挑战。一些金融科技保险科技公司利用互联网技术和大数据分析，打破传统保险行业的垄断局面，推出了更加灵活和个性化的保险产品，吸引了大量年轻客户和新兴市场的关注。同时这些公司也加速了保险业的数字化转型进程，推动了保险业务模式的创新和升级。

数字化转型对保险业带来了一些挑战和风险。信息安全和隐私保护是在数字化转型过程中需要重点关注的问题。保险公司需要加强数据保护措施，保障客户的个人信息和交易数据不被泄露和滥用。技术成本和投资风险是数字化转型面临的一大障碍。保险公司需要投入大量的资金和人力进行技术更新与系统升级，这给保险公司的财务状况和盈利能力带来了挑战。

数字化转型对保险业务模式的改变是不可逆转的趋势。通过数字化转型，保险公司可以提高业务效率，优化客户体验，降低风险管理成本，促进保险业的可持续发展。同时数字化转型也需要保险公司充分认识到其中的挑战和风险，并采取相应的措施加以应对，以确保数字化转型的顺利进行和取得成功。

（二）创新技术驱动的保险科技公司

1.人工智能在保险科技中的应用与发展

人工智能（AI）已经在保险科技中发挥了重要作用，并且在不断地发展和应用中。保险科技公司的兴起背景与金融科技的蓬勃发展密不可分。这一趋势源自多方面的因素,其中包括数字化转型、大数据技术的普及和人工智能技术的迅速发展。

数字化转型是推动保险科技公司兴起的关键因素之一。随着社会的不断发展,传统的保险业务模式已经无法满足客户日益增长的需求。消费者更倾向在线购买保险产品,而不是通过传统的销售渠道。因此,保险公司不得不加快数字化转型的步伐,以满足市场的需求。在这个过程中,人工智能技术被广泛应用于保险产品的定价、理赔处理、客户服务等方面,从而提高了保险公司的效率和服务质量。

大数据技术的普及为保险科技公司的兴起提供了重要支持。随着互联网的普及和物联网技术的发展,海量的数据不断涌现并被广泛应用于各个领域。在保险行业,大数据技术被用于分析客户的行为模式、风险偏好等信息,从而更准确地定价保险产品,进而降低风险。人工智能技术的发展使得保险公司对大数据的分析变得更加智能化和高效,进一步推动了保险科技公司的发展。

人工智能技术的迅速发展为保险科技公司的兴起提供了重要动力。人工智能技术的不断进步,使得保险公司能够开发出更加智能化的保险产品和服务。一些保险科技公司利用机器学习算法分析客户的风险偏好,从而为其推荐最适合的保险产品。同时人工智能技术还被应用于理赔处理、反欺诈等方面,提高了保险公司的风险管理能力和服务水平。

金融科技的蓬勃发展为保险科技公司的兴起提供了重要背景和支持。数字化转型、大数据技术的普及和人工智能技术的迅速发展共同推动了保险行业的变革,为保险科技公司提供了广阔的发展空间。

2.物联网、大数据等新技术在保险创新中的作用

物联网、大数据等新技术在保险创新中发挥着至关重要的作用。物联网技术使得保险公司可以收集到更加丰富和精准的数据,如汽车保险公司可以利用车载传感器收集到的数据来评估驾驶行为,健康保险公司可以利用可穿戴设备收集到的健康数据来评估被保人的健康状况。大数据技术则可以帮助保险公司分析这些海量数据,发现隐藏在数据中的规律和趋势,从而实现个性化定价、精准定价和风险管理。同时人工智能技术还可以为

保险公司提供更加智能、高效的理赔服务，如利用自然语言处理技术来处理保险理赔申请，利用图像识别技术来评估理赔案件的损失程度，从而提高理赔效率和客户满意度。

金融科技保险科技公司的兴起背景主要源自对传统保险业务模式的挑战和改变。传统保险公司面临着市场竞争加剧、成本压力增大、客户需求变化等多方面的挑战，传统的保险业务模式已经难以满足市场的需求和要求。金融科技保险科技公司通过引入新技术和创新模式，为保险业带来了新的发展机遇和竞争优势。这些公司具有灵活的组织结构和运营模式，能够更快速地适应市场变化和客户需求，提供更加个性化、便捷的保险产品和服务。同时金融科技保险科技公司还具有较强的技术实力和创新能力，能够通过引入先进的技术和业务模式为保险业带来更多的创新和变化，推动保险业向数字化、智能化、个性化方向发展。

金融科技保险科技公司的兴起得益于金融科技和保险科技的快速发展。随着互联网、移动互联网、大数据、人工智能等技术的不断发展和应用，金融科技和保险科技正在成为金融行业的重要创新动力。金融科技和保险科技公司通过引入这些新技术和创新模式，打破了传统金融和保险的壁垒，为金融和保险行业带来了更多的发展机遇和创新可能性。同时金融科技和保险科技的发展也为金融科技保险科技公司提供了更加广阔的市场空间和商业机会，吸引了越来越多的创业者和投资者进入这一领域，推动了金融科技保险科技公司的兴起和发展。

物联网、大数据等新技术在保险创新中发挥着重要作用，为保险业带来了更多的发展机遇和竞争优势。金融科技保险科技公司的兴起背景主要源自对传统保险业务模式的挑战和改变，得益于金融科技和保险科技的快速发展，以及对新技术和创新模式的不断探索和应用。这些公司具有较强的技术实力和创新能力，能够通过引入先进的技术和业务模式，推动保险业向数字化、智能化、个性化方向发展，为客户提供更加智能、便捷的保险产品和服务。

（三）金融科技生态系统中的保险创新

1.金融科技平台对保险科技公司的支持与孵化

金融科技平台对保险科技公司的支持与孵化是金融科技生态系统中的

重要一环，进而为保险科技公司的兴起提供关键性的支持和推动。保险科技公司的兴起背景主要受到以下几方面因素的影响。

一是金融科技平台为保险科技公司提供了丰富的技术资源和行业经验。金融科技平台通常拥有先进的技术能力和丰富的行业经验，可以为保险科技公司提供技术支持、数据资源、市场渠道等方面的帮助。通过与金融科技平台的合作与孵化，保险科技公司得以借助平台的技术优势和资源优势，加速技术创新和产品落地，提高市场竞争力。

二是金融科技平台为保险科技公司提供了市场合作和商业机会。金融科技平台通常拥有庞大的用户群体和广泛的合作伙伴网络，可以为保险科技公司提供更广阔的市场空间和更多的商业机会。通过与金融科技平台的合作，保险科技公司得以拓展业务范围，深化客户关系，实现业务快速增长和规模化发展。

三是金融科技平台为保险科技公司提供了资金支持和投资机会。金融科技平台通常拥有丰富的资金实力和投资资源，可以为保险科技公司提供股权投资、风险投资等形式的资金支持和投资机会。通过与金融科技平台的合作与孵化，保险科技公司得以获得稳定的资金来源，支持企业的发展壮大，提高市场竞争力。

四是金融科技平台为保险科技公司提供了政策支持和市场认可。金融科技平台通常与政府部门、监管机构等有着良好的合作关系，可以为保险科技公司提供政策咨询、市场准入等方面的支持和指导。通过与金融科技平台的合作与孵化，保险科技公司得以获得政策支持和市场认可，提高了企业的信誉度和影响力，为企业的发展创造了良好的环境。

金融科技平台对保险科技公司的支持与孵化在保险科技公司的兴起背景中发挥了重要作用。金融科技平台通过提供技术资源、市场合作、资金支持和政策支持等方面的帮助，加速了保险科技公司的发展，推动了保险科技行业的快速发展和创新突破。

2.创新型金融科技公司与传统保险机构的合作与竞争关系

创新型金融科技公司与传统保险机构之间的合作与竞争关系是当前金融领域的重要议题。随着科技的快速发展和金融行业的不断变革，创新型金融科技公司的兴起成为金融领域的一大亮点。

创新型金融科技公司的兴起背景主要源自技术进步和市场需求。这些公司利用新兴技术如大数据、人工智能、区块链等，以及互联网和移动互联网的普及，进而提供更加灵活、便捷和个性化的金融服务和产品。这些创新型公司往往具有灵活的组织结构、高效的运营模式和快速的创新能力，能够更好地适应市场变化和满足客户需求。

创新型金融科技公司与传统保险机构之间存在着合作与竞争的双重关系。创新型金融科技公司可以通过与传统保险机构的合作，借助后者丰富的资源和客户基础，拓展市场份额和提升服务水平。一些创新型公司可以与传统保险机构合作推出共同的保险产品，共享风险，共同开发新的市场。同时创新型金融科技公司也是传统保险机构的竞争对手，其利用技术优势和创新能力，推出了更加个性化、智能化和低成本的保险产品和服务，吸引了大量年轻客户和新兴市场的关注，挑战了传统保险机构的地位和市场份额。

创新型金融科技公司的兴起对金融科技保险科技公司的兴起背景起到了推动作用。这些公司以其灵活的商业模式和前沿的技术应用，成为保险业的新生力量。这些公司通过创新的业务模式和产品设计，打破了传统保险行业的垄断局面，推动了保险业务的数字化转型和创新发展。

金融科技保险科技公司的兴起受到了市场需求和监管政策的推动。随着人们对保险需求的不断增加和对个性化、智能化保险产品与服务的需求不断增长，金融科技保险科技公司得到了广泛关注和认可。同时监管政策的放宽和支持也为金融科技保险科技公司的发展提供了有利条件，促进了保险行业的创新和竞争。

金融科技保险科技公司的兴起面临着一些挑战和障碍。技术安全和隐私保护是金融科技保险科技公司需要重点关注的问题。这些公司需要加强信息安全管理，保障客户的个人信息和交易数据不被泄露和滥用。市场竞争和盈利模式是金融科技保险科技公司需要面对的重要挑战。虽然这些公司具有创新性和前瞻性，但也面临着市场竞争激烈、盈利模式不明确等问题，需要不断探索和创新，提升核心竞争力。

创新型金融科技公司与传统保险机构之间存在着复杂的合作与竞争关系。创新型公司的兴起背景主要源自技术进步和市场需求，它们通过与传统保险机构的合作和竞争，进而推动保险业的创新和发展。同时金融科技保险科技公司的兴起也面临着一些挑战和障碍，需要充分认识并加以应对，以推动保险业务的持续发展和创新。

二、金融科技保险科技公司的发展与面临的挑战

（一）商业模式创新

金融科技和保险科技公司虽然在商业模式创新方面发挥了重要作用，但它们也面临着一些挑战。

这些金融科技和保险科技公司通过采用新技术和创新的商业模式，改变了传统金融和保险行业的格局。这些公司利用先进的技术，如人工智能、大数据分析和区块链，重新定义了金融和保险服务的交付方式，并提供更高效、便捷和个性化的解决方案。一些公司提供基于智能算法的贷款评估服务，可以更快速地审批贷款申请，而另外一些公司利用传感器和健康监测设备，为客户提供个性化的健康保险产品。

这些金融科技和保险科技公司面临着一些挑战。监管环境的不确定性是一个重要因素。金融和保险行业受到严格的监管，新兴的科技公司需要遵守各种法规和标准，这将增加其运营成本和风险。数据安全和隐私保护是其面临的另一个重要挑战。金融和保险公司处理大量敏感客户数据，必须确保这些数据的安全性和隐私性，以防止数据被泄露和滥用。市场竞争激烈，新兴科技公司需要不断创新和优化自己的产品和服务，才能在激烈的市场竞争中脱颖而出。

金融科技和保险科技公司面临的另一个挑战是技术风险。金融和保险科技公司虽然可以依赖先进的技术来提供服务，但这些技术可能存在漏洞和故障，可能会导致系统瘫痪或数据丢失，从而影响客户的信任和满意度。同时市场接受度和客户教育也是挑战之一。许多消费者对新兴科技公司提供的服务缺乏信任和了解，需要这些公司做出额外的努力来提高客户的认知度和信任度。

金融科技和保险科技公司通过商业模式创新，改变了传统金融和保险行业的格局，同时它们也面临着监管环境不确定性、数据安全和隐私保

护、市场竞争激烈、技术风险和客户教育等挑战。这些公司要取得长期成功，就需要积极应对这些挑战，保持创新精神，提高服务质量和客户满意度。

1.新型商业模式对保险市场的影响

新型商业模式对保险市场产生了深远的影响。这些新型商业模式主要包括共享经济、区块链技术、人工智能、智能合约等。共享经济模式改变了传统保险业务的销售和分销模式，通过在线平台和社交网络等渠道，实现了保险产品的共享和社区化，降低了保险成本，提高了保险效率，拓展了保险市场的潜在客户群。区块链技术为保险业带来了更加安全、透明、高效的交易和管理方式，实现了保险数据的去中心化存储和智能合约的自动执行，提高了保险业务的可信度和可靠性。人工智能技术为保险业提供了更加智能、个性化的保险产品和服务，如智能理赔、智能客服等，提高了保险业务的便捷性和用户体验感。智能合约技术为保险业带来了更加便捷、高效的合同管理和执行方式，实现了保险合同的自动化管理和自动化理赔，减少了人为因素的干扰，提高了保险业务的效率和准确性。

作为新兴力量，金融科技保险科技公司在保险市场的发展中发挥着重要作用。这些公司通过引入新技术和创新模式，打破了传统保险业务的局限，推动了保险市场的数字化、智能化、个性化发展。这些公司具有较强的技术实力和创新能力，能够快速响应市场需求，开发出符合市场需求的新产品和服务。这些公司具有灵活的组织结构和运营模式，能够更加快速地适应市场变化和客户需求，提高了保险产品的竞争力和市场占有率。

金融科技保险科技公司面临着一些挑战和限制。金融科技保险科技公司需要面对激烈的市场竞争和不确定的市场环境，传统保险公司和新兴科技公司纷纷进入保险市场，其竞争压力不断增大。金融科技保险科技公司需要面对监管政策和法律法规的限制，保险行业属于高度监管的行业，金融科技保险科技公司需要加强合规运营，遵守相关法律法规，保障投保人的合法权益和权利。金融科技保险科技公司需要面对技术风险和信息安全风险，而新技术的应用可能带来新的风险和挑战，保险公司需要加强风险管理和信息安全保护，保障客户数据的安全和隐私。

新型商业模式对保险市场产生了深远的影响，作为新兴力量，金融科技保险科技公司在保险市场的发展中发挥着重要作用。同时这些公司也面临着激烈的市场竞争、监管政策和法律法规的限制、技术风险和信息安全风险等多方面的挑战，需要加强风险管理和合规运营，不断提高技术水平和创新能力，提高竞争力和持续发展能力。

2.保险科技公司的盈利模式与商业策略

保险科技公司的盈利模式和商业策略主要受到市场需求、技术创新和竞争环境等因素的影响。这些公司通过创新产品和服务、优化业务流程、拓展市场渠道等方式实现盈利，并面临着发展和竞争的挑战。

保险科技公司的盈利模式主要包括以下几种，一是基于保险产品销售的收入模式，通过代理销售保险产品获取佣金或提成；二是基于技术服务的收入模式，为保险公司提供技术支持、数据分析、风险评估等服务获取收费；三是基于数据价值的收入模式，通过收集、分析和销售大数据获取收入；四是基于金融服务的收入模式，为用户提供金融理财、保险咨询等增值服务获取收费。

保险科技公司的商业策略主要包括产品创新、市场拓展和合作共赢。保险科技公司通过不断创新产品和服务，满足市场需求，提高产品差异化程度和竞争优势。积极拓展市场渠道，加强与保险公司、金融机构、科技企业等的合作，拓展业务范围和客户群体，实现业务规模和市场份额的增长。同时保险科技公司还注重建立良好的品牌形象和企业文化，提高市场竞争力和客户满意度，实现长期可持续发展。

保险科技公司的发展面临着一些挑战和困难。技术创新和市场监管的不匹配是一个重要问题。保险科技公司虽然在技术创新和产品开发方面取得了一定成就，但是受到市场监管政策的限制和约束，导致创新应用的推广和落地受阻。市场竞争激烈是保险公司面临的一个重要挑战。随着保险科技行业的快速发展，市场竞争日益激烈，保险科技公司面临着来自同行业竞争者和传统保险公司的竞争压力，需要不断提升自身的创新能力和竞争优势。数据安全和隐私保护是保险公司面临的另外一个重要挑战。保险科技公司在数据收集、分析和应用过程中面临着数据安全和隐私保护的风险，需要加强数据安全管理和隐私保护机制，提高用户信任度和数据安全性。

保险科技公司的盈利模式和商业策略受到市场需求、技术创新和竞争环境等因素的影响。这些公司通过创新产品和服务、优化业务流程、拓展市场渠道等方式实现盈利，并面临着技术创新、市场竞争和数据安全等方面的挑战。只有不断提升创新能力、加强市场竞争和完善风险管理，保险科技公司才能够实现稳健发展和可持续盈利。

（二）监管与合规挑战

金融科技保险科技公司的发展与其面临的挑战是当前金融领域的热点话题。随着科技的快速发展和金融行业的不断变革，这些公司在保险领域的崛起引发了广泛关注。

金融科技保险科技公司的发展得益于技术创新和市场需求。这些公司通过运用先进的科技手段，如大数据分析、人工智能、区块链等，为传统保险行业带来了新的商业模式和服务方式。它们提供了更加便捷、高效、个性化的保险产品和服务，满足了客户对个性化、智能化保险需求的日益增长需求。

金融科技保险科技公司的发展面临着监管与合规挑战。由于金融科技保险科技公司的业务模式和技术手段具有创新性和前瞻性，往往超出了传统监管体系的范畴。监管部门需要及时跟进和适应科技发展的步伐，制定相关政策和规范，保障市场秩序和消费者权益。同时金融科技保险科技公司也需要加强内部合规管理，严格遵守相关法律法规，确保业务操作的合法性和规范性。

金融科技保险科技公司的发展面临着数据安全和隐私保护等风险。由于保险业务涉及大量的个人敏感信息和交易数据，金融科技保险科技公司需要加强数据安全管理，采取有效措施保障客户数据的安全性和隐私性，防范信息被泄露和滥用风险。同时应用新技术如大数据分析和人工智能算法，也需要考虑其对数据隐私的影响，确保合法合规。

金融科技保险科技公司的发展面临着市场竞争和盈利模式等挑战。尽管这些公司具有创新性和前瞻性，但也面临着市场竞争激烈、盈利模式不明确等问题，需要不断探索和创新，提升核心竞争力。同时金融科技保险科技公司还需要面对传统保险机构的竞争压力，应对其在市场份额和品牌影响力上的优势，加强产品差异化管理和促进服务升级，提升市场竞争力。

金融科技保险科技公司的发展与其面临的挑战是当前金融领域的重要议题。尽管这些公司在技术创新和商业模式上具有优势，但也面临着监管合规、数据安全、市场竞争等诸多挑战。监管部门和企业需要共同努力，加强合作与沟通，促进金融科技保险科技公司健康发展，为保险行业的创新与进步做出积极贡献。

1.金融科技保险公司面临的监管压力与合规要求

金融科技和保险科技公司在迅速发展的过程中面临着严峻的监管压力和合规要求。这些公司必须遵守金融和保险行业的法规和标准，以确保业务的合法性和可持续性。

金融科技和保险科技公司必须遵守严格的监管规定。金融和保险行业受到监管机构的严格监管，以确保市场的稳定和公平。这些监管机构制定了一系列法规和政策，覆盖了从业资格、业务操作、风险管理到客户保护等方面。金融科技和保险科技公司必须了解并遵守这些规定，否则其有可能会面临严厉的处罚和法律诉讼。

数据安全和隐私保护是金融科技和保险科技公司面临的重要监管压力之一。这些公司处理大量敏感客户数据，包括个人身份信息、财务信息等。因此，这些公司必须采取有效的措施来保护这些数据的安全性和隐私性，以防止数据被泄露和滥用。监管机构通常会要求金融科技和保险科技公司制定严格的数据安全政策，并定期进行安全审计和风险评估。

另一个重要的监管压力是来自消费者保护。金融科技和保险科技公司必须确保其产品和服务符合消费者的利益，避免产生误导性宣传和不当销售行为。监管机构通常会对这些公司的产品和服务进行审查，以确保其合法性和合规性。如果发现违规行为，监管机构将采取相应的处罚措施，包括罚款和撤销执照。

跨境业务的监管是金融科技和保险科技公司面临的挑战之一。随着全球化进程的加速，许多金融科技和保险科技公司开始拓展海外市场。不同国家和地区的监管要求可能存在差异，这给跨境业务带来了一定的风险和不确定性。金融科技和保险科技公司必须了解并遵守目标市场的监管规定，以避免因违规行为而受到处罚。

金融科技和保险科技公司在发展过程中必须面对严格的监管压力和合

规要求。这些公司需要建立健全的内部合规体系，加强对法规和政策的了解与遵守，以确保业务的合法性和可持续性。同时监管机构也应积极引导和支持金融科技和保险科技公司的发展，促进金融科技和保险科技行业的健康发展。

2.保险科技创新如何平衡监管与创新的关系

保险科技创新在平衡监管与创新的关系方面面临着重要的机遇与挑战。随着金融科技保险科技公司的发展，监管机构面临着如何保障市场秩序和维护消费者权益的问题，而金融科技保险科技公司则需要在满足监管要求的同时保持创新动力。

监管机构需要制定清晰的政策和规定，以引导和规范保险科技创新的发展。监管政策应该兼顾金融科技保险科技公司的创新需求和风险管理要求，确保金融科技保险科技公司在遵守监管规定的前提下，有足够的空间进行创新实践。监管机构需要积极倾听市场和行业的声音，及时调整和优化监管政策，促进金融科技保险科技公司的健康发展。

金融科技保险科技公司需要加强合规管理，注重社会责任和风险防范。保险科技创新应当以满足客户需求和提升保险服务质量为目标，不应以牺牲消费者权益和市场秩序为代价。金融科技保险科技公司应当加强内部合规建设，建立完善的合规管理体系和风险控制机制，加强对保险产品设计、销售和服务的监管和管理，确保保险业务的合法合规，保障消费者权益和社会公平。

监管机构和金融科技保险科技公司之间需要加强沟通与协作，共同推动保险科技创新的发展。监管机构应当与金融科技保险科技公司建立良好的沟通机制，加强信息交流和政策解读，及时了解市场动态和创新发展，为金融科技保险科技公司提供必要的指导和支持。金融科技保险科技公司应当积极配合监管机构的监管工作，主动接受监管监督，加强内部风险管理和合规建设，促进保险科技创新的健康发展。

保险科技创新需要在监管与创新之间取得平衡，以促进保险行业的数字化转型和创新发展。监管机构和金融科技保险科技公司应当共同努力，加强沟通与协作，共同推动保险科技创新的发展，实现保险行业的可持续发展和长期繁荣。

第三节 人工智能在保险中的应用

一、人工智能在金融保险中的风险评估与定价

（一）数据驱动的风险评估

1.个人化风险评估模型的建立

个人化风险评估模型的建立对金融保险行业具有重要意义。这种模型基于个人数据和行为模式，通过数据挖掘、机器学习等技术，实现了对个体风险的精准评估和预测。个人化风险评估模型能够更准确地识别和量化个体的风险特征，包括年龄、性别、健康状况、生活方式等因素，从而更精确地评估个体的风险水平。个人化风险评估模型能够实现实时监测和动态调整，根据个体的行为变化和环境变化，及时更新风险评估结果，进而提高风险评估的准确性和及时性。同时个人化风险评估模型还可以为保险公司提供更加精准的定价策略，根据个体的风险水平和偏好，量身定制保险产品和服务，提高产品的个性化和市场竞争力。

人工智能在金融保险中的风险评估与定价方面发挥着重要作用。人工智能技术能够处理和分析大规模的数据，发现其中的规律和趋势，为保险行业提供更准确、更全面的风险评估和定价依据。人工智能技术可以应用于个体风险识别和评估，通过分析个体的行为数据和健康数据，识别出潜在的风险因素，从而帮助保险公司更准确地评估个体的风险水平。人工智能技术可以应用于风险模型的建立和优化，通过机器学习算法和深度学习模型，建立更加精准、更加智能的风险评估模型，提高风险评估的准确性和效率。同时人工智能技术还可以应用于保险产品的定价和优化，根据风险评估结果和市场需求，调整保险产品的定价策略，提高产品的竞争力和市场占有率。

人工智能在金融保险中的风险评估与定价面临着一些挑战和限制。人工智能技术需要大量的数据支持，才能发挥其优势，保险公司需要加强数

据收集和整合，提高数据质量和数据可用性。人工智能技术的应用需要考虑数据隐私和信息安全等重要问题，保险公司需要加强数据保护和隐私保护，保障个人数据的安全和隐私。同时人工智能技术在金融保险中的应用还需要面对监管政策和法律法规的限制，保险行业属于高度监管的行业，保险公司需要遵守相关法律法规，保障投保人的合法权益和权利。

个人化风险评估模型的建立对金融保险行业具有重要意义，人工智能在金融保险中的风险评估与定价发挥着重要作用。同时人工智能在金融保险中的应用还面临着数据质量、数据隐私、监管政策等多方面的挑战，保险公司需要加强技术研发和风险管理，不断完善人工智能技术在金融保险中的应用，推动保险行业向数字化、智能化、个性化方向发展。

2.人工智能算法在保险欺诈检测中的作用

人工智能算法在保险欺诈检测中发挥着重要作用。通过分析大量的数据，人工智能算法能够发现保险欺诈行为的模式和规律，提高欺诈检测的准确性和效率。人工智能算法可以通过监测投保人的行为模式和交易数据，识别出异常行为和不寻常模式，及时发现潜在的欺诈行为。同时人工智能算法还可以通过数据挖掘和机器学习技术，不断优化模型和算法，提高欺诈检测的精准度和预测能力，为保险公司提供有效的风险控制和管理手段。

在金融保险领域，人工智能算法发挥着重要的作用。通过分析大量的金融数据和市场信息，人工智能算法可以识别风险因素和预测市场趋势，为保险公司提供风险评估和定价建议。人工智能算法可以通过分析历史数据和市场动态，识别潜在的风险因素和风险事件，帮助保险公司及时调整保险产品和定价策略，降低风险损失。同时人工智能算法还可以通过模拟仿真和风险评估模型，评估不同的保险产品和投资组合的风险水平，为保险公司提供风险管理和资产配置建议，优化保险公司的投资组合和资产配置，实现长期稳健的投资回报。

人工智能算法在保险欺诈检测和风险评估中面临着一些挑战和障碍。数据质量和数据来源的问题是其面临的一个重要挑战。由于金融数据的复杂性和多样性，人工智能算法往往面临着数据质量和数据来源的不确定性，影响了算法的准确性和效果。隐私保护和数据安全是一个重要障碍。

在保险欺诈检测和风险评估过程中，涉及大量的个人和敏感信息，如何保护用户的隐私和数据安全是一个重要问题，保险公司需要加强数据安全管理和隐私保护机制。算法模型的解释性和可解释性是其面临的一个重要挑战。由于人工智能算法往往是黑箱模型，难以解释其内部运行机制和决策逻辑，导致难以理解和接受，限制了算法的应用范围和效果。

人工智能算法虽然在保险欺诈检测和风险评估中发挥着重要作用，但同时也面临着一些挑战和障碍。通过加强数据质量管理、加强隐私保护和数据安全、提高算法的解释性和可解释性，可以应对这些挑战，提高人工智能算法在保险领域的应用效果和价值。

（二）机器学习在保费定价中的应用

1.基于机器学习的保费定价模型

金融保险行业正在积极探索机器学习技术在风险评估与保费定价方面的应用。机器学习是一种基于数据的方法，通过训练模型来识别数据之间的模式和规律，从而实现自动化的决策和预测。在金融保险领域，机器学习技术可以帮助保险公司更准确地评估风险，优化保费定价，提高风险管理效率。

机器学习在风险评估方面发挥着重要作用。传统的风险评估模型往往基于统计方法和人工规则，存在着模型过于简化、特征选择不准确等问题。机器学习技术能够更好地利用海量数据，发现数据之间的潜在关系和非线性规律，构建更精准和可靠的风险评估模型。通过深度学习算法和神经网络模型，保险公司可以对客户的风险状况进行更全面、更深入的分析，识别出潜在的风险因素和异常情况，为保险公司提供更科学、更可靠的风险评估结果。

机器学习在保费定价方面发挥着重要作用。传统的保费定价模型通常基于经验法则和风险分级，缺乏个性化和精准度。机器学习技术可以根据客户的个人信息、历史数据和行为特征，构建个性化的保费定价模型。通过监督学习和无监督学习算法，保险公司可以根据客户的风险等级、历史索赔记录、健康状况等因素，精确计算客户的保费水平，实现个性化定价，提高客户满意度和保费收入。

机器学习可以帮助保险公司提高风险管理效率和预测能力。通过监控市场数据、实时分析客户行为和风险指标，保险公司可以及时发现和识别潜在的风险事件，采取相应的风险管理措施，降低风险损失。利用机器学习技术进行风险预测和模拟分析，可以帮助保险公司更好地评估不同风险事件的可能性和影响程度，制定相应的风险管理策略，提高保险业务的稳定性和可持续性。

机器学习在金融保险中的应用面临着一些挑战和限制。数据质量和数据隐私是机器学习应用的关键问题。保险公司需要保证数据的完整性和准确性，避免数据偏差和噪声对模型训练结果的影响。同时保险公司还需要加强数据隐私保护，确保客户个人信息和敏感数据不被泄露和滥用。模型解释和可解释性是机器学习应用面临的另一个挑战。尽管机器学习模型可以实现高精度的预测和决策，但其内部运行机制往往较为复杂，难以解释和理解。保险公司需要加强对模型的解释性分析和评估，确保模型的稳健性和可信度。

机器学习在金融保险中的风险评估与保费定价方面具有广阔的应用前景和重要意义。通过充分利用机器学习技术，保险公司可以实现更准确、更个性化的风险评估和保费定价，提高风险管理效率和保险服务质量，推动保险行业的数字化转型和创新发展。保险公司需要充分认识到机器学习应用的挑战和限制，加强技术研发和管理，推动机器学习技术在金融保险领域的健康发展和应用。

2.预测模型对保险理赔成本的影响

预测模型在保险理赔成本方面的影响不可小觑。通过人工智能技术的应用，保险公司能够更准确地评估风险，并据此对保险产品进行定价，从而影响理赔成本的控制和管理。

人工智能技术可以帮助保险公司更精准地评估客户的风险水平。传统的风险评估方法虽然可能会依赖一些基本的客户信息和历史数据，而人工智能模型可以利用更丰富和复杂的数据源，包括客户的行为模式、社交媒体活动、医疗记录等，来构建更为细致和全面的客户风险画像。通过对这些数据进行深度学习和分析，预测模型可以识别出潜在的风险因素，并及时采取措施来降低风险发生的可能性。

人工智能技术可以提高理赔过程的效率和精度。保险公司通常需要对理赔申请进行复杂的审核和调查，以确保理赔的合法性和真实性。传统的理赔审核流程可能需要花费大量的时间和人力，而人工智能模型可以通过自动化和智能化的方式，快速地处理大量的理赔申请，并筛选出潜在的异常案例进行进一步的审查。这不仅可以加快理赔处理的速度，还可以减少人为错误和欺诈行为的发生，从而降低理赔成本。

人工智能技术可以帮助保险公司进行更精准的定价。传统的保险定价模型可能基于一些简单的统计方法和经验规则，而人工智能模型可以利用更多的数据和更复杂的算法，对不同类型的风险进行更精细化的定价。通过对客户的个性化数据进行分析和建模，预测模型可以为客户提供更为准确和适合的保险产品和价格，从而提高客户的满意度和忠诚度。

人工智能技术对保险理赔成本的影响主要体现在风险评估、理赔审核和保险定价等方面。通过利用预测模型进行精准的风险评估和定价，保险公司可以降低理赔成本，提高运营效率，从而取得更好的业务表现和竞争优势。

（三）智能化保险产品设计

智能化保险产品设计是金融保险领域的一项重要创新。这种设计借助人工智能技术，将保险产品定制和销售过程智能化，以提高产品的个性化、便捷化和用户体验。智能化保险产品设计依托大数据技术，能够分析和挖掘海量的数据，发现潜在的风险因素和客户需求，为保险产品的设计和定价提供精准的数据支持。智能化保险产品设计可以根据个体的风险水平和偏好，量身定制保险产品和服务，进而实现产品的个性化和差异化。同时智能化保险产品设计还可以通过智能化的销售渠道和服务平台，提高产品的销售效率和用户满意度，为保险公司创造更多的商业价值和竞争优势。

人工智能在金融保险中的风险评估与定价方面发挥着重要作用。这种评估和定价模式依托人工智能技术，利用大数据分析、机器学习、深度学习等技术，对个体风险进行全面、精确地评估和定价。人工智能技术可以应用于个体风险识别和评估，通过分析个体的行为数据和健康数据，识别出潜在的风险因素，帮助保险公司更准确地评估个体的风险水平。人工智能技术可以应用于风险模型的建立和优化，通过机器学习算法和深度学习模型，建立更加精准、更加智能的风险评估模型，提高了评估的准确性和效率。同时人工智能技术还可以应用于保险产品的定价和优化，根据风险评估结果和市场需求，调整产品的定价策略，提高产品的竞争力和市场占有率。

人工智能在金融保险中的风险评估与定价面临着一些挑战和限制。人工智能技术需要大量的数据支持，才能发挥其优势，保险公司需要加强数据收集和整合，提高数据质量和数据可用性。人工智能技术的应用需要考虑数据隐私和信息安全等重要问题，保险公司需要加强数据保护和隐私保护，保障个人数据的安全和隐私。同时人工智能技术在金融保险中的应用还需要面对监管政策和法律法规的限制，保险行业属于高度监管的行业，保险公司需要遵守相关法律法规，保障投保人的合法权益和权利。

智能化保险产品设计和人工智能在金融保险中的风险评估与定价发挥着重要作用。同时人工智能在金融保险中的应用还面临着数据质量、数据隐私、监管政策等多方面的挑战，保险公司需要加强技术研发和风险管理，不断完善人工智能技术在金融保险中的应用，推动保险行业向数字化、智能化、个性化方向发展。

1.基于人工智能的保险产品定制与设计

人工智能技术在金融保险领域的风险评估与定价方面发挥着关键作用。通过人工智能算法，保险公司能够更准确地评估风险，定价保险产品，提供个性化的保险服务。

保险公司利用人工智能技术对客户的大数据进行分析，以识别潜在风险因素。这包括利用机器学习算法来分析大量的客户数据，包括个人信息、历史索赔记录、医疗记录等。通过对这些数据的深入分析，人工智能能够识别出影响风险的关键因素，如年龄、健康状况、职业等，从而更准确地评估客户的风险水平。

基于对客户风险的准确评估，保险公司能够制定个性化的保险产品。通过人工智能技术，保险公司能够根据客户的特定需求和风险水平设计出定制化的保险产品。针对高风险客户，保险公司可以制订出更全面的保险计划，提供更高的保障；对低风险客户，可以提供更灵活的保险产品，降低保费成本。

人工智能还能够改进保险产品的定价策略。通过分析市场数据和竞争对手的定价策略，人工智能技术能够帮助保险公司更准确地估算风险和成本，并根据市场需求和竞争情况进行动态调整定价策略。这使得保险公司能够更灵活地应对市场变化，提高产品竞争力。

尽管人工智能技术在风险评估与定价方面带来了许多优势，但也面临一些挑战。数据质量和数据隐私是一个重要问题。由于保险数据涉及大量敏感信息，如个人健康状况、医疗记录等，保护客户隐私和数据安全是其面临的一个挑战。人工智能算法的可解释性是一个重要挑战。由于人工智能算法往往是黑箱模型，难以解释其内部运行机制和决策逻辑，这给客户带来了不信任感。同时监管政策的不确定性也是一个重要挑战。保险行业的监管政策对人工智能技术的应用有一定限制，保险公司需要在法律法规的框架内进行创新和应用。

人工智能技术在金融保险领域的风险评估与定价方面具有巨大潜力。通过利用人工智能技术，保险公司能够更准确地评估客户风险，设计个性化的保险产品，并制定更灵活的定价策略，从而提高保险产品的竞争力和市场份额。保险公司需要应对数据质量和隐私保护、算法可解释性和监管政策等方面带来的挑战，才能够更好地利用人工智能技术，实现保险行业的创新发展。

2.智能化保单管理与客户服务的改进

智能化保单管理和客户服务是金融保险领域重要的发展方向。这一趋势的兴起主要得益于人工智能技术的快速发展和应用。在金融保险领域，人工智能技术被广泛应用于提升保单管理效率和改进客户服务体验，从而实现风险评估与定价的优化。

智能化保单管理通过人工智能技术的应用，实现了保单管理流程的自动化和智能化。传统的保单管理流程通常繁琐且耗时，需要大量人力和时间成本。借助人工智能技术，保险公司可以实现对保单信息的智能化处理和管理，包括保单的录入、审核、更新等环节。通过自然语言处理和机器学习算法，保险公司可以实现对保单文本的智能解析和识别，快速准确地提取关键信息，优化保单管理效率，降低管理成本。

智能化客户服务通过人工智能技术的应用，实现了保险客户服务的个性化和智能化。传统的客户服务模式通常依赖人工客服，存在着服务效率低、服务质量不稳定等问题。而借助人工智能技术，保险公司可以实现客户服务的自动化和智能化，包括客户咨询、投保建议、理赔申请等环节。通过自然语言处理和智能机器人技术，保险公司可以实现对客户需求的智能识别和响应，提供个性化的保险建议和解决方案，优化客户服务体验，提升客户满意度。

人工智能在金融保险中的风险评估与定价方面发挥着重要作用。传统的风险评估和保费定价模型通常基于统计方法和人工规则，存在着模型过于简化、特征选择不准确等问题。借助人工智能技术，保险公司可以构建更精准和可靠的风险评估与定价模型。通过机器学习算法和大数据分析，保险公司可以从海量数据中挖掘潜在的风险因素和非线性规律，构建更精准的风险评估模型。利用深度学习算法和神经网络模型，保险公司可以对客户的风险状况进行更全面、更深入的分析，提高风险评估和保费定价的准确性和可靠性。

人工智能在金融保险中的应用面临着一些挑战和限制。数据质量和数据隐私是人工智能应用的关键问题。保险公司需要保证数据的完整性和准确性，避免受数据偏差和噪声对模型训练结果的影响。同时保险公司还需要加强数据隐私保护，确保客户个人信息和敏感数据不被泄露和滥用。模型解释和可解释性是人工智能应用保险公司面临的另一个挑战。尽管人工智能模型可以实现高精度的预测和决策，但其内部运行机制往往较为复杂，难以解释和理解。保险公司需要加强对模型的解释性分析和评估，确保模型的稳健性和可信度。

人工智能在金融保险中的风险评估与定价方面具有广阔的应用前景和重要意义。通过充分利用人工智能技术，保险公司可以实现更准确、更个性化的风险评估和保费定价，优化保险产品设计和客户服务体验，提高保险业务的竞争力和市场占有率。保险公司需要充分认识到人工智能应用带来的挑战和限制，加强技术研发和管理，推动人工智能技术在金融保险领域的健康发展和应用。

二、人工智能在金融保险中的理赔处理与客户服务

（一）智能化理赔处理

1.人工智能技术在理赔事故定损中的应用

人工智能技术在理赔事故定损中的应用对金融保险行业的理赔处理和客户服务产生了深远的影响。

人工智能技术可以提高理赔事故定损的效率和精度。传统的理赔定损流程通常需要依靠人工进行车辆检查和损失评估，这可能需要花费大量的时间和人力资源。借助人工智能技术，保险公司可以利用图像识别、机器学习等技术来自动识别车辆损伤，并快速计算出损失的金额。这样可以大大减少理赔处理的时间，提高客户的满意度。

人工智能技术可以改善理赔处理的客户体验。传统的理赔处理流程可能繁琐复杂，客户需要填写大量的表格和文件，然后需要等待多天甚至更长时间才能获得理赔结果。通过人工智能技术，保险公司可以提供在线理赔平台和App，让客户可以随时随地提交理赔申请，并实时跟踪理赔处理的进度。这样可以提高客户的便利性和满意度，增强客户对保险公司的信任度和忠诚度。

人工智能技术可以帮助保险公司更好地防范欺诈行为的产生。理赔欺诈是保险行业的一大难题，传统的反欺诈手段可能效率低且容易被绕过。但是，通过人工智能技术，保险公司可以利用大数据分析和机器学习算法来识别潜在的欺诈行为。人工智能模型可以分析客户的历史理赔记录、行为模式等数据，发现异常行为并及时报警。这样可以帮助保险公司减少欺诈损失，保护客户的利益。

人工智能技术在金融保险行业的理赔处理和客户服务方面发挥着重要作用。通过提高理赔事故定损的效率和精度，改善理赔处理的客户体验，以及防范欺诈行为的产生，人工智能技术可以帮助保险公司提高运营效率，降低成本，提升服务质量，增强竞争力。

2.自动化理赔流程与智能理赔系统的建立

自动化理赔流程与智能理赔系统的建立在金融保险领域具有重要意义。

这种系统借助人工智能技术，实现了理赔流程的自动化和智能化，提高了理赔处理的效率和准确性，提升了客户服务的质量和满意度。自动化理赔流程通过自动化技术和规则引擎，实现了理赔申请的自动识别、分类和分发，减少了人工干预的时间和成本，提高了理赔处理的效率和速度。智能理赔系统利用人工智能技术，分析和处理理赔申请中的复杂情况与异常情况，自动识别欺诈行为和风险因素，提高了理赔处理的准确性和安全性。同时智能理赔系统还可以通过智能化的客户服务平台和机器人客服系统，实现对客户的快速响应和个性化服务，进而提高客户服务的满意度和忠诚度。

人工智能在金融保险中的理赔处理与客户服务方面发挥着重要作用。人工智能技术可以应用于理赔申请的自动化处理，通过自然语言处理技术和图像识别技术，实现对理赔申请的自动识别、分类和分发，减少了人工干预的时间和成本，提高了理赔处理的效率和速度。人工智能技术可以应用于理赔申请的智能分析和风险评估，通过机器学习算法和深度学习模型，分析和处理理赔申请中的复杂情况和异常情况，自动识别欺诈行为和风险因素，提高了理赔处理的准确性和安全性。同时人工智能技术还可以应用于客户服务的智能化和个性化，通过智能化的客户服务平台和机器人客服系统，实现对客户的快速响应和个性化服务，进而提高客户服务的满意度和忠诚度。

人工智能在金融保险中的理赔处理与客户服务面临着一些挑战和限制。人工智能技术需要大量的数据支持，才能发挥其优势，保险公司需要加强数据收集和整合，提高数据质量和数据可用性。人工智能技术的应用需要考虑数据隐私和信息安全等重要问题，保险公司需要加强数据保护和隐私保护，保障个人数据的安全和隐私。同时人工智能技术在金融保险中的应用还需要面对监管政策和法律法规的限制，保险行业属于高度监管的行业，保险公司需要遵守相关法律法规，保障投保人的合法权益和权利。

自动化理赔流程与智能理赔系统的建立在金融保险领域具有重要意义，人工智能在金融保险中的理赔处理与客户服务方面发挥着重要作用。同时人工智能在金融保险中的应用还面临着数据质量、数据隐私、监管政策等多方面的挑战，保险公司需要加强技术研发和风险管理，不断完善人工智能技术在金融保险中的应用，推动保险行业向数字化、智能化、个性化方向发展。

（二）客户服务与沟通

1.虚拟助手在保险客户服务中的应用

虚拟助手在保险客户服务中扮演着重要角色。通过人工智能技术，虚拟助手能够提供智能化的客户服务，包括自动化的理赔处理、快速的投保流程、个性化的保险建议等。

在理赔处理方面，虚拟助手能够通过语音识别和自然语言处理技术，与客户进行实时交流，并快速了解客户的理赔需求。基于预设的算法和规则，虚拟助手能够自动化地处理简单的理赔案件，如车险事故、财产损失等，提高理赔效率和客户满意度。同时对复杂的理赔案件，虚拟助手也能够及时引导客户进行线上申报，协助客户完成理赔材料的准备和提交，简化理赔流程，减少客户等待时间。

虚拟助手能够提供个性化的保险建议和服务。通过分析客户的投保历史、保险需求和风险偏好，虚拟助手能够向客户推荐适合的保险产品和服务，帮助客户更好地理解保险产品的特点和优势，做出明智的投保决策。同时虚拟助手还能够为客户提供保险产品的实时报价和投保流程指导，简化投保流程，提高客户的购买体验。

虚拟助手在保险客户服务中面临着一些挑战。技术的限制是一个重要问题。尽管人工智能技术不断发展，但虚拟助手仍然存在语音识别不准确、自然语言处理不智能等问题，影响了客户交流和沟通的效率和质量。客户信任和接受度是保险客户服务面临的一个重要挑战。由于虚拟助手往往是机器人形象，难以与客户建立情感联系，客户可能对其产生不信任感，进而会影响客户使用的积极性和满意度。隐私保护和数据安全是保险客户服务面临的一个重要障碍。由于虚拟助手涉及客户个人信息和敏感数据，如理赔记录、保险历史等，保护客户隐私和数据安全是一个关键问题，需要加强数据安全管理和隐私保护机制。

虚拟助手在保险客户服务中发挥着重要作用，通过人工智能技术提供智能化的理赔处理和个性化的保险建议。虚拟助手在技术、信任和隐私保护等方面仍然面临着一些挑战，需要保险公司不断改进和完善技术和服务，提高客户体验和满意度。

2.数据分析与客户需求预测的结合

数据分析与客户需求预测的结合是金融保险领域的重要发展趋势。在人工智能技术的支持下，保险公司可以更加精准地理赔处理和客户服务，提升服务质量和客户满意度。

数据分析在理赔处理中起到了关键作用。传统的理赔处理通常依赖人工判断和手工处理，效率低且容易出现误判。借助数据分析技术，保险公司可以对海量的理赔数据进行深度分析，挖掘其中的规律和趋势，从而提高理赔处理的效率和准确性。通过建立理赔数据模型和算法，保险公司可以实现对理赔申请的自动识别、分类和处理，快速准确地判断理赔申请的真实性和合法性，降低理赔处理的成本和风险。

客户需求预测在客户服务中发挥着重要作用。传统的客户服务模式通常依赖人工客服，服务响应速度慢且服务质量不稳定。借助客户需求预测技术，保险公司可以根据客户的历史数据和行为特征，预测客户的潜在需求和服务偏好，从而实现个性化的客户服务。通过建立客户需求预测模型和算法，保险公司可以实现对客户的智能识别和分类，提供个性化的保险建议和服务方案，提高客户满意度和忠诚度。

人工智能在金融保险领域的理赔处理和客户服务中面临一些挑战和限制。数据质量和数据隐私是人工智能应用的关键问题。保险公司需要保证数据的完整性和准确性，避免受数据偏差和噪声对模型训练结果的影响。同时保险公司还需要加强数据隐私保护，确保客户个人信息和敏感数据不被泄露和滥用。模型解释和可解释性是人工智能应用面临的另一个挑战。尽管人工智能模型可以实现高精度的预测和决策，但其内部运行机制往往较为复杂，难以解释和理解。保险公司需要加强对模型的解释性分析和评估，确保模型的稳健性和可信度。

数据分析与客户需求预测的结合是金融保险领域的重要发展方向。通过充分利用人工智能技术，保险公司可以实现更精准、更个性化的理赔处理和客户服务，提升服务质量和客户满意度。保险公司需要充分认识到人工智能应用的挑战和限制，加强技术研发和管理，推动人工智能技术在金融保险领域的健康发展和应用。

第四节 保险行业的数字化转型

一、数字化转型的动因与趋势

（一）技术驱动的数字化需求

1.科技创新对金融保险行业的冲击

科技创新对金融保险行业带来了深远的冲击，推动了行业的数字化转型。这一转型的动因和趋势与科技创新密不可分。

科技创新推动了金融保险行业的数字化转型。随着信息技术的快速发展，金融保险行业逐渐意识到数字化转型的重要性。传统的金融保险模式面临着效率低、成本高昂、服务体验不佳等问题，而科技创新为行业带来了新的解决方案。云计算、大数据、人工智能等新技术的应用，可以帮助金融保险公司提高运营效率，降低成本，并为客户提供更加个性化、便捷的服务。

消费者需求的变化是数字化转型的动因之一。随着人们生活水平的提高和互联网的普及，消费者对金融保险服务的需求也发生了变化。消费者希望能够随时随地通过手机或电脑进行金融保险交易，享受到更加便捷和高效的服务。因此，金融保险公司需要利用科技创新满足消费者的需求，提升服务体验，保持竞争力。

金融保险行业内部竞争的加剧促使了数字化转型的趋势。随着市场竞争的加剧和新兴科技公司的崛起，传统金融保险公司面临着来自多方面的竞争压力。为了在激烈的竞争环境中立于不败之地，金融保险公司需要不断创新，加快数字化转型的步伐。只有通过科技创新，才能提高竞争力，实现可持续发展。

监管政策的变化在一定程度上推动了金融保险行业的数字化转型。随着金融保险行业的发展，监管部门对行业的监管也越来越严格。监管政策的变化和升级，要求金融保险公司提高信息披露的透明度、风险管理的能力等方面。科技创新可以帮助金融保险公司更好地满足监管政策的要求，保持合规性。

科技创新是推动金融保险行业数字化转型的关键动因之一。数字化转型已经成为行业的必然趋势，金融保险公司需要充分利用科技创新的力量，加快数字化转型的步伐，以适应市场变化，提高竞争力，实现可持续发展。

2.竞争对手数字化转型的挑战与警示

竞争对手数字化转型的挑战与警示引发了金融和其他行业对数字化转型的关注。这些挑战来自市场竞争的激烈性和技术革新的速度，数字化转型成为企业持续发展的关键。竞争对手的数字化转型可能导致市场份额的减少和利润的下降，传统企业需要适应新形势，加快数字化步伐，以保持市场竞争力。数字化转型可能带来行业格局的重新洗牌，市场中新兴的数字化企业崛起，传统企业需要积极应对，寻找新的竞争优势。数字化转型可能加剧市场变革的不确定性，企业需要加强市场研究和风险管理，灵活调整战略，适应市场变化。

数字化转型的动因主要来自技术创新和市场需求的变化。随着信息技术的发展，云计算、大数据、人工智能等新技术的成熟应用，为企业提供了数字化转型的技术支持和保障，降低了数字化转型的成本和风险。同时市场需求的变化也推动了数字化转型的加速发展，消费者对个性化、智能化的产品和服务需求日益增长，传统企业需要通过数字化转型来满足市场需求。另外，竞争压力和市场机遇也促使企业加快数字化转型的步伐，企业需要通过数字化转型来提高生产效率、降低成本、拓展市场份额，保持竞争优势和可持续发展。

数字化转型的趋势主要表现在以下几个方面。一是数字化转型将成为企业发展的主要趋势，各行各业都将面临数字化转型的挑战和机遇，企业需要加强创新和变革，提高数字化水平和竞争力。二是数字化转型将深刻影响企业的生产、管理和服务模式，企业需要加强组织变革和管理创新，提高企业的适应能力和灵活性。三是数字化转型将加速产业升级和转型升级的步伐，促进传统产业向智能化、绿色化、高端化方向发展，推动经济社会的可持续发展。

竞争对手数字化转型的挑战与警示引发了金融和其他行业对数字化转型的关注，数字化转型的动因主要来自技术创新和市场需求的变化，数字化转型的趋势主要表现在企业发展的主要趋势、生产、管理和服务模式的变化以及产业升级和转型升级的加速发展上。企业需要充分认识数字化转型的重要性和紧迫性，加强组织变革和管理创新，加快数字化转型的步伐，以应对市场竞争的挑战，实现可持续发展。

（二）数字化转型的核心趋势

1.在线销售与数字化服务渠道的普及

在线销售与数字化服务渠道的普及是当今数字化转型的显著趋势之一。这种趋势的动因主要源自技术的迅速发展和消费者行为的变化。

技术的迅速发展是数字化转型的主要动因之一。随着互联网、移动互联网、物联网等技术的不断发展和普及，消费者对数字化服务和在线购物的需求不断增加。互联网技术使得消费者可以随时随地通过智能手机、平板电脑等设备访问网络，浏览商品信息、进行在线购物、享受数字化服务等。同时人工智能、大数据、区块链等新兴技术的应用，也为在线销售和数字化服务提供了更多的可能性和机会，推动了数字化转型的进程。

消费者行为的变化是数字化转型的重要推动力量之一。随着社会经济的发展和人们生活水平的提高，消费者对便捷、高效、个性化的服务需求日益增加。传统的实体店铺和服务渠道往往受到时间和空间的限制，无法满足消费者多样化的需求。在线销售和数字化服务渠道的普及，则为消费者提供了更多选择，可以随时随地享受商品购物和服务体验，满足个性化的消费需求，提高消费者的购物体验感和满意度。

竞争压力和市场需求是推动数字化转型的重要因素。随着全球经济一体化和市场竞争的加剧，企业面临着更加激烈的竞争压力，需要不断创新和改进，提高产品和服务的质量及效率，进而降低成本和风险。在线销售和数字化服务渠道的普及，为企业提供了更多的市场机会和竞争优势，可以扩展销售渠道、降低营销成本、提高销售效率，实现企业业务的快速增长和持续发展。

在线销售与数字化服务渠道的普及是当今数字化转型的重要趋势之一。这种趋势的动因主要源自技术的迅速发展、消费者行为的变化、竞争压力和市场需求等因素的综合作用。随着数字化技术的不断发展和应用，在线销售和数字化服务渠道将在未来继续发挥重要作用，推动社会经济的持续发展和进步。

2. 人工智能、区块链等新技术在保险行业的应用前景

保险行业面临着数字化转型的时代呼唤，而人工智能、区块链等新技术正成为推动保险业发展的重要力量。这些新技术在保险行业的应用前景十分广阔，而数字化转型的动因和趋势也是不可忽视的。

人工智能技术在保险行业的应用前景十分广阔。人工智能可以帮助保险公司实现精准的风险评估和保费定价，优化理赔处理流程，提升客户服务体验感。通过利用机器学习和深度学习算法，保险公司可以从海量数据中挖掘潜在的风险因素和客户行为特征，构建更精准和可靠的风险评估模型。同时人工智能还可以实现对理赔申请的自动化处理和智能化审核，提高理赔处理的效率和准确性。另外，人工智能还可以实现对客户需求的智能识别和个性化服务，提升客户满意度和忠诚度。

区块链技术在保险行业的应用前景十分广阔。区块链技术可以实现保险数据的安全共享和透明管理，提高保险业务的信任度和可追溯性。通过建立去中心化的区块链网络，保险公司可以实现保险数据的实时共享和跨机构合作，加强对数据的安全保护和隐私保护，防止数据被篡改和欺诈行为。同时区块链技术还可以实现保险合同的智能化管理和自动化执行，提高保险业务的效率和便利性。

数字化转型的动因主要源自保险行业内部和外部的多重因素。保险行业面临着市场竞争的加剧和客户需求的变化，传统的保险业务模式已经不能满足市场的需求。数字化转型可以帮助保险公司提升服务质量和客户体验感，增强市场竞争力。同时技术的快速发展和应用也为保险行业的数字化转型提供了重要支撑。人工智能、区块链等新技术的出现和成熟，为保险公司提供了更多的创新工具和方法，推动了保险行业的数字化转型进程。另外，监管政策的不断优化和市场环境的变化也是数字化转型的重要动因之一。监管部门通过引导和规范数字化转型，促进保险行业的健康发展，进而提升服务水平和市场信誉。

数字化转型的趋势主要体现在以下几个方面。一是保险公司将加大对

人工智能和大数据分析等新技术的投入和应用力度。二是保险公司将进一步提升数据分析和客户预测能力，实现个性化的产品设计和服务提供。三是保险行业将加速推进区块链技术的应用和落地。四是保险公司将进一步提升数据安全和隐私保护能力，实现保险业务的数字化管理和智能化执行。五是保险行业将加大对数字化技术和创新模式的探索和应用力度。六是保险公司将积极拥抱数字化转型，加强技术研发和创新实践，提升核心竞争力和市场影响力。

人工智能、区块链等新技术在保险行业的应用前景十分广阔，数字化转型的动因和趋势也是不可忽视的。保险公司应积极拥抱数字化转型，加强技术创新和管理实践，推动保险行业的数字化转型和创新发展。

（三）金融监管与政策推动

1.监管政策对数字化转型的指导与影响

监管政策在数字化转型过程中发挥着重要的指导和影响作用。数字化转型的动因和趋势与监管政策的变化密切相关。

监管政策对数字化转型提供了指导和规范。随着数字化技术的发展和金融保险行业的变革，监管部门意识到了数字化转型对行业的重要性。因此，监管政策开始重点关注数字化转型的相关问题，制定了一系列法规和规定，以规范行业的数字化发展。这些监管政策可以帮助金融保险公司明确数字化转型的方向和目标，加强对数字化转型过程的管理和监督。

监管政策对数字化转型产生了直接影响。监管政策的变化可能会影响金融保险公司的业务模式、产品设计、风险管理等方面。一些监管政策可能要求金融保险公司加强客户数据的保护和隐私保护，推动金融保险公司加强信息安全管理和技术投入。一些监管政策可能要求金融保险公司提高对消费者权益的保护力度，促使金融保险公司加强产品创新和服务质量，以满足消费者的需求。

监管政策的变化会影响金融保险行业的竞争格局。一些监管政策可能会给予数字化转型较快的公司更多的优惠政策和支持，从而加剧行业内的竞争。金融保险公司需要密切关注监管政策的变化，及时调整自己的战略和业务模式，以应对市场竞争的压力。

监管政策对数字化转型的影响体现在市场准入和退出方面。一些监管政策可能会对数字化转型的公司提出更高的准入门槛和要求，从而促使行业内的竞争更加激烈。一些监管政策可能会对不符合规定的公司进行整顿和处罚，推动行业的洗牌和优胜劣汰。

监管政策在数字化转型过程中扮演着重要的角色。监管政策为数字化转型提供了指导和规范，直接影响了金融保险公司的业务模式和竞争格局。金融保险公司需要密切关注监管政策的变化，及时调整自己的战略和业务模式，以应对市场竞争的压力，实现可持续发展。

2.政府支持与金融创新的协同发展

政府支持与金融创新的协同发展是推动数字化转型的重要动力。政府通过采取制定政策法规、提供资金支持、优化营商环境等措施，促进金融创新和数字化转型。政府支持金融创新的政策法规为数字化转型提供了法律保障和政策支持，鼓励金融机构积极开展科技创新和数字化转型，推动金融业实现高质量发展。政府提供的资金支持和项目投资为金融创新和数字化转型提供了资金保障和支持，降低了企业数字化转型的成本和风险，促进了金融业的创新发展。政府优化营商环境、加强监管合作等举措为金融创新和数字化转型提供了良好的政策环境和市场环境，促进了金融创新和数字化转型的协同发展。

数字化转型的动因主要来自技术创新和市场需求的变化。随着信息技术的发展，云计算、大数据、人工智能等新技术的成熟应用，为数字化转型提供了技术支持和保障，降低了数字化转型的成本和风险。市场需求的变化推动了数字化转型的加速发展，消费者对个性化、智能化的产品和服务需求日益增长，传统企业需要通过数字化转型来满足市场需求。同时竞争压力和市场机遇也促使企业加快数字化转型的步伐，企业需要通过数字化转型来提高生产效率、降低成本、拓展市场份额，保持竞争优势和可持续发展。

数字化转型的趋势主要表现在以下几个方面。一是数字化转型将成为企业发展的主要趋势，各行各业都将面临数字化转型的机遇和挑战，企业需要加强创新和变革，提高数字化水平和竞争力。数字化转型将深刻影响企业的生产、管理和服务模式，企业需要加强组织变化和管理创新，提高企业的适应能力和灵活性。数字化转型将加速产业升级和转型升级的步伐，促进传统产业向智能化、绿色化、高端化方向发展，推动经济社会的可持续发展。

政府支持与金融创新的协同发展是推动数字化转型的重要动力，数字化转型的动因主要来自技术创新和市场需求的变化，数字化转型的趋势主要表现在企业发展的主要趋势、生产、管理和服务模式的变化以及产业升级和转型升级的加速发展上。政府和企业应密切合作，加强政策引导和市场监管，共同推动数字化转型的顺利进行，实现经济社会的可持续发展。

二、数字化转型的实践与面临的挑战

（一）业务流程数字化重构

1.保险产品设计与定价的数字化转型

数字化转型对保险产品设计与定价产生了深远影响，同时也带来了一系列的实践和挑战。

数字化转型促使保险产品设计更加个性化和智能化。传统的保险产品设计可能基于统计数据和经验规则，缺乏针对性和灵活性。数字化转型使得保险公司可以利用大数据分析和人工智能技术，深入了解客户需求和行为模式，从而设计出更加个性化的保险产品。通过对客户数据的深度挖掘和分析，保险公司可以了解客户的风险偏好、保障需求等方面信息，为客户量身定制最适合的保险产品，提高产品的吸引力和竞争力。

数字化转型推动了保险产品定价的精细化和智能化。传统的保险产品定价可能基于简单的统计方法和经验模型，存在定价不准确、风险估计不充分等问题。数字化转型使得保险公司可以利用大数据技术和机器学习算法，从海量数据中挖掘出隐藏的规律和趋势，为保险产品定价提供更为准确和精细的依据。通过建立预测模型和风险评估系统，保险公司可以根据客户的特征和风险水平，制定出更具竞争力的定价策略，提高产品的盈利能力和市场占有率。

数字化转型面临着一系列挑战。保险产品设计和定价涉及大量的客户数据和敏感信息，因此面临着数据隐私和安全的风险。保险公司需要加强对客户数据的保护和管理，建立健全的信息安全体系，防止数据泄露和滥用，保障客户的利益和权益。

数字化转型需要保险公司投入大量的人力、财力和技术资源。保险公司需要建立高效的数据采集和处理系统，引入先进的大数据技术和人工智能算法，培养专业的数据分析师和技术人才。这需要保险公司进行重大的技术和组织改造，可能会面临人才短缺、成本增加等挑战。

数字化转型需要面对监管政策的影响和约束。监管部门可能会对保险产品设计和定价提出一些限制与要求，以保护消费者的权益和市场的公平竞争。保险公司需要密切关注监管政策的变化，及时调整自己的业务模式和行为，确保符合法规和规定。

数字化转型对保险产品设计与定价产生了深远影响，推动了保险行业的发展和变革。同时数字化转型也面临着诸多挑战，需要保险公司克服各种困难和障碍，不断探索创新，实现数字化转型的持续发展。

2. 客户服务体验的数字化升级与个性化定制

客户服务体验的数字化升级与个性化定制是数字化转型的重要方向。这种升级和定制通过利用信息技术，如人工智能、大数据分析和云计算等，实现了对客户需求的更好了解和满足。数字化升级使得客户服务更加便捷和高效，客户可以通过多种数字渠道，如网站、手机应用等，随时随地获取服务，不再受限于时间和地点。个性化定制提升了客户服务的质量和满意度，企业可以根据客户的个体特征和偏好，量身定制服务方案，提供更加符合客户需求的产品和服务。同时数字化升级和个性化定制还可以促进客户与企业之间的互动和沟通，客户可以通过数字化渠道与企业进行实时交流和反馈，提高了客户参与度和忠诚度。

数字化转型的实践面临着一些挑战。技术更新换代的速度较快，企业需要不断更新技术和提升技术能力，以适应市场和客户需求的变化。信息安全和隐私保护问题备受关注，企业需要加强信息安全管理和数据隐私保护，保障客户信息的安全和隐私。同时组织文化和员工素质的提升也是数字化转型的重要挑战，企业需要加强员工培训和组织文化建设，提高员工的数字化素养和服务意识，促进企业数字化转型的顺利实施。

数字化转型的实践带来了许多机遇。数字化转型可以提升企业的竞争力和市场地位，实现了客户服务的智能化、个性化和全面化，增强了企业的市场竞争力。数字化转型可以拓展企业的业务范围和市场空间，打破了传统渠道的局限性，开拓了新的市场渠道和商业模式。数字化转型可以促进企业内部的创新和协作，提高了企业的生产效率和管理效能，推动了企业的持续发展和创新发展。

客户服务体验的数字化升级与个性化定制是数字化转型的重要方向，数字化转型的实践虽然面临着一些挑战，如技术更新换代、信息安全和隐私保护、组织文化和员工素质提升等，但也带来了许多机遇，如提升企业竞争力、拓展市场空间、促进内部创新和协作等。企业需要加强技术研发和管理创新，不断完善数字化转型的战略规划和实施方案，推动数字化转型向深度和广度发展，实现企业的可持续发展和创新发展。

（二）技术人才与文化转型

1.人才培养与技术团队建设的挑战

人才培养与技术团队建设是金融科技数字化转型过程中面临的重要挑战之一。这一挑战主要源自金融科技领域的技术复杂性和人才供给不足。

金融科技领域的技术复杂性是人才培养和技术团队建设面临的主要挑战之一。金融科技涉及多个领域，包括人工智能、大数据分析、区块链技术等，这些技术都具有较高的技术门槛和专业要求。为了应对金融科技的技术挑战，企业需要建立高素质的技术团队，拥有扎实的技术功底和丰富的实战经验。由于金融科技领域的技术更新速度快、知识更新迅速，人才培养和技术团队建设面临着巨大的挑战。

人才供给不足是金融科技数字化转型面临的另一个挑战。随着金融科技的快速发展和应用，对人才的需求不断增加，而金融科技领域的人才供给却存在短缺现象。金融科技领域的技术门槛较高，要求人才具备较强的技术背景和专业知识，而目前市场上缺乏符合要求的人才；金融科技领域的人才培养体系还不完善，学校和培训机构的金融科技专业设置相对滞后，无法满足市场需求。因此，金融科技企业面临着人才招聘和培养的双重挑战，需要采取有效措施来解决人才短缺问题。

除此之外，金融科技数字化转型还面临着技术更新和市场竞争的挑战。随着技术的不断发展和市场需求的变化，金融科技企业需要不断更新技术和服务，进而提高产品的竞争力和市场占有率。技术更新和产品迭代过程中往往需要耗费大量的人力、物力和财力，对技术团队的能力和执行力提出了更高的要求。金融科技领域的市场竞争激烈，企业需要加强技术研发和创新能力，提高产品的差异化和竞争优势，才能在市场中立于不败之地。

人才培养与技术团队建设是金融科技数字化转型面临的重要挑战之一。金融科技领域的技术复杂性和人才供给不足，使得企业在人才招聘、培养和团队建设方面面临较大的困难。同时技术更新和市场竞争也对技术团队提出了更高的要求，需要企业采取有效措施来应对挑战，提升技术团队的能力和竞争力，推动金融科技数字化转型取得更好的成效。

2.金融保险企业组织架构的调整与创新

金融保险企业组织架构的调整与创新是数字化转型的关键步骤。随着金融科技的快速发展和数字化转型的不断推进，金融保险企业面临着组织架构的重新设计和创新的挑战。

金融保险企业需要调整组织架构以适应数字化转型的需求。传统的保险企业组织结构通常较为庞大和复杂，决策路径较长，不利于快速响应市场变化和客户需求。因此，金融保险企业需要通过精简组织层级、优化决策流程等方式，加强组织的敏捷性和灵活性，提高组织对市场变化的适应能力。同时金融保险企业还需要加强跨部门协作和信息共享，打破各部门之间的信息壁垒，实现组织内部的信息流畅和资源共享。

金融保险企业需要加强人才队伍建设，培养适应数字化转型的人才。数字化转型需要具备多方面技能和知识的人才，包括技术人才、数据科学家、业务专家等。因此，金融保险企业需要加大对人才的引进和培养力度，建立多元化的人才队伍，提高组织的创新能力和竞争力。同时金融保险企业还需要加强对员工的培训和教育，提升员工的数字化技能和意识，推动数字化文化在组织中的深度融合。

金融保险企业需要加强技术基础设施建设，提升数字化转型的支撑能力。数字化转型需要强大的信息技术基础设施和先进的数字化工具支持，包括云计算、大数据、人工智能等技术。因此，金融保险企业需要加大对技术基础设施的投入和建设力度，构建灵活、安全、高效的数字化平台，为数字化转型提供可靠的技术支持和保障。

　　金融保险企业需要加强对数字化转型的管理和监控，提升数字化转型的执行效率和效果。数字化转型涉及组织结构、人才培养、技术投入等多个方面，需要全面、系统地进行规划和管理。因此，金融保险企业需要建立数字化转型的专门管理机构和团队，负责数字化转型的规划、执行和监控，确保数字化转型的顺利推进和实效的落地。

　　金融保险企业组织架构的调整与创新是数字化转型的重要环节。金融保险企业需要通过调整组织架构、加强人才队伍建设、强化技术基础设施建设等方式，推动数字化转型的全面实施和持续发展，以适应市场竞争的新要求，提升组织的创新能力和核心竞争力。

第八章 金融科技与区域金融市场

第一节 亚洲地区的金融科技发展

一、亚洲地区金融科技的现状与趋势

（一）亚洲金融科技的快速发展

1.亚洲地区金融科技公司的崛起与壮大

亚洲地区金融科技公司在近年来呈现出迅猛的发展势头。这一现象与亚洲地区经济的快速增长、科技创新的不断推进以及金融行业的改革和开放密不可分。

亚洲地区金融科技公司的崛起得益于亚洲经济的强劲增长。亚洲地区拥有全球发展速度最快的经济体，拥有庞大的人口数量和巨大的市场潜力。随着亚洲国家经济的不断增长和中产阶级的壮大，消费需求和金融服务需求也在不断增加。金融科技公司通过创新产品和服务，满足了人们日益增长的金融需求，取得了快速的发展。

科技创新的不断推进为亚洲地区金融科技公司的崛起提供了强大动力。亚洲地区拥有丰富的科技人才和创新资源，各国政府也在加大对科技创新的支持和投入力度。因此，许多亚洲地区金融科技公司得以利用先进的技术，如人工智能、大数据、区块链等，为客户提供更加高效、便捷和个性化的金融服务。这些创新技术不仅提升了金融科技公司的竞争力，也推动了整个行业的发展。

金融行业的改革和开放为亚洲地区金融科技公司的崛起提供了良好的

发展环境。许多亚洲国家正在推进金融行业的改革和开放，放宽对外资金融机构的准入限制，提高金融市场的竞争程度。这为金融科技公司提供了更广阔的市场空间和更多的发展机遇，吸引了大量的投资和人才涌入。

随着亚洲地区金融科技公司的不断壮大，未来的发展趋势也十分值得关注。金融科技公司将继续加大对技术创新的投入力度，不断提升产品和服务的质量和效率。金融科技公司将加强与传统金融机构的合作与融合，实现优势互补，共同推动金融行业的数字化转型。金融科技公司将继续拓展海外市场，加强国际合作与交流，助力亚洲金融科技行业在全球舞台上发挥更加重要的作用。

亚洲地区金融科技公司的崛起和壮大是多种因素共同作用的结果，包括亚洲经济的快速增长、科技创新的推进以及金融行业的改革和开放。未来，随着科技的不断发展和金融行业的不断变革，亚洲地区金融科技公司有望迎来更加广阔的发展空间和更加光明的未来。

2.创新技术在亚洲金融业的广泛应用

创新技术在亚洲金融业的广泛应用已经成为一种显著的趋势。亚洲地区的金融科技正在迅速发展，为金融业带来了诸多机遇和挑战。亚洲地区的金融科技应用范围广泛，涵盖了支付、借贷、投资、保险等多个领域。在支付领域，移动支付、电子钱包等创新技术已经深入人心，改变了人们的消费习惯和支付方式。亚洲地区的金融科技正在推动金融服务的普惠化和数字化。通过创新技术，金融服务得以覆盖更广泛的群体，尤其对于较为偏远地区和边缘群体，提高了金融服务的普及率和可及性。同时亚洲地区的金融科技创新还推动了金融业务的效率和效益提升。在金融交易和结算领域，区块链技术的应用使得交易更加安全、透明和高效。

亚洲地区的金融科技面临着一些挑战。技术安全和隐私保护是亚洲地区金融科技发展的重要问题。随着数字化技术的广泛应用，数据安全和隐私保护成为亟待解决的难题，尤其是在个人信息保护方面，需要加强技术研发和政策法规的制定。同时亚洲地区的金融科技创新还面临着监管政策和法律法规的不确定性。由于金融科技的创新速度较快，监管政策和法律法规跟不上技术发展的步伐，导致了监管政策的不完善，需要加强国际合作和政策协调。另外，人才短缺和技术创新能力不足也是亚洲地区金融科技发展的制约因素。亚洲地区需要加强人才培养和技术创新能力的提升，吸引更多的人才投身金融科技领域，推动金融科技创新的持续发展。

亚洲地区的金融科技正在经历快速发展，创新技术在金融业的广泛应用已经成为一种显著趋势。虽然金融科技带来了诸多机遇，如推动金融服务的普惠化和数字化、提高金融业务的效率和效益等，但同时也面临着诸多挑战，如技术安全和隐私保护、监管政策的不完善、人才短缺和技术创新能力不足等。亚洲地区需要加强国际合作和政策协调，推动金融科技创新的健康发展，实现金融业的可持续发展和创新发展。

（二）亚洲金融科技生态系统的特点

1.亚洲地区金融科技公司的多样性与竞争格局

亚洲地区金融科技领域呈现出多样性与竞争格局。亚洲地区作为全球金融科技发展的重要区域，各国和地区的金融科技公司在技术创新、服务领域、市场布局等方面呈现出丰富多样的特点和竞争态势。

亚洲地区金融科技公司的多样性体现在技术创新和应用领域。亚洲地区拥有丰富的技术人才和科研资源，各国和地区的金融科技公司在人工智能、大数据、区块链、云计算等领域都有不同程度的创新和应用。中国的支付宝、蚂蚁金服等公司在移动支付、互联网金融等领域取得了显著成绩；印度的Paytm、Ola Financial Services等公司在数字支付、金融科技创新等方面表现出色。不同国家和地区的金融科技公司在技术创新和应用方面各具特色，形成了多样化的技术生态和发展路径。

亚洲地区金融科技公司的竞争格局呈现出多元化和激烈化趋势。亚洲地区金融科技市场竞争激烈，各国和地区的金融科技公司在市场份额、用户规模、技术实力等方面展开了激烈的竞争。中国的互联网巨头如腾讯、阿里巴巴等公司在移动支付、互联网金融等领域占据了领先地位；印度的金融科技创业公司在本国市场上崭露头角，与传统金融机构展开了激烈竞争。同时新兴技术的快速发展和市场需求的变化也加剧了金融科技公司之间的竞争，企业需要不断创新和提升服务质量，以保持竞争优势。

亚洲地区金融科技的现状和趋势体现在市场拓展和国际合作方面。亚洲地区金融科技公司在国内市场发展的积极开拓国际市场，寻求国际合作与交流。中国的支付宝、蚂蚁金服等公司已经在东南亚、南亚等地区开展业务，并与当地企业和政府合作，推动了当地金融科技发展。同时亚洲地区金融科技公司也与国际金融机构、科技企业等开展合作，共同探索新的商业模式和技术应用，推动全球金融科技的发展。

亚洲地区金融科技的现状和趋势呈现出多样性与竞争格局。各国和地区的金融科技公司在技术创新、服务领域、市场拓展等方面展现出丰富多样的特点和竞争态势，推动了亚洲地区金融科技的持续发展和进步。随着技术的不断进步和市场需求的变化，亚洲地区金融科技领域将继续呈现出多元化和激烈化的发展趋势，为全球金融科技的发展做出更大的贡献。

2.亚洲消费者数字化行为的特点与趋势

亚洲消费者数字化行为的特点与趋势反映了该地区金融科技的现状与发展趋势。亚洲地区拥有庞大的人口基数和快速增长的经济实力，其消费者数字化行为呈现出多样化、高度互联和迅速变革的特点。

亚洲消费者数字化行为的特点之一是移动化。随着智能手机的普及和移动互联网的发展，亚洲消费者越来越倾向使用移动设备进行在线购物、支付和金融服务。移动支付、移动银行等移动化金融服务已经成为亚洲消费者日常生活的重要组成部分，为消费者提供了更加便捷、高效的消费体验。

亚洲消费者数字化行为的特点之二是社交化。社交媒体平台在亚洲地区的普及率较高，成为消费者获取信息、交流互动的重要渠道。消费者倾向通过社交媒体平台获取产品信息、参与社群讨论、分享购物体验等，社交化消费行为成为亚洲地区消费者数字化行为的突出特点之一。

亚洲消费者数字化行为的特点之三是个性化。亚洲地区消费者的个性化需求日益凸显，他们希望获得更加个性化、定制化的产品和服务。在金融科技领域，个性化金融服务平台、智能投顾等产品正受到越来越多消费者的青睐，满足了他们多样化、个性化的理财需求。

针对亚洲消费者数字化行为的特点与趋势，亚洲地区的金融科技发展呈现出多元化、创新化的态势。

亚洲地区的金融科技发展取得了显著成就。作为全球最大的金融科技市场之一，亚洲地区的金融科技企业在支付、借贷、投资等领域都取得了令人瞩目的成绩。中国的支付宝、微信支付、蚂蚁金服等企业在移动支付领域处于全球领先地位，为消费者提供了便捷、安全的支付服务。

亚洲地区的金融科技发展趋势日益多元化。除了传统的支付、借贷等金融服务，亚洲地区的金融科技领域还涌现出了许多新兴的创新型企业和业务模式，如区块链、人工智能、大数据等技术在金融领域的应用逐渐成熟，为金融科技行业带来了新的增长点和发展机遇。

亚洲地区的金融科技发展面临着一些挑战。监管环境的不确定性是亚洲金融科技发展面临的主要挑战之一。由于金融科技的发展速度较快，监管部门往往难以及时跟上，导致监管政策的滞后性和不确定性，给金融科技企业的发展带来了一定的不确定性和风险。数据安全和隐私保护是亚洲金融科技发展面临的另一个挑战。随着数字化转型的推进，金融科技企业面临着越来越多的数据安全和隐私保护问题，如何有效保护用户数据安全和隐私权成为亚洲金融科技企业亟待解决的问题。

亚洲消费者数字化行为的特点与趋势反映了该地区金融科技的现状与发展趋势。亚洲地区的金融科技发展虽然取得了显著成就，但也面临着一些挑战和问题。未来，亚洲地区的金融科技将继续保持多元化、创新化的发展态势，推动数字化经济的健康发展。

（三）亚洲金融科技发展的前景与挑战

1.亚洲市场的增长潜力与机遇

亚洲地区金融科技正处于快速增长的阶段，这主要得益于亚洲市场巨大的增长潜力与众多机遇。亚洲拥有世界上最大的人口和最具活力的经济体之一，其经济增长速度远远超过了其他地区。随着中产阶级的壮大和数字化技术的普及，亚洲地区的金融科技行业迎来了前所未有的发展机遇。

亚洲市场的增长潜力巨大。亚洲地区拥有全球最大的人口基数，其中包括大量年轻人和互联网用户。随着经济的发展和城市化进程的加快，越来越多的人开始拥有更多的可支配收入，并对金融服务的需求不断增加。这为金融科技公司提供了广阔的市场空间，可以满足不同群体的金融需求，包括支付、借贷、投资、保险等方面。

亚洲地区的数字化转型加速了金融科技的发展。亚洲国家在数字技术和互联网应用方面取得了巨大进步，成为全球数字经济的重要力量。亚洲地区的金融科技公司可以利用这些先进技术，为客户提供更便捷、更高效、更智能的金融服务。移动支付、数字货币、区块链等新技术正在改变人们的支付习惯和金融行为，为金融科技公司带来了巨大的发展机遇。

亚洲地区政府的政策支持为金融科技行业的发展提供了有力保障。许多亚洲国家政府出台了一系列政策措施，鼓励创新创业，推动数字化转型。这些政策措施包括降低税收、简化审批流程、提供创业资金等，为金融科技公司提供了更加良好的发展环境和更多的支持。

随着亚洲地区金融科技行业的不断发展，其未来的趋势也值得关注。金融科技公司将进一步加强与传统金融机构的合作与融合，共同推动金融行业的数字化转型。金融科技公司将继续加大对技术创新的投入力度，不断提升产品和服务的质量和效率。金融科技公司将加强国际合作与交流，拓展海外市场，助力亚洲金融科技行业在全球舞台上发挥更加重要的作用。

亚洲地区金融科技行业正处于快速发展的阶段，受益于亚洲市场巨大的增长潜力和众多的发展机遇。未来，随着技术的不断进步和市场的不断扩大，亚洲地区金融科技行业有望迎来更加辉煌的发展前景。

2.金融科技在亚洲面临的风险与挑战

金融科技在亚洲面临着一系列的风险与挑战。技术安全与隐私保护是亚洲地区金融科技发展面临的首要挑战。随着金融科技应用的普及，个人和机构的敏感数据得到更广泛的应用和传输，技术安全的薄弱环节可能被黑客攻击，威胁到用户的隐私安全和财产安全。同时监管政策的不确定性也对亚洲金融科技产业的发展构成了挑战。由于金融科技的迅猛发展，监管政策和法规未能及时跟进，导致了监管政策的不完善，可能产生不良后果，如违规操作、资金风险等。另外，人才短缺与技术创新能力不足也是亚洲金融科技产业的瓶颈。亚洲地区缺乏高素质的金融科技人才，同时技术创新能力相对滞后，这对金融科技企业的持续发展和创新能力构成了制约。

尽管面临挑战，亚洲地区的金融科技产业还是呈现出了明显的发展趋势。移动支付和电子商务等领域的快速发展，推动了亚洲地区金融科技的普及和应用。随着智能手机的普及和网络技术的进步，亚洲地区的消费者愈发愿意采用数字支付方式，这促进了金融科技的发展。金融科技创新已经在亚洲地区得到了政府的支持和鼓励。政府制定了一系列政策和规则，鼓励金融科技企业进行创新活动，提高了金融科技创新的活跃度。金融科技创新已经成为亚洲地区金融业发展的重要推动力。金融科技的发展不仅提高了金融服务的效率和质量，还推动了金融业务的普惠化和数字化，促进了金融业务的创新和发展。

金融科技在亚洲地区面临着诸多风险与挑战，如技术安全与隐私保护、监管政策的不确定性、人才短缺与技术创新能力不足等。同时亚洲地区的金融科技产业也呈现出明显的发展趋势，如移动支付和电子商务的快速发展、政府的支持和鼓励、金融科技创新成为金融业发展的推动力等。未来，亚洲地区金融科技产业虽然会面临挑战，但也将迎来更广阔的发展空间，带动金融业务的数字化转型和创新发展。

二、亚洲地区金融科技的应用领域

（一）金融科技在支付领域的应用

1.移动支付的兴起与普及

移动支付在亚洲地区迅速兴起并普及，成为金融科技领域的重要应用领域。亚洲地区作为移动支付的主要发展地区之一，各国和地区的金融科技公司在移动支付领域取得了显著成就，推动了移动支付的快速普及和发展。

移动支付的兴起得益于亚洲地区的移动互联网普及。亚洲地区拥有庞大的移动互联网用户群体，亚洲各国和地区的智能手机普及率较高，人们习惯使用手机进行日常生活和商业活动。移动互联网技术的普及为移动支付提供了良好的基础，人们可以随时随地通过手机完成支付操作，方便快捷。

亚洲地区的金融科技公司在移动支付技术上取得了突破性进展。亚洲各国和地区的金融科技公司在移动支付技术领域投入大量资源进行研发和创新，推出了多种安全、便捷、高效的移动支付产品和服务。中国的支付宝、微信支付等移动支付平台，印度的Paytm、PhonePe等移动支付应用，都在移动支付技术和服务上取得了令人瞩目的成绩，为用户提供了丰富多样的支付方式和便利的消费体验。

亚洲地区的移动支付受益于政府政策的支持和市场环境的发展。亚洲各国政府和监管机构在移动支付领域出台了一系列支持政策和措施，鼓励金融科技创新和发展，推动移动支付在全社会的普及和应用。亚洲地区的市场环境开放、竞争激烈，各国和地区的金融科技公司在市场竞争中不断创新，推动了移动支付的快速发展和普及。

移动支付在亚洲地区得到了迅速兴起和普及，成为金融科技领域的重要应用领域。移动支付的兴起得益于亚洲地区移动互联网的普及、金融科技公司的技术创新和政府政策的支持。未来，随着移动支付技术的不断发展和应用场景的扩展，移动支付将在亚洲地区继续发挥重要作用，推动金融科技行业的进一步发展和创新。

2.亚洲电子支付市场的特点与竞争格局

亚洲电子支付市场的特点与竞争格局反映了亚洲地区金融科技应用领域的丰富多样和竞争激烈程度。

亚洲电子支付市场具有巨大的发展潜力和市场规模。亚洲地区拥有世界上最大的人口数量和最快的经济增长速度，消费者支付需求旺盛，市场潜力巨大。亚洲地区的电子支付市场竞争格局较为活跃，有众多本土和跨国电子支付企业参与竞争，市场竞争激烈。

亚洲电子支付市场的特点之一是移动支付普及率较高。随着智能手机的普及和移动互联网的发展，亚洲消费者越来越倾向使用移动设备进行在线支付。移动支付成为亚洲消费者日常生活中的重要支付方式，促进了电子支付市场的快速增长。

亚洲电子支付市场的特点之二是多元化的支付场景和支付方式。亚洲地区的电子支付市场涵盖了线上支付、线下支付、P2P支付、跨境支付等多种支付场景和支付方式。消费者可以通过手机支付、扫码支付、银行卡支付等方式进行支付，支付体验更加便捷、快速。

亚洲电子支付市场的特点之三是创新型支付产品和服务不断涌现。随着金融科技的不断发展和创新，亚洲地区的电子支付市场不断涌现出新的创新型支付产品和服务，如移动支付、虚拟支付卡、预付卡、电子钱包等，丰富了消费者的支付选择，提升了支付体验。

针对亚洲电子支付市场的特点与竞争格局，亚洲地区的金融科技应用领域也呈现出多元化、创新化的态势。

亚洲地区的金融科技应用领域涵盖了多个方面，包括支付、借贷、投资、保险等多个领域。在支付领域，移动支付、在线支付、跨境支付等电子支付服务得到了广泛应用。在借贷领域，P2P借贷、消费金融等新型借贷服务得到了迅速发展。在投资领域，智能投顾、互联网理财等新型投资服务受到了越来越多投资者的青睐。在保险领域，互联网保险、保险科技等新型保险服务也开始崭露头角。

亚洲地区的金融科技应用领域创新不断。随着技术的不断发展和创新，亚洲地区的金融科技企业不断推出新的创新产品和服务，如基于区块链技术的智能合约、人工智能风险评估模型等，为消费者提供了更加便捷、高效的金融服务。

亚洲地区的金融科技应用领域面临着一些挑战和问题。监管环境的不确定性是亚洲金融科技应用领域发展面临的主要挑战之一。由于金融科技的发展速度较快，监管部门往往难以及时跟上，导致监管政策的滞后性和不确定性，给金融科技企业的发展带来了一定的不确定性和风险。数据安全和隐私保护是亚洲金融科技应用领域的另一个挑战。随着数字化转型的推进，金融科技企业面临着越来越多的数据安全和隐私保护问题，如何有效保护用户数据安全和隐私权成为亚洲金融科技企业亟待解决的问题。

亚洲电子支付市场的特点与竞争格局反映了亚洲地区金融科技应用领域的丰富多样和竞争激烈程度。亚洲地区的金融科技应用领域呈现出多元化、创新化的态势，同时也面临着一些挑战和问题。未来，亚洲地区的金融科技应用领域将继续保持快速发展，推动数字化经济的健康发展。

（二）金融科技在借贷与投资领域的应用

1.亚洲地区P2P借贷市场的发展与监管

亚洲地区金融科技的应用领域呈现出多样化和广泛性。金融科技在亚洲地区的应用涵盖了支付、借贷、投资、保险等多个领域，推动了金融行业的创新和发展。

支付领域是金融科技在亚洲地区的重要应用领域之一。随着移动支付和电子支付的普及，越来越多的消费者选择使用手机支付、扫码支付等便捷支付方式。亚洲地区的金融科技公司通过开发支付应用程序、建立支付平台等方式，为用户提供安全、便捷的支付服务。同时数字货币技术的发展也为支付行业带来了新的机遇，如区块链技术可以实现更快捷、更安全的跨境支付等，推动了支付领域的创新和发展。

借贷领域是金融科技在亚洲地区的另一个重要应用领域。亚洲地区的P2P借贷市场正在迅速发展，并为个人和企业提供了更便捷、更灵活的借贷服务。金融科技公司通过建立借贷平台、利用大数据分析技术等手段，降低了借贷成本，提高了借贷效率，同时也为风险评估和信用评分提供了新的方法。同时P2P借贷市场也面临着监管政策的不确定性和风险，亟需加强监管和规范，保护投资者的合法权益。

投资领域是金融科技在亚洲地区的重要应用领域之一。随着亚洲地区居民收入水平的提高和投资意识的增强，越来越多的人选择通过投资来实现财富增值。金融科技公司通过开发投资平台、提供智能投顾服务等方式，为投资者提供了更多元化、更个性化的投资选择。同时区块链技术的发展也为资产交易和数字资产投资带来了新的机遇和挑战，推动了投资领域的创新和发展。

保险领域是金融科技在亚洲地区的重要应用领域之一。随着人们生活水平的提高和风险意识的增强，保险行业也面临着新的挑战和机遇。金融科技公司通过利用大数据分析、人工智能等技术，为保险公司提供了更精准、更个性化的保险产品和服务。保险科技公司可以通过分析客户数据和行为模式，实现精准定价和风险评估，提高保险公司的盈利能力和客户满意度。

亚洲地区金融科技的应用领域多种多样，涵盖了支付、借贷、投资、保险等多个领域，推动了金融行业的创新和发展。同时金融科技在亚洲地区的应用也面临着监管政策的不确定性和风险，需要加强监管和规范，保护投资者的合法权益，促进金融科技行业健康发展。

2.数字化投资平台的兴起与创新

数字化投资平台的兴起与创新已经成为亚洲地区金融科技应用的重要领域。这些平台利用先进的技术和创新的业务模式，为投资者提供了更加便捷、高效和个性化的投资服务。数字化投资平台为投资者提供了更广泛的投资选择。通过数字化投资平台，投资者可以便捷地进行股票、基金、债券、外汇等多种资产的交易，实现了投资组合的多样化和风险分散。数字化投资平台为投资者提供了更便捷的投资渠道。通过手机应用、网站等数字化渠道，投资者可以随时随地进行投资操作，不再受限于时间和地点，提高了投资的灵活性和便捷性。另外，数字化投资平台还为投资者提供了更个性化的投资服务。通过大数据分析、人工智能等技术手段，数字化投资平台可以根据投资者的风险偏好、投资目标等个性化需求，量身定制投资方案，提高了投资者的投资体验和满意度。

亚洲地区金融科技的应用领域包括支付、借贷、保险等多个领域。在支付领域，移动支付、电子钱包等创新技术已经广泛应用，改变了人们的消费习惯和支付方式。在借贷领域，P2P借贷、互联网借贷等新型借贷平台正在蓬勃发展，为小微企业和个人提供了更加便捷、灵活的融资服务。同时在保险领域，数字化技术的应用也带来了保险业务的创新和发展，如智能保险产品、互联网保险销售等，提高了保险服务的便捷性和个性化程度。

亚洲地区金融科技的应用面临着一些挑战。技术安全和隐私保护问题备受关注。随着数字化技术的广泛应用，数据安全和隐私保护成为亟待解决的难题，需要加强技术研发和政策法规的制定。同时监管政策和法律法规的不确定性也对金融科技应用产生了影响。由于金融科技的创新速度较快，监管政策和法律法规跟不上技术发展的步伐，导致了监管政策的不确定性，可能产生不良后果，如违规操作、资金风险等。另外，人才短缺和技术创新能力不足也是金融科技应用的制约因素。亚洲地区需要加强人才培养和技术创新能力的提升，吸引更多的人才投身金融科技领域，推动金融科技创新的持续发展。

数字化投资平台的兴起与创新是亚洲地区金融科技应用的重要领域，支付、借贷、保险等领域也在经历着数字化转型和创新发展。尽管面临着技术安全、监管政策、人才短缺等诸多挑战，但亚洲地区金融科技应用仍具有巨大的发展潜力和广阔的市场空间，并有望推动金融业务的数字化转型和创新发展。

第二节　欧洲金融科技生态系统

一、欧洲金融科技生态系统的概况与特点

（一）欧洲金融科技行业的发展

1.创新生态萌芽与初创企业崛起

欧洲金融科技生态系统正处于蓬勃发展的阶段，其特点显现在多个方面。欧洲的创新生态环境为金融科技企业提供了广阔的发展空间。各国政府积极支持创新，提供了丰富的政策和资金支持，为金融科技企业的发展提供了坚实的基础。欧洲金融科技生态系统的特点之一是多样性。不同国家和地区的金融科技企业涌现出各具特色的创新产品与服务，覆盖了从支付、借贷到投资等多个领域，为消费者和企业带来了更加丰富和便捷的金融体验。同时欧洲金融科技生态系统的发展还受益于其强大的技术创新能力和人才储备。许多欧洲国家拥有世界一流的科研机构和高等教育资源，为金融科技企业提供了充足的技术支持和人才储备，助力其不断推动创新。

值得关注的是欧洲金融科技生态系统的合规和监管特点。欧洲各国在金融科技领域的监管相对严格，注重保护消费者权益和金融系统稳定，这一特点既是机遇也是挑战。合规要求的提高促使金融科技企业更加注重产品安全性和透明度，提升了行业整体的信誉度和可持续发展能力。同时合规要求也对金融科技企业的创新提出了一定挑战，需要其在技术创新和合规监管之间取得平衡，以确保企业的稳健发展。

欧洲金融科技生态系统呈现出与传统金融机构的合作与竞争。传统金融机构面临数字化转型的压力，需要借助金融科技企业的技术和创新能力提升服务水平和效率。因此，许多传统金融机构选择与金融科技企业合作，共同推动金融行业的创新与发展。部分金融科技企业通过自身的创新优势和灵活性，挑战了传统金融机构的地位，推动了金融行业格局的变

革。这种合作与竞争相结合的态势推动了金融科技生态系统的健康发展。

欧洲金融科技生态系统呈现出创新生态萌芽与初创企业崛起的特点。政府的支持、多样化的创新、严格的合规监管、与传统金融机构的合作与竞争等因素共同推动了欧洲金融科技生态系统的蓬勃发展，为欧洲金融行业发展带来了新的活力和动力。

2.金融科技公司蓬勃发展与市场竞争加剧

欧洲金融科技领域蓬勃发展，市场竞争激烈。金融科技公司在欧洲大陆和英国的兴起，标志着传统金融模式正经历着深刻的变革。这个生态系统呈现出多样性和活力。从德国的支付公司到英国的数字银行，从法国的借贷平台到瑞典的区块链创业公司，各种类型的金融科技企业在欧洲大陆得到蓬勃发展。

欧洲的金融科技公司在多个领域展现了出色的创新能力。数字支付是其中一个热门领域，众多公司提供方便快捷的支付解决方案，挑战了传统银行的地位。同时数字银行也是受欢迎的创新模式，这些银行通过简化流程、提供更好的用户体验和低成本服务，吸引了大量年轻用户。除此之外，智能投资平台和财务管理工具也受到了欢迎，帮助用户更好地管理自己的资产和理财计划。

欧洲金融科技市场竞争激烈，公司之间展开了激烈的竞争。为了获得更多的市场份额，公司不仅在产品和服务上进行不断创新，还积极寻求合作伙伴关系，扩大自己的影响力。同时监管政策也对金融科技公司的发展产生了影响，一些公司不得不面对复杂的合规挑战。

欧洲金融科技生态系统呈现出多样性、活力和竞争激烈的特点。随着技术的不断进步和市场的不断变化，金融科技公司将继续发挥重要作用，推动金融行业向前发展。

（二）欧洲金融科技生态系统的特点

1.政府政策与监管环境的影响与导向

欧洲金融科技生态系统的塑造与发展深受政府政策与监管环境的影响。政府政策的导向和监管措施直接影响着金融科技行业的发展轨迹与特点。欧洲的金融科技生态系统因政府的积极介入而呈现出独特的特点。

欧洲政府在金融科技领域采取了一系列支持和鼓励创新的政策措施。

政府通过制定激励创新的法规和政策，为金融科技企业提供了发展的良好环境。欧盟委员会积极推动金融科技创新，提出了数字化金融战略，并制定了相关的政策框架，鼓励金融科技企业在欧洲发展和扩张。

监管环境系统的健全与严格是欧洲金融科技生态系统的重要特点之一。政府机构对金融科技行业的监管力度在不断加强，旨在保护消费者权益、维护金融市场稳定。金融科技企业需要遵守严格的监管要求，确保其产品和服务符合法规标准，以获得政府的认可与支持。

欧洲政府注重推动金融科技与传统金融机构的合作与融合。政府鼓励金融科技企业与传统银行、保险公司等金融机构开展合作，共同探索创新业务模式，推动金融科技与传统金融的融合发展。这种合作模式有助于传统金融机构加速数字化转型，既提升了服务水平，也为金融科技企业拓展市场提供了更广阔的空间。

政府政策与监管环境在欧洲金融科技生态系统的发展中起着至关重要的作用。政府的支持和鼓励为金融科技企业提供了发展的动力，监管的严格与健全保障了金融市场的稳定与健康发展，政府与金融机构的合作促进了金融科技与传统金融的融合创新。这些因素共同推动着欧洲金融科技生态系统的繁荣与壮大。

2.投资与融资生态系统的形成与演变

欧洲金融科技生态系统的形成和演变与投资与融资生态系统的发展密切相关。在过去几年里，欧洲的金融科技行业经历了迅速的增长和变革。这一生态系统的特点之一是投资者对金融科技企业的持续关注和投资。欧洲的风险投资市场在金融科技领域持续繁荣，吸引了大量资金流入这一领域，为金融科技企业的成长提供了强有力的支持。

这种投资与融资生态系统的形成与演变反映在多个方面。欧洲的风险投资市场不断扩大，吸引了越来越多的投资者参与其中。这些投资者包括传统的风险投资机构、私募股权基金以及大型科技公司等。它们为金融科技企业提供了从初创阶段到成熟阶段的各类投资，助力这些企业实现快速成长和扩张。

欧洲金融科技生态系统的投资与融资活动呈现出多样化和创新性。除了传统的风险投资，越来越多的创新融资模式如初创企业加速器、天使投资人网络以及众筹平台等也在欧洲兴起。这些新型融资模式为初创企业提供了更加灵活和多样化的融资渠道，促进了创新和创业活动的蓬勃发展。

欧洲的金融科技生态系统受到了政府政策的积极支持和引导。各国政府通过出台一系列支持创新和创业的政策举措，包括税收优惠、创业孵化基地建设、创新创业基金设立等，为金融科技企业提供了良好的发展环境和政策支持。

值得一提的是投资与融资生态系统的形成和演变受到了国际市场和全球化的影响。欧洲的金融科技企业不仅吸引了本地投资者的关注，还吸引了来自全球范围内的投资者的资金。国际化的投资与融资活动为欧洲金融科技生态系统带来了更加广阔的发展空间和机遇。

欧洲金融科技生态系统的投资与融资生态系统形成和演变体现了投资者持续关注和投资、多样化和创新的融资模式、政府政策支持以及国际化发展等特点。这一生态系统的形成和发展为欧洲的金融科技企业提供了丰富的资金支持和发展机遇，推动了欧洲金融科技行业的快速成长和创新发展。

（三）欧洲金融科技市场的竞争格局与合作关系

1.主要市场参与者及其定位与策略分析

欧洲金融科技生态系统呈现出多样性与竞争激烈的特点。在这个生态系统中，主要市场参与者包括数字支付提供商、数字银行、智能投资平台和财务管理工具提供商等。这些参与者各具特色，通过不同的定位和策略来争夺市场份额。

数字支付提供商在欧洲金融科技生态系统中占据重要地位。这些公司致力于提供方便快捷的支付解决方案，以满足消费者和商家的需求。Square 和 Adyen 等公司通过提供移动支付和线上支付解决方案，吸引了大量商户。PayPal 等公司通过国际支付服务和数字货币交易等业务拓展，进一步巩固了自己在市场中的地位。

数字银行是另一个重要的市场参与者。这些银行利用科技手段重新定义了传统银行服务，通过简化流程、提供个性化服务和低成本银行业务，吸引了大量年轻用户和小型企业。Revolut 和 N26 等数字银行通过快速注册、多种货币账户和无边界转账等特色服务，获得了快速增长。

智能投资平台和财务管理工具提供商也在欧洲金融科技生态系统中崭露头角。这些公司利用大数据和人工智能技术，帮助用户更好地管理资产和理财计划。Wealthfront和Nutmeg等智能投资平台通过智能资产配置和自动化投资建议，吸引了大量投资者。Mint和YNAB等财务管理工具提供商通过简单易用的界面和个性化的财务建议，赢得了用户的青睐。

在这个竞争激烈的生态系统中，市场参与者通过不同的定位和策略来争夺市场份额。一些公司注重产品和技术创新，不断推出新功能和服务，以满足不同用户群体的需求。另一些公司则通过建立合作伙伴关系，拓展业务范围，提高市场影响力。另外，监管政策对市场参与者的发展也产生了影响，一些公司不得不面对复杂的合规挑战。欧洲金融科技生态系统呈现出多样性与竞争激烈的特点，市场参与者通过不同的定位和策略来争夺市场份额。

2.欧洲金融科技生态系统的国际竞争与合作格局

欧洲金融科技生态系统正日益成为全球舞台上备受瞩目的焦点，其国际竞争与合作格局呈现出多元而活跃的特点。在竞争方面，欧洲金融科技企业在全球范围内与美国和亚洲的同行展开激烈竞争。这种竞争不仅体现在市场份额的争夺上，也体现在技术创新和服务领域的竞争。欧洲金融科技企业以其丰富的金融业务经验和领先的技术优势，不断挑战美国科技巨头的地位，加速了全球金融科技市场的竞争格局。

欧洲金融科技生态系统积极寻求国际合作，拓展全球市场。在国际合作方面，欧洲金融科技企业通过与美国、亚洲和其他地区的企业建立合作关系，共同探索新的商业模式和市场机会。这种合作不仅有助于扩大欧洲金融科技企业的国际影响力，也促进了全球金融科技行业的共同发展。同时欧洲金融科技企业还与金融机构、监管机构和学术界等各方展开合作，共同推动金融科技创新和发展，构建了开放、共享的创新生态系统。

欧洲金融科技生态系统在国际竞争与合作中展现出了独特的特点。通过不断创新和合作，欧洲金融科技企业正在成为全球金融科技领域的重要力量，推动着全球金融科技行业发展迈向新的高峰。

二、欧洲金融科技领域的创新与发展方向

（一）支付与电子商务领域的创新

1.欧洲支付体系的现状与发展趋势

欧洲支付体系目前正经历着快速的变革和创新。随着科技的不断进步和消费者行为的变化，欧洲的支付方式和支付服务正在经历着从传统到数字化、从实体到虚拟的转变。这种变革的主要驱动力之一是金融科技领域的创新与发展。金融科技企业通过引入新技术、提供创新产品和服务，正在改变着欧洲支付体系的现状并塑造着其未来的发展趋势。

欧洲支付体系的现状是多元化和数字化的。传统的支付方式如现金支付、信用卡支付等依然存在，而越来越多的消费者开始采用数字支付方式，如移动支付、电子钱包等。这种数字化支付方式的普及和增长推动了欧洲支付体系的变革，使其更加方便、快捷和安全。

欧洲金融科技领域的创新与发展方向主要集中在以下几个方面。首先是移动支付和电子钱包技术的发展。随着智能手机的普及和移动互联网的发展，移动支付成为消费者支付的首选方式之一。金融科技企业通过开发移动支付应用和电子钱包服务，提供了更加便捷和安全的支付体验，推动了移动支付在欧洲的普及和应用。

人工智能和大数据技术在支付领域的应用成为欧洲金融科技领域的热点之一。金融科技企业利用人工智能和大数据技术分析消费者行为和支付数据，提供个性化的支付推荐和服务，提升了支付体验的个性化和智能化水平。

区块链技术的发展为欧洲支付体系带来了新的机遇和挑战。区块链技术的去中心化和安全性特点使其成为支付领域的新兴技术。金融科技企业通过区块链技术开发了更加安全和高效的支付解决方案，推动了支付体系的创新和发展。

值得注意的是欧洲支付体系的发展趋势受到了政府监管和法律法规的影响。政府部门通过制定相关政策和法规，推动了支付市场的竞争和创新。同时也加强了对支付市场的监管和管理，保障了消费者的权益和支付

系统的稳定。

欧洲支付体系的现状和发展趋势主要体现在多元化和数字化的支付方式、移动支付和电子钱包技术的发展、人工智能和大数据技术在支付领域的应用上，以及区块链技术的发展等方面。这些创新与发展方向为欧洲支付体系的变革和进步提供了新的机遇和动力。

2.跨境支付与数字货币领域的创新技术应用

欧洲金融科技领域正处于创新的前沿，特别是在跨境支付和数字货币领域，创新技术应用日益受到关注。跨境支付是一个日益重要的领域，随着全球贸易和跨境业务的增加，人们对快速、安全和低成本的跨境支付解决方案的需求不断增加。数字货币则是近年来备受瞩目的领域，其基于区块链技术的特性使其成为一种新型的支付和资产存储方式。

在跨境支付领域，创新技术的应用主要集中在提高支付效率和降低成本方面。区块链技术被广泛应用于构建跨境支付网络，通过去中心化的方式实现资金的快速转移和结算。智能合约技术则被用来确保支付过程的透明度和安全性，自动执行合约条款，减少支付中的人为干预和错误。人工智能和大数据分析技术也被用来优化支付流程，提高反欺诈能力和交易监控效率。

在数字货币领域，创新技术的应用主要体现在提高数字货币的可用性和安全性方面。一些公司利用区块链技术开发了稳定币，以解决数字货币价格波动大的问题，提高其在日常支付和资产交易中的可用性。隐私保护技术被广泛应用于提高数字货币交易的安全性，保护用户交易数据和身份信息不被泄露。跨链技术被用来实现不同区块链网络之间的互操作性，促进数字货币之间的交易和资产转移。

未来，欧洲金融科技领域的创新与发展方向将继续聚焦跨境支付和数字货币领域。随着全球贸易和跨境业务的增加，人们对跨境支付解决方案的需求将持续增加，创新技术将被用来提高支付效率和降低支付成本。数字货币作为一种新型的支付和资产存储方式，将逐渐被更多人所接受，创新技术的应用将进一步推动其发展壮大。欧洲金融科技领域的创新与发展方向将集中在跨境支付和数字货币领域，创新技术将被广泛应用于提高支付效率和数字货币可用性的方面。

（二）保险与金融科技创新

1.欧洲保险市场的数字化转型与创新趋势

欧洲保险市场正在经历数字化转型和创新的浪潮，这是一种不可逆转的趋势。随着科技的快速发展和消费者需求的变化，保险行业不得不适应新的环境，并寻求创新发展的方向。

数字化技术在保险业的应用越来越广泛。从在线投保到数字化理赔处理，数字化技术正在改变着保险业的各个环节。通过智能算法和大数据分析，保险公司可以更准确地评估风险，个性化定价，提高保险产品的精准性和可用性。

人工智能和机器学习技术的应用正在为保险业带来革命性的变革。自动化的客户服务、智能理赔处理和预测性分析，使得保险公司能够更快速地响应客户需求，提高服务效率，降低成本，增强竞争力。

区块链技术的应用在推动着保险行业的创新。区块链技术的去中心化、安全和透明的特点，使得保险合同的管理、索赔处理和风险共担变得更加高效和可靠。

生态合作与开放创新是欧洲金融科技领域发展的重要方向。保险公司与科技公司、金融科技创新企业、监管机构和其他利益相关方展开合作，共同推动保险行业的数字化转型和创新发展。开放的生态系统促进了资源共享和创新合作，为保险行业带来了更多的机会和活力。

数字化技术、人工智能、区块链技术以及生态合作与开放创新是欧洲金融科技领域创新与发展的主要方向。随着技术的不断演进和行业的不断变革，保险行业将迎来更多的机遇和挑战，保险公司只有不断调整战略，积极应对，才能在激烈的竞争中立于不败之地。

2.人工智能在保险产品设计与理赔处理中的应用

保险行业是欧洲金融科技领域中人工智能应用的重要领域之一。人工智能技术在保险产品设计与理赔处理中的应用正在经历着快速的发展与创新。这一领域的创新与发展方向主要集中在以下几个方面。

一是人工智能技术在保险产品设计中的应用为保险公司带来了更加精准和个性化的产品。通过分析大数据和消费者行为模式，人工智能可以为保险公司提供更深入的洞察和理解，帮助其设计出更符合客户需求和风险特征的保险产品。人工智能可以根据客户的个人情况和保险历史，推荐最适合其需求的保险套餐和保额，实现产品的个性化定制。

二是人工智能技术在保险理赔处理中的应用为保险公司提供了更高效和便捷的理赔服务。传统的理赔处理流程通常需要人工参与和耗费大量时间，容易出现延误和错误。借助人工智能技术，保险公司可以实现理赔流程的自动化和智能化，通过智能理赔系统自动审核理赔资料、识别欺诈行为、快速核赔等方式，大大提高了理赔处理的效率和准确性，进而为客户提供更快速和便捷的理赔服务体验。

三是人工智能技术可以帮助保险公司进行风险评估和预测，提升保险业务的风险管理能力。通过分析大数据和建立风险模型，人工智能可以帮助保险公司及时识别和评估潜在的风险，采取相应的风险控制措施，降低保险公司的损失风险，提升其盈利能力和竞争优势。

随着人工智能技术的不断发展和应用，保险行业还有望迎来更多创新和发展。基于人工智能的智能保险产品、区块链技术在保险领域的应用等都是当前保险行业的热点和发展趋势。这些创新与发展方向将进一步推动保险行业的数字化转型和智能化发展，提升保险产品和服务的质量及效率，为消费者带来更加优质和便捷的保险保障。

人工智能在保险产品设计与理赔处理中的应用是欧洲金融科技领域的重要创新方向之一。通过人工智能技术的应用，保险行业可以实现产品个性化定制、理赔流程智能化、风险管理能力提升等目标，推动保险行业的数字化转型和智能化发展，为消费者提供更好的保险保障和服务体验。

第三节　北美洲金融科技创新趋势

一、北美洲金融科技创新的背景与驱动因素

（一）北美洲金融科技生态系统的现状

北美洲金融科技创新的背景与驱动因素源自多重要素的交织和互动。

北美洲作为全球金融和科技的重要中心，拥有丰富的资源和人才优势。美国和加拿大等国家拥有发达的金融市场和科技产业，吸引了全球最优秀的人才和资本聚集于此，为金融科技创新提供了强大的基础。

数字化转型的推动促使了金融科技的迅速发展。随着互联网和移动技术的普及，消费者对金融服务的需求和期望发生了巨大变化。他们希望能够更加方便、快捷地进行金融交易和管理，这就催生了一系列新的金融科技创新，包括移动支付、数字化银行、个人理财等领域的发展。

监管政策的推动是北美洲金融科技创新的重要驱动因素之一。政府和监管机构通过放宽监管限制、推动法律法规的变革，为金融科技企业的发展创造了良好的环境和条件。美国金融监管部门积极支持金融科技企业的发展，鼓励创新和竞争，促进了金融行业的进步和变革。

创业文化的蓬勃发展也为北美洲金融科技创新提供了土壤。在北美地区，创业精神和风险投资文化非常浓厚，创业者们勇于尝试新的商业模式和技术创新，同时投资者们也乐于为有前景的金融科技创业公司提供资金支持，这为金融科技行业的蓬勃发展提供了强大动力。

消费者需求的不断变化和增长也是北美洲金融科技创新的推动力。消费者对金融服务的个性化、智能化和便捷化需求日益增加，这促使金融科技企业不断创新，推出更加符合消费者需求的创新产品和服务，提升用户体验和满意度。

北美洲金融科技创新的背景与驱动因素是多方面的。来自科技产业和金融市场的资源优势、数字化转型的趋势、监管政策的支持、创业文化的繁荣以及消费者需求的变化和增长等因素共同作用，推动了北美洲金融科技创新的持续发展和进步。

1.北美洲地区金融科技公司的分布与特点

北美洲地区金融科技公司的分布与特点反映了该地区独特的金融科技生态系统。在北美，金融科技公司主要分布在美国和加拿大，这两个国家都拥有发达的科技产业和金融市场。北美洲金融科技公司的特点之一是多样性，涵盖了从支付和银行业务到投资和财务管理等各个方面。这些公司在不同的领域展现出了创新和竞争力，推动着金融行业的变革。

北美洲金融科技创新的背景与驱动因素与该地区发达的科技产业和金

融市场密切相关。北美洲拥有世界领先的科技企业和创新生态系统，这为金融科技领域的创新提供了坚实的基础。科技巨头如谷歌、亚马逊和苹果等纷纷涉足金融科技领域，推动了金融科技创新的发展。同时北美洲金融市场的开放和竞争程度也是金融科技创新的重要驱动因素。美国和加拿大等国家的金融市场相对开放，法规环境相对宽松，这为金融科技公司提供了发展的空间和机会。北美洲消费者对科技和创新的接受程度较高，这促使金融科技公司不断推出新产品和服务，以满足消费者日益增长的需求。

除了上述因素，金融科技创新的背景与驱动因素也包括对金融服务的需求变化和技术进步。随着社会经济的发展和人们生活水平的提高，消费者对金融服务的需求也在不断变化。他们希望能够获得更加方便、快捷、安全和个性化的金融服务，这推动了金融科技公司不断创新和改进现有的金融服务模式。同时技术的进步也为金融科技创新提供了有力支持。人工智能、大数据分析、区块链等新兴技术的应用为金融服务带来了全新的可能性，促进了金融科技领域的创新和发展。

北美洲地区金融科技公司的分布与特点反映了该地区独特的金融科技生态系统，多样性和创新是其主要特点。金融科技创新的背景与驱动因素包括发达的科技产业和金融市场、消费者需求变化、技术进步等多方面因素，这些因素共同推动着北美洲金融科技领域的不断发展和壮大。

2.金融科技在北美洲地区的投资与融资情况分析

北美洲地区的金融科技领域一直以来都备受关注，其投资与融资情况呈现出相当活跃的态势。这一现象背后有着多方面的背景和驱动因素。

北美洲地区拥有发达的金融体系和科技产业，为金融科技创新提供了坚实的基础。在美国，硅谷、纽约等地集聚了众多的科技公司和风险投资机构，形成了独特的创新生态系统。这些地区孕育了大量的初创企业和科技创新项目，为金融科技领域的发展提供了源源不断的动力。

消费者需求和行业趋势是推动北美金融科技创新的重要因素之一。随着数字化和移动化的普及，消费者对金融服务的需求日益多样化和个性化。他们希望获得更便捷、高效、安全的金融服务体验，这促使金融科技企业不断推出创新产品和服务，满足市场需求。

政府政策和监管环境对北洲美金融科技创新起到了重要作用。政府部门和监管机构采取了一系列措施，鼓励金融科技创新，保护消费者权益，促进金融市场的健康发展。美国政府出台了一系列支持创新的政策和法规，为初创企业提供了税收优惠和创业基金，降低了创业门槛，促进了创新活动的蓬勃发展。

投资者的积极参与也推动了北美洲金融科技领域的蓬勃发展。风险投资机构、私募基金和天使投资人纷纷加大对金融科技企业的投资力度，为创新企业提供了充足的资金支持和资源保障。这些投资助力使得金融科技企业得以快速扩张和壮大，推动了整个行业的发展。

北美洲地区金融科技创新的背景与驱动因素多方面交织，既有发达的金融和科技基础，又有消费者需求和行业趋势的推动，政府政策和监管环境的促进，以及投资者的积极参与。这些因素共同推动着北美洲金融科技领域的蓬勃发展，为未来的创新和进步注入了新的活力。

（二）创新技术的影响与应用

北美洲金融科技创新的背景和驱动因素深受创新技术的影响与应用。北美洲地区作为全球科技领域的中心之一，不断涌现出新的技术和应用，这些创新技术在金融科技领域的发展中发挥着重要作用。

人工智能技术的应用是北美洲金融科技创新的重要驱动力。人工智能技术的不断发展和应用为金融行业带来了许多创新和变革。在金融科技领域，人工智能技术被广泛应用于风险管理、客户服务、投资决策等方面。利用机器学习算法分析大数据，可以帮助金融机构更准确地评估风险和制定投资策略，提高投资效率和收益率。自然语言处理技术也被应用于智能客服系统中，提升了金融服务的效率和用户体验。

区块链技术的应用推动了北美洲金融科技创新的发展。区块链技术作为一种去中心化的分布式账本技术，可以实现信息的安全传输和存储，消除中间环节，降低交易成本和风险。在金融领域，区块链技术被应用于数字货币、智能合约、供应链金融等多个方面。同时比特币作为区块链技术的代表性应用，改变了传统货币交易的方式，为金融市场带来了新的机遇和挑战。智能合约也被广泛应用于金融合同的自动化执行，提高了合同执行的效率和可靠性。

云计算技术的普及和应用也对北美洲金融科技创新发挥着重要作用。

云计算技术可以提供弹性计算、高可用性和灵活性等优势，为金融机构提供了更加高效和灵活的计算和存储解决方案。在金融科技领域，云计算技术被广泛应用于数据存储、计算资源共享、应用部署等方面。金融机构可以利用云计算技术构建金融数据分析平台，实现大规模数据处理和分析，为决策提供更加准确和及时的信息支持。

创新技术的影响与应用是北美洲金融科技创新背景与驱动因素的重要组成部分。人工智能、区块链、云计算等创新技术在金融科技领域的应用不断推动着金融行业的创新和变革，为金融机构提供了更多的发展机遇和竞争优势。

1.区块链技术在金融行业的发展与创新

在金融行业，区块链技术的发展与创新引起了广泛关注。区块链技术作为一种分布式数据库技术，其去中心化、透明、安全和不可篡改的特性，为金融行业带来了革命性的变革。

区块链技术为金融交易提供了更高的安全性和透明度。通过将交易数据存储在区块链上，可以防止数据被篡改或删除，确保交易的真实性和可追溯性。

区块链技术可以实现实时结算和清算，加快资金流动速度，降低交易成本。同时区块链技术可以改善金融服务的效率和可靠性，简化复杂的交易流程，提高交易的执行效率。区块链技术可以促进金融创新，推动金融行业向数字化、智能化和个性化方向发展。在北美洲，金融科技创新的背景与驱动因素主要包括科技产业的发展、金融市场的开放程度、消费者需求变化和技术进步等。北美洲拥有世界领先的科技企业和创新生态系统，为金融科技创新提供了坚实的基础。科技巨头如谷歌、亚马逊和苹果等纷纷涉足金融科技领域，推动了金融科技创新的发展。北美洲金融市场的开放和竞争程度也是金融科技创新的重要驱动因素。美国和加拿大等国家的金融市场相对开放，法规环境相对宽松，这为金融科技公司提供了发展的空间和机会。

北美洲消费者对科技和创新的接受程度较高，这促使金融科技公司不断推出新产品和服务，以满足消费者日益增长的需求。除了上述因素，金融科技创新的背景与驱动因素还包括对金融服务的需求变化和技术进步。

随着社会经济的发展和人们生活水平的提高，消费者对金融服务的需求也在不断变化。他们希望能够获得更加方便、快捷、安全和个性化的金融服务，这推动了金融科技公司不断创新和改进现有的金融服务模式。同时技术的进步也为金融科技创新提供了有力支持。人工智能、大数据分析、区块链等新兴技术的应用为金融服务带来了全新的可能性，促进了金融科技领域的创新和发展。

区块链技术在金融行业的发展与创新为金融行业带来了巨大的变革和机遇。在北美洲，金融科技创新的背景与驱动因素包括科技产业的发展、金融市场的开放程度、消费者需求变化和技术进步等多方面因素，这些因素共同推动着北美金融科技领域的不断发展和壮大。

2. 人工智能与机器学习在北美金融科技中的应用

北美洲金融科技领域的蓬勃发展受到人工智能与机器学习等先进技术的广泛应用所推动。这些技术在金融行业的应用正在为金融服务提供更加智能化、高效化和个性化的解决方案，成为北美洲金融科技创新的重要驱动因素之一。

人工智能在北美洲金融科技中的应用呈现多样化和广泛性。通过人工智能技术，金融机构可以实现更精准的风险管理和预测，提高金融交易的安全性和效率。利用人工智能技术分析大数据，金融机构可以识别和预防欺诈行为，减少损失和风险。人工智能还被应用于智能客服系统中，为客户提供更快速、便捷的服务体验，提升了客户满意度和忠诚度。

机器学习技术在北美洲金融科技中的应用日益普及和深入。机器学习是人工智能的一个分支，通过训练算法和模型来识别模式和提取规律，从而实现数据驱动的决策和预测。在金融领域，机器学习技术被广泛应用于风险评估、投资组合管理、信用评分等方面。机器学习算法可以分析历史交易数据和市场趋势，为投资者提供个性化的投资建议和组合优化方案，提高了投资决策的准确性和收益率。

人工智能与机器学习技术的应用推动了金融科技企业的创新和竞争力。在北美洲地区，许多金融科技企业利用人工智能和机器学习技术开发了一系列创新产品和服务，如智能投顾、智能风控、智能贷款等。这些创新产品和服务为消费者提供了更加个性化、便捷和高效的金融服务体验，助力了金融科技企业的快速成长和发展。

金融监管政策的支持和鼓励也促进了人工智能与机器学习技术在北美洲金融科技中的应用。政府和监管机构通过放宽监管限制、推动数据开放和共享，为金融机构和科技企业提供了更多的数据资源和创新空间，促进了金融科技领域的创新和发展。

人工智能与机器学习技术在北美洲金融科技中的应用为金融服务的智能化、个性化和高效化提供了强有力的支持。这些技术的广泛应用不仅提升了金融机构的竞争力和服务水平，也为消费者提供了更加优质和便捷的金融服务体验，推动了北美洲金融科技领域的创新和发展。

（三）金融科技创新的驱动因素

1.消费者需求变化与数字化趋势

北美洲金融科技创新的背景与驱动因素深受消费者需求变化与数字化趋势影响。消费者的需求不断变化是金融科技创新的关键驱动力之一。随着社会经济的发展和科技的进步，消费者对金融服务的期望也在不断提高。他们希望能够获得更加方便、快捷、安全和个性化的金融服务，从而提升生活品质和财务管理效率。这种需求变化推动着金融科技公司不断创新，开发出符合消费者需求的新产品和服务。

数字化趋势是北美洲金融科技创新的重要背景与驱动因素之一。随着信息技术的迅猛发展，数字化已经成为社会生活的主要特征。消费者对数字化的接受程度不断提高，他们更愿意使用基于数字技术的金融服务，而非传统的纸质或面对面服务。这种数字化趋势推动了金融业务的数字化转型，促使金融科技公司不断推出新的数字化产品和服务，进而满足消费者的需求。

科技产业的发展是北美洲金融科技创新的重要背景之一。北美洲拥有世界领先的科技企业和创新生态系统，科技产业的发展为金融科技创新提供了强大的技术支持和创新动力。科技巨头如谷歌、亚马逊和苹果等不仅在科技领域取得了重大突破，还纷纷涉足金融科技领域，推动了金融科技创新的发展。

金融市场的开放程度是金融科技创新的重要驱动因素之一。美国和加拿大等国家的金融市场相对开放，法规环境相对宽松，这为金融科技公司提供了发展的空间和机会。金融市场的开放程度促进了金融科技公司之间的竞争，激发了创新活力，推动了金融科技领域的快速发展。

北美洲金融科技创新的背景与驱动因素包括消费者需求变化、数字化趋势、科技产业的发展和金融市场的开放程度等多方面因素。这些因素共同推动着北美洲金融科技领域的不断发展和壮大，为消费者提供了更加便利、高效和安全的金融服务，推动了整个金融行业的转型与升级。

2.政府政策与监管环境的影响与支持

北美洲地区的金融科技创新受到政府政策和监管环境的深刻影响与积极支持。这一领域的背景与驱动因素多方交织，形成了独特的生态系统。

北美洲地区拥有发达的金融体系和科技产业，为金融科技创新提供了坚实基础。美国硅谷、纽约等地孕育了众多科技巨头和初创企业，形成了世界领先的创新生态系统。这种环境吸引了大量人才和资金涌入金融科技领域，推动了创新活动的蓬勃发展。

消费者需求和行业趋势是北美洲金融科技创新的重要驱动因素。随着数字化和移动化的普及，消费者对金融服务的需求日益多样化和个性化。他们希望获得更便捷、高效、安全的金融服务体验，这促使金融科技企业不断推出创新产品和服务，满足市场需求。

政府政策和监管环境在推动金融科技创新方面发挥着关键作用。政府部门和监管机构采取了一系列措施，鼓励金融科技创新，保护消费者权益，促进金融市场的健康发展。美国政府出台了一系列支持创新的政策和法规，为初创企业提供了税收优惠和创业基金，降低了创业门槛，促进了创新活动的蓬勃发展。

投资者的积极参与推动了北美洲金融科技领域的蓬勃发展。风险投资机构、私募基金和天使投资人纷纷加大对金融科技企业的投资力度，为创新企业提供了充足的资金支持和资源保障。这些投资助力使得金融科技企业得以快速扩张和壮大，推动了整个行业的发展。

北美洲地区金融科技创新的背景与驱动因素多方交织，既有发达的金融和科技基础，又有消费者需求和行业趋势的推动，政府政策和监管环境的促进，以及投资者的积极参与。这些因素共同推动着北美洲金融科技领域的蓬勃发展，为其未来的创新和进步注入了新的活力。

二、北美洲金融科技创新的应用领域与前景

（一）金融科技在支付与电子商务领域的应用

北美洲地区的金融科技行业在支付与电子商务领域的应用呈现出丰富多样的特点。这两个领域是金融科技创新的重要应用领域之一，在北美洲地区得到了广泛的关注和应用。

金融科技在支付领域的应用带来了支付方式的革新和提升。随着移动支付和电子钱包等技术的普及，消费者可以通过手机或其他智能设备实现快速、便捷的支付。这种支付方式不仅方便了消费者，也提高了支付的安全性和效率。同时金融科技还推动了支付行业的数字化转型，促进了支付服务的创新和升级。利用人工智能和大数据技术，支付机构可以分析用户消费行为和偏好，为其提供个性化的支付推荐和优惠活动，提升用户体验感和忠诚度。

金融科技在电子商务领域的应用呈现出多样化和创新性。电子商务平台通过引入金融科技技术，不断改进和完善支付体验，提高了交易的安全性和便捷性。同时金融科技还促进了电子商务平台的跨境支付和金融服务拓展。利用区块链技术，电子商务平台可以实现跨境支付的快速结算和低成本转账，促进了国际贸易和跨境电商的发展。

金融科技为电子商务平台提供了更多的金融服务拓展机会，如小额贷款、供应链金融等，为中小企业提供了更多的融资支持和发展机会。

金融科技在支付与电子商务领域的应用为消费者提供了更加便捷、安全和个性化的支付和购物体验，推动了支付和电子商务行业的创新和发展。随着技术的不断进步和应用场景的不断拓展，金融科技在这两个领域的应用前景仍然广阔，将为行业发展带来更多的机遇和挑战。

1. 移动支付与数字化支付方式的普及与创新

移动支付和数字化支付方式的普及与创新在北美洲金融科技创新中扮演着关键角色。这一趋势源自消费者对便捷、安全和高效支付方式的需求，同时也受到技术的推动和市场的竞争影响。在北美洲，移动支付和数字化支付方式已经成为主流，包括但不限于移动应用支付、电子钱包和虚

拟货币等形式。

移动支付和数字化支付方式的普及推动了金融科技创新的发展。随着智能手机和互联网的普及，消费者越来越倾向使用移动设备进行支付，这促使金融科技公司和银行推出了各种创新的支付解决方案。通过使用近场通信（NFC）技术，消费者可以通过简单的触摸或扫描完成支付，而无需使用传统的信用卡或现金。

移动支付和数字化支付方式的普及推动了金融科技创新应用领域的扩展。除了传统的零售支付场景，这些支付方式还被应用于更广泛的领域，如在线购物、跨境支付、P2P支付和智能合约等。一些金融科技公司正在开发基于区块链技术的跨境支付解决方案，以提供更快速、更便宜的国际汇款服务。

移动支付和数字化支付方式的普及促进了金融科技创新的加速发展。在竞争激烈的市场环境中，金融科技公司不断推出新的支付产品和服务，以满足消费者不断变化的需求。一些金融科技公司正在探索利用人工智能和大数据分析技术来提高支付安全性，减少欺诈风险。

移动支付和数字化支付方式的普及与创新已经成为北美洲金融科技创新的重要驱动力。随着技术的不断进步和消费者需求的不断变化，我们可以预见在未来，这一趋势将继续推动金融科技创新在更广泛的领域发挥作用，为消费者提供更便捷、安全和高效的支付体验。

2.电子商务平台与支付解决方案的合作与创新

电子商务平台和支付解决方案在北美洲金融科技领域的合作与创新方面展现了巨大潜力。随着科技的不断进步和消费者需求的变化，这两者之间的合作已经成为金融科技创新的关键驱动力之一。在北美洲地区，电子商务平台和支付解决方案的合作已经在多个领域取得了显著进展。这种合作促进了支付技术的创新。电子商务平台的崛起推动了支付解决方案的发展，促使其不断更新和改进以适应不断增长的在线交易需求。通过结合电子商务平台的用户体验需求和支付解决方案的安全性和便利性，创造出了更加智能化和高效的支付技术，如移动支付、虚拟信用卡等，为消费者和商家带来了更好的支付体验。

电子商务平台与支付解决方案的合作推动了金融科技在零售业和跨境

交易领域的应用。随着消费者越来越倾向于在线购物，电子商务平台与支付解决方案的合作为零售商提供了更多的支付选择和更灵活的支付方式，如即时付款、分期付款等，从而提升了消费者的购物体验并促进了销售增长。在跨境交易领域，电子商务平台与支付解决方案的合作也为跨境电商提供了更便捷、更安全的支付手段，促进了全球贸易的发展。

电子商务平台和支付解决方案的合作推动了金融科技在金融服务领域的创新。通过结合电子商务平台的大数据分析能力和支付解决方案的支付数据，创造出了更智能化的金融服务，如个性化推荐、风险管理等，为消费者提供了更加个性化和精准的金融服务体验。同时电子商务平台与支付解决方案的合作也为小微企业和个体经营者提供了更便捷、更灵活的金融服务，帮助他们更好地管理资金、拓展业务。

电子商务平台与支付解决方案的合作在北美洲金融科技领域展现了广阔的应用前景。通过不断创新和合作，这两者将继续推动金融科技的发展，为消费者和企业带来更加智能化、便捷化的金融服务体验，助力北美洲金融科技产业的持续增长和繁荣。

（二）金融科技在借贷与投资领域的创新

1.北美洲P2P借贷平台的兴起与发展

北美洲地区近年来见证了P2P借贷平台的蓬勃发展，这一趋势展现了金融科技创新在该地区的巨大潜力。P2P借贷平台为个人和企业提供了一种新的融资渠道，打破了传统金融机构的垄断地位，使得更多人可以通过互联网直接借贷资金，满足其各种资金需求。

这些P2P借贷平台的兴起受益于技术的迅猛发展，特别是云计算、大数据和人工智能等技术的应用。通过这些技术，平台可以更有效地评估借款人的信用风险，提高借贷的效率和安全性。互联网的普及使得平台可以更广泛地覆盖用户，吸引更多的投资者和借款人参与其中。

除了P2P借贷平台，北美洲地区的金融科技创新还体现在多个领域。其中之一是支付领域，移动支付和数字货币等技术的出现改变了人们的支付习惯，使得支付更加便捷和安全。同时智能投资和理财平台也受到越来越多投资者的青睐，他们利用算法和数据分析帮助用户进行投资决策，提高投资的效率和收益。

金融科技的应用不仅改变了个人和企业的金融行为，也促进了金融服务的创新和改进。例如，区块链技术的出现为金融交易提供了更安全和透明的解决方案，去中心化的特点使得交易更加可信。同时金融科技还推动了传统金融机构的转型，这些机构开始采用新技术来提高服务质量和效率，保持竞争力。

展望未来，北美洲地区的金融科技创新仍将保持快速发展的势头。随着技术的进步和应用场景的不断拓展，金融科技将会在支付、借贷、投资、风险管理等方面发挥更大的作用。随着对数据隐私和安全的关注不断增加，金融科技企业也将不断加强数据保护和风险控制，确保用户信息的安全和隐私。金融科技的发展将为北美洲地区的经济增长和金融体系的稳定做出积极贡献。

2.金融科技在投资组合管理与资产配置中的应用

金融科技在投资组合管理与资产配置方面发挥着关键作用。在北美洲地区，金融科技创新已经在这一领域带来了许多新的应用和前景。投资组合管理和资产配置是投资过程中至关重要的环节，它们决定了投资者的风险和回报。金融科技的应用使得这些过程更加高效、智能化和个性化。

金融科技为投资组合管理和资产配置提供了更多的数据和分析工具。通过大数据技术和人工智能算法，投资者可以更全面地了解市场动态、行业趋势和个股表现。这些数据和分析工具可以帮助投资者更好地制定投资策略，优化资产配置，降低风险，提高收益。

金融科技为投资组合管理和资产配置提供了更多的交易和执行工具。传统的投资过程可能需要通过券商或基金经理进行交易，而金融科技平台可以提供更便捷、低成本的交易渠道。一些在线交易平台和智能投顾服务可以通过手机应用或网站进行交易，无需经过传统的券商。

金融科技为投资组合管理和资产配置提供了更个性化的服务。通过分析投资者的风险偏好、投资目标和财务状况，金融科技平台可以为投资者量身定制投资组合和资产配置方案。这种个性化的服务可以帮助投资者更好地实现其投资目标，提高投资体验。

金融科技在投资组合管理和资产配置领域的应用为投资者提供了更多的机会和工具，使得投资过程更加高效、智能化和个性化。随着技术的不断进步和创新，我们可以预见在未来，金融科技将继续在这一领域发挥重要作用，为投资者提供并创造更多的机会和价值。

第四节 其他地区的金融科技发展

一、其他地区金融科技的现状与趋势

（一）其他地区金融科技生态系统概述

1.全球金融科技投资与融资趋势分析

金融科技（FinTech）领域的投资和融资一直备受关注，其趋势一直在不断变化。近年来，全球金融科技投资呈现出稳步增长的趋势，吸引了越来越多的投资者和资金涌入这一领域。这主要得益于金融科技在改变传统金融服务方式、提升效率和降低成本方面的潜力。

金融科技创业公司在全球范围内持续获得了大量投资，特别是在美国、欧洲和亚洲等地区。这些投资涵盖了各种类型的金融科技企业，包括支付、借贷、投资、区块链等领域。其中，支付领域一直是投资的热点，因为数字支付的普及和移动支付的兴起带动了这一领域的创新和发展。

金融科技在解决传统金融服务中的痛点和问题方面表现出了巨大潜力，这也吸引了投资者的关注。借助技术手段改善金融服务的效率和体验、降低金融交易的成本等，都是投资者青睐的方向。随着区块链技术的不断成熟和应用，数字资产、智能合约等新兴领域也逐渐成为投资的热点。

在融资方面，金融科技企业通过多种途径获得资金，包括风险投资、私募股权融资、债务融资等。这些资金不仅用于企业的发展和扩张，也用于技术研发、市场推广等方面。同时越来越多的传统金融机构也开始与金融科技企业合作，甚至通过收购或投资的方式与之合作，以加速数字化转型和创新发展。

全球金融科技投资和融资呈现出稳步增长的趋势，吸引了越来越多的投资者和资金涌入这一领域。金融科技的发展潜力巨大，将继续吸引投资者的关注和资金的注入，推动金融行业的数字化转型和创新发展。

2.其他地区金融科技公司的分布与竞争格局

金融科技公司在全球范围内的分布和竞争格局呈现出多样性和活力。除了北美洲地区，其他地区也涌现出许多具有创新精神和实力的金融科技企业。亚洲地区作为全球金融科技创新的参与方，尤其是中国和印度等国家，拥有庞大的市场和创业生态系统，吸引了大量资金和人才投入金融科技领域。

中国的金融科技发展迅猛，众多公司涌现，形成了竞争激烈的市场格局。蚂蚁集团、腾讯、京东等科技巨头通过金融科技拓展了自身的业务版图，提供支付、贷款、理财等多元化金融服务。一大批创新型企业如陆金所、宜信等在P2P借贷、消费金融等领域崭露头角，推动了金融科技在中国的深度融合与创新。

印度作为另一个拥有巨大潜力的金融科技市场，吸引了大量投资和创业者的关注。支付领域的企业如Paytm、PhonePe等在移动支付市场竞争激烈，同时P2P借贷平台如ZestMoney、Lendingkart等为印度民众提供了便捷的借贷服务。随着印度数字化转型的加速推进，金融科技行业有望迎来更多创新和发展机遇。

在欧洲地区，伦敦作为金融科技创新的中心，吸引了众多初创企业和投资者。英国金融科技公司如Revolut、Monzo等通过创新的支付和银行服务模式获得了快速增长，并逐渐扩展到其他欧洲国家和全球市场。与此德国的金融科技公司也崛起，如N26、Wirecard等在支付和数字银行领域展现出强劲竞争力。

除了上述地区，拉丁美洲、非洲等新兴市场也开始崭露头角，涌现出一批具有创新能力和市场影响力的金融科技企业。这些企业通过结合本地特色和全球技术趋势，为当地用户提供了更加个性化和便捷的金融服务，推动了金融普惠和数字化转型的进程。

未来，全球金融科技行业将继续保持快速发展的势头，同时也面临着诸多挑战和机遇。技术创新、市场竞争、监管环境等因素将影响着金融科技企业的发展路径和格局演变。随着全球数字化进程的加速推进，金融科技将成为全球金融体系的重要组成部分，为经济发展和社会进步注入新的活力和动力。

（二）其他地区金融科技发展的动力与挑战

1.消费者需求变化与数字化转型的驱动因素

消费者需求的变化和数字化转型是推动其他地区金融科技发展的关键因素。随着全球经济的发展和科技的进步，消费者对金融服务的需求也在不断演变。数字化转型则是各地区金融行业适应这种变化的重要手段。在其他地区，金融科技的现状和趋势呈现出多样性和活力。

消费者对金融服务的需求日益多样化和个性化。随着经济的发展和生活水平的提高，消费者对金融服务的要求也越来越高，他们希望金融服务能够更加方便、快捷、安全和个性化。因此，金融科技公司需要不断推出新的产品和服务，以满足消费者不断变化的需求。

数字化转型正在改变其他地区金融行业的格局和竞争格局。传统的金融机构面临着来自互联网科技公司和金融科技创新企业的竞争压力。这些新兴的金融科技公司利用技术的优势，推出了一系列创新的产品和服务，挑战着传统金融机构的地位。在亚洲地区，移动支付和数字货币已经得到了广泛应用，成为金融行业的新宠。

其他地区金融科技的发展受到了政府政策和监管环境的影响。一些国家和地区采取了积极的政策措施，鼓励金融科技创新和发展。这些政策包括金融科技创业支持、监管沙盒试验和数字金融基础设施建设等。这些政策举措为其他地区金融科技的发展提供了良好的环境和条件。

消费者需求的变化和数字化转型是推动其他地区金融科技发展的关键因素。随着技术的不断进步和市场的不断变化，我们可以预见在未来，其他地区金融科技将继续呈现出多样化和活力，为消费者提供更好的金融服务和体验。

2.技术创新与人才培养对金融科技发展的挑战与机遇

金融科技领域的发展受到技术创新和人才培养的双重影响。技术创新不断推动着金融科技的发展，而人才培养则是保障金融科技持续发展的关键。这两者之间的相互作用既带来了挑战，也孕育了机遇。

技术创新是金融科技发展的重要动力，但也带来了一系列挑战。新技术的快速发展导致金融科技领域的竞争日益激烈，企业需要不断进行技术创新以保持竞争优势。同时新技术的应用也带来了一些关于安全和隐私等方面的挑战，需要加强相关法律法规的制定和执行，以确保金融科技的安全稳定运行。

人才培养是金融科技发展的重要保障，但也面临着一些挑战。金融科技领域对人才的需求日益增加，而市场上高素质的金融科技人才却相对稀缺。这需要加强教育培训，培养更多具备金融和科技背景的人才，以满足金融科技发展的需求。金融科技领域的人才培养也需要与行业实践相结合，注重实践能力和创新能力的培养，以更好地适应行业发展的需求。

在其他地区，金融科技的发展现状和趋势各有特点。在亚洲地区，特别是中国和印度等国家，金融科技发展迅速，拥有庞大的用户基础和丰富的创新资源，同时政府也给予了政策支持，促进了金融科技的发展。在欧洲地区，金融科技发展较为成熟，虽然拥有很多金融科技企业和投资者，同时也面临着监管和合规等方面的挑战。在拉丁美洲和非洲等地区，金融科技的发展相对较慢，但也存在着巨大的发展潜力，尤其是在普惠金融和数字支付等领域。

技术创新和人才培养对金融科技发展既带来了挑战，也孕育了机遇。通过加强技术创新和人才培养，不断完善金融科技生态系统，可以推动金融科技的健康发展，为全球金融服务的普惠性和可持续性发展做出贡献。

（三）创新技术在其他地区的应用与影响

1.新兴技术对金融科技创新的推动与影响

新兴技术对金融科技创新起到了关键的推动和影响作用。这些新兴技术包括人工智能、大数据、区块链、物联网等，它们正在改变着金融行业的格局和方式。在其他地区，金融科技的现状和趋势也会受到这些新兴技术的影响。

人工智能技术为金融科技创新提供了重要支持。通过机器学习和深度学习算法，人工智能可以分析海量的金融数据，识别模式和趋势，提高风险管理和投资决策的精度与效率。在其他地区，许多金融科技公司正在利用人工智能技术开发智能投顾、风险评估和客户服务等方面的产品与服务。

大数据技术为金融科技创新提供了数据支撑。随着数据量的不断增加和存储计算能力的提高，金融机构可以利用大数据技术挖掘更多的信息和洞察力，从而更好地理解客户需求、预测市场变化和优化业务流程。在其他地区，大数据技术已经被广泛应用于风险管理、营销策略和产品创新等方面。

区块链技术为金融科技创新带来了分布式记账和智能合约等新的应用场景。区块链技术的去中心化和不可篡改性特点使得金融交易更加安全、透明和高效。在其他地区，许多金融科技公司正在探索利用区块链技术改进支付系统、资产交易和结算等方面的业务。

物联网技术为金融科技创新带来了更多的连接和智能化。通过物联网技术，金融机构可以实现与客户和资产的实时连接，提供更加个性化和智能化的服务。在其他地区，一些金融科技公司已经开始探索利用物联网技术开发智能支付、智能保险和智能资产管理等方面的产品和服务。

新兴技术对其他地区金融科技的发展产生了重要影响。随着技术的不断进步和创新，我们可以预见在未来，其他地区金融科技将继续受到新兴技术的推动，呈现出多样化和活力，为金融行业带来更多的创新和变革。

2.区块链技术在其他地区金融业中的发展与创新

区块链技术在其他地区的金融业中正日益展现出创新和发展的潜力。这一技术的应用不仅局限于加密货币领域，还涉及金融服务、供应链管理、数字资产等多个领域。区块链的去中心化、透明和安全等特点为金融业带来了许多新的机遇。

在亚洲地区，区块链技术得到了广泛的应用和探索。特别是在中国，政府和企业对区块链技术的投资和研发力度持续加大，涵盖了金融、物流、供应链等多个领域。在金融领域，中国的银行、证券和支付机构等已经开始尝试利用区块链技术进行结算、清算、资产管理等方面的创新。同时中国的区块链技术企业也在不断探索区块链技术在金融服务、数字资产交易等方面的应用，推动了金融科技的发展和创新。

在欧洲地区，区块链技术受到了广泛的关注和应用。特别是在欧盟内部，政府和金融机构积极探索利用区块链技术提升金融服务的效率和安全性。在金融领域，欧洲的银行、证券交易所和支付机构等已经开始尝试利用区块链技术进行跨境支付、数字身份认证等方面的创新。同时欧洲的区块链技术企业也在不断开发新的区块链应用，拓展了金融科技的应用领域，促进了金融业的数字化转型。

在拉丁美洲和非洲等地区，虽然区块链技术的应用相对较少，但也逐渐受到了关注。特别是在普惠金融和金融包容性方面，区块链技术被认为有巨大的潜力。一些非洲国家的政府和非营利组织已经开始尝试利用区块链技术提升金融服务的普及性和可及性，为低收入群体提供更加便捷的金融服务。同时一些拉丁美洲国家的金融机构也在探索利用区块链技术提升金融服务的效率和透明度，推动了金融科技的发展和创新。

区块链技术在其他地区的金融业中展现出了多样化的发展和创新。随着技术的不断进步和应用场景的不断拓展，区块链技术将为全球金融业带来更多的创新和变化，推动金融业向着更加智能化、高效化和包容性的方向发展。

二、其他地区金融科技的应用领域与前景

（一）支付与电子商务领域的创新应用

在全球范围内，支付与电子商务领域的创新应用呈现出多样化和活力。除了北美洲地区，其他地区也涌现出许多创新的支付和电子商务解决方案，推动着金融科技的发展。

亚洲地区作为全球支付与电子商务创新的热点之一，尤其是中国和印度等国家，拥有庞大的市场和消费群体，吸引了大量创业者和投资者的关注。移动支付在中国得到了广泛普及，支付宝和微信支付等移动支付平台已经成为人们生活中不可或缺的支付工具，覆盖了各个领域的支付需求。同时中国电子商务市场也呈现出蓬勃发展的势头，阿里巴巴、京东等电商平台不断创新业务模式，拓展服务领域，进而提升用户体验感。

印度的支付与电子商务市场呈现出快速增长的趋势。移动支付平台如 Paytm 和 PhonePe 通过智能手机普及率的提升和政府数字化转型政策的支持，取得了良好的发展成果。同时印度的电子商务市场也在不断扩大，Flipkart 和 Amazon 等平台通过引入物流技术和提升商品品质，吸引了越来越多的消费者和商家入驻。

　　欧洲地区的支付与电子商务创新备受关注。英国的金融科技企业Revolut和Monzo等通过创新的支付解决方案和数字银行服务，获得了用户的青睐，并开始向欧洲其他国家扩张业务。欧洲的电子商务市场也在不断发展，德国的Zalando和西班牙的Zara等电商平台通过数字营销和用户体验的提升，吸引了大量消费者的关注。

　　除了上述地区，拉丁美洲、非洲等新兴市场开始崭露头角，涌现出一批具有创新能力和市场影响力的支付与电子商务企业。这些企业通过本地化服务和技术创新，为当地用户提供了更加便捷和安全的支付和电子商务体验，推动了数字经济的发展和普及。

　　未来，随着技术的不断进步和市场竞争的加剧，支付与电子商务领域的创新应用将会继续呈现出多样化和快速发展的趋势。移动支付、数字货币、区块链等新技术将为支付与电子商务带来更多创新机会，推动行业向着更加智能化、便捷化和安全化的方向发展。全球数字化转型的加速推进将为支付与电子商务行业带来更广阔的市场机遇和发展空间。

　　1.数字化支付解决方案在其他地区的应用与发展

　　其他地区金融科技的现状和趋势受到数字化支付解决方案的应用与发展影响深远。数字化支付解决方案在其他地区得到了广泛应用和不断发展，成为推动金融科技发展的重要动力之一。

　　数字化支付解决方案的应用在其他地区呈现出多样性和创新性。随着移动互联网的普及和智能手机的普及，消费者对便捷、安全和高效的支付方式的需求不断增加。因此，许多金融科技公司和支付机构推出了各种数字化支付解决方案，包括但不限于移动支付、电子钱包、二维码支付和虚拟货币支付等。这些解决方案不仅在零售支付领域得到了广泛应用，还在跨境支付、P2P支付和智能合约等领域有着广泛的应用前景。

　　数字化支付解决方案的发展推动了其他地区金融科技的创新和变革。在数字化支付领域，许多金融科技公司不断推出新的产品和服务，以满足消费者不断变化的需求。一些金融科技公司正在探索利用人工智能和大数据分析技术提高支付安全性与用户体验感，开发智能支付解决方案。同时区块链技术的应用也为数字化支付领域带来了新的机遇和挑战，一些金融科技公司正在开发基于区块链技术的数字货币支付解决方案，以提供更加安全、快速和便捷的支付服务。

数字化支付解决方案在其他地区的应用与发展推动了金融科技行业的创新和发展。随着技术的不断进步和市场的不断变化，我们可以预见在未来，其他地区金融科技将继续受到数字化支付解决方案的推动，呈现出多样化和活力，为金融行业带来更多的创新和变革。

2.其他地区支付与电子商务行业的未来发展趋势

其他地区的支付与电子商务行业展现出了多样化的未来发展趋势。随着数字化技术的不断发展和消费者行为的变化，这些地区的支付与电子商务行业正经历着快速的转型和创新。

在亚洲地区，移动支付和电子商务行业正迅速崛起。中国、印度和东南亚等地区的移动支付市场已经成为全球最大的市场之一，移动支付已经成为人们日常生活中不可或缺的一部分。与此电子商务行业也在蓬勃发展，中国和印度的电商巨头已经成为全球知名企业。未来，亚洲地区的支付与电子商务行业将继续向移动化、智能化和社交化方向发展，同时数字货币和区块链技术也有望在该地区得到更广泛的应用。

在欧洲地区，电子支付和电子商务行业发展虽然较为成熟，但仍然充满了创新活力。欧洲的支付市场虽然主要以传统银行支付和电子钱包为主，但移动支付和即时支付等新型支付方式也在逐渐兴起。同时欧洲的电子商务市场也在不断扩大，跨境电商交易日益增多。未来，欧洲地区的支付与电子商务行业将继续向数字化、个性化和可持续发展方向发展，金融科技和人工智能等新技术的应用也将成为行业发展的重要驱动力。

在拉丁美洲和非洲等地区，支付与电子商务行业的发展虽然相对较慢，但潜力巨大。随着智能手机的普及和互联网接入的增加，这些地区的消费者开始更多地使用移动支付和电子商务服务。同时一些新兴市场国家也在积极推动数字支付和电子商务的发展，政府和企业纷纷出台政策措施和创新方案，促进了行业的发展。未来，拉丁美洲和非洲地区的支付与电子商务行业将继续向数字化、普惠化和可持续化方向发展，金融科技和区块链技术等新技术的应用也将助力行业的快速增长。

其他地区的支付与电子商务行业正处于快速发展和转型之中，未来的发展趋势将更加数字化、智能化和全球化。随着技术和消费者需求的不断变化，行业将不断涌现出新的商业模式和创新产品，推动整个行业朝着更加开放、创新和可持续的方向发展。

（二）新兴技术在资本市场与金融服务中的应用

全球范围内，新兴技术在资本市场与金融服务中的应用日益广泛。除了北美洲地区，其他地区的金融科技也呈现出多样性和活力。

亚洲地区是全球金融科技创新的重要一极。中国的金融科技行业发展迅速，融合了人工智能、大数据、区块链等前沿技术，推动了金融服务的创新。互联网巨头如蚂蚁集团、腾讯等通过支付、借贷、理财等多元化业务拓展，成为金融科技领域的领军企业。区块链技术在中国的应用也日益广泛，被用于数字货币、供应链金融等领域，为金融服务带来更高效和安全的解决方案。

印度的金融科技行业呈现出快速发展的态势。移动支付平台如Paytm、PhonePe等通过智能手机的普及和政府数字化转型政策的支持，迅速扩大了用户规模。印度的P2P借贷平台和数字化银行迅速崛起，为印度民众提供了更便捷和灵活的金融服务。

在欧洲地区，金融科技得到了广泛关注。英国的金融科技企业如Revolut、Monzo等通过数字银行和支付服务的创新，吸引了大量用户，并开始向欧洲其他国家扩张业务。同时德国的金融科技企业也在支付、投资和贷款等领域展现出强劲竞争力，推动了金融服务的数字化转型。

除了上述地区，拉丁美洲、非洲等新兴市场也开始崭露头角，涌现出一批具有创新能力和市场影响力的金融科技企业。这些企业通过结合本地特色和全球技术趋势，为当地用户提供了更加个性化和便捷的金融服务，推动了金融普惠和数字化转型的进程。

未来，全球金融科技行业将继续保持快速发展的势头。随着技术的进步和应用场景的不断拓展，金融科技将在支付、借贷、投资、风险管理等方面发挥更大的作用。同时金融科技企业也将不断加强数据保护和风险控制，确保用户信息的安全和隐私。金融科技的发展将为全球金融体系的稳定和可持续发展做出积极贡献。

1.人工智能与机器学习在其他地区金融服务创新中的作用

其他地区金融科技的现状与趋势受到人工智能与机器学习在金融服务

创新中的作用深远影响。这些先进技术已经成为推动金融科技发展的重要动力之一。

人工智能与机器学习在其他地区金融服务创新中发挥着关键作用。通过分析海量数据，这些技术可以识别出潜在的模式和趋势，帮助金融机构进行风险管理、客户服务和投资决策等方面的工作。在信用评分方面，人工智能和机器学习可以利用历史数据和行为模式预测借款人的信用风险，从而帮助银行和贷款机构更好地评估借款申请。在投资组合管理方面，人工智能和机器学习可以分析市场数据和公司财务信息，提供个性化的投资建议和智能交易执行，帮助投资者优化投资组合和提高投资回报。

除此之外，人工智能与机器学习也促进了其他地区金融科技的创新与发展。许多金融科技公司利用这些技术开发了一系列创新产品和服务，包括但不限于智能投顾、智能客服、反欺诈检测和风险预测等。在智能客服方面，许多金融机构已经引入基于自然语言处理和机器学习算法的智能聊天机器人，可以实现24小时在线客服，提供个性化的服务和解决方案。

人工智能与机器学习在其他地区金融服务创新中的作用不可忽视。随着技术的不断进步和应用场景的不断拓展，我们可以预见在未来，其他地区金融科技将继续受到人工智能与机器学习的推动，呈现出多样化和活力，为金融行业带来更多的创新和变革。

2.新兴技术对其他地区资本市场与金融服务的未来影响

其他地区的资本市场和金融服务将受到新兴技术未来影响。新兴技术包括人工智能、区块链、物联网、大数据等，将深刻改变资本市场和金融服务的格局和方式。

人工智能将在其他地区资本市场和金融服务中发挥重要作用。通过机器学习和深度学习算法，人工智能可以分析海量数据，发现隐藏的模式和趋势，提高决策的准确性和效率。在资本市场方面，人工智能可以帮助投资者进行情报收集、风险评估和交易执行等方面的工作。在金融服务领域，人工智能可以提供智能客服、智能投顾和个性化推荐等服务，提升客户体验和服务质量。

区块链技术将为其他地区资本市场和金融服务带来更多的透明度与安全性。区块链的去中心化和不可篡改性特点使得交易更加安全、透明和高效。在资本市场方面，区块链可以改进交易结算和资产登记等流程，降低交易成本和风险。在金融服务领域，区块链可以用于跨境支付、智能合约和数字身份认证等方面，提供更快速、便捷和安全的服务。

物联网技术将为其他地区资本市场和金融服务带来更多的连接与智能化。通过物联网技术，资本市场和金融服务可以实现与实物资产和设备的实时连接，提供更个性化、智能化的服务。在资产管理方面，物联网可以用于监测资产的运行状态和使用情况，提供更精准的资产管理和维护服务。在金融服务方面，物联网可以用于实现智能支付、智能保险和智能城市等方面的应用，提升服务效率和便利性。

新兴技术对其他地区资本市场和金融服务的未来影响将是深远而多样化的。随着技术的不断进步和应用场景的不断拓展，我们可以预见在未来，其他地区资本市场和金融服务将呈现出更多的创新和变化，为投资者和消费者带来更多的机会和便利。

第九章 金融科技与金融包容性

第一节 金融科技的潜力与金融包容性

一、金融科技的潜力与创新

（一）技术创新与金融业变革

技术创新对金融业变革具有深远影响。金融科技的崛起为金融行业带来了前所未有的变化。通过互联网、大数据、人工智能等先进技术的应用，金融科技正在重新定义着金融服务的形态和方式。

金融科技的出现加速了金融服务的数字化转型。传统金融业务通常需要大量的纸质文件和繁琐的流程，而金融科技的发展使得许多金融服务可以通过手机或电脑完成，极大地提高了服务的效率和便利性。移动支付、网上银行等技术应用让用户能够随时随地进行支付和理财，而无需前往实体网点。

金融科技为金融机构提供了更精准、个性化的服务。通过大数据和人工智能技术，金融机构能够更好地了解客户的需求和偏好，为其量身定制更合适的金融产品和服务。基于客户的消费习惯和财务状况，金融科技可以推荐最适合的信用卡、贷款产品，从而提升客户满意度和忠诚度。

金融科技为金融监管提供了更强大的工具和手段。传统监管方式通常依赖人工审核和报告，容易出现漏洞和误判。基于区块链等技术的监管系统能够实现交易数据的实时记录和共享，提高了监管的效率和准确性。监管机构可以通过区块链技术实现对金融交易的全程监控，及时发现和防范风险。

金融科技的发展为金融业带来了巨大的发展潜力和创新机会。它不仅提高了金融服务的效率和便利性，还促进了金融机构的精细化管理和风险控制，进而推动了整个金融体系的稳健发展。随着技术的不断进步和创新，相信金融科技将继续发挥重要作用，为金融业的持续变革和发展注入新的动力。

1. 人工智能、大数据和区块链等新兴技术在金融领域的应用

金融科技，即金融与技术的结合，涵盖了人工智能、大数据和区块链等新兴技术在金融领域的广泛应用。这些技术的融合为金融行业带来了巨大的变化，塑造了一个全新的金融生态系统。在这个生态系统中，金融服务变得更加智能化、高效化和安全化，为各类参与者带来了更多的机遇和便利。

人工智能的应用为金融业注入了新的活力。通过机器学习和数据挖掘技术，金融机构可以更好地分析客户数据，了解客户需求和行为模式，从而提供个性化的金融产品和服务。智能风险管理系统可以帮助银行更好地识别和管理风险，提高贷款审批的效率和准确性。智能投资顾问可以根据客户的风险偏好和投资目标，为其提供定制化的投资组合建议，优化资产配置，实现更好的投资回报。

大数据技术的运用为金融行业带来了前所未有的数据洞察力。金融机构可以通过分析海量的结构化和非结构化数据，挖掘出隐藏在其中的商机和风险。利用大数据分析技术，银行可以实现更精准的信用评分，降低信贷风险；保险公司可以利用大数据分析客户行为和历史索赔数据，进而为客户定制个性化的保险产品，提高客户满意度。

区块链技术的应用为金融行业带来了更高的安全性和透明度。区块链技术通过去中心化的分布式账本，实现了交易的安全和不可篡改性，极大地降低了交易风险和成本。区块链技术可以用于构建智能合约，实现自动化的合约执行和支付，提高交易的效率和可靠性；区块链技术可以用于建立去中心化的金融市场和交易平台，打破传统金融中心化的壁垒，促进金融资源更加的平等和高效配置。

金融科技的潜力无疑是巨大的。人工智能、大数据和区块链等新兴技

术的应用正在为金融行业带来前所未有的变革和发展机遇，推动着金融行业向着更加智能、高效、安全和包容的方向不断演进。随着技术的不断进步和创新，相信金融科技将继续发挥着重要的作用，为金融行业的可持续发展和社会经济的繁荣做出更大的贡献。

2.金融科技对传统金融模式的颠覆与重构

金融科技正以前所未有的速度和深度改变着传统金融模式。这一变革不仅是表面上的技术升级，而是对整个金融行业的颠覆和重塑。金融科技的潜力和创新之处在于其能够通过技术手段，实现对金融服务的高效、便捷和普惠目标，从而推动金融体系向更加包容和可持续的方向发展。

金融科技的出现打破了传统金融的壁垒，降低了金融服务的门槛。传统金融模式往往依赖大量的实体网点和繁琐的手续，导致金融服务无法触及一些偏远地区或是底层群体。金融科技通过移动互联网和大数据技术，构建了基于互联网的金融服务平台，使得用户可以通过手机等智能设备随时随地进行金融操作，极大地提高了金融服务的便捷性和普及率。

金融科技的创新在于其能够为用户提供个性化、定制化的金融产品和服务。传统金融机构往往采用统一的标准化服务模式，无法满足用户多样化的需求。金融科技通过对用户数据的深度分析和挖掘，可以精准把握用户的偏好和风险特征，为用户量身定制出最适合的金融产品和服务，进而提升用户体验感和满意度。

金融科技在金融风险管理和防范领域发挥着重要作用。金融交易往往伴随着各种各样的风险，传统金融模式在风险管理方面存在着局限性。金融科技通过引入人工智能和大数据分析技术，可以对海量的金融数据进行实时监测和分析，及时发现潜在的风险点，并采取相应的措施进行应对和防范，有效提高了金融系统的稳定性和安全性。

金融科技的出现和发展为传统金融模式的颠覆与重构提供了重要的动力及契机。它不仅改变了金融服务的传统模式，也推动了金融行业向着更加普惠、高效、安全的方向发展。随着技术的不断创新和应用，相信金融科技将会继续发挥重要的作用，为全球金融体系的发展注入新的活力和动力。

3.金融科技对金融产品、服务和市场结构的影响

金融科技正在深刻改变金融产品、服务和市场结构。它推动着金融行

业向着更为数字化、智能化和个性化的方向发展。金融科技的崛起带来了全新的金融产品。传统金融产品往往受制于繁琐的流程和高昂的成本，而金融科技的应用使得创新金融产品更为可能。P2P借贷平台、数字货币等新型金融产品的出现为投资者和借款人提供了全新的选择，同时也促进了金融市场的多元化和竞争力。

金融科技改变了金融服务的方式和渠道。传统金融服务主要依赖实体网点和人工服务，而金融科技的发展使得金融服务可以通过手机App、网站等线上渠道实现。这种便捷的服务方式不仅提高了服务的效率，还为更多人群提供了金融服务的机会，促进了金融包容性的提升。

金融科技对金融市场结构产生了深远影响。传统金融市场通常由少数大型金融机构垄断，而金融科技的兴起打破了这种垄断格局。通过互联网和区块链等技术，小型金融机构和创新型金融科技公司得以崭露头角，与传统金融机构展开竞争。这种竞争不仅促进了金融市场的活力和创新，还为消费者带来了更多选择和更优惠的服务。

金融科技的发展对金融产品、服务和市场结构都产生了深远影响。它推动了金融行业向着更为数字化、智能化和个性化的方向发展，为金融市场的多元化和竞争力注入了新的动力。随着技术的不断进步和创新，相信金融科技将继续发挥重要作用，为金融业的持续变革和发展带来新的机遇及挑战。

（二）金融科技创新的潜力与优势

金融科技的崛起为金融业带来了巨大的潜力和优势。金融科技的创新推动了金融服务的普惠化和个性化。传统金融体系常常面临地域限制和信息不对称等问题，导致一些人群难以获得足够的金融服务。金融科技的发展使得金融服务更加便捷和全球化，通过手机App等电子渠道，用户可以随时随地进行金融交易和查询，有效弥补了传统金融渠道的不足。

金融科技的创新为金融机构带来了更高的效率和降低成本。传统金融业务往往需要大量的人力和时间来完成，而借助人工智能、大数据和区块链等技术，金融机构可以实现业务的自动化和智能化，大大提升了业务处理的速度和准确性，降低了运营成本。通过智能化的风险管理系统，银行可以更快速地识别和管理风险，减少不良资产的损失；通过区块链技术，金融机构可以实现跨境支付的即时结算，降低交易成本和中介费用。

金融科技的创新提升了金融系统的安全性和透明度。随着金融业务的数字化和网络化，金融机构面临着越来越严重的网络安全威胁和信任危机。区块链技术的应用为解决这一问题提供了新的思路和方法。区块链技术通过去中心化的分布式账本，实现了交易的安全和不可篡改性，极大地降低了交易风险和信息泄露的可能性。同时区块链技术还能够提高交易的透明度和可追溯性，使得金融市场更加公平和规范。

金融科技的创新为金融行业带来了巨大的潜力和优势，推动着金融业朝着更加智能、高效、安全和包容的方向不断发展。随着技术的不断进步和创新，相信金融科技将继续发挥重要的作用，为金融行业的可持续发展和社会经济的繁荣做出更大的贡献。

1.金融科技创新为金融业带来的效率提升与成本降低

金融科技的创新给金融业带来了高效和成本降低的双重好处。金融科技的出现使得金融交易更加便捷和高效。传统金融业务往往需要大量的人力和时间来完成，如办理贷款或转账等。金融科技通过引入自动化和智能化技术，大大简化了这些流程，减少了人为错误和延误。这不仅提高了交易的速度，也增强了交易的准确性和可靠性。

金融科技的创新降低了金融业务的成本。传统金融业务需要大量的实体网点和人力资源来运营和管理，这导致了高昂的运营成本。金融科技通过引入互联网和移动技术，将大部分金融服务转移到了线上平台上，大大减少了实体网点的需求和相关的运营成本。同时自动化和智能化技术的应用也降低了人力成本，使得金融机构能够更有效地利用资源，提高了盈利能力和竞争力。

金融科技的创新促进了金融市场的竞争和创新。传统金融业务往往由少数大型金融机构垄断，这限制了市场的竞争和创新。金融科技的出现降低了市场进入门槛，使得更多的企业和创业者能够进入金融领域，推动了市场的竞争和创新。这不仅促进了金融产品和服务的不断优化和升级，也提高了金融市场的效率和活力。

金融科技的创新为金融业带来了效率提升和成本降低的双重好处。通过引入自动化和智能化技术，金融科技使得金融交易更加便捷和高效，同时降低了金融业务的成本。这不仅提高了金融机构的盈利能力和竞争力，也促进了金融市场的竞争和创新。随着金融科技的不断发展和应用，相信它将继续为金融业带来更多的机遇和挑战。

2.金融科技创新促进金融风险管理与监管效能提升

金融科技的创新不断推动着金融风险管理和监管效能的提升。这种创新涵盖了多个方面，包括数据分析、人工智能、区块链等技术的应用以及监管科技的发展。金融科技的创新为金融机构提供了更为精准和全面的风险管理工具。通过大数据分析和机器学习算法，金融机构能够更好地识别和量化各类风险，包括信用风险、市场风险、操作风险等，从而及时采取有效的风险管理措施。

金融科技的发展促进了金融监管的智能化和自动化。监管机构利用金融科技，可以更加高效地收集、分析和监控金融市场的数据，实现对市场风险和违规行为的实时监测和预警。监管科技可以通过数据挖掘和自然语言处理技术，对金融机构的报告和交易数据进行快速分析，发现潜在的风险因素和违规行为。

金融科技的创新为金融监管提供了更为便捷和安全的手段。区块链技术的应用使得交易数据的记录和共享更加透明和可信，从而减少了金融欺诈和不当交易的发生。同时监管机构也可以利用区块链技术建立起更为高效和安全的监管系统，实现对金融市场的全面监管和管理。

总的来看，金融科技的创新为金融风险管理和监管效能提升带来了新的机遇与挑战。随着技术的不断进步和应用，相信金融科技将继续发挥重要作用，为金融行业的稳健发展和市场秩序的维护提供更为有效的支持。

二、金融科技与金融包容性

（一）金融科技对金融包容性的促进

金融科技对金融包容性的促进是显而易见的。在过去，金融包容性一直是一个挑战，许多人无法获得传统金融服务，特别是在偏远地区或经济欠发达地区。但是，随着金融科技的不断发展，这种情况正在发生改变。

金融科技通过提供更加便捷的金融服务，使得更多的人能够轻松获得所需的金融产品和服务。通过智能手机应用程序和互联网平台，人们可以随时随地办理银行业务，无需前往实体银行分支机构。这使得那些无法亲自到传统银行办理业务的人们也能够享受到金融服务，从而提高了金融包容性。

金融科技通过创新金融产品和服务，满足不同群体的需求，进一步促进了金融包容性。移动支付和数字货币等新型支付方式为那些没有银行账户或信用卡的人们提供了便利的支付工具。P2P借贷平台和数字化货币交易所则为那些传统金融机构无法满足需求的人们提供了融资和投资渠道。这些创新的金融产品和服务拓宽了金融市场的参与者范围，增强了金融包容性。

金融科技通过降低金融交易的成本和提高交易的透明度，进一步促进了金融包容性。传统金融服务常常伴随着高额的手续费和低效的流程，使得一些人群望而却步。金融科技的应用可以降低交易成本，提高交易的效率。区块链技术的应用可以实现即时结算和低成本的跨境支付，为那些没有信用卡或银行账户的人们提供了更加便捷的国际交易方式。

金融科技对金融包容性的促进是显而易见的。通过提供便捷的金融服务、创新的金融产品和服务以及降低交易成本和提高交易透明度，金融科技为更多的人提供了获得金融服务的机会，推动了金融包容性的不断提升。随着金融科技的不断发展和创新，相信金融包容性将会得到进一步加强，更多人们能够从中受益。

1.金融科技降低金融服务门槛，提高金融服务普及率

金融科技的发展对提高金融包容性起到了积极作用。金融科技降低了金融服务的门槛，使得更多的人群能够获得金融服务。传统金融业务往往需要人们到实体网点办理，这对一些偏远地区的居民来说十分不便。金融科技通过引入移动支付、网络银行等技术手段，使得金融业务可以通过手机或电脑等智能设备随时随地进行，从而解决了时间和空间上的限制问题，提高了金融服务的可及性和普及率。

金融科技为弱势群体提供了更加包容的金融服务。传统金融业务往往偏向服务于高收入和高信用等客户群体，而忽视了一些弱势群体的金融需求。金融科技通过数据分析和智能算法，可以更精准地评估风险和信用，

为这些弱势群体提供更加个性化和定制化的金融产品与服务，从而弥补了传统金融服务的不足，提高了金融包容性。

金融科技通过创新金融产品和服务，满足了不同人群的金融需求，推动了金融包容性的提升。传统金融业务往往局限于传统的贷款、储蓄等产品，无法满足人们多样化的金融需求。金融科技的发展推动了金融产品和服务的多样化和个性化，如P2P借贷、虚拟货币等新型金融产品的出现，为人们提供了更多选择，满足了不同人群的特殊金融需求，从而提高了金融的包容性。

金融科技的发展对提高金融包容性起到了积极作用。通过降低金融服务的门槛，为弱势群体提供个性化的金融服务，以及创新金融产品和服务，金融科技使得更多的人群能够获得金融服务，从而提高了金融包容性，促进了金融的普惠和可持续发展。

2.金融科技为小微企业和个体经济主体提供更便捷的金融服务

金融科技的发展为小微企业和个体经济主体提供了更为便捷的金融服务，从而促进了金融包容性的提升。金融科技的应用使得小微企业和个体经济主体能够更方便地获取融资服务。传统金融机构往往对小微企业和个体经济主体的融资需求不够关注，同时又存在着繁琐的申请流程和高昂的利率，导致了它们融资难题。金融科技的出现改变了这一现状，通过互联网平台、P2P借贷等新型金融服务模式，小微企业和个体经济主体可以更便捷地获得融资支持，满足其发展需求。

金融科技的发展为小微企业和个体经济主体提供了更为灵活与个性化的金融服务。传统金融机构的产品往往面向大型企业，缺乏针对小微企业和个体经济主体的定制化服务。金融科技公司通过大数据分析和人工智能技术，可以更好地了解小微企业和个体经济主体的需求与信用状况，从而为其量身定制更合适的金融产品和服务。通过智能信用评估模型，金融科技公司可以为信用记录较差或无信用记录的个体经济主体提供个性化的贷款方案，降低其融资门槛，促进其发展。

金融科技的发展为小微企业和个体经济主体提供了更多元化的金融服务选择。传统金融机构的产品往往单一且刚性，难以满足小微企业和个体经济主体多样化的需求。金融科技的出现带来了P2P借贷、互联网金融、供应链金融等新型金融服务模式，为小微企业和个体经济主体提供了更多选择与更灵活的金融服务方式。小微企业可以通过互联网平台进行融资租赁、应收账款融资等业务，提高了资金利用效率，促进了企业的健康发展。

金融科技的发展为小微企业和个体经济主体提供了更便捷、灵活和多元化的金融服务，从而促进了金融包容性的提升。随着技术的不断进步和应用，相信金融科技将继续发挥重要作用，为小微企业和个体经济主体的发展提供更为有效的支持。

（二）金融科技创新的挑战与应对

金融科技的创新虽然带来了巨大的变化，但也面临着一些挑战。这些挑战需要金融机构和监管机构共同应对，以确保金融科技的发展能够提升金融的包容性。

安全与隐私问题是金融科技创新面临的主要挑战之一。随着金融数据的数字化和网络化，安全漏洞和数据泄露成为严重的威胁。金融机构需要加强网络安全技术和监控手段，保护客户的个人信息和资金安全。监管机构需要建立健全的数据隐私保护法律法规，加强对金融科技企业的监管，确保其合规运营。

技术风险是金融科技创新面临的另一个挑战。新兴技术的不断涌现和应用，带来了新的技术风险和挑战。人工智能算法的不稳定性和不确定性可能导致系统错误与风险失控；区块链技术的智能合约漏洞可能导致合约执行的不准确和资金损失。金融机构需要加强对新技术的研究和测试，建立健全的风险管理体系，及时发现和应对技术风险。

金融包容性的不平衡是金融科技创新面临的挑战之一。尽管金融科技为一些人群提供了更便捷、更多样化的金融服务，但仍然存在着数字鸿沟和金融不平等问题。一些地区和群体仍然无法享受到金融科技带来的便利，这可能会加剧社会的不公平现象。因此，金融机构和政府部门需要采取积极的措施，促进金融科技的普及和包容，缩小数字鸿沟，实现金融包容性的全面提升。

监管与合规问题是金融科技创新的重要挑战之一。金融科技的发展速度迅猛，监管机构常常难以跟上技术创新的步伐，导致监管法规的滞后和监管漏洞的出现。金融机构需要积极配合监管机构，加强内部合规管理，确保金融科技的发展在合法合规的框架内进行，避免出现金融风险和监管风险。

金融科技创新面临着诸多挑战，包括安全与隐私问题、技术风险、金融包容性不平衡以及监管与合规问题。金融机构和监管机构需要共同努力，制定有效的应对策略，确保金融科技的发展能够提升金融包容性，实现金融服务的普惠和可持续发展。

1. 数据隐私与安全风险对金融包容性的影响

数据隐私和安全风险对金融包容性产生了重要影响。人们对个人数据的隐私保护越来越关注。在金融科技的发展中，大量的个人数据被收集和使用，包括个人身份信息、财务数据等。如果这些数据泄露或被滥用，将会对用户的隐私造成严重威胁，从而降低了人们对金融科技的信任度，抑制了他们使用金融科技的积极性。

数据安全风险可能导致金融服务的中断和损失。随着金融科技的发展，金融机构和平台存储与处理的数据量大幅增加，也带来了数据安全的挑战。一旦发生数据泄露、黑客攻击或系统故障等问题，就可能导致金融服务中断，用户信息被窃取或资金损失等严重后果，这不仅损害了用户的利益，也影响了金融市场的稳定和发展。

金融科技可以通过加强数据保护和安全防范来提高金融的包容性。金融科技可以采用加密技术和安全认证等手段保护用户数据的安全性。加密技术可以有效保护用户数据在传输和存储过程中的安全，防止数据被非法获取和篡改。安全认证技术可以确保用户身份的真实性和合法性，防止身份盗用和欺诈行为。

金融科技可以加强数据监管和风险管理，提升金融系统的稳定性和安全性。金融科技可以利用大数据分析和人工智能等技术手段对金融数据进行实时监测与分析，发现潜在的安全风险和异常情况，并及时采取相应的措施进行应对和处理，从而降低了金融系统遭受安全威胁的风险，提高了金融服务的可靠性和安全性。

数据隐私和安全风险虽然会对金融包容性产生一些影响，但金融科技可以通过加强数据保护和安全防范来提高金融包容性，保障用户的权益和金融市场的稳定发展。因此，金融科技发展应当重视数据隐私和安全风险管理，不断完善相关的技术和制度，促进金融包容性的提升和金融服务的普惠性。

2.金融科技监管政策与制度设计对金融包容性的支持与引导

金融科技监管政策与制度设计对金融包容性的支持与引导至关重要。监管政策的制定需要兼顾金融创新和风险防范的双重目标。金融科技的发展给金融监管带来了新的挑战，监管政策需要及时跟进，以适应新技术和新业务模式的发展，同时要保障金融系统的稳定和安全。合理的监管政策可以鼓励金融科技创新，降低金融服务的准入门槛，促进金融包容性的提升。

监管政策应注重技术中立性和公平竞争。金融科技的发展为金融市场带来了更多的参与者和竞争者，监管政策需要确保所有市场主体在同一监管框架下享有平等的权利和机会，防止垄断和不正当竞争行为的发生。同时监管政策还应考虑到技术的中立性，避免过度规制和创新抑制，给予新技术和新业务模式足够的空间和时间来发展，从而推动金融科技与金融包容性的深度融合。

监管政策需要重视数据隐私和信息安全保护。金融科技的发展离不开对大量个人和企业数据的收集、分析和应用，监管政策需要加强对数据隐私和信息安全的保护，确保金融科技公司和金融机构合法、合规地使用与保护用户数据，防止数据泄露和滥用，维护金融市场的秩序和稳定。

监管政策应促进金融科技与传统金融机构的协同发展。金融科技的发展既是挑战也是机遇，传统金融机构可以借助金融科技提升服务效率、降低成本、拓展市场，从而更好地服务小微企业和个体经济主体，促进金融包容性的提升。监管政策应鼓励传统金融机构与金融科技公司合作共赢，共同推动金融服务的创新和普惠。

金融科技监管政策与制度设计对金融包容性的支持与引导至关重要。合理、适时的监管政策可以促进金融科技与金融包容性的深度融合，推动金融服务的普及和提升，实现金融包容性的可持续发展。

第二节　金融科技在发展中经济体的应用

一、金融科技在发展中经济体的现状与趋势

（一）金融科技在发展中经济体的普及程度

金融科技的发展对经济体的普及程度产生了深远影响。金融科技的出现使得金融服务更加便捷和普惠。传统金融服务往往受制实体网点和繁琐的流程，使得大部分人难以获得高质量的金融服务。金融科技的发展改变了这一局面，通过手机App、互联网平台等渠道，人们可以随时随地获取金融服务，无论是转账支付、贷款申请还是投资理财，都变得更加便利。这种便捷的金融服务使得更多的人能够参与到金融活动中来，从而提高了经济体的金融普及程度。

金融科技的发展拓展了金融服务的覆盖范围。传统金融机构往往偏向服务于城市和发达地区，而对农村和偏远地区的金融服务相对不足。金融科技的出现弥补了这一不足，通过手机支付、网络银行等方式，将金融服务延伸到了更广泛的地区和群体。即使是偏远地区的居民，也可以通过手机完成支付和转账，享受到与城市居民相当的金融便利。这种广泛的金融服务覆盖让更多人受益于金融科技的发展，从而促进了金融科技的普及程度。

金融科技的发展降低了金融服务的门槛。传统金融服务往往需要较高的办理门槛，如一定的存款金额、良好的信用记录等，使得许多人无法享受到优质的金融服务。金融科技的出现降低了这些门槛，通过大数据分析和人工智能技术，金融科技公司可以更准确地评估个人信用和风险，为更多人提供个性化的金融产品和服务。即使是信用记录较差或无信用记录的人群，也可以通过金融科技获得贷款、信用卡等金融产品，从而让其参与到经济活动中来，提高了经济体的金融科技普及程度。

金融科技的发展对经济体的普及程度起到了积极推动作用。它使得金

融服务更加便捷、覆盖范围更广泛、门槛更低，让更多的人能够享受到高质量的金融服务，从而促进了经济体的全面发展和繁荣。随着技术的不断进步和应用，相信金融科技将继续发挥重要作用，推动经济体的金融科技普及程度不断提升。

1.金融科技公司在发展中经济体的布局与渗透

金融科技公司在发展中经济体的布局与渗透是一个日益受到关注的议题。随着全球经济的不断发展和数字化进程的加速，金融科技正逐渐成为促进经济发展的重要引擎之一。在发展中经济体中，金融科技的普及程度起着至关重要的作用，既可以促进金融服务的普惠和经济发展，也可能带来一些新的挑战和风险。

金融科技的发展对经济体的布局产生了深远影响。传统金融机构往往集中于城市中心，而金融科技公司则可以通过互联网和移动设备，将金融服务延伸到更广泛的地区和群体。这种分布式的布局方式使得金融服务更加普及和便捷，有效地弥补了传统金融渠道的不足，促进了经济体的均衡发展。同时金融科技公司还可以利用大数据和人工智能等技术，更好地了解和满足不同地区和群体的金融需求，推动经济结构的优化和升级。

金融科技在发展中经济体中的普及程度直接影响着金融包容性和经济增长。随着金融科技的普及，越来越多的人可以通过手机等移动设备获得金融服务，无需前往实体银行分支机构，从而降低了获得金融服务的门槛，促进了金融包容性的提升。同时金融科技的发展还可以提高金融服务的效率和质量，降低交易成本，促进了经济活动的发展和经济增长的加速。这种普及程度的提升不仅可以促进经济体的内部发展，也可以增强其在全球经济中的竞争力。

金融科技在发展中经济体中的普及程度面临着一些挑战和障碍。数字鸿沟是一个普遍存在的问题，即使金融科技的应用得到了普及，也仍然有一部分人群无法享受到其带来的便利。这可能是因为缺乏基础设施、受教育水平低、数字能力差等原因。同时金融科技的普及也可能导致面临一些新的风险和挑战，如网络安全问题、数据隐私问题等，这需要政府和监管机构采取有效的措施来加以解决。

金融科技公司在发展中经济体中的布局与渗透对经济体的发展和金

融包容性的提升起着至关重要的作用。通过促进金融服务的普及和提高效率，金融科技可以推动经济体的均衡发展和经济增长的加速。同时金融科技的普及也面临着一些挑战和障碍，需要政府、监管机构和金融科技公司共同努力，促进金融科技的健康发展，实现经济体的可持续发展。

2.金融科技在发展中经济体中的用户接受度和市场需求

金融科技在经济体中的发展与用户接受度和市场需求密不可分。经济体中的用户对金融科技的接受度受到多种因素的影响。金融科技的便利性和高效性吸引了大量用户的青睐。用户通过金融科技平台可以随时随地进行金融操作，无需受到时间和地域的限制，极大地提升了金融服务的便捷程度。同时用户对金融科技的信任度也是影响接受度的重要因素。随着数据安全和隐私保护意识的增强，用户对个人数据的安全性有着更高的要求，只有能够保障用户数据安全的金融科技平台，才能获得用户的信任和接受。

市场需求对金融科技的发展起着至关重要的作用。随着经济的发展和人们生活水平的提高，经济体对金融服务的需求也在不断增长。传统金融服务模式往往无法满足人们多样化的金融需求，因此，市场对更加便捷、智能和个性化的金融服务的需求日益增长。金融科技的发展正是顺应了这一市场需求，通过技术创新和服务升级，为用户提供更加丰富多样的金融产品和服务，满足市场不断增长的需求。

经济体中金融科技的普及程度将受到政府政策和市场环境的影响。政府在金融科技发展方面的支持和引导能够促进金融科技的普及和应用。政府可以出台相关政策，鼓励金融机构加大对金融科技的投入和研发力度，提升金融科技的技术水平和服务质量。同时政府还可以加强对金融科技市场的监管，保障用户的权益和金融市场的稳定。另外，市场环境的良好与否也将对金融科技的普及程度产生影响。在市场竞争激烈、金融创新活跃的环境下，金融科技能够更好地融入市场，满足用户需求，推动金融科技的普及和发展。

金融科技在经济体中的发展受到用户接受度和市场需求的影响。用户对金融科技的接受度取决于其便利性和安全性，而市场需求则是金融科技发展的内在动力。同时政府政策和市场环境的支持也对金融科技的普及程度产生重要影响。因此，金融科技在经济体中的发展需要综合考虑用户需求、市场环境和政府政策，才能够实现更加广泛的普及和应用。

（二）创新技术在发展中经济体的应用领域

创新技术在发展中经济体的应用领域广泛而深远。信息技术的迅猛发展为经济体带来了数字化转型的机遇。信息技术的应用涉及诸多领域，包括电子商务、智慧城市、物联网等，这些技术的普及应用极大地提高了生产效率和服务质量，推动了经济体的转型升级。电子商务平台的兴起让传统商业模式得以改变，消费者可以通过网络享受更为便捷的购物体验，同时也为企业提供了开拓新市场的机会。

人工智能技术的应用正在改变着经济体的管理和生产方式。人工智能技术的应用覆盖了诸多行业，包括制造业、金融业、医疗健康等，它能够通过大数据分析和机器学习算法，实现数据驱动的智能决策和精准管理。在制造业领域，人工智能技术可以实现生产过程的智能监控和优化，提高生产效率和产品质量；在医疗健康领域，人工智能技术可以帮助医生进行疾病诊断和治疗方案制订，提高医疗服务水平和效率。

区块链技术的应用可以促进经济体的发展和普及。区块链技术的去中心化特点使得信息传输更为安全和可信，它可以应用于金融领域的支付结算、智能合约等方面，也可以应用于供应链管理、知识产权保护等领域。区块链技术可以实现跨境支付的实时结算，进而降低跨境贸易的成本和风险；在供应链管理中，区块链技术可以实现供应链数据的实时共享和透明化，进而提高供应链的效率和可控性。

创新技术在发展中经济体的应用领域十分广泛，涉及生产、管理、服务等方方面面。这些技术的普及应用推动了经济体的数字化转型、智能化升级和产业结构优化，为经济的可持续发展和提升经济体的普及程度提供了有力支撑。随着技术的不断进步和创新，相信创新技术在经济体中的应用领域将会得到进一步拓展和深化，为经济体的持续发展注入新的动力和活力。

1.区块链技术在发展中经济体中的探索与应用

区块链技术在发展中经济体中的探索是一个备受关注的话题。随着数字化经济的迅速崛起，区块链技术作为一种分布式数据库技术，正在为经济体的发展带来新的机遇和挑战。其革命性的特点，如去中心化、安全性和透明性等，使得区块链技术的应用在金融科技领域尤为引人瞩目。

区块链技术在发展中经济体中的探索为金融服务提供了全新的范式。传统金融服务往往依赖中心化的金融机构来进行交易和结算，而区块链技术的去中心化特性可以消除中介环节，实现点对点的直接交易，降低了交易成本和中介费用。同时区块链技术还可以提高交易的安全性和可靠性，每一笔交易都会被记录在不可篡改的分布式账本上，防止了数据被篡改和双重花费等风险，提高了交易的信任度。

区块链技术的探索推动了经济体金融服务的数字化和普及。随着区块链技术的不断发展和应用，越来越多的金融服务可以通过数字化渠道进行，如数字货币、智能合约等。这些数字化金融服务使得金融服务变得更加便捷和高效，用户可以通过手机等移动设备随时随地进行金融交易和查询，无需受限于传统银行的营业时间和地点，从而提高了金融服务的普及程度。

区块链技术的探索为经济体金融体系的完善带来了一系列创新。智能合约是区块链技术的一个重要应用，它可以实现自动化的合约执行和支付，大大提高了交易的效率和可靠性。去中心化金融市场和去中心化金融服务平台的出现，打破了传统金融体系的壁垒，促进了金融资源的更加平等和高效配置。这些创新性的金融服务模式为经济体中的金融体系的完善注入了新的活力和活力。

区块链技术在发展中经济体中的探索面临着一些挑战和障碍。区块链技术的应用和普及需要解决技术标准、互操作性和扩展性等问题，以确保不同平台之间的兼容性和稳定性。区块链技术的法律和监管环境尚未完全健全，相关法律法规和监管政策需要进一步完善，以确保区块链技术的应用在合法合规的框架内进行。同时区块链技术的普及还需要加强对公众的教育和培训，提高用户对区块链技术的认知和理解度，增强其信任和接受度。

区块链技术在发展中经济体中的探索为经济体的金融服务提供了全新的范式，推动了金融服务的数字化和普及，带来了一系列创新性的金融服务模式。同时区块链技术的普及还面临着一些挑战和障碍，需要政府、监管机构和金融科技公司共同努力，促进区块链技术的健康发展，推动经济体金融服务的进一步升级和优化。

区块链技术在经济体中的应用对金融科技的普及程度具有重要意义。区块链技术作为一种去中心化的分布式账本技术，能够提高金融交易的透明度和安全性。传统金融交易往往需要依赖中心化的机构来进行中介和监管，这容易导致信息不对称和交易风险。区块链技术通过去中心化的方式，将交易信息记录在分布式账本上，实现了交易信息的公开透明和不可篡改目标，减少了信息不对称和交易风险，提高了金融交易的安全性和信任度。

区块链技术可以降低金融交易的成本和提高效率。传统金融交易往往需要经过多个中介机构的核实和确认，这不仅增加了交易的时间成本，也增加了交易的手续费用。区块链技术通过智能合约等技术手段，可以实现交易的自动化和智能化，减少了人力和时间成本，降低了交易的成本，提高了交易的效率。同时区块链技术还可以实现跨境支付和清算，加快资金流动速度，促进国际贸易和投资的便利化。

区块链技术的应用推动了金融服务的创新和多样化。传统金融服务往往受限中心化机构的传统模式和监管制度，难以满足用户多样化的金融需求。区块链技术的去中心化和可编程性特点，为金融服务的创新提供了新的可能性。通过区块链技术可以实现智能合约、数字资产交易等新型金融服务，为用户提供更加个性化和定制化的金融产品及服务，推动了金融市场的多元化和创新。

区块链技术的应用将会受到政府政策和市场环境的影响。政府政策的支持和引导能够促进区块链技术的应用与发展。一些国家出台了支持区块链技术发展的政策，鼓励企业和金融机构加大对区块链技术的投入和研发力度，推动了区块链技术在经济体中的普及和应用。同时市场环境的良好与否也会对区块链技术的应用产生影响。在市场竞争激烈、创新活跃的环境下，区块链技术能够更好地融入市场，满足用户需求，推动区块链技术在经济体中的普及和发展。

区块链技术在经济体中的应用对金融科技的普及程度具有重要意义。它不仅会提高金融交易的透明度和安全性，降低了交易的成本和提高了效率，也会推动金融服务的创新和多样化。同时政府政策和市场环境的支持也对区块链技术的应用产生重要影响。因此，区块链技术的应用将会进一步推动金融科技在经济体中的普及和应用，促进金融服务的普惠和可持续发展。

2.金融科技创新对发展中经济体金融服务的完善与促进

金融科技创新对发展中经济体金融服务的促进具有重要意义。这种创新不仅提升了金融服务的效率和质量，也促进了金融包容性和经济发展。

金融科技创新带来了更便捷和高效的金融服务。传统金融服务往往需要客户亲自前往银行或其他金融机构办理业务，耗费时间和精力。金融科技创新通过互联网和移动应用，使得客户可以随时随地进行查询和金融交易，大大提升了金融服务的便利性。移动支付、网上银行等数字化金融工具让人们可以在家或者办公室就能完成支付、转账等业务，极大地节省了时间和精力成本。

金融科技创新促进了金融包容性的提升。在发展中经济体中，许多地区和群体由于地理位置偏远或者经济条件欠佳，难以获得传统金融服务。金融科技的发展弥补了这一缺失。移动支付和数字货币等新型支付工具为那些没有开设银行账户的人们提供了便利的支付方式；P2P借贷平台和网络理财平台为那些无法获得传统信贷的经济体提供了融资渠道。这些新型金融服务的出现使得更多的人能够融入金融体系当中，促进了金融包容性的提升。

金融科技创新促进了金融服务的个性化和定制化。传统金融服务往往采取"一刀切"的方式，无法满足客户个性化的需求。金融科技创新通过大数据分析和人工智能技术，可以更好地了解客户的需求和偏好，为其量身定制金融产品和服务。智能投顾系统可以根据客户的风险偏好和投资目标，为其提供个性化的投资建议；个人信用评分系统可以根据客户的信用记录和行为数据，为其量身定制信贷产品。这种个性化和定制化的金融服务可以提高客户满意度，促进经济体的金融市场发展和经济增长。

金融科技创新对发展中经济体金融服务的促进作用不可忽视。通过提升金融服务的效率和质量、促进金融包容性提升以及实现金融服务的个性化和定制化，金融科技创新为经济体金融体系的完善注入了新的活力和动力，推动了经济体金融服务的进一步发展和优化。

金融科技创新对发展中经济体金融服务的完善起到了重要的改善作用。金融科技创新提高了金融服务的效率和便利性。传统金融服务往往受限于实体网点和繁琐的流程，导致了服务效率低下和客户体验不佳。金融科技创新引入了在线银行、移动支付等新技术，使得金融业务可以随时随地进行，不再受限于时间和空间。这种便捷的金融服务大大提高了用户体验，降低了交易成本，使得更多的人能够享受到高效便利的金融服务。

金融科技创新拓展了金融服务的覆盖范围。传统金融服务往往偏向服务于城市和发达地区，对农村和偏远地区的金融服务相对不足。金融科技创新通过移动支付、互联网金融等方式，将金融服务延伸到了更广泛的地区和群体。即使是偏远地区的居民，也可以通过手机完成支付和转账，享受到与城市居民相当的金融便利。这种广泛的金融服务覆盖使得更多的人能够享受到金融服务的便利，提高了经济体的金融科技普及程度。

金融科技创新降低了金融服务的门槛。传统金融业务往往需要较高的办理门槛，如一定的存款金额、良好的信用记录等，使得许多人无法享受到优质的金融服务。金融科技创新引入大数据分析、人工智能等新技术，可以更准确地评估个人信用和风险，为更多人提供个性化的金融产品和服务。即使是信用记录较差或无信用记录的人群，也可以通过金融科技获得贷款、信用卡等金融产品，从而参与到经济活动中来，提高了经济体的金融科技普及程度。

金融科技创新对发展中经济体金融服务的完善起到了积极的促进作用。它提高了金融服务的效率和便利性，拓展了金融服务的覆盖范围，降低了金融业务的办理门槛，使得更多的人能够享受到高质量的金融服务，从而促进了经济体的发展和繁荣。随着金融科技的不断创新和发展，相信金融服务模式的改善和普及程度将会不断提升，为经济体的可持续发展和提高人民生活水平做出更大的贡献。

二、金融科技在发展中经济体的实际应用与影响

（一）金融科技对经济体金融包容性的促进作用

金融科技对经济体的金融包容性有着重要的促进作用。金融科技降低

了金融服务的门槛。传统金融服务往往依赖实体网点和繁琐的手续，使得一些地区的居民难以获得金融服务。金融科技通过引入移动支付、网络银行等技术手段，使得金融服务可以通过智能设备随时随地进行，大大提高了金融服务的可及性，让更多人能够获得金融服务。

金融科技提高了金融服务的普及率。传统金融服务往往局限传统的贷款、储蓄等产品，无法满足人们多样化的金融需求。金融科技的发展推动了金融产品和服务的多样化和个性化，如P2P借贷、虚拟货币等新型金融产品的出现，为人们提供了更多选择，满足了不同人群的特殊金融需求，提高了金融服务的普及率。

金融科技为弱势群体提供了更加包容的金融服务。传统金融机构往往偏向服务于高收入和高信用等客户群体，而忽视了一些弱势群体的金融需求。金融科技通过数据分析和智能算法，可以为这些弱势群体提供更加个性化和定制化的金融产品及服务，弥补了传统金融服务的不足，提高了金融包容性。

金融科技的发展推动了金融服务的创新和提质增效。传统金融服务模式往往局限于实体网点和人工服务，效率低下，成本较高。金融科技通过引入自动化和智能化技术，使得金融服务可以更快捷、更高效地进行，降低了金融服务的成本，提高了服务质量，从而促进了金融包容性的提升。

金融科技对经济体的金融包容性具有重要的促进作用。它降低了金融服务的门槛，提高了金融服务的普及率，为弱势群体提供了更加包容的金融服务，同时推动了金融服务的创新和提质增效。随着金融科技的不断发展和应用，相信它将进一步推动金融包容性的提升，促进金融服务的普惠和可持续发展。

1.金融科技对金融服务普惠性的改善与推动

金融科技对金融服务的普惠性改善是显著的。金融科技的应用使得金融服务更加普及。传统金融体系可能无法覆盖每个人的金融需求，特别是在偏远地区或者是经济相对落后的地区，金融服务的覆盖率可能较低。但是，随着金融科技的发展，人们可以通过手机应用或者互联网轻松获得各种金融服务，这大大提高了金融服务的普及性，让更多的人能够享受到金融服务的便利。

金融科技的创新促进了金融服务的个性化。传统金融服务可能比较僵化，无法根据个人的需求进行个性化的服务，金融科技的应用则使得金融服务变得更加灵活。通过大数据分析和人工智能技术，金融机构可以更好地了解客户的需求和偏好，从而为他们提供更为个性化的金融产品和服务。基于客户的消费习惯和信用记录，金融科技可以为客户量身定制方案，提高服务的更具针对性和满意度。

金融科技的发展降低了金融服务的门槛。传统金融服务往往需要一定的资产或者信用记录才能够获得，这可能排除了一部分人群无法获得金融服务的可能性，而金融科技的应用改变了这一现状。通过金融科技的应用，人们可以获得更加灵活的贷款方案，甚至是无需信用记录的贷款。同时移动支付和电子钱包等技术也使得金融服务更加便捷，即使是没有开设银行账户的人也可以通过手机进行支付和转账，享受到金融服务的便利。

金融科技对金融服务的普惠性改善是十分显著的。它使得金融服务更加普及、个性化和无门槛，让更多的人能够享受到高质量的金融服务，从而促进了经济体的发展和繁荣。随着金融科技的不断创新和应用，相信金融服务的普惠性将会不断提升，为经济体的可持续发展和提高人民生活水平做出更大的贡献。

金融科技对金融服务普惠性的推动在发展中经济体中发挥了重要作用。这种影响不仅体现在理论层面，也在实际应用中展现出了深远的影响和巨大的潜力。

金融科技的发展促进了金融服务的数字化和便捷化。传统金融服务常常依赖实体银行网点和纸质文件，对一些偏远地区或经济不发达地区的居民来说，获取金融服务存在较大难度。随着金融科技的兴起，人们可以通过手机应用、网络平台等电子渠道轻松进行查询和金融交易，无需前往实体银行分支机构。这种数字化的金融服务模式使得金融服务更加便捷和全球化，有效地弥补了传统金融渠道的不足，推动了金融服务的普惠性提升。

金融科技的发展拓展了金融服务的覆盖范围和深度。传统金融服务往往局限于一些基本的金融业务，如存款、贷款等，对一些小微企业和个体经营者来说，往往无法获得足够的金融支持。金融科技的创新为这些人群提供了新的金融服务选择。P2P借贷平台和众筹平台为小微企业与个体经营者提供了融资渠道，移动支付和数字货币为这些人群提供了便捷的支付工具。这些新型金融服务的出现拓展了金融服务的覆盖范围，满足了不同人群的金融需求，促进了金融服务的普惠性提升。

金融科技的发展提高了金融服务的效率和质量。传统金融服务往往需要大量的人力和时间来完成，导致服务效率低下和服务质量不稳定。金融科技的应用可以实现金融服务的自动化和智能化，大大提高了服务效率和准确性。人工智能算法可以分析大量的数据，为客户提供个性化的投资建议；区块链技术可以实现跨境支付的即时结算，降低了交易成本和中介费用。这些高效、智能的金融服务模式提升了金融服务的质量，增强了金融服务的吸引力，进一步推动了金融服务的普惠性提升。

金融科技对金融服务普惠性的推动在发展中经济体中发挥了重要作用。通过数字化和便捷化的金融服务模式、拓展金融服务的覆盖范围和深度、提高金融服务的效率和质量等方式，金融科技为更多人提供了获得金融服务的机会，促进了金融服务的普惠性提升，为经济体的可持续发展和社会经济的繁荣做出了积极贡献。

2.数字金融产品与服务对低收入群体的影响与益处

数字金融产品和服务对低收入群体的影响是深远而复杂的。数字金融产品和服务为低收入群体提供了更加便捷和实惠的金融服务。传统金融服务往往需要依赖实体网点和繁琐的手续，使得低收入群体难以获得金融服务。数字金融产品和服务通过移动支付、网络银行等技术手段，使得金融服务可以通过手机或电脑等智能设备随时随地进行，大大提高了金融服务的便捷性，让低收入群体也能够轻松获得金融服务。

数字金融产品和服务扩大了低收入群体的金融包容性。传统金融服务往往偏向服务于高收入和高信用等客户群体，而忽视了低收入群体的金融需求。数字金融产品和服务通过数据分析和智能算法，可以精准把握低收入群体的偏好和风险特征，为他们量身定制出最适合的金融产品和服务，弥补了传统金融服务的不足，提高了低收入群体的金融包容性。

数字金融产品和服务促进了对低收入群体的金融教育和理财意识的提升。通过数字金融产品和服务，低收入群体可以更加方便地了解金融知识、学习理财技巧，提高了他们的金融素养和风险意识。通过移动支付和电子银行等服务，低收入群体可以更加便捷地进行账户管理和资金管理，学会合理规划和管理自己的财务，从而提高了自身的经济状况和生活质量。

数字金融产品和服务为低收入群体提供了更多的就业和创业机会。随着数字经济的发展，数字金融产业也日益壮大，涌现出了许多新的就业岗位和创业机会。低收入群体可以通过学习数字金融技术和运用数字金融产品，参与到数字金融产业中来，获得更高的收入和更好的生活。

数字金融产品和服务对低收入群体的影响是多方面的。它为低收入群体提供了更加便捷和实惠的金融服务，扩大了他们的金融包容性，提高了金融教育水平和理财意识，同时也为他们提供了更多的就业和创业机会。随着数字金融产品和服务的不断发展和普及，相信它将会进一步促进低收入群体经济水平的提高和社会融合。

数字金融产品与服务对低收入群体带来了重要的益处。它们提供了更为便捷和低成本的金融服务。传统金融机构通常设有实体网点，对低收入群体来说可能不便利，并且可能需要支付高额手续费。数字金融产品和服务通过互联网和移动应用提供金融服务，避免了实体网点的限制，大大降低了交易成本。移动支付和电子钱包使得低收入群体能够更便捷地进行支付及转账，而不必依赖传统的银行账户或现金交易，从而节省了时间和费用。

数字金融产品与服务拓展了金融包容性。许多低收入群体可能没有开设传统的银行账户或信用记录，这使得他们无法获得传统金融服务。数字金融产品和服务通常更加灵活，对信用记录要求较低，使得更多的低收入群体能够获得贷款、信用卡等金融产品。P2P借贷平台和小额贷款应用可以为低收入群体提供小额贷款，帮助他们解决临时资金周转问题，促进其经济活动的开展和消费。

数字金融产品与服务提高了低收入群体的金融知识和金融素养水平。通过使用数字金融产品和服务，低收入群体可以更加直观地了解金融概念和金融操作，提高了他们的金融素养水平。通过手机应用进行投资理财，低收入群体可以学习到投资基本知识和风险管理技巧，从而增加了他们的财务管理能力和金融决策能力，为保障个人和家庭的财务健康打下良好基础。

数字金融产品与服务给低收入群体带来了诸多益处。它们提供了更为便捷和低成本的金融服务，拓展了金融包容性，提高了金融知识和金融素养水平，从而促进了低收入群体的经济融入和社会发展。随着数字金融技术的不断发展和普及，相信其对低收入群体的益处将会进一步增加，为实现更加包容和可持续的经济发展做出更大的贡献。

（二）金融科技在发展中经济体中的经济增长与创新

金融科技在发展中经济体中扮演着关键角色，对经济增长有着深远的影响。金融科技的实际应用不仅提高了金融服务效率，还促进了创新和资源配置的优化，从而推动了经济体的发展。

金融科技的实际应用大大提高了金融服务的效率。通过数字化、自动化和智能化技术，金融科技减少了人力成本和时间成本，提高了金融服务的效率。移动支付、网上银行等数字化金融工具使得交易处理更加便捷快速，而智能投顾系统和自动化交易系统则为投资者提供了更为高效的投资方案。这些高效的金融服务模式加速了资金流动和资源配置，为经济体的发展提供了坚实基础。

金融科技的实际应用促进了创新和创业活动的蓬勃开展。金融科技为创业者提供了更为便捷和多样化的融资渠道，如众筹平台、P2P借贷平台等，降低了创业门槛，激发了创业活力。同时金融科技的应用也为创新企业提供了更为灵活和创新的金融服务，如智能合约技术为创新企业提供了更为高效和安全的融资渠道。这些创新和创业活动促进了经济体的产业结构优化和经济增长。

金融科技的实际应用促进了资源配置的优化。传统金融服务往往集中于大型企业和城市地区，而金融科技的应用可以实现金融服务的普惠性和广泛性，为中小微企业和农村地区提供了更为便捷和灵活的金融服务。这种资源配置的优化使得更多的资源得以有效利用，推动了经济体的全面发展。

金融科技的实际应用面临着一些挑战，如网络安全问题、数据隐私问题等，可能影响金融科技的应用和发展。因此，金融科技企业需要加强安全防范和技术创新，确保金融服务的安全性和可靠性。

金融科技在发展中经济体中的实际应用对经济增长有着显著的影响。通过提高金融服务效率、促进创新和创业活动、优化资源配置等方式，金融科技推动了经济体的发展，为经济增长注入了新的动力和活力。同时金融科技的发展也需要面对各种挑战，只有克服这些挑战，才能实现金融科技的可持续发展和经济体的长期繁荣。

金融科技在经济体中的发展对经济创新产生了深远影响。金融科技的发展推动了金融服务的创新和升级。传统金融服务往往受限于实体网点和繁琐的手续，效率低下，无法满足人们多样化的金融需求。随着金融科技的不断发展，出现了移动支付、网络银行、智能投顾等一系列新型金融产品和服务，使得金融服务变得更加便捷、智能和个性化，满足了人们不断增长的金融需求，推动了金融服务行业的创新和升级。

金融科技的发展促进了金融业务的普及和可持续发展。传统金融服务往往偏向服务于高收入和高信用等客户群体，而忽视了一些弱势群体的金融需求。金融科技通过数据分析和智能算法，可以为这些弱势群体提供更加个性化和定制化的金融产品与服务，包括小额贷款、智能储蓄等，从而弥补了传统金融服务的不足，提高了金融包容性，促进了金融业务的普及和可持续发展。

金融科技的发展拓展了金融市场的边界，促进了金融市场的国际化和全球化。传统金融市场往往受限于地域和国界，难以实现跨境支付和投资，限制了金融市场的发展和融合。金融科技的发展打破了这一限制，出现了虚拟货币、区块链技术等新型金融工具和平台，使得金融交易可以在全球范围内进行，促进了资金的自由流动和跨境投资，推动了金融市场的国际化和全球化。

金融科技的发展带动了相关产业的创新和发展。随着金融科技的发展，涌现出了许多新兴产业和企业，包括金融科技企业、数据分析公司、智能技术公司等，推动了相关产业的创新和升级，促进了经济的结构优化和产业升级。

金融科技在经济体中的发展对经济创新产生了深远影响。它推动了金融服务的创新和升级，促进了金融业务的普及和可持续发展，拓展了金融市场的边界，带动了相关产业的创新和发展。随着金融科技的不断发展和应用，相信它将进一步推动经济体的创新和发展，促进经济的增长和繁荣。

1.金融科技创新对经济体金融市场的影响与创新

金融科技创新对经济体金融市场产生了深远影响。金融科技的出现改变了传统金融市场的竞争格局。传统金融市场主要由大型银行和金融机构主导，他们往往拥有庞大的资金和客户资源，具有较强的市场地位。随着金融科技公司的崛起，如支付宝、微信支付等，以及P2P借贷平台等新型金融机构的兴起，金融市场的竞争格局发生了重大变化。这些新型金融科技公司通过技术创新和差异化服务，迅速抢占了市场份额，影响了传统金融机构的地位，促使传统金融机构加快了转型升级的步伐，推动了金融市场的进一步竞争与创新。

金融科技创新提升了金融市场的服务效率和用户体验感。传统金融市场的服务往往受制于实体网点和繁琐的流程，导致了服务效率低下和用户体验感不佳。金融科技的发展使得金融服务变得更加便捷和高效。移动支付、电子钱包等技术让人们可以随时随地完成支付和转账，无需再排队等待，节省了大量的时间和精力。同时互联网银行、在线理财等服务也为用户提供了更加灵活和个性化的金融服务，大大提升了用户体验感和满意度。

金融科技创新促进了金融市场的风险管理和监管水平提升。随着金融科技的发展，金融市场涌现出了各种智能风控、大数据分析等技术工具，可以更准确地评估风险和监控市场动态，有效防范金融风险的发生。同时监管部门也借助金融科技手段加强了对金融市场的监管和管控，例如建立了监管科技平台，实现了对金融机构和交易行为的实时监控和分析，提升了监管效能和市场透明度。

金融科技创新对经济体金融市场产生了多方面的影响。它改变了金融市场的竞争格局，提升了金融市场的服务效率和用户体验感，促进了金融市场的风险管理和监管水平的提升。随着金融科技的不断创新和应用，相信它将继续为经济体金融市场的发展和进步带来更多的机遇和挑战，推动金融市场更加健康、稳定和可持续地发展。

金融科技创新对经济体金融市场的创新产生了深远影响。金融科技的实际应用不仅提高了金融市场的效率和透明度，还促进了市场参与者的多样化和金融产品的创新，从而推动了金融市场的健康发展。

金融科技创新提高了金融市场的效率。传统金融市场往往依赖人工处理和繁琐的手续，导致交易成本高昂和效率低下。金融科技的应用通过自动化、数字化和智能化技术，实现了交易的快速处理和信息的即时传递，大大提高了金融市场的运作效率。高频交易系统利用算法和计算机技术实现了毫秒级的交易执行，提高了市场流动性和交易速度；区块链技术实现了交易的去中心化和不可篡改，增强了市场的透明度和信任度。这些高效的金融市场运作模式为市场参与者提供了更为便捷和高效的交易环境，推动了金融市场的发展。

金融科技创新促进了金融市场的多样化和包容性。传统金融市场往往集中于少数大型金融机构和交易所，而金融科技的应用使得更多的人群和机构能够参与金融市场。P2P借贷平台和众筹平台为个人和中小微企业提供了融资渠道；数字货币交易所和去中心化金融市场为个人投资者和小型投资者提供了更为灵活与多样化的投资选择。这种多样化和包容性的金融市场模式丰富了市场参与者的选择，增强了市场的竞争力和活力。

金融科技创新推动了金融产品的创新和发展。传统金融产品往往受限于传统金融机构和市场的模式和限制，难以满足客户个性化的需求。金融科技的应用使得金融产品更加灵活和个性化，满足了不同客户的需求。智能投顾系统根据客户的风险偏好和投资目标，为其提供个性化的投资组合；区块链技术实现了智能合约和数字资产的发行，为投资者提供了更为灵活和安全的投资选择。这种金融产品创新激发了市场的活力和创造力，推动了金融市场的健康发展。

金融科技创新对经济体金融市场的创新起到了重要作用。通过提高金融市场的效率和透明度、促进金融市场的多样化和包容性、推动金融产品的创新和发展等方式，金融科技创新为金融市场注入了新的活力和动力，推动了金融市场的健康发展和经济体的长期繁荣。同时金融科技创新也需要面对一系列挑战，如网络安全问题、数据隐私问题等，只有克服这些挑战，才能实现金融科技创新的可持续发展和金融市场的稳健运行。

2.金融科技发展对经济体数字经济增长的推动与贡献

金融科技的发展对经济体的数字经济增长起到了重要推动作用。金融科技的发展促进了金融服务的数字化转型。传统金融服务往往依赖实体网点和纸质文件，效率低下，难以满足人们日益增长的数字化需求。随着金融科技的发展，出现了移动支付、电子银行、数字货币等一系列新型数字金融产品和服务，使得金融服务实现了数字化，提高了效率和便捷性，推动了数字经济的发展。

金融科技的发展促进了金融数据的流通和共享。传统金融服务往往存在信息孤岛和数据壁垒，各金融机构之间难以实现数据共享和交互，限制了金融数据的流通和利用的效率。金融科技通过引入区块链技术等手段，实现了金融数据的去中心化存储和安全共享，打破了信息壁垒，促进了金融数据的流通和共享，为数字经济的发展提供了更加丰富的数据资源。

金融科技的发展拓展了数字经济的应用场景。随着金融科技的发展，出现了智能投顾、区块链金融、人工智能风控等一系列新型数字金融服务，为数字经济的各个领域提供了更加丰富和多样的金融支持。智能投顾可以根据用户的风险偏好和投资目标，为其提供个性化的投资建议和服务，推动了数字经济的个性化发展。

金融科技的发展促进了数字经济的创新和创业。随着金融科技的发展，出现了许多新兴金融科技企业，涌现出了一大批创新性的金融产品和服务，推动了数字经济的创新和创业活动，促进了数字经济的良性发展。

金融科技的发展对经济体的数字经济增长起到了重要推动作用。它促进了金融服务的数字化转型，推动了金融数据的流通和共享，拓展了数字经济的应用场景，促进了数字经济的创新和创业发展。随着金融科技的不断发展和应用，相信它将进一步推动数字经济的发展，为经济体的增长和繁荣注入新的动力。

金融科技的迅速发展为经济体的数字经济增长做出了重要贡献。金融科技促进了金融服务的数字化转型。传统金融服务通常受制于实体网点和繁琐的流程，难以满足现代数字化经济的需求。金融科技的出现使得金融服务可以通过互联网和移动应用实现数字化，大大提高了金融服务的效率和便利性。移动支付、电子银行等数字化金融服务的普及，使得人们可以随时随地进行支付和转账，为数字经济的发展提供了便捷的金融支持。

金融科技推动了金融创新和新业态的涌现。随着金融科技的发展，各种新型金融业务和业态不断涌现，如P2P借贷、数字货币、区块链等，为数字经济的发展提供了新的动力和可能性。这些新型金融业务和业态使得资金流动更加便捷，降低了交易成本，促进了数字经济中各个领域的创新和发展。

金融科技助力了数字经济中的创业和创新。传统金融体系对初创企业和创新项目的融资往往存在较大的风险和较高门槛，使得许多创业者难以获得资金支持。金融科技的兴起为创业者提供了新的融资渠道和解决方案。通过P2P借贷平台、众筹平台等金融科技创新，创业者可以更容易地获得小额贷款或者资金支持，推动了数字经济中创业和创新活动的蓬勃发展。

金融科技的发展提升了数字经济中的金融包容性。传统金融体系可能存在一定的门槛和遭到排斥，使得一部分人群难以获得金融服务和支持。金融科技的应用使得金融服务更加普及和个性化，降低了金融服务的门槛，使得更多的人群能够参与到数字经济中来，推动了数字经济的广泛发展和普及。

金融科技的发展为经济体的数字经济增长做出了重要贡献。它推动了金融服务的数字化转型，促进了金融创新和新业态的涌现，助力了数字经济中的创业和创新活动，提升了数字经济中的金融包容性，为数字经济的发展提供了有力支撑和保障。随着金融科技的不断创新和应用，相信其对数字经济增长的贡献将会不断加强，进而推动数字经济持续健康发展。

第三节　数字金融服务的普及与影响

一、数字金融服务的普及

（一）数字金融服务的发展历程

数字金融服务的发展历程是一段由创新和变革构成的旅程。在过去几十年里，随着信息技术的迅速发展和金融市场的不断演进，数字金融服务经历了从萌芽到蓬勃发展的过程。

最初，数字金融服务主要是以电子支付为主。这一阶段，主要是通过银行网银、信用卡等传统金融方式提供的电子支付服务，实现了跨地区、跨境的支付和转账功能。虽然这些服务相对传统的纸质支付方式来说已经更加便捷和快速，但仍然受制于实体网点和传统金融机构，普及程度有限。

随着互联网的普及和移动互联网技术的发展，数字金融服务进入了一个全新的阶段。移动支付、电子钱包等新兴支付方式的出现，彻底改变了人们的支付习惯和消费行为。人们可以通过手机轻松完成支付和转账，无论是线上购物还是线下消费，都变得更加便捷和高效。同时互联网银行、移动银行等金融服务也随之兴起，为用户提供了在线开户、理财投资、贷款申请等全方位的金融服务，大大提高了金融服务的便利性和覆盖率。

随着区块链技术和数字货币的发展，数字金融服务迎来了新的发展机遇。区块链技术的去中心化特点和不可篡改的特性，为金融行业带来了革命性的变化。区块链技术可以应用于跨境支付、智能合约、供应链金融等多个领域，为金融服务提供了更加安全、透明和高效的解决方案。同时数字货币如比特币、以太坊等也在全球范围内得到了广泛应用，为数字金融服务的发展带来了新的动力和可能性。

数字金融服务经历了从电子支付到移动支付再到区块链和数字货币的发展历程。随着技术的不断进步和金融市场的不断创新，数字金融服务的普及程度不断提高，为人们的生活带来了更多便利和可能性。随着数字金融服务的不断发展和完善，相信它将继续成为促进经济社会发展的重要引擎，为构建数字化、智能化的未来社会做出更大的贡献。

1.数字金融服务的起源与演变

数字金融服务的兴起源自对传统金融体系的挑战和改革需求。随着信息技术的迅速发展和互联网的普及，人们对金融服务的需求日益增长，同时也对金融服务的便捷性、安全性和效率提出了更高要求。数字金融服务应运而生，成为满足这些需求的重要途径。

起初，数字金融服务主要是通过互联网技术实现的。互联网的普及使得金融机构可以建立在线平台,为客户提供线上银行、网上支付等服务。这种服务模式突破了传统金融服务的时间和空间限制,使得客户可以随时随地进行金融交易和查询。随着移动互联网技术的发展,手机应用成为数字金融服务的主要渠道之一,为客户提供了更为便捷和灵活的金融服务体验。

随着科技的不断进步和金融业务的不断创新,数字金融服务也不断演变和完善。金融科技的兴起为数字金融服务注入了新的活力和动力。大数据、人工智能、区块链等前沿技术的应用使得金融服务更加智能化、个性化和安全化。大数据分析技术可以根据客户的消费行为和偏好,为其推荐个性化的金融产品;人工智能技术可以实现智能客服,为客户提供更为高效和个性化的服务;区块链技术可以实现去中心化的交易和结算,提高了交易的透明度和安全性。

数字金融服务的普及得益于多方因素的共同推动。政府和监管机构的政策支持和监管环境的改善为数字金融服务的发展创造了良好的环境。金融科技企业的不断创新和投入,为数字金融服务的普及提供了技术支持和产品保障。同时社会经济的数字化进程和消费者对数字化生活方式的接受程度也促进了数字金融服务的普及。

数字金融服务的普及对经济体产生了积极的影响。数字金融服务提高了金融服务的普及性和便捷性,使得更多的人群能够享受到金融服务带来的便利。这有助于解决传统金融服务普及不足的问题,促进了金融包容性的提升。数字金融服务推动了经济体的数字化进程,加快了信息化和智能化的发展步伐。这有助于提升经济体的生产效率和竞争力,推动经济结构的优化和升级。同时数字金融服务还促进了金融创新和市场竞争,为经济体金融市场的健康发展提供了新的动力和活力。

数字金融服务的普及是数字化经济发展的重要组成部分,对经济体的发展和金融市场的创新起到了积极作用。随着科技的不断进步和金融业务的不断创新,数字金融服务将继续发挥重要作用,为经济体的可持续发展和社会经济的繁荣做出更大的贡献。

2.全球数字金融服务的普及现状

消费者需求的变化和数字化生活方式的普及是推动数字金融服务普及

的重要因素之一。随着科技的进步和社会的发展，消费者对金融服务的需求也发生了巨大的变化。他们希望能够更加方便、快捷地进行金融操作，随时随地管理自己的财务。数字化生活方式的普及进一步加剧了这种需求的变化。人们不仅通过智能手机、平板电脑等智能设备进行各种活动，包括购物、社交、娱乐等，也希望能够通过同样的方式进行金融服务。因此，金融机构必须跟上这一趋势，提供更加数字化、便捷的金融服务，以满足消费者不断增长的需求。

消费者需求的变化和数字化生活方式的普及对数字金融服务的形式与内容提出了新的要求。消费者不再满足于传统的银行业务，他们希望能够得到更加个性化、多样化的金融服务。因此，金融机构必须通过数字化技术，提供更加创新的金融产品和服务，包括智能投顾、虚拟银行、数字化贷款等，满足消费者不断变化的需求。同时数字化生活方式的普及也加强了金融服务的普惠性。通过数字化技术，金融机构可以将金融服务延伸到更广泛的人群，包括偏远地区和低收入群体，促进了金融服务的普及和可及性，实现了金融包容性的提升。

在数字化生活方式的普及过程中，消费者对数字金融服务的信任变得至关重要。随着网络安全问题的日益突出，消费者对数字金融服务的安全性和隐私保护提出了更高的要求。因此，金融机构必须加强数字安全技术的研发和应用，保障消费者的金融信息安全，增强其对数字金融服务的信任。同时金融机构还需要加强对消费者的金融知识普及，提高他们对数字金融服务的认知和理解水平，增强他们的金融风险意识，从而更加理性和明智地享受数字金融服务。

消费者需求的变化和数字化生活方式的普及是推动数字金融服务普及的重要因素。金融机构必须根据消费者的需求变化和数字化生活方式的普及程度，提供更加数字化、便捷、安全的金融服务，以满足消费者不断增长的需求，促进数字金融服务的普及和可持续发展。

（二）数字金融服务的普及推动因素

数字金融服务的普及受到多种因素的推动。技术的进步是数字金融服务普及的重要推动因素。随着信息技术的飞速发展，移动互联网、大数据、人工智能等新技术的应用使得数字金融服务变得更加便捷和普及。通过互联网和移动应用，用户可以随时随地访问和使用各种数字金融服务，无需受制于时间和空间的限制，极大地提高了金融服务的覆盖范围和便利程度。

市场需求的不断增长推动了数字金融服务的普及。随着经济社会的发展和人们生活水平的提高，人们对金融服务的需求也日益增长。特别是在数字经济时代，人们对便捷、高效的金融服务的需求更加迫切。数字金融服务的出现正好满足了这一需求，为用户提供了更加方便、快捷和个性化的金融服务，因此受到了用户的欢迎和追捧。

政府政策和监管的支持对数字金融服务的普及起到了重要推动作用。许多国家和地区为了促进数字经济发展和金融包容性，采取了一系列政策和措施，鼓励金融机构加大对数字金融服务的投入和创新力度。同时加强对数字金融服务的监管和规范也是保障数字金融服务稳健发展的重要手段，为用户提供了更加安全和可靠的金融环境，增强了用户对数字金融服务的信任和认可度。

金融机构的积极参与和投入是数字金融服务普及的关键因素之一。传统金融机构意识到数字化转型的重要性，纷纷加大对数字金融服务的投入和创新力度，推出了各种互联网银行、移动支付、电子钱包等数字化金融产品和服务，以满足用户日益增长的金融需求。同时一些新兴金融科技公司的涌现也为数字金融服务的普及提供了新的动力和可能性，不断推动着数字金融服务的创新和发展。

数字金融服务的普及受到多种因素的推动，包括技术的进步、市场需求的增长、政府政策和监管的支持以及金融机构的积极参与和投入。这些因素共同作用，推动着数字金融服务不断向更广泛的群体普及，为经济社会发展带来了新的机遇和挑战。随着数字金融服务的不断发展和完善，相信它将继续发挥着重要的作用，推动金融服务的数字化转型和经济的可持续发展。

1.科技发展与智能设备普及

科技的飞速发展和智能设备的普及推动了数字金融服务的普及，这种趋势在当今社会已经变得越来越显著。数字金融服务的普及是数字化时代的必然产物，它改变了人们获取金融服务的方式，使得金融服务更加便捷、高效、安全和普及化。

科技发展为数字金融服务的普及奠定了基础。随着信息技术的快速发展，互联网的普及和移动互联网技术的迅猛发展，人们的生活方式发生了巨大变化。现代人越来越习惯通过互联网和智能设备获取信息和服务，金融服务也不例外。智能手机、平板电脑等智能设备的普及使得人们可以随时随地访问金融服务，这为数字金融服务的普及提供了便利条件。

智能设备的普及促进了数字金融服务的创新与发展。随着智能设备的普及，金融科技的应用得到了迅速推广和发展。人工智能、大数据、区块链等前沿技术的应用使得金融服务更加智能化、个性化和安全化。智能投顾系统可以根据用户的投资偏好和风险承受能力为其提供量身定制的投资方案；移动支付技术为用户提供了更为便捷、快速和安全的支付方式；区块链技术实现了去中心化的交易和结算，提高了交易的透明度和安全性。这些创新的金融服务模式吸引了越来越多的用户参与，推动了数字金融服务的普及。

科技发展和智能设备普及改变了金融服务的传统模式。传统金融服务往往依赖实体银行网点和纸质文件，对用户的时间和空间要求较高。随着数字金融服务的普及，人们可以通过智能设备轻松实现金融服务，无需再去银行排队办理业务。这种新型的服务模式不仅节省了用户的时间和精力，也降低了金融服务的成本，促进了数字金融服务的普及。

科技发展与智能设备普及是推动数字金融服务普及的关键因素。通过为数字金融服务提供基础设施、促进金融科技创新与发展以及改变金融服务的传统模式，科技发展与智能设备普及推动了数字金融服务的普及，使得更多的人群能够享受到数字化时代带来的便利和好处。随着科技的不断进步和智能设备的普及，数字金融服务的普及将会进一步加速，为经济社会的发展带来新的机遇和挑战。

2.消费者需求变化与数字化生活方式的普及

消费者需求的变化和数字化生活方式的普及是推动数字金融服务普及的重要因素之一。随着科技的进步和社会的发展，消费者对金融服务的需求也发生了巨大的变化。他们希望能够更加方便、快捷地进行金融操作，随时随地管理自己的财务。数字化生活方式的普及进一步加剧了这种需求的变化。人们习惯了通过智能手机、平板电脑等智能设备进行各种活动，包括购物、社交、娱乐等，同时也希望能够通过同样的方式进行金融服务。因此，金融机构必须跟上这一趋势，提供更加数字化、便捷的金融服务，以满足消费者不断增长的需求。

消费者需求的变化和数字化生活方式的普及对数字金融服务的形式和内容提出了新的要求。消费者不再满足办理传统的银行业务，他们希望能够得到更加个性化、多样化的金融服务。因此，金融机构必须通过数字化技术，提供更加创新的金融产品和服务，包括智能投顾、虚拟银行、数字化贷款等，满足消费者不断变化的需求。同时数字化生活方式的普及也加强了金融服务的普惠性。通过数字化技术，金融机构可以将金融服务延伸到更广泛的人群，包括偏远地区和低收入群体，促进了金融服务的普及和可及性，实现了金融包容性的提升。

在数字化生活方式的普及过程中，消费者对数字金融服务的信任变得至关重要。随着网络安全问题的日益突出，消费者对数字金融服务的安全性和隐私保护提出了更高的要求。因此，金融机构必须加强数字安全技术的研发和应用，保障消费者的金融信息安全，增强其对数字金融服务的信任。同时金融机构还需要加强对消费者的金融知识普及，提高他们对数字金融服务的认知和理解水平，增强他们的金融风险意识，从而更加理性和明智地使用数字金融服务。

消费者需求的变化和数字化生活方式的普及是推动数字金融服务普及的重要因素。金融机构必须根据消费者的需求变化和数字化生活方式的普及程度，提供更加数字化、便捷、安全的金融服务，以满足消费者不断增长的需求，促进数字金融服务的普及和可持续发展。

（三）数字金融服务的普及影响

数字金融服务的普及对经济社会产生了深远的影响。数字金融服务的普及推动了金融包容性的提升。传统金融服务往往受限于地域和门槛，使得一部分人群难以获得金融服务。数字金融服务的普及打破了传统金融的局限，通过互联网和移动应用，使得更多的人能够方便地获得金融服务，包括远程开户、在线支付、贷款申请等，从而提高了金融服务的可及性和包容性，为更多人群提供了金融支持，促进了经济的全面发展。

数字金融服务的普及推动了经济的数字化转型。随着数字金融服务的普及，越来越多的经济活动从传统的线下转移到了线上。电子商务、在线支付等数字经济业务的发展迅猛，成为经济增长的重要驱动力。数字化金融服务提高了交易效率和便利性，降低了交易成本，促进了商业活动的繁荣和创新，推动了经济的数字化转型和升级。

数字金融服务的普及加速了金融创新和金融市场的发展。随着数字金融服务的普及，金融机构不断推出新的数字化金融产品和服务，满足用户日益增长的金融需求。互联网银行、移动支付、智能投顾等新型金融服务的出现，为用户提供了更加个性化和便捷的金融体验，推动了金融市场的创新和竞争，促进了金融市场的健康发展。

数字金融服务的普及对个人和企业的金融素养和风险意识提出了新的要求。随着数字金融服务的普及，个人和企业需要具备更加丰富的金融知识和技能，以更好地利用数字金融服务，管理个人和企业的财务风险，保护个人和企业的资产安全。因此，数字金融服务的普及不仅提高了金融素养水平，也促进了金融风险管理和金融安全意识的提升，为经济社会的稳定和可持续发展提供了保障。

数字金融服务的普及对经济社会产生了多方面的影响，包括提升了金融包容性、推动了经济的数字化转型、促进了金融创新和金融市场的发展，以及提高了个人和企业的金融素养和风险意识。随着数字金融服务的进一步普及和发展，相信其对经济社会的影响将会不断扩大和深化，为实现经济的可持续增长和社会的全面进步做出更大的贡献。

1.金融包容性的提升与金融服务普及的关系

金融包容性的提升与数字金融服务的普及密切相关。金融包容性是指金融服务能够覆盖到各个社会经济层面、各个人群，包括那些传统金融服务难以触及的群体，如低收入人群、农村地区居民以及小微企业等。数字金融服务的普及正是实现金融包容性的重要手段之一，二者之间存在着相互促进和相互依存的关系。

数字金融服务的普及促进了金融包容性的提升。传统金融服务往往受限于时间、空间和成本等因素，导致一些人群无法享受到金融服务的便利。随着数字金融服务的普及，人们可以通过互联网和智能设备随时随地进行查询和金融交易，大大降低了获取金融服务的门槛。移动支付、网上银行等数字金融工具使得交易处理更加便捷快速，而智能手机的普及为农村地区和偏远地区的居民提供了便利的金融服务渠道。这种数字化的金融服务模式弥补了传统金融服务的不足，扩大了金融服务的覆盖范围，提高了金融包容性。

金融包容性的提升促进了数字金融服务的普及。金融包容性的提升意味着更多的人群能够接触到金融服务，这为数字金融服务的发展提供了更广阔的市场。传统上由于缺乏信用记录或资产担保，一些低收入人群和小微企业很难获得传统金融机构的贷款服务。随着金融包容性的提升，数字金融服务企业开始利用大数据技术和人工智能算法，通过对用户行为数据的分析，为这些群体提供更为个性化和定制化的金融服务，如小额贷款、移动支付等。这种更具针对性的数字金融服务模式满足了更多人群的金融需求，推动了数字金融服务的普及。

金融包容性的提升和数字金融服务的普及相互促进了经济社会的发展。金融包容性的提升意味着更多的人群能够获得金融服务，这有助于解决贫困问题、促进经济增长和社会稳定。同时数字金融服务的普及也提高了金融服务的效率和质量，为经济体提供了更为便捷和高效的金融支持。这种双向推动促进了经济体的可持续发展和社会经济的繁荣。

金融包容性的提升与数字金融服务的普及之间存在着紧密的关系。数字金融服务的普及促进了金融包容性的提升，同时金融包容性的提升也促进了数字金融服务的普及。二者相互促进、相辅相成，共同推动着经济社会的发展。随着技术的不断创新和金融环境的不断改善，数字金融服务的普及和金融包容性的提升将会不断取得新的进展，为经济体的可持续发展和社会经济的繁荣做出更大的贡献。

2.社会变革与数字金融服务普及的影响因素分析

社会变革对数字金融服务普及的影响因素有着深远的影响。全球范围内数字技术的快速发展推动了数字金融服务的普及。随着智能手机、互联网和移动支付等数字技术的普及，人们越来越习惯使用数字化工具进行各种活动，包括购物、社交和金融交易。因此，数字金融服务的普及不仅满足了人们日常生活的需求，还提高了金融服务的便捷性和效率。

金融机构的数字化转型推动了数字金融服务的普及。随着金融科技的发展，传统金融机构纷纷加大数字化转型的力度，推出了一系列数字化金融产品和服务，包括在线银行、移动支付、电子账单等。这些数字化金融产品和服务满足了消费者日益增长的需求，促进了数字金融服务的普及。

社会对金融服务的需求发生了巨大变化，这也推动了数字金融服务的普及。传统金融服务往往局限于实体网点和繁琐的手续，难以满足人们多样化的金融需求。随着社会的发展和人们对金融服务需求的不断增长，数字金融服务的普及势在必行。消费者希望能够通过数字化渠道轻松实现金融交易，随时随地管理自己的财务，因此，金融机构必须根据社会需求变化，提供更加便捷、高效的数字金融服务，以满足消费者的需求。

政府的政策支持是推动数字金融服务普及的重要因素。许多国家纷纷出台政策，支持金融科技发展，鼓励金融机构加大数字化转型的力度，推动数字金融服务的普及。政府的政策支持不仅为金融科技企业提供了更多的发展机会，也为消费者提供了更加便捷、安全的数字金融服务，促进了数字金融服务的普及和可持续发展。

社会变革对数字金融服务的普及产生了深远的影响。随着数字技术的快速发展、金融机构的数字化转型、社会需求的变化和政府的政策支持，数字金融服务的普及呈现出日益加速的趋势。这些因素共同推动了数字金融服务的普及，促进了金融服务的便捷性、高效性和普惠性，为社会经济的发展和人民生活的改善做出了积极贡献。

二、数字金融服务的影响

（一）数字金融服务对经济体的影响

数字金融服务对经济体的影响是多方面的。它促进了经济的金融包容性。数字金融服务的普及使得更多的人能够便捷地获得金融服务，包括远程开户、在线支付、贷款申请等，无论是城市还是农村、经济发达地区还是欠发达地区的居民，都可以通过互联网和移动应用方便地享受到金融服务，从而提高了金融服务的可及性和包容性。

数字金融服务促进了经济的数字化转型。随着数字金融服务的普及，越来越多的经济活动从传统的线下转移到了线上。电子商务、在线支付等数字经济业务的发展迅猛，成为经济增长的重要驱动力。数字化金融服务提高了交易效率和便利性，降低了交易成本，促进了商业活动的繁荣和创新，推动了经济的数字化转型和升级。

数字金融服务对金融市场产生了重大影响。随着数字金融服务的普及，金融机构不断推出新的数字化金融产品和服务，满足用户日益增长的金融需求。互联网银行、移动支付、智能投顾等新型金融服务的出现，为用户提供了更加个性化和便捷的金融体验，推动了金融市场的创新和竞争，促进了金融市场的健康发展。

数字金融服务的普及推动了金融创新和新业态的涌现。随着数字金融服务的普及，金融科技公司不断推出新的金融产品和服务，满足用户日益多样化的金融需求。P2P 借贷、数字货币、区块链等新兴金融业务和技术不断涌现，为金融市场带来了更多的创新和可能性，推动了金融行业的转型升级和经济的发展。

数字金融服务对经济体的影响是全方位的。它促进了经济的金融包容性，推动了经济的数字化转型，对金融市场产生了重大影响，同时也推动了金融创新和新业态的涌现。随着数字金融服务的进一步普及和发展，相信其对经济体的影响将会不断扩大和深化，为实现经济的可持续增长和社会的全面进步做出更大的贡献。

1.金融包容性的改善与经济增长的推动

金融包容性的改善与经济增长息息相关，而数字金融服务的兴起对此起到了积极的推动作用。数字金融服务的普及与发展，为更广泛的人群提供了便捷的金融工具和服务，特别是那些原本由于地域偏远或金融资源匮乏而难以获得传统金融服务的群体。这种普及程度的提升有助于降低金融服务的门槛，使更多人能够获得融资、支付和投资等服务，从而促进了金融包容性的改善。

数字金融服务的影响远不止于此。它改变了传统金融服务的运营模式，通过互联网和移动技术，使金融服务更加灵活和高效。借助数字金融服务，人们可以更方便地进行跨境支付、在线借贷和投资理财等操作，无论是在城市还是农村，都能享受到类似的金融服务。这种便利性的提升有助于激发消费和投资的活力，进而推动经济的增长。

数字金融服务的发展催生了新的商业模式和产业链条。数字支付平台的兴起促进了电子商务的蓬勃发展，推动了线上零售业的快速扩张。数字金融服务还催生了金融科技产业的兴起，涌现出众多创新企业和新型金融产品。这些新兴产业和商业模式为经济带来了新的增长点和动力，为就业机会的增加和经济结构的优化提供了有力支撑。

数字金融服务的普及对金融监管和风险管理提出了新的机遇和挑战。随着金融服务的数字化和网络化程度的提高，金融监管部门需要不断跟进，加强对数字金融平台和交易的监管，防范金融风险和网络安全风险。同时数字技术的应用也为监管和风险管理提供了新的手段和工具，如大数据分析和人工智能技术可以帮助监管部门更加及时、精准地监测和预警风险。

数字金融服务的发展不仅提升了金融包容性，还对经济增长产生了积极的推动作用。通过改变传统金融服务模式、催生新的商业模式和产业链条，以及对金融监管和风险管理提出新的机遇和挑战，数字金融服务正深刻影响着当代经济和金融格局的演变。

2.数字金融服务对社会经济结构的影响与变革

数字金融服务是当今社会经济结构中的一股重要力量，其影响和变革是显而易见的。数字金融服务的出现和发展改变了传统金融服务的格局。传统金融服务往往依赖实体银行和金融机构，而数字金融服务通过互联网和移动技术的发展，使得金融服务更加普惠和便捷。这种便捷性使得更多的人可以享受到金融服务，尤其是那些生活在偏远地区或者是经济欠发达地区的人们，他们通过数字金融服务可以获得更多的金融资源和服务，从而改善生活质量。

数字金融服务的发展带动了金融行业的创新。传统金融服务往往受制于传统的经营模式和技术手段，而数字金融服务的兴起使得金融机构不得不加快创新的步伐，以适应数字化时代的需求。虚拟货币、区块链技术等新兴技术的应用，使得金融交易更加便捷和安全，同时也促进了金融市场的发展和壮大。

数字金融服务对社会经济结构产生了深远的影响。随着数字金融服务的普及和发展，人们的消费习惯和金融观念也在发生改变。传统的线下支付逐渐被线上支付和电子货币所取代，这种变革不仅改变了人们的支付方式，也影响了商业模式和产业链条的重构。同时数字金融服务的发展也催生了新的经济形态，如互联网金融、共享经济等，这些新兴经济形态不仅为传统产业结构和就业模式带来了挑战，但也为经济发展带来了新的动力和活力。

数字金融服务的影响和变革是多方面的，它改变了金融服务的传统格局，带动了金融行业的创新，同时也对社会经济结构产生了深远的影响。随着数字金融服务的不断发展和完善，相信它将会继续在社会经济结构中发挥重要作用，推动经济的持续增长和社会的稳定发展。

（二）数字金融服务的未来展望与挑战

数字金融服务正日益成为金融业的主导力量，其未来展望无疑令人瞩目。数字金融服务的影响不仅局限于金融领域，更是深刻地影响着整个经济和社会结构。数字金融服务的兴起将重新定义人们对金融的认知和使用方式。传统金融服务通常受限于时间和地点，而数字金融服务则突破了这些限制，使得金融活动可以在全球范围内实现即时、便捷地进行。这种便利性将促进金融市场的全球化进程，为更多人提供平等的金融参与机会。

数字金融服务的发展将深刻改变金融业务的运作模式。通过区块链技术和智能合约等创新工具，数字金融服务有望实现金融交易的去中心化和自动化，从而提高交易效率、降低成本，并加强交易的透明度和安全性。这种技术驱动的变革将加速金融业务的数字化转型，推动金融机构更加注重科技创新和数据驱动的业务模式。

数字金融服务的普及将对金融市场的竞争格局产生深远影响。传统金融机构面临来自科技巨头和新兴金融科技公司的竞争压力，新兴金融机构凭借先进的技术和灵活的业务模式正在逐渐蚕食传统金融机构的市场份额。在这种竞争环境下，数字金融服务的发展将进一步推动金融业务的创新和升级，促使金融机构加快转型步伐，以应对日益激烈的市场竞争。

数字金融服务的普及将对整个经济结构和社会生活方式产生深远影响。随着数字支付、数字货币等新型金融工具的普及应用，人们的支付习惯和消费行为将发生重大改变，传统零售业态可能会面临新的挑战和机遇。同时与此数字金融服务的发展也将促进金融包容和普惠金融的实现，为更多人群提供便捷、安全的金融服务，助力经济社会的可持续发展。

总之，数字金融服务的未来展望充满着机遇与挑战。随着技术的不断进步和应用场景的不断拓展，数字金融服务将继续发挥着重要的作用，推动金融业务的创新与发展，重塑金融行业的格局，引领经济社会的变革与进步。

数字金融服务的快速发展面临着一系列挑战，这些挑战不仅会影响数字金融服务本身的运营，也将对整个金融体系和经济发展构成一定的影响。

数字金融服务的安全性和隐私保护问题备受关注。随着金融服务的数字化程度不断提升，网络安全风险和个人隐私泄露成为重要的挑战。黑客攻击、数据泄露和网络诈骗等问题频频发生，给用户造成了财产损失和信任危机，严重影响了数字金融服务的可持续发展。

数字金融服务的普及程度存在着差异性和不平等性。尽管数字技术的普及程度不断提升，但在一些偏远地区和发展中国家，数字金融服务的普及程度仍然较低，存在数字鸿沟的问题。这种不平等的现象不仅限制了数字金融服务对更广泛人群的覆盖范围，也影响了金融包容性的改善。同时数字金融服务的监管和法律环境也面临着挑战。由于数字金融服务的创新性和跨境特性，监管部门的监管和法律体系的完善往往滞后于技术的发展，监管政策和法律法规的制定和执行存在一定困难，容易出现监管真空和法律漏洞，增加了金融风险和法律风险的发生概率。

数字金融服务的发展受到了技术标准和互操作性的限制。由于数字金融服务涉及多个领域和多种技术，各个服务提供商之间存在着技术标准不统一和互操作性不强的问题，导致用户体验不佳和服务质量参差不齐。这种技术标准和互操作性的限制不仅影响了数字金融服务的普及和应用，也制约了数字金融服务产业链条的健康发展。

数字金融服务的快速发展面临着诸多挑战，需要相关部门和企业共同努力，加强安全保障、缩小数字鸿沟、完善监管法律环境、加强技术标准和互操作性建设，共同促进数字金融服务的可持续发展，实现金融包容性的进一步提升。

1.未来数字金融服务的发展趋势与前景展望

未来数字金融服务的演进将深刻改变社会经济结构。数字金融的崛起将迎来新的机遇和挑战。随着技术的进步和人们对数字化生活的需求增加，数字金融服务将更加普及和便利。这不仅将对传统金融体系带来巨大冲击，也将对整个经济产生深远影响。

数字金融服务将加速金融创新和产品多样化。通过区块链技术、人工智能和大数据分析，金融机构将能够提供更加个性化的服务，包括智能投资、智能贷款等。这将推动金融产品更加贴合用户需求，促进金融市场的健康发展。

数字金融服务将促进金融普惠和经济包容。通过移动支付、数字货币等技术，数字金融将让更多人融入金融体系，尤其是那些生活在偏远地区或传统金融服务无法覆盖的群体。这将有助于缩小贫富差距，促进经济的可持续增长。

数字金融服务将改变人们的消费和投资习惯。随着移动支付、虚拟货币等技术的普及，人们将更加便利地进行消费和投资。这将激发消费需求，推动经济的增长，同时也会带来新的投资机会和风险。

数字金融服务将提升金融风险管理和监管能力。通过大数据分析和人工智能技术，金融监管机构将能够更加及时和有效地监测金融风险，预防金融危机的发生。这将提升金融系统的稳定性，保障经济的健康发展。

数字金融服务将深刻改变社会经济结构，推动经济的创新和发展。数字金融服务也面临着诸多挑战，如数据安全、隐私保护、监管合规等问题，需要政府、企业和社会各方共同努力，促进数字金融服务的可持续发展，实现经济的长期繁荣和稳定。

随着科技的不断进步，创新技术在数字金融服务领域的持续发展已成为一种趋势。数字金融服务的兴起将对整个金融行业产生深远的影响，它为消费者提供了更便捷的金融服务体验。通过移动支付、网上银行等数字化工具，用户可以随时随地进行金融交易，无需受限于传统银行的营业时间和地点。这种便利性不仅提升了用户满意度，也促进了金融市场的发展。

数字金融服务改变了金融业务的运营模式。传统金融机构通过线下网点为客户提供服务，成本较高且效率有限。数字化转型使得金融服务可以通过互联网平台进行，大大降低了运营成本，提高了服务效率。借助人工智能和大数据分析技术，银行可以更准确地评估客户信用，提供个性化的金融产品和服务，从而提升了竞争力。

数字金融服务推动了金融行业的创新发展。区块链、人工智能、云计算等新兴技术的应用，为金融领域带来了诸多新机遇。区块链技术可以实现去中心化的交易记录和智能合约，提高交易的安全性和透明度；人工智能可以用于风险管理、客户服务等方面，提升金融机构的决策能力和服务水平。这些创新技术的引入，使得金融服务更加多样化和个性化，满足了用户不断增长的需求。

数字金融服务的持续发展已经深刻改变了金融行业的格局。它不仅为用户提供了更便捷的服务体验，也促进了金融机构的转型升级和创新发展。未来，随着技术的不断创新和应用，数字金融服务将继续发挥重要作用，推动金融行业向着更加智能化、高效化的方向发展。

2.创新技术与数字金融服务的持续发展策略

随着科技的飞速发展，数字金融服务正处于迅猛增长的阶段。这一趋势的推动力在于其带来的全新商业模式和技术创新。数字金融服务的前景可谓广阔无边，它不仅将重新定义我们对金融的认知，也将深刻影响我们的生活方式和社会结构。

数字金融服务的出现将极大地促进金融业务的便利化和个性化。通过智能化的技术手段，金融服务能够更好地满足用户个性化的需求，提供更精准、更定制化的服务。智能化的投资顾问系统能够根据用户的风险偏好和财务目标，为其量身定制投资方案，提供更加个性化的理财服务。

数字金融服务将深刻改变金融市场的竞争格局。传统金融机构将面临来自互联网科技公司等新兴企业的挑战，这些公司凭借先进的技术和创新的商业模式，正在逐步改变着金融服务的传统格局。移动支付、P2P借贷等新兴金融模式的出现，正在催生出一批新的金融科技巨头，它们将逐渐与传统金融机构展开激烈的竞争。

数字金融服务的发展将极大地推动金融科技创新和产业升级。随着区块链、人工智能、大数据等新兴技术的不断成熟和应用，金融服务将变得更加智能化、高效化和安全化。区块链技术的应用能够实现金融交易的去中心化和安全性，大数据分析技术能够帮助金融机构更好地了解用户需求和市场趋势，从而提供更优质的服务。

数字金融服务的普及将会深刻影响整个社会的经济结构和生活方式。数字金融服务的普及将进一步推动金融脱媒化，消费者即使在偏远地区，也能够通过手机等移动终端进行金融交易，加速了金融服务的全球化和普惠化。同时数字金融服务的发展也将催生出一批新的职业和产业，促进经济的转型升级和就业的增长。

数字金融服务的未来前景十分广阔，它将在金融业务的便利化和个性化、金融市场的竞争格局、金融科技创新和产业升级以及社会经济结构和生活方式等方面产生深远影响。

第四节　金融包容性的挑战与前景

一、金融包容性的挑战

（一）金融服务不平等与边缘化

在金融服务领域，存在着明显的不平等现象，这导致了一部分人群被边缘化，难以获得必要的金融服务。这种不平等主要源自多方面因素，包括经济地理位置、收入水平、教育程度等。许多人因为收入较低或身处经济欠发达地区，难以获得银行贷款、投资服务等金融产品。缺乏金融知识和教育的人群也容易被边缘化，因为他们不了解金融市场，难以参与其中。这种不平等现象为金融包容性的提升带来了巨大挑战。

金融包容性是指金融服务能够普惠全民，让每个人都能够享受到金融服务的好处。实现金融包容性并不容易，需要金融机构、政府和社会各界共同努力。金融机构需要采取措施，降低享受金融服务的门槛，使得更多人能够轻松获得金融产品。这包括简化申请流程、降低利率、提供更多的金融产品选择等。同时金融机构还需要加强金融教育，提高公众的金融意识和知识水平，使他们能够更好地理解金融市场和产品。

政府在促进金融包容性方面发挥着重要作用。政府可以通过制定相关政策和法规，鼓励金融机构向经济欠发达地区和低收入人群提供金融服务。同时政府还可以通过金融补贴和扶持政策，帮助经济欠发达人群获得金融支持，改善他们的经济状况和提高生活水平。同时政府还可以通过建立金融包容性指标和监测体系，监督金融机构的服务对象和拓宽服务范围，确保金融包容性政策的有效实施。

除了金融机构和政府，社会各界也需要积极参与促进金融包容性。非政府组织、学术界和企业界可以通过开展金融教育活动、提供金融咨询服务等方式，帮助边缘化群体提高金融素养，增强他们参与金融市场的能力。同时社会各界还可以通过开展社会公益活动，为经济欠发达地区和低收入人群提供经济支持和帮助，改善他们的生活条件。

金融服务不平等和边缘化是当前金融领域面临的重要挑战。要解决这一问题，需要金融机构、政府和社会各界共同努力，采取有效措施，促进金融包容性的实现，让更多的人能够享受到金融服务的好处。

1.经济体内部的金融服务不平等现象

经济体内部存在着显著的金融服务不平等现象，这给金融包容性带来了严峻挑战。金融服务不平等主要表现在以下几个方面。

金融服务不平等在金融机构的分布上体现得尤为明显。大型金融机构往往更倾向在城市和发达地区设立分支机构，而偏远地区和经济欠发达地区的金融服务相对匮乏。这导致出现城乡金融发展的差距，使得偏远地区的居民难以获得必要的金融服务，限制了他们的经济活动和社会发展。

金融服务不平等表现在金融产品的获取上。由于金融机构倾向其向高收入人群提供更多的金融产品和服务，低收入人群往往难以获得贷款、储蓄、保险等基本金融产品，使得他们无法有效地参与经济活动，加剧了贫富差距，阻碍了经济的包容性增长。

金融服务不平等表现在金融知识和技能的差异上。高收入人群往往具有更多的金融知识和技能，能够更好地利用金融工具进行理财和投资，而低收入人群由于缺乏金融教育和培训，往往容易陷入高利贷、投机等风险行为，增加了金融风险，加剧了其贫困程度和社会不稳定。

金融包容性的挑战在于如何解决这些金融服务不平等问题，使得更多的人能够享受到平等的金融服务和机会。政府需要采取积极的政策措施，鼓励金融机构增加在偏远地区和贫困地区的投入，促进金融服务的均衡发展。金融机构应加强金融产品的创新，开发适合低收入人群的金融产品，提升金融包容性。加强金融教育和培训，不仅要提升广大民众的金融知识水平和技能，也是促进金融包容性的重要举措。

金融包容性的挑战是一个复杂而严峻的问题，需要政府、金融机构和社会各界共同努力，采取综合性措施，推进金融服务的平等和包容，推动经济的可持续发展。

2.农村地区与经济欠发达人群的金融服务边缘化问题

在农村地区和经济欠发达人群中，金融服务的边缘化问题一直存在。这主要是由于一系列挑战造成的，这些挑战包括金融机构的缺乏、信息不对称、技术障碍以及社会文化因素等。

农村地区和经济欠发达人群往往面临金融机构的缺乏。许多农村地区地处偏远，金融机构往往没有足够的动力或资源前往开展业务。即使有些金融机构进驻，它们也可能因为缺乏了解当地情况而无法提供合适的金融产品和服务。

信息不对称是金融服务边缘化的重要原因之一。经济欠发达人群往往缺乏金融知识和信息获取渠道，难以了解和利用现有的金融产品和服务。同时金融机构也可能缺乏对农村地区和贫困人群的了解，无法提供符合其需求的金融服务。

技术障碍是金融包容性面临的挑战之一。在一些偏远地区，缺乏基础设施和通信网络，导致金融科技无法覆盖这些地区，使得经济欠发达人群难以享受到数字化金融服务带来的便利。

社会文化因素对金融服务的边缘化起到了一定影响。一些经济欠发达人群可能缺乏金融意识，认为金融服务与他们的生活无关或不可及。同时一些传统观念也可能影响妇女和少数民族等特定群体融入金融体系。

农村地区和经济欠发达人群面临着金融服务边缘化的严重挑战，这主要是由于金融机构的缺乏、信息不对称、技术障碍以及社会文化因素等多方面原因造成的。要解决这一问题，需要政府、金融机构和社会各界共同努力，采取有效措施，提升金融包容性，让更多的农村地区和经济欠发达人群能够享受到数字金融服务带来的好处。

3.小微企业与个体经营者的金融服务挑战

小微企业和个体经营者在金融服务方面面临着诸多挑战，这主要源自其规模较小、信用记录不足、信息不对称等因素。由于小微企业和个体经营者通常规模较小，缺乏足够的资产和信用担保，因此很难获得传统金融机构的贷款支持。这些小微企业和个体经营者的财务状况和经营风险可能更为不稳定，增加了金融机构的贷款风险。因此，金融机构往往对小微企业和个体经营者采取更为谨慎的态度，导致他们难以获得所需的金融服务。

小微企业和个体经营者的信用记录往往较少，甚至没有。由于缺乏稳定的经营历史和良好的信用记录，这些小微企业和个体经营者难以证明自己的信用可靠性，从而难以获得贷款和其他金融支持。同时信息不对称也是一个重要因素。金融机构往往难以准确评估小微企业和个体经营者的风险水平，因为这些小微企业和个体经营者的经营信息可能不够透明，难以获取。这使得金融机构难以对其提供适当的金融服务。

解决小微企业和个体经营者金融服务欠缺问题的关键在于提高金融包容性。金融包容性是指金融服务能够普惠全民，包括小微企业和个体经营者在内。要实现金融包容性，首先需要金融机构采取积极措施，降低小微企业和个体经营者获取金融服务的难度。这包括简化贷款申请流程、降低利率、提供更灵活的还款方式等。同时金融机构还可以通过开展金融教育活动，提高小微企业和个体经营者的金融素养，帮助其更好地理解金融产品和服务。

政府在促进金融包容性方面发挥着重要作用。政府可以通过制定相关政策和法规，鼓励金融机构向小微企业和个体经营者提供更多的金融支持。可以设立专门的小额贷款机构或基金，为小微企业和个体经营者提供贷款支持。同时政府还可以通过减免税收、提供补贴等方式，鼓励金融机构向小微企业和个体经营者提供金融服务。

社会各界可以积极参与促进金融包容性。非政府组织、学术界和企业界可以通过开展培训和咨询活动，帮助小微企业和个体经营者提升经营能力和金融素养。同时社会各界还可以通过建立小微企业和个体经营者之间的合作网络，促进资源共享和经验交流，提高其的竞争力和抗风险能力。

小微企业和个体经营者虽然在金融服务方面面临诸多挑战，但通过金融包容性的促进，可以有效解决这些问题。金融机构、政府和社会各界需要共同努力，采取有效措施，实现金融服务的普惠性和包容性，让更多的小微企业和个体经营者能够享受到金融服务的好处。

（二）金融基础设施不足与薄弱

金融基础设施不足是金融包容性面临的重大挑战之一。这一问题主要源自金融基础设施的不完善和不平衡发展。金融基础设施包括金融机构、金融市场、支付系统、信息技术等组成部分，它们构成金融体系的基础。

金融机构的覆盖范围是金融基础设施不足的主要表现之一。在一些偏远地区和经济欠发达地区，由于经济条件和市场规模的限制，金融机构的设立相对较少，导致出现金融服务的空白和不足。这使得居民难以获得必要的金融服务，限制了他们的经济活动的开展和社会的发展。

金融市场的不完善是金融包容性面临的挑战之一。一些地区的金融市场发展水平较低，金融产品和服务种类有限，无法满足不同群体的需求。金融市场的监管和规范不健全，存在着各种风险和不确定性，加剧了金融市场的不稳定性，影响了金融服务的普及和可及性。

支付系统和信息技术的不足制约了金融包容性的提升。在一些地区，由于技术条件和基础设施的限制，支付系统不够便捷和安全，阻碍了居民的金融交易和支付行为。信息技术的发展不平衡，使得一些地区的居民难以获得及时、准确的金融信息，影响了他们对金融产品和服务的了解及选择。

面对金融基础设施不足的挑战，需要采取一系列措施来加强金融基础设施建设，提升金融包容性。政府需要加大对金融基础设施建设的投入力度，提升金融机构和金融市场的覆盖范围和服务能力。政府不仅需要加强金融市场的监管和规范，保障金融市场的稳定和健康发展，还需要加强支付系统和信息技术的建设，提升金融服务的便利性和安全性，促进金融包容性的提升。

金融基础设施不足是金融包容性面临的重大挑战之一，解决这一问题需要政府、金融机构和社会各界共同努力，加强金融基础设施建设，促进金融服务的普及和可及性，推动经济的可持续发展。

金融包容性面临着一个重要挑战，即金融基础设施薄弱。这一问题是指在许多地区，特别是发展中国家和偏远地区，金融基础设施的建设和发展程度不足，导致金融服务无法覆盖所有人群，尤其是经济状况不好人群和农村居民。

金融基础设施的薄弱主要体现在金融机构的分布不均。在许多偏远地区，尤其是农村地区，金融机构数量有限，甚至可能完全没有金融机构进驻。这使得当地居民难以获得金融服务，从而加剧了金融服务的不平等现象。

缺乏金融基础设施会造成金融服务的低效率和高成本。在一些地区，由于金融机构少，人们可能需要长途跋涉才能到达最近的银行或金融服务点，这不仅耗费时间，也增加了成本。同时由于缺乏金融基础设施，金融机构可能无法实现规模经济，导致享受金融服务的成本较高，使得经济状况不好人群难以负担。

技术水平落后是金融基础设施薄弱的一个重要原因。在一些偏远地区，缺乏先进的通信和信息技术设施，使得金融机构无法实现数字化转型，无法提供更便捷、更高效的金融服务。这进一步加剧了经济状况不好人群和农村居民享受的金融服务程度。

政策和监管不到位也会导致金融基础设施薄弱。在一些地区，政府对金融服务的发展和监管不力，导致金融机构不愿进驻或者无法进驻偏远地区，从而造成金融服务的空白。一些地区的监管政策可能过于严格，使得金融机构难以在这些地区提供服务。

金融包容性面临着金融基础设施薄弱的严重挑战。要解决这一问题，需要政府、金融机构和社会各界共同努力，加大对偏远地区金融基础设施建设的投入力度，推动金融服务的普惠化和便利化，让更多的人能够享受到金融服务的红利。

1.偏远地区与发展中国家的金融基础设施短板

偏远地区和发展中国家的金融基础设施存在着明显的短板，这给金融包容性带来了挑战。这些地区往往缺乏完善的金融基础设施，包括银行网点、自动取款机、电子支付系统等。由于交通不便、通信设施不完善等原因，居民难以获得金融服务，导致金融包容性水平较低。

偏远地区和发展中国家的居民往往收入水平较低，缺乏金融知识和金融意识。由于缺乏金融教育，他们对金融市场和产品的了解有限，难以有效利用金融服务。由于缺乏稳定的收入来源和信用记录，导致这些居民的信用风险较高，不愿意向他们提供金融支持，进一步加剧了金融包容性的提升的程度。

要解决偏远地区和发展中国家金融包容性的问题，需要采取一系列措施。需要加大对金融基础设施建设的投入力度，提高偏远地区和发展中国家的金融服务覆盖率。政府可以通过引导或资助，鼓励金融机构在这些地区建立更多的银行网点和自动取款机，推动电子支付系统的普及，提高金融服务的便利性和可及性。

政府需要加强金融教育，提高居民的金融素养。可以通过开展金融知识普及活动、开办金融培训课程等方式，提高居民对金融市场和产品的认识及理解水平，培养他们正确的金融观念和理财习惯。政府可以通过普及金融科技知识，引导居民利用电子支付、移动银行等技术手段进行金融活动，提高金融服务的便利性和效率。

政府和金融机构可以采取一系列措施，提高对偏远地区和发展中国家居民的金融支持水平。政府可以通过制定相关政策和法规，鼓励金融机构向这些地区提供贷款支持，降低贷款利率，放宽贷款条件，推动金融服务的普惠性和包容性。同时政府还可以通过建立金融补贴和保险机制，为居民提供金融安全保障，减轻金融风险，提高金融包容性水平。

偏远地区和发展中国家的金融基础设施短板给金融包容性带来了挑战。要解决这一问题，需要加大对金融基础设施建设的投入力度，加强金融教育，提高居民的金融素养。同时政府和金融机构也需要采取积极措施，提高对这些地区居民的金融支持水平，促进金融包容性的实现。

2.金融服务网络不完善的地区与群体

金融服务网络不完善的地区面临着金融包容性的重大挑战。这一问题主要表现在一些偏远地区、经济欠发达地区和发展中国家的金融服务网络不健全，金融资源配置不均衡，金融服务覆盖不到位，居民难以获得必要的金融服务，限制了他们的经济活动和社会发展。

金融服务网络不完善的地区缺乏足够的金融机构和金融市场。由于地理条件和经济发展水平的限制，一些偏远地区和经济欠发达地区的金融机构相对较少，金融市场不够发达，使得金融资源配置不均衡，金融服务供给不足，难以满足居民的金融需求。

金融服务网络不完善的地区金融产品和服务种类有限。由于金融机构和金融市场的不健全，导致一些地区的金融产品和服务种类单一，无法满足不同群体的多样化金融需求。这导致了居民难以获得适合自己需求的金融产品和服务，限制了他们的金融参与。

金融服务网络不完善的地区金融服务覆盖不到位。一些地区的金融服务覆盖范围较窄，金融服务点分布不均衡，使得部分居民难以便利地获得金融服务。特别是在一些偏远地区和经济欠发达地区，由于交通不便、信息不畅等问题，金融服务的到达受到限制，造成金融服务的不平等现象。

面对金融服务网络不完善带来的挑战，政府需要采取一系列措施来加强金融服务网络建设，提升金融包容性。政府需要加大对金融服务网络建设的投入力度，推动金融机构在偏远地区和经济欠发达地区设立更多的分支机构，提升金融服务的覆盖范围和供给能力。政府需要加强金融产品和服务的创新，拓展金融产品和服务种类，满足不同群体的多样化金融需求。同时政府还需要加强金融服务点的建设，提升金融服务的便利性和可及性，促进金融包容性的提升。

金融服务网络不完善的地区面临着金融包容性的严重挑战，解决这一问题需要政府、金融机构和社会各界共同努力，加强金融服务网络建设，促进金融服务的普及和可及性，推动经济的可持续发展。

金融包容性的提升面临一个重要挑战，即金融服务网络不完善的群体。这一问题指的是在社会中存在一些群体，由于各种原因，无法充分融入金融服务网络，无法享受到金融服务所带来的便利和好处。这些群体主要包括经济欠发达人群、农村居民、少数民族、残障人士以及移民等。

经济欠发达人群是金融服务网络不完善的重要群体之一。由于经济条件的限制，许多经济欠发达人群无法享受到正规金融服务，如银行存款、信贷等。缺乏金融知识和信息获取渠道，也使得他们往往不了解金融服务的存在和价值，进一步加剧了他们与金融服务网络的脱节程度。

农村居民面临着金融服务网络不完善的困境。由于农村地区的经济条件相对较差，金融机构的进驻率较低，使得农村居民难以获得便捷的金融服务。与此由于交通不便、信息闭塞等原因，农村居民往往缺乏金融服务的基本知识，无法有效利用现有的金融服务。

少数民族和残障人士是金融服务网络不完善的重要群体之一。由于语言和文化的障碍，少数民族往往无法充分融入主流金融服务网络，造成了金融服务的不平等现象。同时残障人士也面临着金融服务的障碍，如无法轻松前往银行或使用 ATM 机，以及无法获得适合自己所需的金融产品和服务等。

移民群体面临着金融服务网络不完善的挑战。由于移民的流动性和身份认证等问题，他们往往无法获得正规金融服务，如开立银行账户、申请信用卡等。这使得他们在新的社会环境中面临着诸多金融服务的困扰，影响了他们的生活质量。

金融包容性面临着金融服务网络不完善的严重挑战。要解决这一问题，需要政府、金融机构和社会各界共同努力，加大对金融服务网络的建设和改善力度，推动金融服务的普惠化和便利化，让更多的群体能够享受到金融服务的红利。

3.信息不对称与金融知识普及不足的挑战

信息不对称和金融知识普及不足是金融包容性面临的两大挑战。信息不对称指的是在金融交易中，一方拥有更多或更准确的信息，导致交易另一方处于不利地位的情况。这种情况常见于金融市场中，导致一些人无法获得公平的金融服务。金融知识普及不足意味着一部分人缺乏对金融市场和金融产品的了解，导致他们难以有效地利用金融服务。

信息不对称和金融知识普及不足给金融包容性带来了严重挑战。信息不对称使得一些人无法获得公平的金融服务，因为他们缺乏对金融市场的了解，无法识别出不透明的交易和潜在的风险。同时金融知识普及不足也使得一些人无法有效地利用金融服务，因为他们不了解金融产品的种类和功能，不知道如何选择适合自己的金融产品。

要解决信息不对称和金融知识普及不足带来的金融包容性挑战问题，需要采取一系列措施。可以通过加强金融教育，提高公众的金融素养。这包括在学校和社会组织中开展金融知识普及活动，向公众介绍金融市场和金融产品的基本知识，培养他们正确的金融观念和理财习惯。通过普及金融知识，可以提高公众对金融市场的了解水平，降低信息不对称的风险，促进金融包容性的实现。

政府可以通过加强金融监管，保护消费者权益。金融监管机构可以加强对金融市场的监督和管理，规范金融机构的行为，防止其利用信息不对称对消费者进行欺诈活动。同时金融监管机构还可以要求金融机构提供更加透明和清晰的金融产品信息，帮助消费者更好地理解金融产品，提高金融服务的可及性和透明度。

政府可以通过推广金融科技，提高金融服务的普及性和便利性。金融科技可以为公众提供更加便捷、安全和低成本的金融服务，降低金融交易的门槛，提高金融包容性水平。政府可以推广电子支付、移动银行等金融科技应用，让更多的人能够通过手机或互联网进行金融交易，享受到便捷的金融服务。

信息不对称和金融知识普及不足是金融包容性面临的重要挑战。要解决这些问题，政府需要采取一系列措施，包括加强金融教育、加强金融监管、推广金融科技等，提高公众对金融市场的了解程度和金融服务的可及性，促进金融包容性的实现。

二、金融包容性的前景

（一）技术创新与金融包容性

技术创新对金融包容性的前景具有深远影响。随着科技不断进步，新兴技术如区块链、人工智能、大数据等已经开始改变金融服务的方式和范围，为提高金融包容性提供了新的可能性。

技术创新促进了金融服务的普及。通过移动支付、电子银行等新技术，人们可以更便捷地进行金融交易，无需受限于传统银行营业时间和地点。这使得那些居住在偏远地区或无法获得传统银行服务的人们能够方便地融入金融体系，提高了金融包容性。

技术创新拓展了金融产品和服务的范围。基于区块链技术的智能合约、数字货币等新型金融产品正在崭露头角，为不同层次和需求的人们提供了更多选择。这样的多样化金融产品和服务有助于满足不同群体的需求，提高了金融包容性。

技术创新降低了金融服务的成本。传统金融服务往往需要大量的人力和物力投入，导致金融服务的成本较高，难以覆盖每一个人。新技术的应用使得金融服务的成本大幅降低，尤其是在数字化、自动化的程度上，使得金融服务更加平价，进一步促进了金融包容性的提高。

技术创新提升了金融服务的安全性和可靠性。新技术如区块链的去中心化特性、人工智能的智能风控系统等，为金融服务的安全性提供了新的保障。这使得更多的人愿意接受金融服务，增强了他们对金融体系的信任，有利于金融包容性的提高。

技术创新对金融包容性的前景具有积极的影响。新技术的不断发展和应用将进一步拓展金融服务的范围、降低成本、提升安全性，为更多的人提供更加便捷、多样化、安全可靠的金融服务，从而推动金融包容性的不断提高。同时我们也需要认识到技术创新可能带来的一些挑战，如数据安全、隐私保护等问题，这需要政府、企业和社会各界共同努力，共同推动技术创新与金融包容性的可持续发展。

1.金融科技的发展与金融包容性提升

金融科技的迅速发展对提升金融包容性具有重要意义。随着科技不断进步，金融科技正在以前所未有的速度改变着传统金融服务的面貌，为广大人群提供更加便捷、普惠和个性化的金融服务。这种发展为金融包容性的提升带来了机遇。

金融科技的发展为不同群体提供了更为便捷和灵活的金融服务渠道。通过互联网和移动通信技术，人们可以随时随地访问金融服务，无需受制于时间和地点的限制。这使得那些生活在偏远地区或者没有便利金融服务地方的人们也能够享受到金融服务的便利，从而增强了金融包容性。

金融科技的发展促进了金融产品和服务的创新与普及。通过大数据分析、人工智能、区块链等先进技术的应用，金融机构能够开发出更加多样化和个性化的金融产品，满足不同人群的需求。P2P借贷、移动支付、数字货币等新型金融产品的出现，为那些传统金融服务难以覆盖的人群提供了更为灵活和便捷的选择。

金融科技的发展为经济欠发达人群和农村居民提供了更多融入金融体系的机会。传统金融服务往往需要一定的门槛，如身份认证、信用记录等，而这些对一些经济欠发达人群和农村居民来说可能难以达到。同时，金融科技的发展使得这些人群可以通过其他方式进行身份验证，如生物识别技术或者区块链技术，从而获得更多的金融服务机会。

金融科技的发展推动了金融知识普及和金融素养提升。通过互联网和移动应用，人们可以轻松获取金融知识、了解金融产品和服务，从而提升自己的金融素养水平。这不仅有助于人们更好地理解和利用金融服务，也能够提高他们的财务管理能力，从而使其可以更好地融入金融体系中。

金融科技的发展为提升金融包容性带来了巨大的前景。通过提供更为便捷、创新和个性化的金融服务，金融科技为广大人群提供了更多融入金融体系的机会，促进了金融包容性的提升。随着科技的不断进步和应用，金融包容性的前景将会更加光明。

2.创新金融产品与服务对边缘群体的影响

创新金融产品和服务对边缘群体的影响是深远而多元的。创新金融产品和服务可以提供更多元化的选择，满足不同群体的金融需求。针对低收入群体和经济欠发达地区，创新金融产品可以设计更加灵活的贷款方案，降低贷款门槛和利率，帮助他们更好地解决生活和经营资金需求。对农村地区的农民和企业，创新金融服务可以提供农业保险、农业信贷等特色服务，帮助其规避经营风险，提高经济收入。

创新金融产品和服务可以提高金融服务的普及性与便利性，促进金融包容性的实现。随着科技的发展，金融科技应用正在不断推进，如移动支付、数字货币、区块链等技术正在改变着金融服务的面貌。这些创新技术为边缘群体提供了更加便捷、安全和低成本的金融服务途径。移动支付技术可以让边缘群体通过手机轻松进行支付和转账，不再受限于传统银行网点和现金支付，大大提高了金融服务的可及性。

创新金融产品和服务可以提升边缘群体的金融素养与金融能力。通过开展金融教育和培训活动，向边缘群体传授金融知识和理财技能，帮助他们更好地了解金融市场和产品，提高金融决策的准确性和效率。同时创新金融产品和服务还可以促进边缘群体的金融参与及经济发展。通过借助互联网平台，边缘群体可以参与众筹、股权众筹等金融活动，筹集资金支持自己的创业项目或农业生产，促进经济增长和社会发展。

创新金融产品和服务对边缘群体的影响是积极而深远的。它不仅丰富了金融服务的形式和内容，满足了不同群体的金融需求，还提高了金融服务的普及性和便利性，促进了金融包容性的实现。未来，随着科技的不断进步和金融创新的持续推进，创新金融产品和服务将继续发挥重要作用，为边缘群体带来更多机遇和福祉。

（二）政策倡导与国际合作

政策倡导与国际合作对金融包容性的前景具有重要意义。政府和国际社会的政策支持和合作努力，可以有效推动金融包容性的提升，促进更多主体融入金融体系，实现经济的可持续发展。

政府的政策倡导是提高金融包容性的关键。政府可以通过制定和实施相关政策，推动金融机构增加在偏远地区和经济欠发达地区的投入，加强金融产品和服务的创新，扩大并提升金融服务的覆盖范围和供给能力，促进金融包容性的提高。同时政府还可以通过加强金融教育和培训，提升民众的金融知识和技能，增强他们参与金融活动的能力，推动金融包容性的不断提升。

国际合作对金融包容性的提升至关重要。由于金融活动具有跨境性和全球性特点，单一国家难以独立解决金融包容性的问题，需要国际社会共同合作，共同推动金融包容性的提高。国际组织如联合国、世界银行、国际货币基金组织等可以发挥重要作用，提供资金支持、技术援助和政策建议，帮助发展中国家加强金融基础设施建设，促进金融服务的普及和可及性，推动金融包容性的不断提高。

区域合作是促进金融包容性的重要途径。在一些地区，由于地理、文化、历史等因素的共同影响，金融服务不平衡的问题比较突出，需要通过区域合作加强金融服务的覆盖范围和供给能力，推动金融包容性的提升。一些地区性金融机构和合作组织可以通过共同合作，共享资源、经验和技术，促进金融服务的均衡发展，实现金融包容性的共赢局面。

政策倡导与国际合作对金融包容性的前景具有重要意义。政府通过制定和实施相关政策，可以有效推动金融包容性的提升；国际社会通过加强合作，可以共同推动金融包容性的不断提高。政策倡导与国际合作的深入推进，将为更多人融入金融体系、实现经济的可持续发展创造良好条件，推动金融包容性的不断提升。

1.国际组织与政府部门的金融包容性倡导

国际组织和政府部门在金融包容性方面的倡导发挥着至关重要的作用。通过各种倡导活动和政策推动，它们致力于促进金融服务的普惠性、可及性和可持续性，为广大人群提供更加公平和包容的金融环境。这种倡导不仅有助于解决金融服务不平等的问题，也能够推动社会经济的全面发展，为金融包容性的提升提供了广阔的前景。

国际组织和政府部门的金融包容性倡导有助于促进金融服务的普及和可及性。它们通过制定政策、推动立法和监管等手段，鼓励金融机构扩大服务范围，增加服务点，降低服务门槛，以便更多的人群能够享受到金融服务的便利。这种倡导有助于消除地区之间和群体之间的金融服务差距，为经济欠发达人群和农村居民提供更多融入金融体系的机会。

国际组织和政府部门的金融包容性倡导有助于推动金融技术创新和数字金融发展。它们通过资金支持、技术培训、政策引导等方式，推动金融科技的应用和发展，为人们提供更便捷、安全和个性化的金融服务。这种倡导有助于解决传统金融服务无法覆盖的群体问题，促进金融包容性的不断提升。

国际组织和政府部门的金融包容性倡导有助于提高金融素养和金融教育水平。通过开展宣传教育、培训讲座等活动，提升人们对金融知识水平和金融技能，从而提高他们的金融素养水平。这不仅有助于人们更好地理解和利用金融服务，也能够提高他们的财务管理能力，从而更好地融入金融体系中。

国际组织和政府部门的金融包容性倡导有助于推动金融服务的可持续发展。通过倡导绿色金融、社会责任投资等方式，促进金融服务的可持续性发展，提供了更加稳健和可靠的金融环境。这有助于保障金融服务的长期稳定和可持续性，为金融包容性的提升奠定了坚实的基础。

国际组织和政府部门的金融包容性倡导为金融包容性的提升提供了重要支持与保障。通过推动金融服务的普及和可及性、促进金融技术创新和数字金融发展、提高金融素养和金融教育水平、推动金融服务的可持续发展等举措，为实现金融包容性的目标做出了积极的贡献，并为金融包容性的提升提供了广阔的前景。

2.发展中国家与发达国家间的金融包容性合作机制

发展中国家和发达国家之间的金融包容性合作机制对金融包容性提升的前景具有重要意义。这种合作可以促进全球金融市场的稳定和可持续发展，同时实现更广泛的金融包容性。

发展中国家和发达国家可以共同推动金融科技的发展，提高金融服务的普及性和便利性。发达国家在金融科技方面拥有丰富的经验和技术优势，可以与发展中国家分享先进的技术和经验，帮助其加快金融科技应用的进程。通过推广移动支付、数字货币、区块链等创新技术，可以为发展中国家的金融服务提供更多元化、便捷化的选择，促进金融包容性的实现。

发展中国家和发达国家可以加强金融监管合作，保护金融消费者的权益，防范金融风险。发达国家在金融监管方面拥有较为成熟的制度和经验，可以与发展中国家分享监管政策和实践经验，帮助其建立健全的金融监管体系。通过加强跨国监管合作和信息交流，可以及时发现和应对跨境金融风险，维护全球金融稳定和安全。

发展中国家和发达国家可以共同推动金融教育的开展，提高公众的金融素养和金融意识。金融教育是促进金融包容性的重要手段，可以帮助公众更好地了解金融市场和金融产品，提高金融决策的准确性和效率。发达国家可以与发展中国家合作开展金融教育项目，通过开办培训课程、举办讲座活动等方式，向公众传授金融知识和理财技能，提高他们的金融素养。

发展中国家和发达国家可以共同推动金融机构的社会责任，加大对边缘群体的金融支持力度。金融机构作为金融服务的主体，应该积极履行社会责任，向边缘群体提供更加普惠和包容的金融服务。发达国家可以与发展中国家合作开展金融支持项目，通过提供贷款、投资、培训等方式，帮助边缘群体融入金融体系，实现经济自立和促进社会发展。

　　发展中国家和发达国家之间的金融包容性合作机制对金融包容性提升的前景具有重要意义。通过共同推动金融科技的发展、加强金融监管合作、推动金融教育开展、加大对边缘群体的金融支持力度等举措，可以促进全球金融市场的稳定和可持续发展，实现更广泛的金融包容性。

参考文献

[1] 余美灵. 基于DEA和Malmquist模型的科技金融创新绩效研究：来自浙江省11个地级市的证据 [J]. 中国农业会计，2024，34（04）：103-105.

[2] 朱克力. 科技金融赋能创新中国 [J]. 检察风云，2024，（03）：30-31.

[3] 陶音琦，肖侠，费晶晶. 江苏区域海洋科技金融创新模式构建及运行机制研究 [J]. 商展经济，2024，（03）：152-155.

[4] 高伟，郝冰玉. 科技金融对企业科技创新的影响：以东北地区为例 [J]. 黑龙江科学，2024，15（01）：159-161.

[5] 张志华. 推动天津科技金融发展的路径分析 [J]. 环渤海经济瞭望，2024，（01）：107-109.

[6] 沈昱池. 基于交易成本视角探索金融体系如何服务企业科技创新：评《科技金融银投合作的制度逻辑》[J]. 科技管理研究，2024，44（02）：211.

[7] 费晶晶，肖侠，陶音琦. 国内外海洋科技金融创新实践对江苏海洋经济高质量发展的启示 [J]. 产业创新研究，2024，（01）：35-37.

[8] 黄庆华，王馨可. 金融支持打造成渝科创走廊：现实瓶颈与作用机制 [J]. 当代金融研究，2023，6（12）：12-28.

[9] 邹克，李细枚，陈安妮. 普惠性科技金融政策的技术创新效应评估 [J]. 沿海企业与科技，2023，28（06）：123-136.

[10] 裴秋亚，张明喜，李诚. 金融体系在国家创新体系中的角色研究 [J]. 科学管理研究，2023，41（06）：155-162.

[11] 张煜，史冬梅，陈金辉，等. 异质性科技金融、国际创新合作与中国经济高质量发展 [J]. 科技管理研究，2023，43（24）：1-9.

[12] 王家华，周捷. 科技金融对制造业上市公司持续性创新影响的实证研究：基于中国省级面板数据 [J]. 华北金融，2023，（12）：69-80.

[13] 马腾跃. 在引领式创新与追赶式创新中做好科技金融大文章：访中金研究院董事总经理谢超 [J]. 中国金融家，2023,（12）：43-45.

[14] 吕进中. 精心做好科技金融大文章全力支持上海国际科技创新中心建设 [J]. 中国金融家，2023,（12）：66-68.

[15] 王自恒，张恒. 成都市区域协同创新影响因素实证研究 [J]. 科技和产业，2023,（23）：216-223.

[16] 施琼，李阳. 广州科技金融政策实践与思考 [J]. 科技与金融，2023,（12）：92-97.

[17] 李一欢. 绿色可循环视角下科技金融政策与企业高质量发展研究 [J]. 环渤海经济瞭望，2023,（11）：47-50.

[18] 杨涛. 我国科技金融的发展方向与创新探索 [J]. 人民论坛，2023,（22）：12-17.

[19] 王丽纳，刘小雅，张修海. 科技金融背景下拔尖创新人才培养的多元协同体系研究 [J]. 当代金融研究，2023,6（11）：79-87.

[20] 杨艳. 提升科技金融功效着力驱动科技创新 [J]. 科技中国，2023,（11）：24-27.

[21] 刘椿. 科技金融政策对我国科技创新及产业升级的影响 [J]. 科技中国，2023,（11）：37-41.

[22] 彭博，林松. 四川省科技金融发展面临的问题及政策体系建设对策 [J]. 技术与市场，2023,30（11）：182-186.

[23] 杨凯瑞，严传丽，史可，等. 中国科技金融政策变迁历程与逻辑研究：基于政策文本的结构分析 [J]. 创新科技，2023,23（11）：23-37.

[24] 以科技金融"组合拳"为人才创新创业赋能添力 [J]. 中国人才，2023,（11）：15-17.

[25] 董伊婷. 科技创新视角下科技金融对长江经济带经济增长的影响研究 [J]. 科技与金融，2023,（11）：77-90.

[26] 朱敏. 科技与金融服务在培育企业上市过程中的实践与思考 [J]. 华东科技，2023,（11）：62-65.

[27] 刘名祝，朱少辉. 科技金融创新破解新一轮科技革命和产业变革之困局：湖南省科技型企业知识价值信用贷款风险补偿改革研究 [J]. 怀

化学院学报，2023，42（05）：95-100.

［28］李玉山，罗玲，王丽纳.金融科技赋能人才创新创业的核心机制及培育策略研究［J］.当代金融研究，2023，6（10）：58-65.

［29］张秀萍，张秀霞，肖应芬，等.深圳市高新区科技金融发展现状［J］.特区经济，2023，（10）：57-61.

［30］潘和平，王絮停.科技金融与科技创新协同发展分析：以长三角地区江浙皖三省为例［J］.铜陵学院学报，2023，22（05）：41-45.

［31］欧阳淑珍，沈佳佳，熊涛，等.江西省农业科技金融政策文本量化分析［J］.农村经济与科技，2023，34（19）：201-205.

［32］米磊，赵瑞瑞，侯自普，等.中国科技成果转化体系存在的问题及对策：从科技创新的底层逻辑出发［J］.科技导报，2023，41（19）：96-102.

［33］张巍，毕慧娟.科技金融提升硬科技企业创新能力的对策建议［J］.现代工业经济和信息化，2023，13（09）：49-52.

［34］潘捷.科技金融创新协同发展路径分析：评《科技金融支持科技创新：机制、效果与对策》［J］.广东财经大学学报，2023，38（05）：113-114.

［35］李蕊，翟林营，张婕.外源性科技金融投入与企业创新效率［J］.会计与经济研究，2023，37（05）：127-145.

［36］杨涛.筑牢"科技—产业—金融"循环数字底座［J］.中国农村金融，2023，（18）：71-73.

［37］肖锋，于珊聚.科技金融提高了珠三角地区工业企业科技创新效率吗？：基于DEA-Malmquist-Tobit模型的分析［J］.科技创业月刊，2023，36（09）：134-138.

［38］沈素素.推动科技金融全面赋能研发中心城市建设［J］.新湘评论，2023，（18）：40-41.

［39］张浩博，陈佳佳，宗琰.江苏省科技金融促进企业创新发展现状［J］.产业创新研究，2023，（17）：30-32.

［40］卓颜君.科技金融背景下现代金融人才培养与高校金融教学改革研究［J］.投资与合作，2023，（09）：196-198.

［41］李媛媛，王辉，陈文静，等.科技金融网络测度及其政策协同演化研究：基于"量"和"质"视角的分析［J］.价格理论与实践，2023，（08）：139-143+210.

［42］马琴，韩哲昕，王明阳.宁夏科技创新与科技金融动态耦合协调发展实证分析［J］.中国物价，2023，（09）：70-73.